阿拉伯经济研究

ARAB ECONOMIC STUDIES

第 1 辑

周烈 主 编

马晓霖 刘彬 执行主编

社会科学文献出版社
SOCIAL SCIENCES ACADEMIC PRESS (CHINA)

本书得到浙江外国语学院国别和区域研究中心建设项目、
浙江省"一带一路"研究智库培育单位项目资助

目　录

四　共建"一带一路"研究

五　研讨会发言

一

宏观政治经济政策研究

2030年可持续发展议程
与阿拉伯国家发展转型[*]

邹志强[**]

摘要： 长期以来，很多阿拉伯国家积累了严重的"发展赤字"和"治理赤字"，陷入"有增长无发展"的困境，面临巨大的经济转型、社会转型和环境可持续发展的压力以及地缘政治挑战。能源是对阿拉伯国家发展具有系统性影响的关键领域。联合国 2030 年可持续发展议程为阿拉伯国家实现发展转型提供了指导框架和新的机遇，有利于推动其进行超越能源依赖的经济结构转型、聚焦民生问题的社会秩序重建、探索以可持续发展为引领的国家治理道路。根据 2030 年可持续发展议程的目标体系，阿拉伯国家需要树立全面、协调、可持续的发展理念，构建有利于经济转型、社会包容和环境可持续的发展机制，提升可持续发展治理能力，并根据自身发展条件在经济、社会与环境三大领域分别设定并推进优先发展议程。

关键词： 联合国发展议程　2030 年可持续发展议程　阿拉伯国家发展转型

经济学家西蒙·库兹涅茨（Simon S. Kuznets）认为，一个国家的经济增长可以定义为向居民提供日益繁多的经济产品的能力长期上升，而这种不断增长的能力是建立在先进技术以及所需要的制度和思想意识相应调整的基础上的。[①] 如果经济增长无法带来经济结构优化升级、民众普遍受益和社会环境持续进步，却导致贫穷、失业、不平等问题突出，表现出无就业增长、缺乏

＊ 本文系上海市社科规划一般项目"'一带一路'背景下中国与伊斯兰大国参与全球经济治理及合作机制研究"（2016BGJ001）的阶段性成果。

＊＊ 邹志强，博士，上海外国语大学中东研究所副研究员。

① 〔美〕西蒙·库兹涅茨：《现代经济的增长：速度、结构与扩展》，戴睿、易诚译，北京经济学院出版社，1989，第 21 页。

包容性的增长，即可能陷入"有增长无发展"（growth without development）的困境。因此可以说，经济增长是经济发展的必要条件，但不一定会带来经济发展。[①] "有增长无发展"的现象在发展中国家广泛存在。

位于西亚北非地区的阿拉伯国家是一个特殊的发展中国家群体，其能源资源丰富，战略地位重要，内部互动紧密，是全球格局中的重要战略板块。但长期以来，阿拉伯地区各种危机频发，矛盾与冲突不断，也积累了严重的社会与发展问题，"发展赤字"和"治理赤字"尤为突出。仅从经济增长率、人均国民收入、福利水平等经济指标来看，阿拉伯国家的发展表现并不差，甚至处于世界领先水平，但现实中爆发"阿拉伯之春"并陷入严重动荡的，正是那些经济增长率不低的阿拉伯国家，如突尼斯、埃及等国。这表明很多阿拉伯国家陷入了"有增长无发展"的困境。阿拉伯国家普遍面临国内经济转型、社会转型、环境可持续发展的压力和地缘政治等多重挑战，经济、社会、环境三大发展领域的问题均十分突出。从根本上来说，当今阿拉伯国家发展的关键在于如何实现均衡、包容、可持续的综合发展，发展的内涵与治理要求已经远远超出了经济领域。经济增长必须与社会、环境等相关领域的发展相结合，才能走上可持续发展之路。阿拉伯国家亟待更新和提升发展理念、发展模式和发展能力，寻求破解发展和治理难题的有效路径。

阿拉伯国家对于发展理念的认知经历了一个缓慢演变的过程。在有利的资源基础以及政治制度、历史文化、经济结构与对外关系等因素的影响之下，阿拉伯国家长期以来满足于经济财富的增长，而没有将人口、社会与环境的全面发展列为国家优先议程。阿拉伯产油国对全球气候变化、可持续发展议程长期持谨慎态度，而阿拉伯非产油国的态度相对更为积极。[②] 一方面，阿拉伯国家国内经济结构畸形，政治和社会改革滞后，治理能力不足；另一方面，冷战后，以私有化、自由化和宏观稳定为主要内容的西方新自由主义政策的推行，加剧了阿拉伯国家的发展困境，令其脆弱性更加突出。随着内部形势的快速变化和外部国际压力的增加，阿拉伯国家实现经济增长日益困难，而且仅靠经济增长已无法有效维护社会稳定，这在"阿拉伯之春"发生以来的国家转型进程中表现得尤为突出。

国内外关于可持续发展的研究成果很多，但很少将中东地区和阿拉伯国

---

① 张培刚、张建华：《发展经济学》，北京大学出版社，2009，第 10 页。

② Esmat Zaidan, Mohammad Al-Saidi and Suzanne H. Hammad, "Sustainable Development in the Arab World—Is the Gulf Cooperation Council (GCC) Region Fit for the Challenge?" *Development in Practice*, Vol. 29, No. 5, 2019, pp. 671 – 672.

家作为研究对象，将社会与国家治理纳入可持续发展领域研究的成果更少。国内学者主要从资源与环境角度探讨阿拉伯国家可持续发展的挑战，[①] 或从人口、粮食、水资源等角度对中东国家发展面临的挑战进行分析，[②] 从能源角度研究阿拉伯国家发展转型所面临的挑战的成果相对最为丰富。[③] 国外部分学者直接研究了阿拉伯国家落实联合国发展议程的主要挑战。[④] 在此背景下，系统科学的联合国 2030 年可持续发展议程可为破解阿拉伯国家的发展难题提供新的路径与方向，如何通过联合国发展议程推动阿拉伯国家纠正原有发展理念与实践上的偏颇，寻求更加契合阿拉伯国家发展实际的可持续发展模式，是具有重要价值的研究议题，也是本文的要义所在。

一　联合国发展议程与阿拉伯国家的发展现实

联合国发展议程是在联合国框架下，各成员国提出和通过的一系列国际发展倡议、承诺、宣示、决议和行动计划，是得到世界各国一致认可的发展目标、发展愿景、发展共识的总称。联合国发展议程涉及经济增长、减贫、就业、教育、医疗、人口、男女平等以及发展援助、环境保护、能源、海洋、司法、人权等极为广泛的国际性发展议题，也致力于协调与发展问题高度相关的冲突、灾害、安全、移民、难民等关联性议题。其中，可持续发展处于一种统领全局、提纲挈领的关键地位。经济发展、社会进步、环境保护是可持续发展的三大支柱，需要确保三者之间的平衡，使其相互依存、相互促进。[⑤]

联合国发展议程与全球发展治理密切相关。全球发展治理是国际社会为解决全球性发展问题与挑战而形成的各种理念、制度、政策和实践行动的总和。20 世纪 60 年代开始的四个 "发展十年"、2000 年开始的 "千年发展目

---

① 参见杨光《中东可持续发展问题的挑战——新世纪中东经济发展问题之三》，《西亚非洲》2008 年第 1 期，第 10～17 页，徐婷、徐美丽《阿拉伯国家环境治理和可持续发展的制度因素》，载《阿拉伯世界研究》2010 年第 5 期，第 41～48 页。

② 参见仝菲《中东水资源安全》，载杨光主编、唐志超副主编《中东发展报告（2013～2014）》，社会科学文献出版社，2014，第 165～179 页；刘冬《中东粮食进口安全问题》，载杨光主编、唐志超副主编《中东发展报告（2013～2014）》，第 180～196 页。

③ 参见吴磊、杨泽榆《阿拉伯国家社会转型中经济发展面临的挑战》，《阿拉伯世界研究》2014 年第 5 期，第 12～14 页；田文林《 "资源诅咒"：论石油因素对中东的消极影响》，《阿拉伯世界研究》2019 年第 6 期，第 75～87 页。

④ Esmat Zaidan, Mohammad Al-Saidi and Suzanne H. Hammad, "Sustainable Development in the Arab World—Is the Gulf Cooperation Council（GCC）Region Fit for the Challenge?" p. 671.

⑤ 孙伊然：《联合国发展议程的现状和走向》，《现代国际关系》2012 年第 9 期，第 42 页。

标"和 2016 年开启的"2030 年可持续发展议程"，是联合国发展议程的三个主要阶段。在此期间，国际社会的关注点不断扩展，从经济增长到公正与人权，再到环境与发展，从以减贫为核心到经济、环境与社会的可持续发展。联合国发展议程已经成为指导全球和各国发展的主要理念来源和目标框架，也推动了全球发展治理的转型升级。

2030 年可持续发展议程在 2015 年 9 月第 70 届联大和联合国发展峰会上被通过，并从 2016 年开始正式实施，其致力于实现 17 个可持续发展议程，并细分为 169 项具体目标，用以推动全球环境、社会及经济三大领域的可持续发展。[1] 2030 年可持续发展议程大幅拓宽了发展的范畴，致力于以史无前例的发展指标体系推动世界各国取得更大发展成就，强调"不让一个人掉队"的可持续发展理念，更为突出公平、包容、协调，将经济、社会和环境的可持续发展作为一个整体目标，也将全球发展治理推向了一个新的阶段。联合国秘书长指出，2030 年可持续发展议程等成果文件建立了全球发展治理的总体框架，充分体现了最高政治级别的共同承诺。[2]

和其他发展中国家相比，多数阿拉伯国家相对较高的人均收入水平为其实现联合国发展议程设定的发展目标奠定了良好的经济基础，使之具有一定的先发优势，并取得了较为显著的发展成绩。但是，联合国发展议程的不断升级也凸显出阿拉伯国家在发展领域面临的挑战不断加剧。

从联合国发展议程的角度来看，阿拉伯国家在减贫、教育、卫生、医疗等领域的发展指标上表现较好，而在性别平等、就业、环境保护、债务等领域表现相对落后。以 2015 年到期的联合国千年发展目标来衡量，阿拉伯国家整体上提前实现了极端贫困人口减半的目标；儿童存活率和孕产妇保健状况明显改善，几乎实现了 5 岁以下儿童死亡率降低 2/3 的目标；在清洁饮用水和卫生设施方面也实现了预期目标；自然保护区面积增长了四倍多；初等教育入学率从 2000 年的 86% 上升至 2015 年的 95%。[3] 虽然从平均水平来看阿

---

[1] 参见 United Nations，"Transforming Our World：2030 Agenda for Sustainable Development"，A/RES/ 70/1，September 25，2015，https：//sustainabledevelopment. un. org/post2015/transforming - ourworld/publication，最后访问日期：2019 年 9 月 22 日。

[2] 参见 United Nations，"The United Nations in Global Economic Governance"，A/71/378，September 14，2016，https：//www. un. org/ga/search/view_ doc. asp? symbol = A/71/378，最后访问日期：2019 年 10 月 19 日。

[3] 参见 United Nations，"The Millennium Development Goals Reports 2015"，July 6，2015，https：//www. un. org/millenniumgoals/2015_ MDG_ Report/pdf/MDG% 202015% 20rev% 20% 28July% 201% 29. pdf，最后访问日期：2019 年 10 月 10 日。

拉伯国家收入水平和社会发展指标较高，但地区各国之间和国家内部差距很大，发展不平衡问题十分突出。以海湾阿拉伯国家为代表的产油国经济发展水平和人均收入最高，在落实发展目标方面处于领先水平。但缺乏油气资源的阿拉伯国家发展的脆弱性十分突出，易受到产油国经济波动和地区冲突的影响，在落实发展目标方面的表现也相对较差。很多阿拉伯国家的人口贫困率依然很高，例如在黎巴嫩和也门，生活水平低于国家贫困线的人口占全国人口的比重分别高达 27.4% 和 48.6%。[①] 从互联网渗透率来看，2015 年中东大多数国家达到或超过了全球平均水平（约 42%），巴林和科威特更是超过了 90%，但仍有 8 个阿拉伯国家[②]低于世界平均水平，最低的毛里塔尼亚只有不到 15%。[③] 从联合国开发计划署（UNDP）发布的人类发展指数（Human Development Index）报告[④]来看，高收入国家的人类发展指数也相应较高，但各国之间存在较大差距。

　　当前，世界各国都在积极落实联合国 2030 年可持续发展议程。阿拉伯国家对可持续发展也高度重视，纷纷推出了可持续发展愿景或战略，将 2030 年可持续发展议程作为发展指导框架，并参加联合国"可持续发展高级别政治论坛"的自愿审议报告机制。[⑤] 例如，约旦、巴林等国推出了"可持续发展2025 规划"，阿联酋推出了"可持续发展 2021 规划"和"2030 愿景"，卡塔尔制定了"2030 可持续发展规划"，沙特等国颁布了"2030 愿景"决策等，这体现了联合国可持续发展议程在理念引领、政策设计等方面的独特影响力。但阿拉伯国家的发展理念、机制和能力还有待加强，可持续发展理念的转化与落实仍需要地区国家和国际社会内外各方的联合推动。正如联合国西亚经

---

① UNDP, "Arab Human Development Report Research Paper: Leaving No One Behind: Towards Inclusive Citizenship in Arab Countries", July 30, 2019, p. 23, https://www.undp.org/content/dam/rbas/doc/capacity%20building/52279%20UNDP%20Citizenship%20and%20SDGs%20report_web.pdf, 最后访问日期：2019 年 11 月 12 日。

② 这 8 个国家为阿尔及利亚、埃及、叙利亚、苏丹、也门、伊拉克、利比亚和毛里塔尼亚。

③ UNDP, "Arab Human Development Report Research Paper: Leaving No One Behind: Towards Inclusive Citizenship in Arab Countries", p. 22.

④ 在众多的发展指标体系中，联合国开发计划署于 1990 年开始采用和每年发布一次的人类发展指数（HDI）最为流行，其以预期寿命、教育水平和生活质量为三项基础变量按照一定的计算方法换算而来，是衡量各国社会经济发展水平的关键指标，也成为指导各国政府制定发展战略的重要参考。参见 UNDP "Human Development Report", http://hdr.undp.org/en/humandev, 最后访问日期：2019 年 12 月 12 日。

⑤ United Nations, "2019 Voluntary National Reviews Synthesis Report", 2019, https://sustainabledevelopment.un.org/content/documents/252302019_VNR_Synthesis_Report_DESA.pdf, 最后访问日期：2020 年 1 月 16 日。

济社会委员会（UN-ESCWA）的报告所言，阿拉伯国家在实现 2030 年可持续发展议程方面仍面临诸多挑战，除经济、社会、环境和知识挑战之外，还包括安全、和平、善治以及政治变革等。[①]

二 阿拉伯国家可持续发展面临的主要挑战

当前，难以解决的结构性问题和日益严峻的民生问题困扰着阿拉伯国家。"阿拉伯之春"的后续影响更加剧了阿拉伯国家发展问题的紧迫性与复杂性，使之在经济转型、社会转型、环境可持续发展以及地缘政治方面面临严峻挑战。

第一，能源依赖型的经济发展模式及其对经济、社会与环境发展的系统性影响，使阿拉伯国家经济转型面临严峻的挑战。中东地区是世界上石油资源最为丰富的地区之一，长期以来形成了能源依赖型的"石油经济"发展模式。这导致很多阿拉伯国家经济结构单一、基础投入不足、经济波动性大、外部依赖度高、发展自主性和可持续性不强。阿拉伯国家的单一经济结构和有限的经济多元化长期面临严峻的现实挑战。[②] 油价的涨跌在很大程度上决定了阿拉伯产油国经济的表现，也深刻影响着地区非产油国的经济发展。阿拉伯产油国通过贸易、投资、援助、侨汇等多种途径对地区国家经济发展产生了显著影响，这使得阿拉伯非产油国经济也在一定程度上受到国际油价的间接影响。当前，以非常规油气资源与可再生能源开发为代表的第三次国际能源转型对中东国家的经济调整与社会转型造成巨大阻碍与挑战。[③] 因此，阿拉伯国家经济表现出发展失衡和依附性发展的鲜明特征，使经济结构转型面临的挑战十分突出。

阿拉伯国家经济对能源的高度依赖导致严重的社会和环境后果，正在成为威胁可持续发展的一个关键因素。由于能源资源异常丰富，大多数阿拉伯国家主要依靠石油和天然气消费来为其经济提供动力。随着人口的爆炸式增长和城市化的快速推进，地区国家自身的能源消耗也快速增长。据统计，1990~2015 年，阿拉伯国家的一次能源供应总量翻了三番，石油和天然气等

---

① UN-ESCWA, "Implementation of the 2030 Agenda for Sustainable Development in the Arab States", E/ESCWA/29/11/WP. 1, November 25, 2016, https://www.unescwa.org/sub - site/2030 - agenda - sustainable - development - arab - region, 最后访问日期：2019 年 8 月 21 日。

② 吴磊、杨泽榆：《阿拉伯国家社会转型中经济发展面临的挑战》，第 15 页。

③ 吴磊、杨泽榆：《国际能源转型与中东石油》，《西亚非洲》2018 年第 5 期，第 142 页。

传统能源在总体能源消费中占96%的份额。① 在近年来低油价的背景下，阿拉伯国家经济对能源的依赖更加难以改变，总体能源消耗依然居高不下。与此同时，阿拉伯国家对能源消费一直给予高比例的补贴，国内油气和电力价格很低，形成了难以摆脱的能源补贴包袱。作为社会福利制度的重要组成部分，能源补贴是阿拉伯各国政治社会的重要稳定剂。丰富而低廉的能源供给，加之民众缺乏节能意识，使得阿拉伯国家能源利用效率低下，能源消费快速增长，碳排放急剧增加，成为影响环境气候变化的新变量，也对可持续发展构成威胁。同时，这对于提升能源利用效率、开发利用可再生能源和新能源均起到抑制作用。大量的能源补贴鼓励了能源消费，同时使节能技术的引进和开发以及能源效率的改进失去动力，导致能源消费的过快增长以及日趋严重的污染问题。②

第二，发展的高度不平衡与日益突出的民生压力，使社会转型面临严峻挑战。一方面，阿拉伯地区国家众多，能源资源和自然环境条件不同，经济发展呈现出巨大的差异性和高度的不平衡性。海湾产油国人均收入可以与发达国家比肩，也门、苏丹等国却在世界上最不发达国家行列，这导致地区国家在发展指标上存在突出的不平衡。受到单一资源依赖型和地租型经济发展模式的长期影响，阿拉伯国家工业化程度不高，制造业不发达，社会贫富差距大，分配不均、教育和就业不公平等问题长期积累。无论是产油国还是非产油国，失业特别是青年人失业问题突出，下层民众深受贫困和阶层固化的困扰。另一方面，阿拉伯国家治理能力普遍低下，现代化、制度化的转型远没有完成，法治和监管框架羸弱，金融和银行体系较为低效、透明度低，腐败严重，公共部门的绝对主导地位等也对经济增长造成消极影响。③ 阿拉伯国家一般都未能建立服务经济可持续发展、满足民众不断增长的需求的国家治理架构和有效机制。

阿拉伯国家人口增长速度很快，人口激增特别是青年人口的快速膨胀带来日益严重的就业压力，加之长期形成的社会分化，分配、就业、教育、卫生等领域民生问题十分突出。阿拉伯国家总人口从1970年的1.23亿人增长

---

① UN-ESCWA, "Addressing Energy Sustainability Issues in the Buildings Sector in the Arab Region", E/ESCWA/SDPD/2018/TP. 5, August 6, 2018, https：//www. unescwa. org/pub lications/ addressing－energy－sustainability－issues－buildings－sectori－arab－region，最后访问日期：2019年9月20日。

② 杨光：《中东可持续发展问题的挑战——新世纪中东经济发展问题之三》，第16页。

③ UN Department of Economic and Social Affairs, *Governance in the Middle East, North Africa and Western Balkans*, New York：United Nations, 2008, p. 2.

至 2000 年的 2.84 亿人，2015 年增长至 3.98 亿人，占世界人口的比重从 3.3% 增长到 4.6%、5.4%。其人口增长率远超世界平均水平，1990～2000 年、2000～2010 年和 2010～2015 年三个时间段的人口增长率分别达到 2.37%、2.3% 和 2.34%；同期世界人口平均增长率分别为 1.43%、1.25% 和 1.19%。[①] 与此同时，阿拉伯国家的贫富分化问题一直十分严重，精英阶层普遍脱离底层民众。从贫困人口比重来看，虽然海湾阿拉伯产油国几乎完全消除了国内贫困人口，但其他阿拉伯国家的人口贫困率依然很高。长期以来，阿拉伯国家失业率普遍较高，青年人失业正是"阿拉伯之春"爆发的导火索。而近年来的失业问题更趋严重，显著影响到阿拉伯国家的发展、稳定与转型。2018 年阿拉伯国家的平均失业率是 10%，其中巴勒斯坦失业率高达 26.8%；阿拉伯国家青年人平均失业率为 25.4%，其中利比亚高达 42.3%。[②] 教育水平与劳动力市场需求之间的错位是阿拉伯国家长期面临的重大挑战，并加剧了国家内部的社会紧张和治理困难。无就业增长致使贫困率居高不下，包容性增长更是无从谈起。

第三，自然生态环境脆弱，水资源匮乏，能源消耗快速上升，环境可持续发展面临严峻挑战。根据联合国环境规划署（UNEP）2016 年发布的《全球环境展望》，西亚地区存在的主要环境问题包括：地下水资源持续超负荷开采和水质恶化问题并存，不可持续的消费习惯威胁水、能源和食品安全，生物多样性逐渐消失，沙化和生态恶化进一步持续，空气污染持续影响人类健康及生存环境等。[③] 阿拉伯地区是世界上生态环境最为脆弱的地区之一，绝大部分为沙漠或荒漠地貌，降雨稀少，淡水资源十分稀缺。阿拉伯国家面积占世界陆地总面积的 9%，人口占世界总人口的 5%，但水资源仅占世界总量的 0.74%。多数国家严重缺水，很多国家依靠海水淡化。例如，埃及、约旦、沙特、科威特和卡塔尔的人均年水资源拥有量仅分别为 936 立方米、318 立方米、249 立方米、95 立方米和 91 立方米。[④] 随着现代化和城市化不断发展、

---

① UN-ESCWA, "Population Development Report Issue No. 8: Prospects of Ageing with Dignity in the Arab Region", E/ESCWA/SDD/2017/3, 2018, https：//www. unescwa. org/publications/population – develo pment – report – 8，最后访问日期：2019 年 10 月 18 日。

② UN-ESCWA, "Population Development Report Issue No. 8: Prospects of Ageing with Dignity in the Arab Region".

③ UNEP, "GEO – 6 Global Environment Outlook: Regional Assessment for West Asia", September 16, 2017, https：//www. unenvironment. org/resources/report/geo – 6 – global – environment – outlook – regional – assessment – west – asia，最后访问日期：2019 年 12 月 17 日。

④ 全菲：《中东水资源安全》，第 167 页。

人口数量激增，生态环境破坏日益严重，阿拉伯地区可持续发展面临严峻的挑战。除了少数国家依靠河水资源之外，大多数阿拉伯国家生活和工业用水主要依赖地下水资源，因此对地下水资源的开采率远远超过世界平均水平。西亚和北非两个地区的水资源开采率分别高达 54% 和 78%，远远超过 9% 的世界平均水平。[①] 水资源缺乏引发的地下水过度开采，导致海水倒灌、地下水盐化，这进一步加剧了水资源危机，并引发粮食安全、难民危机、跨界水资源冲突等问题。

在生态环境脆弱的背景下，阿拉伯国家对自然环境的保护落后于世界平均水平，加之能源因素对环境带来系统性的负面影响，以及地区国家缺乏节能环保的意识和政策措施，未来阿拉伯国家生态保护任重而道远。环境的严重退化和对自然资源的管理不善，再加上水资源稀缺和对粮食进口的高度依赖，对地区欠发达国家和贫困人群造成的影响尤为严重。由于不可持续的发展政策，自然资源和生态系统越来越脆弱，耕地面积出现减少和萎缩。从 1990 年至 2015 年，超过一半的阿拉伯国家耕地面积下降了 45% 以上，其中伊拉克、也门、埃及、阿曼的人均耕地面积分别降至 0.14 公顷、0.05 公顷、0.03 公顷、0.01 公顷，均低于 2015 年 0.19 公顷的世界平均水平。[②]

第四，受到地区冲突频发的冲击，阿拉伯国家的发展多面临严峻的地缘政治挑战。从全球范围来看，战争与冲突是对联合国发展目标的最大威胁。而在冲突频发的中东地区，安全缺失对发展的阻碍与制约效应更加突出。持续不断的冲突和动荡长期阻碍着阿拉伯国家的经济社会发展。安全议题的长期显性化不仅掩盖了社会经济发展问题，也成为阻碍发展的关键性因素。巴以冲突、伊拉克战争、利比亚战争、叙利亚内战、也门战争等无一不对当地社会经济发展造成了巨大破坏，并产生了严重的难民危机，打断甚至逆转了地区国家的发展进程，造成发展指标的倒退。阿拉伯国家人口虽然只占世界总人口的 5%，但在 2005 年到 2017 年，冲突导致的死亡人数占世界死亡人数的比重从 24.7% 上升至 57.4%，难民人数占世界难民人数的比重从 47.3% 上升至 55%，流离失所人口占世界流离失所人口的比重从 37% 上升至 41.3%。[③]

---

① 参见 United Nations，"The Millennium Development Goals Reports 2015"。

② UNDP，"Arab Human Development Report Research Paper：Leaving No One Behind：Towards Inclusive Citizenship in Arab Countries"，p. 24.

③ UNDP，"Arab Human Development Report Research Paper：Leaving No One Behind：Towards Inclusive Citizenship in Arab Countries"，pp. 26 – 27.

阿拉伯国家生活在冲突环境下的人口从 1990 年的 4700 万人上升至 2018 年的 1.55 亿人。如果冲突得不到解决，至 2030 年阿拉伯国家 40% 的人口将生活在危机和冲突中，总数将达到 2.07 亿人。[①] 各种因素叠加导致了严重的人道主义危机和发展治理挑战。

"阿拉伯之春" 极大地破坏了阿拉伯国家的社会稳定与经济发展，贫困率、初等教育普及率、儿童死亡率等发展指标受到巨大冲击。例如，西亚地区的贫困率本已在 2011 年降至 2%，2015 年却又上升至 3%。生活在贫民窟中的城市人口比重，全世界基本都在下降，而西亚地区却从 2000 年的 21% 上升至 2014 年的 25%，是全球范围内唯一出现上升的地区，其主要原因就在于该地区频繁爆发的战乱与冲突。[②] 在 20 世纪 80 年代，伊拉克的小学入学率是 100%，但由于战乱不断，伊拉克的小学入学率大幅下降。根据联合国儿童基金会（UNICEF）的估算，2015 年伊拉克有近 320 万名适龄儿童辍学，并有 360 万名儿童面临死亡、伤害、性暴力、招募入伍等风险。[③] 由于持续的武装冲突，叙利亚之前数十年取得的人类发展成就已经被逆转，男性预期寿命缩短了近 8 年，小学总入学率下降了 50 个百分点。在也门，2013 ~ 2016 年小学入学率从 97% 降至 92%。冲突也削弱了人们维持生计的能力，在利比亚，2017 年人均国民收入仅为 2010 年的 68%。自冲突爆发以来，也门工作人口的贫困比例增加了一倍以上；1/4 的叙利亚工作人口生活在贫困线以下，这一比例是 2011 年的 5 倍。[④] 2012 ~ 2017 年，因受到暴力冲突的直接影响，利比亚、叙利亚和也门的人类发展指数及其排名大幅下降。叙利亚的人类发展指数排名从 2012 年的第 128 位下降到 2017 年的第 155 位，利比亚从第 82 位下降至第 108 位，也门从第 158 位下降至第 178 位。[⑤]

近年来的地区局势动荡重创了阿拉伯国家的发展进程，经济增长速度大幅放慢，经济支柱产业均遭受严重打击，外来直接投资急剧减少，国内通货

① UNDP, "Arab Human Development Report Research Paper: Leaving No One Behind: Towards Inclusive Citizenship in Arab Countries", p. 3.

② United Nations, "Taking Stock of the Global Partnership for Development, MDG Gap Task Force Report 2015", p. 16.

③ UNICEF, "Iraq Crisis: 3.6 Million Children Now at Risk from Increasing Violence", June 30, 2016, https://www.unicef.org/media/media_ 91777.html, 最后访问日期：2019 年 10 月 12 日。

④ UNDP, "Arab Human Development Report Research Paper: Leaving No One Behind: Towards Inclusive Citizenship in Arab Countries", p. 27.

⑤ UNDP, "Human Development Indices and Indicators", 2018, http://hdr.undp.org/sites/default/files/2018_ human_ development_ statistical_ update.pdf, 最后访问日期：2019 年 9 月 20 日。

膨胀率和失业率大幅上升，民生问题更加突出，经济增长和社会稳定均遭遇重大挑战。叙利亚、利比亚、也门等国的战乱升级并外溢到周边国家，严重影响地区国家社会稳定，其所引发的难民潮更对周边国家和地区造成极大的压力。

第五，宗教和社会文化因素导致的性别不平等以及社会不公问题较为突出。伊斯兰教及阿拉伯传统文化对阿拉伯国家具有系统性、全方位的影响。沙里亚法（伊斯兰教法）在阿拉伯国家政治与社会生活中影响甚大，是阿拉伯国家政治活动、社会发展和民众生活的基本规范。但过于重视教法一定程度上束缚了阿拉伯国家现代化和转型发展的进程，阻碍了社会与民生问题的改善。受历史和宗教因素的影响，阿拉伯国家存在较为突出的男女不平等问题，女性与男性在教育、就业、政治、社会活动等方面的不平等较为明显。在某些阿拉伯国家，女性遭遇出行限制。对人身安全以及骚扰的担忧、文化规范和传统的性别角色定位等仍然是阻碍妇女参与社会和经济发展的普遍问题。加之近年来教派冲突再次升级，宗教文化因素对地区国家经济社会发展的冲击更加凸显，阿拉伯国家实现全面发展依然面临来自思想文化领域的制约。

据联合国开发计划署统计，阿拉伯国家女性的人类发展指数只有男性的 85.5%，而世界平均水平是 94.1%。其中阿拉伯国家女性受教育年限平均比男性少 0.6 年，而世界平均水平是女性比男性多 0.1 年；15～19 岁的女性千人生育人数方面，阿拉伯国家平均人数是 47 人，部分国家达到 60 人甚至 80 人，高于世界平均水平（45 人）；15 岁以上女性有银行账户的机会比男性少 50%，世界平均水平是 10%；女性劳动参与率只有 21%，为全球最低的地区；女性工资水平只有男性的 21%，世界平均水平是 57%。[1]联合国西亚经济社会委员会 2017～2018 年对妇女劳动参与情况进行的一项调查发现，阿拉伯国家尽管在女性受教育程度方面取得了显著进步，但仍落后于世界其他地区。阿拉伯地区男女总劳动力参与率差距巨大，2017 年男性为 74%，女性只有 21%。[2] 当然，传统文化因素也对部分发展指标具有促进意义，例如受到伊斯兰文化注重干净卫生传统的影响，阿拉伯地区在改善

---

[1] UNDP, "Arab Human Development Report Research Paper: Leaving No One Behind: Towards Inclusive Citizenship in Arab Countries", p. 16.

[2] UN-ESCWA, "Survey of Economic and Social Developments in the Arab Region (2017 – 2018)", ESCWA/EDID/2018/1, 2018, p. 31, https://www.unescwa.org/publications/survey – economic – social – development – arab – region – 2017 – 2018, 最后访问日期：2019 年 9 月 29 日。

卫生设施指标上处于世界领先水平，从"千年发展目标 7"① 的相关指标中可以看出这一点。

三 阿拉伯国家可持续发展的主要路径

自然环境、人口、文化传统、技术创新、制度变革等因素都影响着国家的发展成效，甚至看似有利于发展的丰富资源也可能成为可持续发展的制约因素。近年来，阿拉伯国家的大变局与大动荡更凸显出促进发展的重要性与紧迫性。未来阿拉伯国家需要进一步厘清增长和发展的关系，真正树立全面、协调、可持续的发展理念，构建有利于经济转型、社会包容和环境可持续的发展机制，提升可持续发展的能力。而联合国 2030 年可持续发展议程对阿拉伯国家发展的理念、技术、机制、能力上的导向意义十分重要，为阿拉伯国家实现超越能源依赖、惠及民生的可持续发展指明了方向。

第一，超越能源依赖，实现经济多元化。经济增长是可持续发展的基础，而可持续发展也要求经济结构不断优化升级。中东地区拥有世界上最丰富的油气资源，在为地区国家带来巨额财富和经济繁荣的同时，也带来了依赖油气资源的单一经济结构，形成了难以摆脱的"石油经济"模式。油价起伏不定使阿拉伯产油国经济随之大起大落，而国际能源格局的转变和非传统油气资源的兴起，使阿拉伯产油国的经济和市场地位面临前所未有的挑战。同时，"石油经济"模式缺乏推动本土工业发展和技术创新的内在动力。这些国家主要向国际市场出口石油实现财富增长，工业品和消费品都依赖国外进口，不利于实现工业化。依赖油气资源的经济发展模式还带来严重的社会与环境问题，加剧了阿拉伯国家原本就存在的贫富分化状况和生态环境挑战。有报告称，目前中东已成为世界上最不平等的地区。1990～2016 年，中东最富有的 10% 的人口的收入占该地区总收入的 60%～66%，而最穷的 50% 的人口的收入只占地区总收入的 10%。其中，海湾国家人口数量仅占中东地区总人口数量的 15%，但收入却占整个地区总收入的 42%。②

---

① "千年发展目标 7"为"确保环境的可持续"，其中第 3 项具体目标为"将无法持续获得安全饮用水和基本卫生设施的人口比例减半"，包括"使用改善饮用水源的人口比例"和"使用改善卫生设施的人口比例"等指标。

② Mark Habeeb, "The Middle East Leads the World in Income Inequality", *The Arab Weekly*, January 14, 2018, https://thearabweekly.com/middle – east – leads – world – income – inequality，最后访问日期：2019 年 10 月 21 日。

　　在此背景下，经济发展的可持续性在经济结构、社会和环境层面都面临日益严峻的挑战，"石油经济"越来越难以为继。阿拉伯各国也早已认识到这一问题，并在过去的十多年里做出了很多经济多元化的尝试，但效果并不理想。联合国发展议程的核心任务，是推动经济发展模式尤其是生产和消费模式的转变。① 近年来，在联合国发展议程的引领下，阿拉伯国家更为积极地推进国内经济的可持续发展。2030年可持续发展议程可以为阿拉伯国家的经济转型提供更为科学系统的发展理念和政策框架，为阿拉伯国家实现超越能源依赖的经济发展模式转型提供更大助力。正是在此背景下，以沙特为代表的阿拉伯国家开始了新一轮经济改革浪潮，2015年以来纷纷推出各自版本的"2030年愿景"，最终目的就是改变依赖石油的单一经济，推动经济多元化，提高非石油部门和私营经济对国内生产总值的贡献，进而改变其经济与社会结构。

　　第二，聚焦民生问题，构建包容性社会秩序。收入分配不公，财富两极分化，底层民众无法分享经济发展的成果以及教育、就业等发展机会的缺失是"有增长无发展"的典型表现，最终将带来严重的经济和社会后果。阿马蒂亚·森（Amartya Sen）认为，贫困不仅体现为收入低下，更是对基本能力的剥夺，即"能力贫困"。② 长期以来，受到单一经济结构和政治制度的影响，阿拉伯国家产业结构不健全，公共部门影响力巨大，而私营部门不发达，总体上吸纳劳动力的能力有限。人口的爆炸性增长使得阿拉伯国家就业和社会保障压力不断加大，长期积累的民生问题日益尖锐。以严重失业为代表的民生问题正是"阿拉伯之春"爆发的主要根源。从更深层次来看，"阿拉伯之春"是阿拉伯世界社会转型和现代化进程中多年积累的政治、经济和社会矛盾运动的逻辑结果。③

　　阿拉伯国家的阶层分化与社会不平等问题一直十分突出，原因包括性别或其他歧视、地理隔阂、社会经济地位差异、资源分配不均、治理不善以及地区危机与冲突等。预计到2030年，超过60%的阿拉伯国家人口将居住在城市地区，但在各个国家中有比例不等（8%~90%）的人口面临生活在贫民窟中的危险；伊拉克、也门和苏丹生活在非正式住房和贫民窟中的人口比重分别高达47.2%、60.8%和91.6%；低质量的教育多有存在；暴力和流离失所现象加剧，居住在受冲突影响国家的人们的发展和权利将遭到限制与剥夺，如也门

---

① 孙伊然：《联合国发展议程的现状和走向》，第45页。
② 〔印度〕阿马蒂亚·森：《以自由看待发展》，任赜、于真等译，中国人民大学出版社，2012，第85页。
③ 余建华等：《中东变局综论》，《国际关系研究》2018年第3期，第29~36页。

有 1400 万人处于饥荒之中；84% 的阿拉伯人口可能受缺水影响或有缺水风险，耕地减少和对粮食进口的依赖将使更多人口面临粮食不足的风险。[①]

从现代国家治理体系的视角来看，多数阿拉伯国家的治理存在明显缺陷，国家治理失败也是中东动乱和灾难的根源之一。[②] 阿拉伯国家政府多为威权体制，国家治理水平较低，往往缺乏清晰、连贯的可持续发展规划与路径，并以维持政权生存为首要任务。多年来，阿拉伯国家社会发展缓慢，政治改革停滞，"石油经济"模式弊端积重难返，人口膨胀导致民生压力日益严峻，严重的腐败问题又削弱了执政基础和社会稳定，为国家可持续发展带来重大挑战。"阿拉伯之春"是阿拉伯国家治理失败的鲜明体现，也是阿拉伯社会系统性危机的一次总爆发。国家治理不善导致民众对政府的信任度不断降低，最终导致国家陷入动荡和危机。据调查，阿拉伯国家民众对政府在缩小贫富差距、创造就业、管理经济、提供基本卫生服务、满足教育需求、保障安全方面的满意度分别只有 16%、16%、35%、35%、47% 和 76%；民众对政党、选举机构、领导人、法院、警察的信任度分别为 18%、36%、51%、56% 和 69%。[③]

未来，阿拉伯国家需要更加关注社会发展问题，尤其要在解决民生问题上下功夫。阿拉伯国家应在大力推动经济多元化改革的同时，发展工业化和产业体系，为不断增长的人口提供更多的就业机会。它们还应不断降低失业率和贫困发生率，提升教育与社会需求的匹配度，同时进行国家政治、经济与社会体系的全面深入改革，以可持续发展引领国家治理模式的现代化。阿拉伯国家更应通过减少实际不平等、提升公共和社会服务水平以及促进平等与法治，实现和平稳定。[④] 在此背景下，2030 年可持续发展议程可以为阿拉伯国家解决民生问题、重建社会和谐稳定指明方向。

第三，以可持续发展为引领，治理生态环境。环境污染、生态脆弱已成为威胁阿拉伯国家可持续发展的重要因素。经济发展与社会、环境的发展相

---

① UNDP, "Arab Human Development Report Research Paper: Leaving No One Behind: Towards Inclusive Citizenship in Arab Countries", pp. 14, 19.

② Mina Al-Oraibi, "Is a Failure of Governance the Root of the Middle East's Woes?" *World Economic Forum*, May 21, 2015, https://www.weforum.org/agenda/2015/05/is-a-failure-of-governance-the-root-of-the-middle-easts-woes/，最后访问日期：2019 年 9 月 28 日。

③ UNDP, "Arab Human Development Report Research Paper: Leaving No One Behind: Towards Inclusive Citizenship in Arab Countries", p. 21.

④ Lamia Moubayed Bissat and Carl Rihan, "Implementing Agenda 2030 in the Arab World: Contextualization, Action Areas and Policy Planning", *Public Sector Economics*, Vol. 43, No. 4, 2019, p. 460.

协调对于阿拉伯国家来说至关重要。在经济和社会的包容性发展之外，推动经济、社会与环境目标的协调发展，成功实现可持续发展转型，是一项复杂而艰巨的任务。阿拉伯地区的环境问题有增无减，但环境治理却往往无法列入国家优先发展议程。阿拉伯国家生态环境普遍脆弱，水资源极度短缺，能源浪费严重，环境可持续性差，实现经济、社会和环境的协调可持续发展具有重要意义，这也与阿拉伯国家经济结构转型密切相关。可持续发展问题是制约阿拉伯国家发展的重大因素。经济发展的不可持续性，带来了严重的社会与环境问题，水资源问题和环境污染问题日益突出。阿拉伯国家需要树立发展的国家转型理念，通过可持续、包容性发展，平衡经济、社会与环境领域多元化的发展诉求，逐步探索适合自己的转型发展之路，才能避免转型失败。阿拉伯国家在这方面的重点应放在保护水资源、减少能源浪费、提升能源利用效率、保护生态环境和增强环保意识等方面的议程设置上。

对能源的全方位依赖和能源消耗的快速增长是威胁阿拉伯国家可持续发展的一个关键因素。能源消耗增长过快，对气候环境变化与全球可持续发展造成了重大挑战。能源生产率是衡量一个国家经济、能源和环境绩效的指标，并有助于分配能源资源以优化经济增长。[1] 阿拉伯国家依托丰富的油气资源，已经形成难以摆脱的能源补贴传统，要扭转长期形成的路径依赖并不容易。此外，由于地区民众缺乏节能意识，能源利用效率低下，发展不可持续的风险不断上升。2015 年，阿拉伯地区的一次能源需求结构以石油（50%）和天然气（46%）为主体，生物燃料和农林废弃物（2%）、水电（1%）等清洁和可再生能源利用规模十分有限。[2] 能源的低廉价格对提升能源利用效率和促进新能源开发利用十分不利，不利于实现能源的可持续发展，并对环境带来巨大挑战。国际能源署的报告多次指出，阿拉伯国家是世界上最主要的能源补贴集中地，全球 10 个能源补贴率最高的国家中有 6 个来自阿拉伯地区。[3]

---

[1]　KAPSARC, "Global Shift: The Energy Productivity Transformation", Energy Workshop Series, *The King Abdullah Petroleum Studies and Research Center*, Riyadh, 2015, https://www.kapsarc.org/research/publications/global – shift – the – energy – productivity – transformation/，最后访问日期：2019 年 10 月 17 日。

[2]　UN-ESCWA, "Addressing Energy Sustainability Issues in the Buildings Sector in The Arab Region".

[3]　例如，2018 年全球能源补贴总额最大的 15 个国家中有沙特、埃及、阿尔及利亚、阿联酋、伊拉克和科威特 6 个阿拉伯国家；同年能源补贴率最高的 10 个国家中有利比亚、阿尔及利亚、科威特、沙特、埃及和伊拉克 6 个阿拉伯国家。参见 IEA, "Energy Subsidies: Tracking the Impact of Fossil-fuel Subsidies", 2019, https://www.iea.org/topics/energy – subsidies，最后访问日期：2019 年 12 月 18 日。

四　阿拉伯国家可持续发展的优先议程

当前，阿拉伯国家正面临发展的不确定性以及内部发展的不均衡。人口的急剧膨胀、民生问题的凸显、能源消费的迅猛增长和生态环境脆弱等威胁成为影响该地区可持续发展的主要变量，并使阿拉伯国家实现包容性和可持续发展的难度不断增大。从阿拉伯国家经济社会发展的现实条件和联合国2030 年可持续发展议程的目标体系来看，当前地区国家在应对自身发展挑战和治理过程中，应将重点放在经济、社会与环境三大领域的十二项紧迫议题上，这也是推进 2030 年可持续发展议程在阿拉伯地区落实的优先议程。

（一）经济领域

第一，保障粮食安全。大多数阿拉伯国家受到自然条件限制，农业发展水平较低，粮食对外依存度很高，民众日常生活用品（诸如面粉、食用油、糖和茶叶等）大多依靠进口，各国政府则为粮食进口长期提供补贴。例如，随着埃及工业化和城市化的发展，粮食需求大、耕地不足、水源有限等问题逐渐暴露。埃及长期陷入粮食危机，这成为国家治理的难题。① 2018 年，有 7个阿拉伯国家进入全球谷物进口额的前 25 名，沙特、埃及、阿尔及利亚、摩洛哥、突尼斯、约旦和利比亚分别排在全球第 5 位、第 8 位、第 11 位、第 15位、第 19 位、第 24 位和第 25 位。仅沙特一国的谷物进口量就占 2018 年全球谷物进口总量的 6.4%。2018 年世界粮食进口额占商品进口总额的平均比重为 9%，而阿拉伯国家为 13%。其中，黎巴嫩、埃及、阿尔及利亚、约旦和巴勒斯坦分别高达 18%、19%、19%、22% 和 28%。② 面对近年来的经济困难和难以削减的高额食品补贴，阿拉伯国家的进口支付压力和财政压力极大。阿拉伯国家的粮食进口支付能力很低，全球粮食价格上涨将直接推高阿拉伯国家国内食品价格和通货膨胀水平，而粮食危机易于引起民众不满和社会动荡。因此，通过多种途径保障粮食安全和食品供应是阿拉伯国家面临的挑战之一，也是联合国可以发挥重要作用的发展议题之一。

第二，推动工业化和实体经济发展。大多数阿拉伯国家至今仍未建立起比较完备的现代工业体系，经济结构单一。历史上产油国曾经尝试进行"购

① 张帅：《埃及粮食安全：困境与归因》，《西亚非洲》2018 年第 3 期，第 113 页。
② UNDP, "Arab Human Development Report Research Paper: Leaving No One Behind: Towards Inclusive Citizenship in Arab Countries", p. 24.

买工业化",但以失败告终。工业化进程的失败给地区国家带来多重负面效果。[1] 工业化是解决就业问题的有效途径。[2] 而工业化的失败和实体经济的不发达则导致阿拉伯国家的劳动生产率水平难以提高,并不可避免地带来两极分化和贫困化。阿拉伯国家单一畸形的经济结构和"石油经济"模式具有内在的脆弱性,大量消费品和工业产品依赖进口,实体经济薄弱,受到外部因素的冲击而易于波动,因此,推动经济结构的多元化是改革的必然方向。在低油价、高失业率等内外压力之下,推动工业化、加强实体经济发展和促进经济结构多元化是阿拉伯国家增强自身抵御风险能力和可持续发展能力的必然途径,也是落实 2030 年可持续发展议程的内在要求。

第三,加强公共基础设施建设。基础设施建设是实现经济增长、减少贫困和解决失业问题的有效途径,而基础设施建设和联通水平的落后也是阻碍阿拉伯国家经济可持续发展的重要因素。长期以来,因技术条件和投资不足,很多阿拉伯国家基础设施建设相对滞后;因战乱冲突,部分国家基础设施遭到毁坏,这严重破坏了经济发展的条件。突破基础设施落后这一发展瓶颈是阿拉伯国家实现经济多元化的重要环节,有助于提升经济竞争力和活力、创造就业和减贫,并且具有广泛的经济和社会溢出效应。[3] 基础设施项目的投资回报率高,就业创造效应明显,具有良好的经济和社会效益。在现实中,阿拉伯国家用于基础设施建设的支出比重低于世界平均水平,更低于亚洲新兴国家。因此,阿拉伯国家未来应将加强公共基础设施建设作为推动经济发展的重要抓手。

第四,推动经济多元化。阿拉伯国家面临巨大的经济多元化和经济转型压力。经济社会发展对能源和公共部门的高度依赖使阿拉伯国家的发展模式不可持续,政府也日益不堪重负。近年来,阿拉伯国家都在大力促进经济转型,力图调整经济结构,摆脱经济对石油的过度依赖,推动私营经济发展,力争实现可持续和包容性的经济增长。沙特、科威特、阿联酋等国制定的未来 10 年或 15 年的经济转型计划均包含大力发展基建、石化、清洁能源、物流等领域的内容,期待实现经济的可持续发展。其中,在经济转型滞后、内外压力增大的背景下,沙特 2019 年宣布启动国家工业发展和物流计划,推动阿美公司上市,促进经济多元化,这标志着沙特"2030 愿景"的推进进入了

---

① 田文林:《"资源诅咒":论石油因素对中东的消极影响》,第 86 页。

② 杨光:《埃及的人口、失业与工业化》,《西亚非洲》2015 年第 6 期,第 125 页。

③ 姜英梅:《中东国家基础设施建设与"一带一路"合作前景》,《阿拉伯世界研究》2019 年第 2 期,第 92 ~ 99 页。

新阶段。未来阿拉伯国家的经济转型进程需要持续提速，与 2030 年可持续发展议程的契合度也应提升。

（二）社会领域

第一，促进社会公平，提升经济发展的包容性。阿拉伯国家长期形成的发展模式存在多重弊端，不仅经济发展存在结构性问题，更严重的是发展成果并没有惠及所有阶层的民众。贫富分化严重，腐败和裙带关系泛滥，普通民众的教育、就业和政治参与机会不足，促进了抗争政治的兴起和发展。边缘人群的持续贫穷化会进一步加剧其被剥夺感，进而加深社会怨恨。在伊斯兰极端主义思想影响力扩大的背景下，底层民众特别是青年人的思想易于走向激进化。互联网时代的技术传播手段更放大了社会问题，从而为国家稳定带来严峻的挑战。提升经济发展的包容性，建立公平、普惠的社会秩序决定着阿拉伯国家的发展前途和未来，这也是联合国 2030 年可持续发展议程的基本要求。

第二，解决青年就业问题，缩小贫富差距。阿拉伯国家人口爆炸更突出地体现为青年人口的"膨胀"，所以阿拉伯国家普遍面临青年人口比例高、失业率高及贫困化和边缘化等现实挑战。与青年密切相关的就业问题、教育问题和发展问题十分突出。青年问题一直是阿拉伯国家社会发展进程中尖锐而复杂的挑战之一。地区人口的快速增长和年轻化势头不减，经济结构单一制约创业创新，政府也难以提供更多的就业机会，使青年人口就业压力越来越大。阿拉伯地区失业率一直很高，很多国家失业率高达 30%，创造就业成为地区国家的紧迫任务。[1] 由于阿拉伯国家教育质量堪忧，[2] 大学生受影响最为严重，大批青年面临着毕业即失业的窘境，甚至出现受教育人群的失业率超过文盲失业率的怪现象。而现代社交媒体网络在青年群体中的巨大影响推动了青年问题的发酵，这极易演变为社会问题和抗议示威活动。

第三，促进性别平等，提高女性地位。性别平等是阿拉伯国家发展指标中最为显著的弱项和短板之一。在部分保守的阿拉伯国家，女性完全不能抛

---

[1] WEF, "The Middle East Needs a Technological Revolution Start Ups Can Lead the Way", April 1, 2019, https://www.weforum.org/agenda/2019/04/the – middle – east – needs – a – technological – revolution – start – ups – can – lead – the – way, 最后访问日期：2019 年 10 月 19 日。

[2] CARLAC, "Education in the Arab World", https://carlac.net/education – in – the – arab – world.html; UNESCO, "Higher Education in the Arab World: Government and Governance", https://en.unesco.org/news/higher – education – arab – world – government – and – governance, 最后访问日期：2019 年 12 月 25 日。

头露面，出行都需要男性家人或监护人的陪同，更谈不上参与就业、从政等其他社会活动。同时，妇女失业率比男性要高得多，生活压力更大，影响了阿拉伯国家的发展稳定。阿拉伯国家在促进性别平等方面任重道远，未来需要进一步保障、改善妇女和女童的权利；提供公平的教育机会，通过教育、就业及其他平台为女性赋权。

第四，加强有利于促进社会发展的机制建设。2030 年可持续发展议程的目标要求"创建和平、包容的社会以促进可持续发展，让所有人都能诉诸司法，建立各级有效、负责和包容的机构"，即在各级政府创建高效、透明的机构。① 可持续发展要求政府提升透明度、建立问责制度，构建全球可持续发展伙伴关系，特别是扩大国家机构、民间社会组织和私营部门之间的伙伴关系。在阿拉伯地区，一方面，受到历史文化传统和现实制度缺陷的影响，阿拉伯国家政府在开放透明和机构效率方面仍然较为滞后；另一方面，国有企业和公共部门在地区国家经济社会发展中的主导地位没有改变，限制了社会活力。缺乏有活力的私营部门和强大民间社会组织的国家，在完成联合国发展目标和提升全球竞争力方面面临重大困难。②

（三）环境领域

第一，提升能效，减少能源消耗。阿拉伯地区能源丰富，但能源消耗增长更快，远超全球平均水平，且阿拉伯各国普遍长期实行高额能源补贴，能源利用效率低下，政策引导力度不够，民众节能意识淡薄，这些因素共同导致了阿拉伯国家面临能源浪费和污染严重等严峻挑战，该地区在全球碳排放中的比重也日益上升。2009 年沙特就已经成为世界第五大石油消费国，仅次于美国、中国、日本和印度四国。2018 年沙特日均石油消费量达到 372.4 万桶。③ 如果不加以限制，预计至 2030 年沙特国内石油日均消费量将增至 820 万桶，届时其生产的大部分石油将不得不用于国内消费。④ 在几乎所有经济领域，大部分阿拉伯国家的能源效率和先进技术的普及率都很低，这严重制约

---

① United Nations, "Transforming Our World: 2030 Agenda for Sustainable Development".
② UN Department of Economic and Social Affairs, *Governance in the Middle East, North Africa and Western Balkans*, p. 2.
③ 《BP 世界能源统计年鉴》2019 版，2019 年 7 月 30 日，https://www.bp.com/zh_cn/china/home/news/reports/statistical‑review‑2019.html，最后访问日期：2019 年 12 月 22 日。
④ 《中东北非地区可再生能源和新能源发展及其影响》，中国驻埃及大使馆经济商务处网站，2018 年 4 月 9 日，http://eg.mofcom.gov.cn/article/r/201804/20180402729884.shtml，最后访问日期：2019 年 9 月 20 日。

着可持续发展议程目标的实现。

第二，加强水资源保护。当前阿拉伯地区的水资源挑战已经超出了单纯的匮乏范畴，并带来一系列严重的社会经济后果。经济发展和人口激增，加上治理不善，许多阿拉伯国家的水资源开采早已超出了环境的承受能力，削弱了自然修复能力和灾害抵御能力。水资源开发利用的挑战更为严峻，水资源缺乏引发的地下水过度开采远超世界平均水平，加剧了水资源危机。这不仅涉及地区用水安全，也威胁到粮食安全，甚至引发严重的环境灾难和族群冲突。未来阿拉伯国家要实现可持续发展，在环境领域进一步加强水资源保护刻不容缓。联合国发展议程也将这一问题作为推动地区发展治理的核心议题之一。

第三，保护生态环境平衡。生态环境恶化带来的严重后果正在很多阿拉伯国家显现出来。环境恶化可能带来粮食产量下降、人口流离失所、资源争夺和社会冲突，甚至导致社会秩序的崩溃和战争。苏丹达尔富尔地区的生态恶化最终带来社会秩序崩溃和内战爆发就是鲜明的例证。[①] 鉴于脆弱并不断恶化的生态环境，阿拉伯国家需要确保经济、社会发展与环境保护之间的和谐一致，提升保护环境的责任感，保持经济、社会和环境发展之间的平衡。卡塔尔、沙特、阿联酋、约旦、科威特等国在国家发展愿景中，都已提出将环境保护作为核心议题之一，扩大、提升自然保护区和水源保护的规模和水平。这些国家制定了提升资源、能源利用效率的政策措施，在保护生态平衡、可持续发展方面正在做出更大努力，契合了联合国 2030 年可持续发展议程的内在要求。

第四，促进清洁能源开发。与能源利用的快速增长和低效率相联系，阿拉伯国家也一直希望增加对太阳能、风能、潮汐能等可再生清洁能源的开发利用。这既有利于减少对油气资源的高度依赖，增加对外能源出口或节省能源进口支出，开拓经济增长点，也可为减少碳排放和应对环境挑战做出贡献。阿拉伯地区可再生能源资源丰富，具有发展以太阳能和风能为代表的可再生能源的良好条件。该地区可再生能源的分布相对于传统化石能源更为均衡，各国都具有发展可再生能源的基础，这为平衡区域经济发展提供了重要基础。因此，发展清洁能源以应对环境污染和气候变化也成为阿拉伯国家的重要考量和目标。当前阿拉伯地区发展治理的优先议程如表 1 所示。

[①] UNDP, "Arab Human Development Report Research Paper: Leaving No One Behind: Towards Inclusive Citizenship in Arab Countries", p. 25.

表 1　当前阿拉伯地区发展治理的优先议程

领域	主要目标	优先议程
经济	摆脱能源依赖,实现经济多元化	保障粮食安全
		推动工业化和实体经济发展
		加强公共基础设施建设
		推动经济多元化
社会	聚焦民生问题,构建包容性社会秩序	促进社会公平,提升经济发展的包容性
		解决青年就业问题,缩小贫富差距
		促进性别平等,提高女性地位
		加强有利于促进社会发展的机制建设
环境	以可持续发展为引领,保护生态环境	提升能效,减少能源消耗
		加强水资源保护
		保护生态环境平衡
		促进清洁能源开发

结　语

当前,2030 年可持续发展议程为阿拉伯国家实现经济、社会和环境协调发展提供了新的机遇,有利于推动各国实现超越能源依赖的经济结构转型、聚焦民生问题的社会秩序重建、探索以可持续发展为引领的国家治理道路,在经济、社会和环境三大领域都需据此设定一系列优先发展议程。在此背景下,阿拉伯国家也在致力于应对自身面临的挑战,制定了各自的可持续发展战略,纷纷表现出摆脱对单一石油经济的依赖、实现经济转型的愿望,在国家发展规划中努力融入可持续发展目标。

然而,阿拉伯国家面临的经济、社会和环境挑战十分严峻,地区冲突频仍、经济结构单一、宗教文化复杂、生态环境脆弱、政治意愿各异,各种困局都制约着可持续发展理念的贯彻和目标的实现。特别是在地区安全形势持续紧张的背景下,阿拉伯国家相对来说更为关心安全议题,发展问题在很多情况下不得不为安全问题让路。在此背景下,仅仅关注前述三大领域十二项议程还远远不够,阿拉伯国家和国际社会需要共同努力,合作推动地区和平与发展。联合国可持续发展议程在阿拉伯地区仍存在理念传播上的困难,缺乏足够的有效平台,发展成效并未彰显。加之联合国在阿拉伯国家发展转型中的作用主要体现在发展理念引领、发展规划制定、重大灾难或冲突后国家重建等方面，阿拉伯国家对于联合国的发展治理期待也比较有限。未来，有必要以联合国发展网络为基础，并结合其他国际组织与当地国家政府的相关数据，建立更为完善、系统的阿拉伯地区发展数据库，构建有利于阿拉伯国家发展转型的合作机制，为指导阿拉伯国家制定发展转型规划并加以实践奠定良好基础。阿拉伯国家的发展转型也需要包括联合国、发达国家和新兴大国在内的国际社会的共同支持，需要各方建立更为紧密、有效的伙伴关系。

Development Transformation of Arab Countries from the Perspective of the 2030 Agenda for Sustainable Development

Zou Zhiqiang

Abstract：For a long time, Arab countries have accumulated serious "development deficit" and "governance deficit", and have fallen into the paradox of "growth without development", facing outstanding economic, social, security and sustainable development transformation challenges. Energy sector is a key area with a systemic impact for development transition of Arab countries. The 2030 Agenda for Sustainable Development provides a guiding framework and new opportunities for Arab countries to achieve development transformation, and is conducive to promoting the transformation of economic structures beyond energy dependence, the reconstruction of social order focusing on people's livelihood issues, and the exploration of national governance paths led by sustainable development. According to the goals system of the 2030 Agenda for Sustainable Development, Arab countries should truly embrace the comprehensive, coordinated and sustainable development ideas, establish a development mechanism that is conducive to economic transformation, social inclusion and environmental sustainability, and promote governance capabilities for sustainable development. Thus Arab countries need to set priority development agendas in the three major areas of economy, society and environment according to their own development conditions.

Keywords：United Nations Development Agenda；The 2030 Agenda for Sustainable Development；Arab Countries；Development Transformation

（原文发表于《阿拉伯世界研究》2020 年第 3 期）

非正式制度距离对我国对中东
直接投资影响研究

王晓宇　杨言洪[*]

摘要：中东地区是我国推进"一带一路"建设的天然合作伙伴。本文基于语言因素、价值观因素构建了非正式制度距离维度指标并对其合理性进行了说明。依据 2007~2016 年中国对中东 24 国的直接投资数据，测算双边的语言和价值观文化差异，实证分析双边非正式制度距离对中国投资活动的影响。结果表明，非正式制度距离对中国向中东国家直接投资具有显著的负向效应。本文就如何缩减双边非正式制度距离提出了建议。

关键词：非正式制度距离　中东　对外直接投资　"一带一路"

一　引言

对外直接投资（Outward Foreign Direct Investment，OFDI）是我国"走出去"战略的重要组成部分。2007~2016 年是中国对外直接投资飞速发展的黄金时期。[①]《中国对外投资公报》数据显示，2014 年中国成为对外直接投资净流出国，2015 年其存量首次突破万亿美元大关，2016 年其流量创下 1812.3 亿美元的历史新高，成为全球第二大对外投资国。影响中国对外直接投资的因素日益广泛，其中制度因素对投资活动的影响一直是一个重要的研究方向。东道国特有的制度体系作为其固有"禀赋"决定其对外资吸引力的大小，不

---

[*] 王晓宇，经济学博士，上海外国语大学中阿改革发展研究中心师资博士后，研究方向为区域国别研究；杨言洪，博士生导师，对外经济贸易大学外语学院教授，研究方向为区域国别研究。

[①] 刘双芹、李敏燕：《制度距离与我国企业跨国并购交易成败研究》，《财经问题研究》2018 年第 2 期。

完善的制度环境会增加母国投资风险，不利于投资活动的开展。除制度质量的好坏外，不同国家之间制度距离的大小也是影响投资活动的重要因素，如出于规避风险的动机，母国更倾向于选择具有类似制度环境的东道国进行投资。目前国际商务研究中有关"制度距离"的议题成果较为丰富，但较少有文献专门分析非正式制度因素在经贸活动中的作用。事实上，非正式制度及其核心内涵才是新制度主义最显著的特征，对非正式制度因素的忽视制约了制度距离在国际商务中的应用，导致研究的理论与现实意义均受到一定限制。[①]

中东地区是我国推进"一带一路"建设的天然伙伴和重要区域。中国对该地区的直接投资起点低但增长迅速，2007~2016 年中国对中东直接投资流量和存量的年均增长率分别为 15.74% 和 26.10%。2016 年中国成为中东地区首要投资国，中东已成为中国重要的工程承包及海外投资市场，对周边国家形成重点示范效应。另外，中国对该地区直接投资分布范围广，但国别集中度高，主要流向能源大国和地区大国，其中，对伊朗、伊拉克、突尼斯、毛里塔尼亚、阿联酋、阿富汗等国直接投资流量年均增长率超过 35%，对以色列、土耳其直接投资流量年均增长率超过 100%。中东地区国家众多，地缘政治复杂，具有浓厚的宗教氛围，这些因素决定了中国对其投资不仅受到法律规范等正式制度差异的影响，还面临语言、价值观、风俗等因素差异的挑战。共建"一带一路"背景下，中国与对象国基于制度因素的互动与"政策沟通"内容相契合。相比以政策、法律等硬指标为代表的正式制度因素，搭建基于语言、价值观等软指标的非正式制度平台，可以有效提升"政策沟通"水平，促进"民心相通"，进而推动"资金融通""贸易畅通""设施联通"，最大限度地释放"一带一路"实施中的制度红利，有利于实现中国与中东"互联互通"的最佳效果。

二　文献回顾

制度理论的重要学派有两个，分别是以 North 为代表的新制度经济学派和以 Scott 为代表的组织社会学制度理论。North 采用二分法将制度分为正式制度和非正式制度两个维度，Scott 采用三支柱法将制度分为管制制度、规

---

① 严若森、钱晶晶：《中国企业国际化背景下的制度距离文献计量分析》，《管理学报》2016 年第 3 期。

范制度和认知制度三个维度。相较而言，Scott 更加侧重非正式制度内容，其规范、认知两个维度与 North 的非正式制度维度内容相当。有关制度差异如何影响投资规模，Coase 最早提出了交易成本理论，该理论认为母国与东道国的制度环境差距越大，母国投资过程中付出的成本就越高，导致对外投资规模越小。[①] 随着全球化的不断推进，Hall 和 Soskice 提出的制度套利理论也为跨国间对外直接投资活动提供了一个有力解释，该观点与交易成本理论正好相反，即制度差异越大越有助于对外投资规模的增长。[②]

现有文献基于发达国家对外直接投资经验的分析得出的结论比较支持交易成本理论。研究发现，发达母国对外直接投资更倾向于流向那些制度质量高且与自身制度差异小的东道国或地区，但新兴经济体或发展中国家的对外直接投资对东道国与母国的制度差异反应则不尽相同，[③] 制度差异对中国对外直接投资的影响也没有统一的结论。D. Xu、潘镇、阎大颖、谢孟军等学者研究发现，中国与东道国之间的制度距离阻碍了中国对外投资活动。[④] 蒋冠宏和蒋殿春、岳咬兴和范涛专门分析了制度距离对中国与亚洲国家及其他发展中国家对外直接投资活动的影响，结果显示制度差异影响对外直接投资活动。[⑤] 除上述 "制度逃逸论" 和 "制度亲近论" 两种常见结论之外，还有研究得出 "二元论"。如冀相豹研究表明，中国对外直接投资倾向于制度因素较好的发达国家和制度因素较差的发展中国家；[⑥] 杜江和宋跃刚以经济合作与发展组织（OECD）国家为样本研究发现，我国对外直接

[①] R. H. Coase, "The Nature of The Firm", *Economica*, 4 (16), 1937, pp. 386 – 405.

[②] P. Hall and D. Soskice, *Varieties of Capitalism: The Institutional Foundations of Comparative Advantage*, New York: Oxford University Press, 2001.

[③] B. G. Buchanan, Q. V. Le and M. Rishi, "Foreign Direct Investment and Institutional Quality: Some Empirical Evidence", *International Review of Financial Analysis*, 21, 2012, pp. 81 – 89.

[④] D. Xu, Y. Pan and P. W. Beamish, "The Effect of Regulative and Normative Distances on MNE Ownership and Expatriate Strategies", *Management International Review*, 44 (3), 2004, pp. 285 – 307；潘镇、殷华方、鲁明泓：《制度距离对于外资企业绩效的影响——一项基于生存分析的实证研究》，《管理世界》2008 年第 7 期，第 103～115 页；阎大颖：《制度距离、国际经验与中国企业海外并购的成败问题研究》，《南开经济研究》2011 年第 5 期，第 75～97 页；谢孟军：《出口抑或对外投资——基于制度距离的视角》，《国际商务》2015 年第 6 期，第 114～124 页。

[⑤] 蒋冠宏、蒋殿春：《中国对发展中国家的投资——东道国制度重要吗?》，《管理世界》2012 年第 11 期，第 45～56 页；岳咬兴、范涛：《制度环境与中国对亚洲直接投资区位分布》，《财贸经济》2014 年第 6 期，第 69～78 页。

[⑥] 冀相豹：《中国对外直接投资影响因素分析——基于制度的视角》，《国际贸易问题》2014 年第 9 期，第 98～108 页。

投资主要流向比我国制度质量好且与我国制度距离较大的 OECD 国家，以及比我国制度质量差且与我国制度距离较小的非 OECD 国家。① 现有研究大多针对正式制度距离，其中少数研究也综合考虑了非正式制度的影响，但专门聚焦非正式制度对中国对外直接投资影响的文献非常少。其主要原因一方面是对非正式制度的内涵和外延难以达成共识，另一方面是在新制度经济学中，文化因素是构成非正式制度的重要成分，但却难以进行标准量化处理。梳理文献发现，在研究方法上，余壮雄和付利、刘双芹和李敏燕基于 Scott 的三分法，采用规范制度距离作为非正式制度距离的代理变量。② 祁春凌和邹超、吉生保等采用文化距离代表非正式制度距离。③ 在研究结论上，大多数研究认同非正式制度距离与对外直接投资存在负向关系，而殷华方和鲁明泓、綦建红等研究发现文化距离与我国对外直接投资呈 S 型和 U 型等复杂的非线性关系。④ 在研究样本选择上，大部分研究将样本聚焦于世界大国或中国主要投资对象国，在少有的区域国别研究中又以中亚、东盟国家为对象。目前国内有关中国对中东地区直接投资的研究以论述为主，相关实证研究鲜见。

综上所述，现有研究普遍忽视非正式制度因素的作用，即使在涉及非正式制度距离的研究中也很少对非正式制度距离维度指标进行解释与论述，更多是将文化距离作为其代理变量，或引入是否同一语言、宗教等虚拟变量，忽略了这些变量是否具有制度属性。另外，现有投资研究较少选择某一特定区域作为研究样本，以中东国家为样本的实证研究几近缺失。据此，本文从区域国别视角出发，选择中东国家作为研究样本，在厘清非正式制度距离维度指标基础上，分析非正式制度距离对中国向该地区直接投资的影响。在选取样本时参考了陈建民的"广义中东"概念，⑤ 对象国包括西亚地区的伊朗、

① 杜江、宋跃刚：《制度距离、要素禀赋与我国 OFDI 区位选择偏好——基于动态面板数据模型的实证研究》，《世界经济研究》2014 年第 12 期，第 47～52、85 页。

② 余壮雄、付利：《中国企业对外投资的区位选择：制度障碍与先行贸易》，《国际贸易问题》2017 年第 11 期，第 115～126 页；刘双芹、李敏燕：《制度距离对中国 OFDI 区位选择的影响》，《河海大学学报》（哲学社会科学版）2018 年第 2 期，第 58～64、91 页。

③ 祁春凌、邹超：《东道国制度质量、制度距离与中国的对外直接投资区位》，《当代财经》2013 年第 7 期，第 100～110 页；吉生保、李书慧、马淑娟：《中国对"一带一路"国家 OFDI 的多维距离影响研究》，《世界经济研究》2018 年第 1 期，第 98～111、136 页。

④ 殷华方、鲁明泓：《文化距离和国际直接投资流向：S 型曲线假说》，《南方经济》2011 年第 1 期，第 26～38 页；綦建红、李丽、杨丽：《中国 OFDI 的区位选择：基于文化距离的门槛效应与检验》，《国际贸易问题》2012 年第 12 期，第 137～147 页。

⑤ 陈建民：《当代中东》，北京大学出版社，2002。

沙特阿拉伯、伊拉克、土耳其、科威特、阿联酋、阿曼、卡塔尔、巴林、以色列、叙利亚、黎巴嫩、约旦、巴勒斯坦、也门、塞浦路斯和阿富汗，以及北非地区的苏丹、埃及、利比亚、突尼斯、阿尔及利亚、摩洛哥和毛里塔尼亚，共 24 个国家。

三　非正式制度距离维度指标的构建

相较于正式制度距离，非正式制度距离更多指母国和东道国在行为规范、价值观念和文化习俗等方面存在的差异，因根植于社会结构、内嵌于社会环境而具有隐性特征，却对母国的海外投资行为产生实质性影响。国内外研究主要使用 Hofstede 的国家文化数据测算非正式制度距离，此外还采用"全球领导力和企业行为效力"（Global Leadership and Organizational Behavior Effectiveness，GLOBE）[1]、"世界竞争力年鉴"（World Competitiveness Yearbook，WCY）[2]、"全球竞争力报告"（Global Competitiveness Report，GCR）[3] 等数据库中的全部或部分指标数据用以测算非正式制度距离。

随着学界对制度距离研究的不断深入，Hofstede 的国家理论框架已无法完全满足研究需求，关键原因是其数据缺少对非洲各国文化指标的测量统计，并且缺乏更新。为此，一些国外学者在研究中专门构建了非正式制度距离维度指标。如 Peng 构建了基于文化、伦理等因素的非正式制度距离指标；[4]

---

[1] S. Estrin, D. Baghdasaryan and K. E. Meyer, "The Impact of Institutional and Human Resource Distance on International Entry Strategies", *Journal of Management Studies*, 46 (7), 2009, pp. 1171 – 1196; D. Dikova, P. R. Sahib and A. Witteloostuijn, "Cross-border Acquisition Abandonment and Completion: The Effect of Institutional Differences and Organizational Learning in the International Business Service Industry, 1981 – 2001", *Journal of International Business Studies*, 41 (2), 2010, pp. 223 – 245.

[2] A. S. Gaur and J. W. Lu, "Ownership Strategies and Survival of Foreign Subsidiaries: Impacts of Institutional Distance and Experience", *Journal of Management*, 33 (1), 2007, pp. 84 – 110; 李元旭、刘飐：《制度距离与我国企业跨国并购交易成败研究》，《财经问题研究》2016 年第 3 期，第 94 ~ 103 页。

[3] D. Xu, Y. Pan and P. W. Beamish, "The Effect of Regulative and Normative Distances on MNE Ownership and Expatriate Strategies", *Management International Review*, 44 (3), 2004, pp. 285 – 307; 潘镇、殷华方、鲁明泓：《制度距离对于外资企业绩效的影响——一项基于生存分析的实证研究》，《管理世界》2008 年第 7 期，第 103 ~ 115 页；M. C. H. Chao and V. Kumar, "The Impact of Institutional Distance on the International Diversity-performance Relationship", *Journal of World Business*, 45 (1), 2009, pp. 93 – 103.

[4] M. W. Peng, "Perspectives—from China Strategy to Global Strategy", *Asia Pacific Journal of Management*, 22 (2), 2005, pp. 123 – 141.

Pogrebnyakov 和 Maitland 采用国家间语言差异和宗教信仰差异构建了认知距离；① Kaufmann 等构建了一套规范制度测量体系，将世界观和价值观作为该体系的核心因素；② Morris 和 Jain 采用母国与东道国是否拥有共同语言、母国是否曾为殖民宗主国等虚拟变量衡量文化距离。③ 国内有研究也采用类似的指标构建方法，随着近年来世界价值观调查（World Values Survey，WVS）数据的完善和更新，基于 WVS 数据库构建的文化距离指数也逐渐受到国内学者的认可。④

分析发现，尽管国内外研究在构建非正式制度距离指标的方法和数据上有所差异，但在变量处理上多采用文化距离，或者使用语言、宗教、价值观等具有文化属性指标的虚拟变量。总体而言，采用虚拟变量方法衡量非正式制度差异显得过于笼统，而采用文化距离作为非正式制度距离的代理变量则混淆了变量的文化属性和制度属性。据此，本文在前人研究的基础上，选取语言、价值观作为非正式制度指标。第一，从文化角度看，Hofstede 将文化由表及里分为符号（如语言）、英雄人物性格、礼仪和价值观四个层次。因而从文化分层理论讲，语言和价值观作为文化内容的构成要素具有文化属性，分别代表文化内涵的表层和深层内容。第二，从制度角度看，语言是文化的载体，同时也是一种制度。⑤ 价值观是文化的核心要素，同时也是人们行为的指南与规则，⑥ 因此语言和价值观都具有制度属性。第三，已有研究证明，世界语言结构地图数据库（www. wals. info）、世界价值观调查数据库（www. worldvaluessurvey. org）等可以为语言距离和价值观距离的科学测算提供权威数据。综上所述，语言、价值观兼具文化属性和制度属性，考虑同时纳入语言因素和价值观因素，符合二分法中非正式制度、三支柱法中认知制度的内涵，有助于构建较为合理和完善的非正式制度维度指标。

---

① N. Pogrebnyakov and C. F. Maitland, "Institutional Distance and the Internationalization Process: The Case of Mobile Operators", *Journal of International Management*, 17 (1), 2010, pp. 68 – 82.

② D. Kaufmann, A. Kraay and M. Mastruzzi, "The Worldwide Governance Indicators: Methodology and Analytic Issues", *Hague Journal on the Rule of Law*, 3 (2), 2011, pp. 220 – 246.

③ S. Morris and P. Jain, "Empirical Study on Inter – country OFDI", *MPRA Working Paper*, No. 56194, 2014.

④ 綦建红、李丽、杨丽:《中国 OFDI 的区位选择：基于文化距离的门槛效应与检验》,《国际贸易问题》2012 年第 12 期, 第 137 ~ 147 页；宋渊洋:《制度距离、制度相对发展水平与服务企业国内跨地区经营战略——来自中国证券业的经验证据》,《南开管理评论》2015 年第 3 期, 第 60 ~ 70 页。

⑤ 〔瑞士〕费尔迪南·德·索绪尔:《普通语言学教程》, 高名凯译, 商务印书馆, 1980。

⑥ 贾玉新:《跨文化交际学》, 上海外语教育出版社, 1980。

四 变量设定与模型构建

（一）变量设定及说明

1. 被解释变量

中国对中东 24 国直接投资流量（$OFDI$）的数据来源于 2007 ~ 2016 年中国商务部公布的《中国对外直接投资统计公报》，数据根据中国历年 GDP 平减指数（2015 = 100）换算成实际值，单位为万美元。

2. 核心解释变量

（1）语言距离（LAD）。该变量反映中国与东道国的语言差异，数据来源于世界语言结构地图数据库。参考徐珺和自正权、王晓宇和杨言洪采用的 WALS 指数法计算语言距离。① 具体做法是将汉语与 24 国语言匹配成 24 组语言单位，再将每组语言按照 192 组条指标逐一进行对比分析，语言指标相同时语言差异值取 1，不同则差异值取 0，最后对语言差异值求和，得到两种语言之间的距离（见表 1）。

表 1　中国与中东 24 国语言距离

国别	LAD	国别	LAD	国别	LAD
巴林	154	黎巴嫩	151	阿联酋	131
利比亚	153	摩洛哥	151	阿曼	131
苏丹	153	突尼斯	149	卡塔尔	131
也门	153	叙利亚	149	埃及	104
巴勒斯坦	152	约旦	149	塞浦路斯	103
毛里塔尼亚	152	伊拉克	147	伊朗	103
沙特阿拉伯	152	科威特	140	土耳其	97
阿尔及利亚	151	阿富汗	138	以色列	97

（2）价值观距离（VAD）。该变量反映中国与东道国的价值观差异，数据来源于世界价值观调查第六轮（最新一轮）调查数据。参考綦建红、宋渊洋等学者的方法，基于 Inglehart 的文化两维度分别计算出传统 - 世俗理性（Traditional and Secular-Rational，TSR）和生存 - 自我表现（Survival and Self-Expression，

---

① 徐珺、自正权：《语言对中国对外贸易影响之实证研究：基于 17 国数据的考察》，《外语电化教学》2016 年第 4 期，第 73 ~ 78、84 页；王晓宇、杨言洪：《区域国别视角下语言距离对中国向西亚北非出口贸易的影响及潜力分析》，《上海对外经贸大学学报》2019 年第 2 期，第 99 ~ 108 页。

SSE）两个维度值，再通过 TWI（Tadesse and White Index）指数公式（见公式 1）计算得出价值观距离。其中，$\overline{TSR_m} - TSR_n$ 是 m 国与 n 国在 TSR 维度上的差异，反映水平文化距离；$\overline{SSE_m} - SSE_n$ 是 m 国与 n 国在 SSE 维度上的差异，反映垂直文化距离。VAD_{mn} 是 m 国与 n 国整体文化距离。但囿于该数据库对中东国家覆盖不够全面，本文仅测算出中国与中东 13 国的价值观距离（见表 2）。

$$VAD_{mn} = \sqrt{(\overline{TSR_m - TSR_n})^2 + (\overline{SSE_m - SSE_n})^2} \qquad (1)$$

表 2　中国与中东 13 国的价值观距离

国别	TSR	SSE	VAD	国别	TSR	SSE	VAD
塞浦路斯	0.374	0.404	1.052	土耳其	− 0.234	0.077	0.465
黎巴嫩	0.582	0.015	0.992	埃及	− 0.779	− 0.393	0.45
伊拉克	0.422	− 0.367	0.751	约旦	− 0.203	0.047	0.445
卡塔尔	− 0.776	− 0.81	0.621	也门	− 0.106	− 0.641	0.345
利比亚	− 0.39	− 0.973	0.598	阿尔及利亚	− 0.018	− 0.321	0.316
巴勒斯坦	0.264	− 0.343	0.594	摩洛哥	− 0.183	− 0.199	0.231
突尼斯	0.117	− 0.113	0.519				

3. 控制变量

大量文献从不同视角对影响对外直接投资的因素进行了研究，本文借鉴相关研究成果，选取以下控制变量，时间跨度为 2007～2016 年。

（1）东道国市场机遇（pGDP）。人均 GDP 可以反映一国经济社会可持续发展的潜力和经济发展程度，采用历年分国别的人均 GDP 代表东道国市场机遇，数据来自世界银行数据库，用按购买力平价（PPP）衡量的 2011 年美元不变价（constant 2011 PPP $）表示，单位为美元。

（2）东道国市场发展潜力（gGDP）。采用历年分国别人均 GDP 增长率表示，数据来源于世界银行数据库。

（3）东道国自然资源禀赋（RES）。采用历年分国别燃料、矿石和金属出口占商品总出口的比重来表示，数据来自世界银行数据库。

（4）海外投资示范效应（EX）。母国与东道国之间的出口联系成为企业了解东道国市场、通行商务惯例和文化习俗等的重要途径，采用母国历年分国别对外贸易出口额表示，[①] 并根据历年 GDP 平减指数（2015 ＝ 100）换算成实际值，单位为万美元。

---

① 数据来源于中国统计年鉴数据库（www. stats. gov. cn）。

（5）东道国宏观经济稳定情况（INF）。采用平减指数衡量的通货膨胀率表示，数据来源于世界银行数据库。

（6）东道国投资开放度（IF）。考虑到中国的投资活动受到东道国的投资开放程度影响，采用投资自由度指数（Investment Freedom Index）表示，数据来源于美国传统基金会（www. heritage. org）中的经济自由度指数（Economic Freedom Index，EFI），取值范围为 0 ~ 100。

（7）东道国社会稳定情况（PS）。采用政府稳定性指数（Political Stability Index）表示，数据来自世界银行数据库中的全球治理指数（Worldwide Governance Indicators，WGI），取值范围为 - 2.5 ~ 2.5。政府稳定性是政治风险的最初来源和核心定义，[①] 在政治稳定性中处于核心地位，反映政局稳定和社会安定程度、政府核心领导力和平息暴乱的能力，与政治风险密切相关。

（8）地理区位（C）。中东 24 国分布于西亚和北非两片区，但由于这两个地区国家相对聚集，已有研究证明聚集国家的地理距离会对结果产生反作用，[②] 因此本文采用分类变量 C（"亚洲" =0，"非洲" =1）控制地区固定效应。

各变量的描述性统计如表 3 所示，除了东道国市场发展潜力（$gGDP$）、东道国宏观经济稳定情况、东道国社会稳定情况、地理区位等变量，其他变量均取自然对数。

表 3　变量的描述性统计

变量	最小值	最大值	平均值	标准差	观测值
LnOFDI	0.702	12.112	7.418	2.303	199
LnLAD	4.575	5.037	4.909	0.161	240
LnVAD	- 1.466	0.051	- 0.651	0.418	130
LnpGDP	7.158	11.770	9.639	1.111	230
gGDP	- 62.225	122.968	0.704	10.886	231
LnRES	- 1.981	4.605	3.330	1.346	200
LnEX	7.997	15.039	12.286	1.406	240
INF	- 26.866	35.567	5.188	11.005	231
LnIF	1.609	4.443	3.784	0.546	207
PS	- 2.974	1.224	- 0.861	1.118	230
C	0	1	0.292	0.455	240

---

① S. J. Kobrin, "Political Risk：A Review and Reconsideration", *Journal of International Business Studies*, 10（1），1979, pp. 67 - 80.

② 赵翊：《"一带一路" 战略与中国对阿拉伯国家出口潜力分析》，《阿拉伯世界研究》2014 年第 3 期，第 58 ~ 67 页；尚宇红、崔惠芳：《文化距离对中国和中东欧国家双边贸易的影响——基于修正贸易引力模型的实证分析》，《江汉论坛》2014 年第 7 期，第 58 ~ 62 页。

（二）模型设定

本文在引力模型基础上构建模型的半对数形式。为了研究语言距离、价值观距离分别对直接投资造成的影响，构建了模型 2 和模型 3；为了研究语言距离、价值观距离作为非正式制度距离对直接投资的综合影响，构建了模型 4。变量下标 t 表示时间，m 表示东道国。ε 为回归残差，β 为估计参数。

$$\text{Ln}\,OFDI_{mt} = \beta_0 + \beta_1 \text{Ln}\,LAD_m + \beta_2 \text{Ln}\,pGDP_{mt} + \beta_3\,gGDP_{mt} + \beta_4\,C_m + \beta_5 \text{Ln}\,RES_{mt}$$
$$+ \beta_6 \text{Ln}\,EX_{mt} + \beta_7\,INF_{mt} + \beta_8 \text{Ln}\,IF_{mt} + \beta_9\,PS_{mt} + \varepsilon_{mt} \tag{2}$$

$$\text{Ln}\,OFDI_{mt} = \beta_0 + \beta_1 \text{Ln}\,VAD_m + \beta_2 \text{Ln}\,pGDP_{mt} + \beta_3\,gGDP_{mt} + \beta_4\,C_m + \beta_5 \text{Ln}\,RES_{mt}$$
$$+ \beta_6 \text{Ln}\,EX_{mt} + \beta_7\,INF_{mt} + \beta_8 \text{Ln}\,IF_{mt} + \beta_9\,PS_{mt} + \varepsilon_{mt} \tag{3}$$

$$\text{Ln}\,OFDI_{mt} = \beta_0 + \beta_1 \text{Ln}\,LAD_m + \beta_2 \text{Ln}\,VAD_m + \beta_3 \text{Ln}\,pGDP_{mt} + \beta_4\,gGDP_{mt} + \beta_5\,C_m$$
$$+ \beta_6 \text{Ln}\,RES_{mt} + \beta_7 \text{Ln}\,EX_{mt} + \beta_8\,INF_{mt} + \beta_9 \text{Ln}\,IF_{mt} + \beta_{10}\,PS_{mt} + \varepsilon_{mt} \tag{4}$$

（三）模型检验

变量之间的相关性检验结果如表 4 所示，自变量之间的相关性较低，所有相关系数都低于临界值 0.7。同时运用方差膨胀因子值（VIF）进行共线性检验发现，各变量的 VIF 值都小于 10，均方差膨胀因子为 3.04，表明不存在严重多重共线性问题。

表 4　相关系数矩阵表与 VIF 检验

变量	VIF	LnLAD	LnVAD	LnpGDP	gGDP	C	LnRES	LnIF	LnEX	PS	INF
LnLAD	2.03	1.000									
LnVAD	3.00	−0.133	1.000								
LnpGDP	7.97	−0.279	0.614	1.000							
gGDP	1.40	−0.031	−0.030	−0.013	1.000						
C	2.35	0.232	−0.507	−0.378	0.078	1.000					
LnRES	2.19	0.359	0.169	0.374	−0.036	0.125	1.000				
LnIF	1.98	−0.294	0.037	0.036	−0.009	−0.347	−0.421	1.000			
LnEX	2.54	−0.413	−0.190	0.442	0.017	−0.018	0.183	−0.067	1.000		
PS	5.69	−0.168	0.277	0.687	−0.049	−0.113	0.243	0.224	0.140	1.000	
INF	1.24	−0.064	−0.165	−0.223	0.042	0.089	−0.013	−0.140	0.011	−0.212	1.000

五 实证结果分析

本文考虑到核心解释变量语言距离、价值观距离在时间序列上是常数，给相应的 F 检验的处理带来了一系列困难，尤其是对固定效应产生较大影响，因此本文借鉴尚宇红、崔惠芳、田晖的处理方法，采用混合最小二乘法和稳健标准误进行结果估算（见表 5）。

表 5 回归结果汇总

变量	模型 2	模型 3	模型 4
LnLAD	−3.574 *** (1.151)		−3.903 *** (1.457)
LnVAD		−1.273 *** (0.394)	−1.460 *** (0.431)
LnpGDP	0.192 (0.312)	1.307 *** (0.450)	1.004 ** (0.460)
gGDP	0.013 (0.035)	−0.0002 (0.052)	−0.024 (0.050)
C	0.778 * (0.405)	0.898 * (0.466)	0.834 * (0.475)
LnRES	0.878 *** (0.188)	1.032 *** (0.262)	1.199 *** (0.250)
LnEX	0.818 *** (0.130)	0.910 *** (0.267)	0.587 ** (0.286)
INF	−0.015 (0.011)	−0.003 (0.014)	−0.014 (0.016)
LnIF	−0.251 (0.487)	1.309 *** (0.470)	0.855 * (0.473)
PS	−0.397 (0.241)	−0.663 (0.415)	−0.596 (0.389)
常数项	10.225 (8.457)	−27.082 *** (3.854)	0.208 (10.948)
R^2	0.456	0.537	0.585
观测值	142	95	95

注：括号中的数据为标准误，＊、＊＊、＊＊＊分别表示在10%、5%和1%的水平上显著。

（一）核心解释变量

模型 2~4 中核心解释变量语言距离和价值观距离均对中国对外投资流向中东地区产生显著负向影响，说明非正式制度距离具有阻碍作用。东道国非正式制度环境的构成要素非常复杂，而文化是其中最重要的方面。[①] 语言、价值观是构成非正式制度文化环境的要素，语言互通、价值观文化认同等问题造成国与国之间在语言和心理上沟通信息的不对称，其贸易成本与真实的关税壁垒非常接近，[②] 从而影响相互间的经济行为。因此，具有相似文化背景的国家之间更容易建立信任关系，使用相同语言传递或接收信息的国家之间更有可能发生投资活动和达成协议。以阿拉伯 - 伊斯兰文化为代表的中东文化圈在丝绸之路上占据重要位置，但中阿双边语言和价值观因素特征差异明显，加大了跨国投资的风险，增加了海外经营的成本，直接影响"一带一路"在该地区的共建。中东地区部分国家政治、经济制度体系尚不完善，风险系数高，通常需要我国输出技术、双方高层互访等非制度层面来支持贸易合作。[③] 而基于语言、价值观等非正式制度因素的"软联通"既是对正式制度的有益补充，也是与中东民众"民心相通"的有力保障，因此，非正式制度距离的减小有利于扩大我国对中东地区的投资规模。

（二）控制变量

模型 2~4 控制变量中，基于东道国的特征因素，如市场机遇、自然资源禀赋、投资开放度结果除模型 2 外均显著为正，说明中东国家的经济发展程度、资源富裕程度以及投资开放程度是影响我国对外投资流向该地区的重要因素。对象国市场机遇越大，资源禀赋越好，投资开放度越高，越能促进我国加大对其投资力度，结果也反映出当前中国对中东国家直接投资具有市场寻求型和资源寻求型动因。海外投资示范效应结果显著为正，说明中国对中东地区的出口贸易对直接投资活动具有明显的正向拉动作用。对外直接投资和贸易作为一国参与国际市场的两种主要途径，关系日益紧密，在经济全球

---

① 祁春凌、邹超：《东道国制度质量、制度距离与中国的对外直接投资区位》，《当代财经》2013 年第 7 期，第 100~110 页。

② J. E. Anderson and E. V. Wincoop, "Trade Costs", *Journal of Economic Literature*, 42（3），2004, pp. 691–751.

③ 吴艳文：《"一带一路"战略下我国企业海外投资的风险及防范》，《西安财经学院学报》2017年第 4 期，第 75~80 页。

化中，贸易正在成为影响各国投资增长的重要因素，本文结果进一步证明了我国的出口贸易与对外直接投资具有相互促进作用。从地理区位影响结果来看，虽然北非国家距中国较远，但中国更倾向于对非洲地区的直接投资，这从侧面证明了长期以来我国加强与非洲国家合作的积极成果，当前通过"一带一路"倡议和中非合作论坛等机制可以进一步拉动我国与非洲国家的经贸合作，提升我国在该地区的投资总量。

六 稳健性检验

本文采用两种方法对实证结果进行稳健性检验。方法一参考朱明宝和杨云彦的做法，对模型 4 进行分组检验。考虑到中东国家地理特征以及实证结果中地理区位的显著影响，本文基于模型 4 将样本分为亚洲国家、非洲国家进行分组回归。方法二参考袁其刚和郜晨的稳健性检验做法，采用投资存量作为被解释变量。基于模型 2 ~ 4，将被解释变量中国对中东国家直接投资流量值改为存量值而保留其他变量，演变成模型 5 ~ 7。

如表 6 所示，稳健性检验一结果显示，不管是亚洲地区国家还是非洲地区国家，核心解释变量语言距离、价值观距离均对中国向中东地区直接投资产生显著负向影响，结果的符号方向与实证结果一致，进一步说明了非正式制度距离对我国向该地区直接投资的负向作用结果稳健。分组检验中，东道国自然资源禀赋在亚洲组和非洲组回归结果中均显示正向结果。与全样本实证结果不同的是，在亚洲组国家中，东道国投资开放度、海外投资示范效应等控制变量的结果为正，均在 10% 的水平上显著，说明中国对地理距离较小的西亚国家投资时，更倾向于选择投资自由度较大、中国对其出口量多的国家。在非洲组国家中，东道国市场机遇结果显著为正，东道国宏观经济稳定情况结果显著为负，说明了中国对地理距离较大的北非国家投资时，倾向于通货膨胀率低、经济水平相近的国家。对于东道国社会稳定情况出现的负效应影响，本文认为，第一，政治风险较高的北非国家往往具有丰富的自然资源，资源因素对中国对外投资的吸引力超过了当地政治风险的负面影响；第二，中国作为世界第二大经济体，具有较大的规模优势和较强的经济抗风险能力，从而对风险问题进行"屏蔽"；第三，中非长期、有效的合作机制对促进中国对非洲国家的投资也起到了不可忽略的作用。稳健性检验二结果与实证分析结果相同，证明了非正式制度距离对中国的对外投资起到抑制作用，东道国社会稳定情况出现负效应影响（除模型 5）也表明了中国对中东地区的投资具有特殊的"风险偏好"。事实上，政治风险影响固然重要，但不会严重阻碍中国的对外直接投资活动。[①]

表 6　稳健性检验回归结果汇总

变量	模型 4 分组		模型 5	模型 6	模型 7
	亚洲	非洲			
LnLAD	− 5. 427 **	− 9. 966 *	− 3. 964 ***		− 3. 757 ***
	(2. 268)	(5. 672)	(1. 016)		(1. 266)
LnVAD	− 1. 638 **	− 5. 810 **		− 2. 278 ***	− 2. 451 ***
	(0. 665)	(2. 414)		(0. 386)	(0. 424)
LnpGDP	0. 663	4. 986 ***	1. 034 ***	1. 142 ***	0. 926 ***
	(0. 743)	(1. 470)	(0. 243)	(0. 249)	(0. 255)
gGDP	− 0. 028	− 0. 041	− 0. 070	− 0. 094	− 0. 107
	(0. 060)	(0. 108)	(0. 283)	(0. 171)	(0. 241)
C	—	—	− 0. 121	0. 414	0. 376
			(0. 363)	(0. 272)	(0. 282)
LnRES	1. 857 ***	0. 678 **	0. 828 ***	0. 874 ***	1. 020 ***
	(0. 397)	(0. 323)	(0. 131)	(0. 139)	(0. 131)
LnEX	0. 824 *	− 0. 824	1. 234 ***	0. 843 ***	0. 491 *
	(0. 414)	(1. 068)	(0. 139)	(0. 234)	(0. 275)
INF	0. 000	− 0. 032 **	− 0. 026 **	− 0. 003	− 0. 015
	(0. 023)	(0. 013)	(0. 013)	(0. 015)	(0. 016)
LnIF	3. 724 *	0. 473	− 0. 718	1. 389 ***	0. 882 **
	(1. 964)	(0. 523)	(0. 488)	(0. 445)	(0. 426)
PS	− 0. 273	− 1. 326 ***	0. 195	− 0. 574 **	− 0. 641 ***
	(0. 567)	(0. 452)	(0. 178)	(0. 234)	(0. 212)
常数项	− 5. 612	10. 483	23. 432 ***	− 22. 834 ***	3. 449
	(21. 455)	(31. 439)	(8. 284)	(2. 358)	(9. 771)
R^2	0. 520	0. 828	0. 506	0. 640	0. 684
观测值	54	41	166	110	110

注：括号中的数据为标准误，*、**、*** 分别表示在 10%、5% 和 1% 的水平上显著。

[①] P. J. Buckley, L. J. Clegg, A. R. Cross, X. Liu, H. Voss and P. Zheng, "The Determinants of Chinese Outward Foreign Direct Investment", *Journal of International Business Studies*, 38（4）, 2007, pp. 499 – 518.

总结与讨论

中东地区在"一带一路"建设中具有不可替代的重要地位，与该地区共同建立良好的投资制度环境可以辐射周边国家，推动"一带一路"倡议的实施。与以往研究不同，本文基于语言、价值观因素构建了非正式制度距离指标，对二者的文化属性和制度属性进行了论证和说明；通过测算中国与中东 24 国在语言、价值观上的差异，实证分析双边非正式制度距离对中国对外直接投资的影响和作用。研究发现，非正式制度距离对中国向中东国家直接投资具有显著的负向效应。另外，中国对中东直接投资具有资源寻求型和市场寻求型动因，中国对中东的出口贸易与直接投资相互促进。中东国家的投资开放度是吸引中国对外投资的重要因素。

当前我国与"一带一路"倡议对象国家主要聚焦于政府间的合作与交流，双边在基础设施建设、产能、金融等领域的合作不断深化，如亚洲基础设施投资银行和丝路基金的设立为中国对中东地区直接投资提供了大量的资金支持，但相对缺乏非正式制度的功能安排。① 与正式制度距离相比，非正式制度差异是国家层面上更为突出的风险来源，在短时间内难以消弭。虽然母国与东道国在正式制度方面具有相似性，但横亘在两国之间的以语言、价值观为代表因素的非正式制度差异，很大程度上决定了双方是"天涯咫尺"还是"咫尺天涯"，这些差异成为对外投资风险的诱因。缩减我国与中东国家在非正式制度方面的差异，可采取以下措施。第一，加强我国在中东地区的汉语推广和发展我国中东关键语言的外语教育，增进语言互通。中东地区文化深受宗教影响，增加了我国在当地开设孔子学院的难度，因此对外我们要深入研究中东国家的社会与文化，为开展汉语推广工作提供更加有效的政策参考；对内要优化中东关键外语人才培养模式，增加外语人才经贸、商务领域知识，并针对重点国家开展国别与区域研究。② 第二，深化人文交流，推动双边文化合作。"一带一路"倡议的文化属性构成了中国向对象国家资本输出的独特场景，意味着中国的投资不能局限于成本与收益问题，还应该从社会发展角度

---

① 沈坤荣、金刚：《制度差异、"一带一路"倡议与中国大型对外投资——基于投资边际、模式与成败的三重视角》，《经济理论与经济管理》2018 年第 8 期，第 20 ~ 33 页。

② 杨言洪、王晓宇：《中国与中东"语言互通"贸易价值研究与人才培养启示》，《山东师范大学学报》（人文社会科学版）2018 年第 6 期，第 57 ~ 65 页。

考虑东道国效应。① 2017 年 12 月，我国出台了《关于加强和改进中外人文交流工作的若干意见》，提出要深入推进我国与不同国家、不同地区、不同文明之间的交流互鉴。在这些政策的引领下，各界可采用本土文化"走出去"、中东文化"引进来"相结合的策略，增强与中东国家文化的交流与融通，从投资活动者和参与者角度出发构建相互尊重与理解的人文格局，进而在伊斯兰世界和"一带一路"对象国家中产生示范作用。最后需要说明的是，由于目前对非正式制度距离的内涵和外延没有统一的界定，本文基于语言、价值观因素的文化属性和制度属性构建的维度指标只是有益探索，需要学者们寻找更多样本进行验证，以补充经验证据。

The Impact of Informal Institutional Distance on China's OFDI to the Middle East

Wang Xiaoyu Yang Yanhong

Abstract：The Middle East is China's natural partner in promoting "the Belt and Road" construction. This paper constructs informal institutional distance indicators based on "language" and "values" with necessary explanation, empirically studies the impact of informal institutional distance on China's investment by China's OFDI data to the 24 countries in the Middle East during 2007 −2016 and measuring the bilateral difference in language and values. The results show that informal institutional distance has significantly negative influence on China's OFDI to the Middle East. Finally, how to reduce the bilateral informal institutions distance is put forward some suggestions.

Keywords：Informal Institutional Distance；the Middle East；OFDI；"the Belt and Road"

（原文发表于《投资研究》2019 年第 11 期）

---

① 姬超：《中国对外直接投资的所有制差异及其东道国效应——以"一带一路"沿线国家为例》，《投资研究》2018 年第 8 期，第 26 ~ 41 页。

《沙特2030愿景》：希望与现实

周　烈[*]

摘要： 为改变单纯依靠石油的被动局面，更好地推动社会的全面发展，沙特政府出台了《沙特2030愿景》，从充满活力的社会、繁荣的经济、雄心壮志的国家三个方面，提出了明确的目标和具体的实施承诺。然而，希望和现实往往不是一回事。沙特政府和人民将在实施《沙特2030愿景》的过程中，面对种种困难和挑战，需要不断总结经验和教训，努力将希望变成现实。

关键词：《沙特2030愿景》　中东局势　中沙合作

2016年4月25日，沙特内阁批准了沙特经济与发展事务委员会提交的《沙特2030愿景》，并交由以时任副王储为主席的该委员会实施。《沙特2030愿景》的出台，在沙特，在整个阿拉伯世界，乃至在全球都引起了不小的震动和反响。对这样一份重要的政策性文件进行较为深入和全面的解读，有益于进一步了解沙特的政治、经济、社会、文化及其发展趋向，了解沙特人民的希望和沙特的现实状况。

一　《沙特2030愿景》出台的背景

沙特之所以出台这样一个愿景，有着深刻的国内和国际背景，主要可以从石油低价、阿拉伯社会的动荡与转型及地缘政治压力等方面进行分析。

（一）石油低价

刺激经济结构调整的直接催化剂是国际油价的暴跌。沙特经济严重依赖石油，石油销售收入贡献了政府收入的大部分。目前，沙特90%的预算收入

---

* 周烈，教授，浙江外国语学院阿拉伯研究中心主任。

来自石油。沙特财政预算是以油价每桶 80 美元为标准制定的。自 2014 年下半年油价开始暴跌以来，沙特的日子就一直不太好过。沙特已连续两年出现近千亿美元规模的财政赤字，7000 多亿美元的外汇储备已耗去近 1/3。为了控制财政赤字，沙特政府必须削减至少 5% 的开支。这使得其对企业的付款出现了滞后，造成了一些企业的现金流紧张问题，甚至发生了工人骚乱。如阿卜杜勒·阿齐兹国王国际机场扩建工程中的工人因领不到工资而发生了骚乱，政府不得不介入。[①] 为了弥补财政赤字缺口，沙特不光大幅削减支出，而且大量出售海外资产，并首次在海外发行债券。

沙特官员一直担心沙特经济多元化不足，可能威胁国家金融的长期稳定。时任副王储穆罕默德·本·萨勒曼在接受沙特阿拉伯卫星电视台（العربية）采访时表示："在过去很多年，沙特人已经养成了'油瘾'，这是很危险的，它阻碍了国家各项事业的发展。"他称，沙特今后的主要收入来源将是投资、民用工业、军事工业、房地产和旅游，而不是石油。[②]

正是在这样的背景下，为了摆脱对石油的依赖，沙特于 2016 年 4 月提出了一项长期改革计划——《沙特 2030 愿景》。

（二）阿拉伯社会动荡、转型

2010 年底开始于突尼斯的政治和社会动荡几乎席卷了整个阿拉伯世界。动荡迫使突尼斯总统出逃国外，埃及总统宣布辞职下台，并使埃及两年内连续发生两次"革命"，在出现两次政权更迭后，又重新回归军人执政的状态；利比亚卡扎菲政权被推翻，其本人也命丧反对派的枪下，至今战乱不断，局势极不稳定；也门虽然进行了和平的权力交接，但很快又陷入战乱的泥潭之中，反对派和总统派斗争激烈，极端组织趁机作乱，使得局势极其动荡复杂；巴林的群众抗议活动在沙特和阿联酋出兵镇压后，得到了暂时的平息；叙利亚更是深陷内战和各种势力的博弈之中，10 年过去了，仍然看不到任何问题能得到解决的曙光。除卡塔尔和阿联酋两国外，其他阿拉伯国家也都出现了一些抗议浪潮，就连沙特阿拉伯也连续发生了民众上街示威游行要求改革，并与警方发生流血冲突的事件。

阿拉伯世界经历的这场动荡，使其元气大伤，社会更加分裂，内聚力明

---

① 《沙特的 2030 愿景并不是万金油》，和讯网，2016 年 6 月 4 日，http：//gold. hexun. com/2016 - 06 - 04/184241315。

② 《沙特制定"愿景 2030"计划　欲摆脱对石油依赖》，亚洲财经，2017 年 3 月 30 日，http：// www. asiafinance. cn/wh/19548. jhtml/2017 - 3 - 30。

显减弱，经济情况进一步恶化，恐怖主义、极端组织更加猖獗。事实证明，动荡后的政府（不论是原来的政府，还是新组成的政府）与过去相比，都是弱势政府，或者说看起来更加民主的政府。他们受到各种因素和不同派别的牵制，在决策时不得不更多地考虑民意。

在这次地区动荡中，沙特虽然采取各项措施暂时缓解了国内和周边国家的各种不安定因素，逃过了社会大动荡之劫，但其社会结构存在的诸多问题，民众要求民主自由、公正公平、改革开放的强烈呼声，也深深地触动着王室的神经，威胁着王国的稳定与发展。

其中，沙特社会利益分配的不公是影响社会安定的导火索。同时，西方世界推行的政治制度、民主观念也给以伊斯兰教为国教、实行政教合一体制的沙特社会的政治、经济、文化造成极大冲击。在"阿拉伯之春"的背景下，社会成员因基本权利得不到保障极易被国外敌对势力所利用，从而掀起反抗政府的行动。由此可见，在内外因素的共同作用下，当代沙特虽然在经济发展水平、国民收入与福利方面属于阿拉伯世界中最发达的国家之一，并在世界能源和经济领域发挥着重要的作用，但潜藏着导致社会出现不稳定局面的隐患。

在阿拉伯社会持续动荡，并积极寻求社会转型的背景下，为应对经济全球化与政治民主化的挑战，沙特王室推出"2030 愿景"，试图渐进式地推动政治经济改革，逐步扩大民众话语权，增强社会保障力度，在保守势力与革新势力中寻求平衡，以确保王权的延续，力求王国的稳定与发展。

（三）地缘政治压力

在目前中东地区形势复杂多变的情况下，沙特面临较大的地缘政治压力。首先，伊朗与沙特之间的明争暗斗。伊朗爆发伊斯兰革命后，将依靠美国的海湾君主制阿拉伯国家视为"非法政权"，并向其输出革命，支持这些国家的什叶派反对力量。伊朗咄咄逼人的攻势，引发沙特等逊尼派阿拉伯国家的恐慌。他们被迫采取联合自保的策略，成立海湾阿拉伯国家合作委员会，共同应对伊朗的攻势。萨达姆政权被推翻、什叶派在伊拉克执政后，伊朗利用有利的地缘政治环境，谋求在中东的势力扩张。由伊朗、叙利亚、伊拉克什叶派、黎巴嫩真主党组成的什叶派联盟，更是让沙特等海湾国家感到从未有过的巨大压力。逊尼派阿拉伯国家对伊朗的恐慌还缘于其核计划。伊朗持续多年的核研发活动，使逊尼派阿拉伯国家感到自身安全受到威胁。国际社会解除对伊朗的制裁后，伊朗扩大石油出口，大力发展经济，努力提升国家的整体实力，使得作为伊朗地区竞争对手的沙特感到巨大的压力与挑战。

其次，沙特对也门、叙利亚等周边国家的深度介入。对于作为沙特"后院"的邻国也门，沙特一直在尽力维护其稳定。但在胡塞武装占领萨那，也门总统哈迪逃到亚丁后，沙特立即停止了对也门的一切经济援助，并试图以派军、炮轰和空袭的方式消灭胡塞武装组织。沙特主导的对也门的这场军事行动虽然耗资巨大，但远未实现既定目标。

叙利亚的乱局也给沙特造成不利影响。沙特深度介入叙利亚危机，但叙利亚局势正朝着不利于沙特的方向发展。为了处理好"阿拉伯之春"的余震，重塑中东地缘政治格局，叙利亚无疑是沙特对外政策中关键的一环。沙特与卡塔尔、土耳其一起向反对派输送资金，与约旦一起协调反对派的武装训练，从克罗地亚安排运输军火，甚至还就军事训练向巴基斯坦寻求帮助。[①] 在叙利亚问题上，沙特其实是在充当扳倒巴沙尔政权的急先锋角色，但却没有达到预想的目的。巴沙尔政权至今没有被打垮，反而是沙特支持的反对派力量正在不断被削弱。

再次，沙特与其盟友美国摩擦不断。出于战略利益的需要，美国是沙特在阿拉伯世界之外最亲密的盟友。沙特是美国在海湾地区不可或缺的战略支柱。美国把沙特作为其中东和全球战略中的重要一环，以实现美国在中东地区的霸权。沙特则一直在谋求美国的支持和保护，以便长久地维持沙特王室在国内的统治并抵御外来势力的种种挑战，确立沙特在海湾和中东地区的领导地位。

但自 2001 年"9·11"事件以来，沙美关系遭受重大冲击。美国有不少人认定沙特是"9·11"事件的罪魁祸首，是恐怖主义的支持者。之后又因伊核问题和叙利亚危机等问题，沙特与以美国为首的西方世界分歧不断、嫌隙渐生。特朗普上台后喊出"美国优先"的口号，对于中东事务似乎关注度不高，令中东各国尤其是沙特充满警惕。

在这样的地缘政治压力下，为了应对来自各方的挑战，沙特出台了"2030 愿景"，试图稳定国内局势，努力发展经济，实行多边外交，以提升自己的综合实力。

---

① 王自励：《后"阿拉伯之春"沙特的中东政策发生了哪些变化》，和讯网，2015 年 9 月 28 日，http://opinion.hexun.com/2015 - 09 - 28/179516960.html。

二 《沙特 2030 愿景》的主要内容

沙特新闻社发布的《沙特 2030 愿景》共有 80 页，包括序言、三大主题［即充满活力的社会（المجتمع الحيوي）、繁荣的经济（الاقتصاد المزدهر）、雄心壮志的国家（الوطن الطموح）］及如何实现《沙特 2030 愿景》。序言强调，实现该愿景的三大支柱是：沙特是伊斯兰教的心脏，沙特具有巨大的投资实力，沙特是连接亚非欧三大洲的全球枢纽。

（一）充满活力的社会

充满活力的社会是《沙特 2030 愿景》的第一大主题。沙特领导人认为，第一大主题对实现沙特的宏伟愿景至关重要，亦是沙特经济繁荣发展的坚实基础。社会富有活力是非常重要的，在这个充满活力的社会里，人们能够依照伊斯兰教的中正之道来生活，能为国家和古老的文化遗产感到自豪，能在优美的环境中享受美好生活，能被充满关爱的家人保护，并能享受到完善的社会医疗保障体系。

这一主题到 2030 年的具体目标如下。

·将沙特接待朝觐者的年客容量从 800 万人增加至 3000 万人。

·将沙特境内被联合国教科文组织列入《世界遗产名录》遗址的数量翻倍。

·三座沙特城市将跻身世界最宜居城市 100 强。

·将文娱消费在家庭支出中的比例从现有的 2.9% 提高至 6%。

·沙特居民每周至少进行一次体育锻炼的人口比例将从 13% 提高至 40%。

·沙特的社会资本指数排名将从目前的世界第 26 位提升至世界第 10 位。

·沙特居民平均寿命将从 74 岁延长至 80 岁。

实现这些目标的具体承诺如下。

竭诚服务于日益增多的朝觐者 增大客容量和提高对朝觐者的服务质量，优化签证申请流程，进一步把电子化服务融入朝觐者的旅程，丰富朝觐者的宗教和文化体验。

建成规模最大的伊斯兰博物馆 按照国际最高标准修建一座伊斯兰博物馆，采用最先进的技术方法收集、保存、展示和记录展品。博物馆将采用先进科技，让游客感受不同时期的伊斯兰文明。这座博物馆将成为国际学术中心，包括世界级的图书馆与研究中心。

推广文娱活动　举办更多更丰富的文娱活动，开放专门的文娱场所，为公众提供展示才艺的舞台，简化建立和注册业余、社交以及文化俱乐部的流程，建立起全国性的俱乐部网络。鼓励支持地区、省级非营利与私营机构举办文化活动，加强政府基金作用，招揽国内外投资商，与国际娱乐公司建立合作关系，为文娱项目提供适宜的场地，给予才华横溢的作家、编剧和导演大力的支持，修建图书馆、艺术馆和博物馆等文化场所。

提倡健康生活　大范围鼓励日常体育锻炼和竞技活动。与私营部门携手合作，提供更多的锻炼设施与项目，立志在体育上有出色的表现，在某些项目上成为全球的佼佼者。

发展城市　继续严厉打击毒品犯罪，进一步采取安全交通措施，减少交通事故，以此保障国家与国民的安全。一如既往地为民众提供优质的基础服务，如水、电、公共交通设施与道路。公共风景区也将升级，以满足个人和家庭休闲娱乐的需求。

实现环境可持续性发展　提高废物管理效率，制订全面的回收计划，减少污染，防治土地沙漠化，实现水资源的优化利用，减少水资源消耗，使用回收的和可再生的水资源，尽全力保护和修复沙特的海滩、自然保护区和岛屿等资源，并将这些资源向所有人开放，将寻求与私营部门和政府基金合作的机会，共同落实上述各项举措。

关心家庭　为各家各户提供一切必要的支持，帮助他们照顾子女，让他们各尽其才。重视家长在子女教育过程中的参与度，帮助家长培养子女的品格与才能，让他们的子女更好地为社会做贡献，鼓励各家长为自己及子女的未来做出合理的规划。

赋能于社会　继续努力推行社会福利制度的现代化改革，更有针对性地利用燃油、食品、水、电补贴，为最弱势群体提供帮助与支持，与私营部门和非政府组织合作，为缺少就业技能的人群做好准备工作并提供培训，以便他们顺利地走上工作岗位。

关注健康医疗体系　更好地利用医院与医疗中心的资源，提高疾病预防与治疗服务的质量。大力发展私营医疗保险，减少候诊时间，为医生提供更完善的培训体系，提升医生治疗心脏病、糖尿病与癌症等威胁国民健康的慢性疾病的治疗效果。在医疗行业引入企业化机制，增加国有企业与私营企业间的竞争，让公众可以选择他们所青睐的医疗机构。

（二）繁荣的经济

沙特领导人认为，繁荣的经济应通过建立与市场需求一致的教育体系、为创业者以及大中小企业创造商机、为所有人提供机会等措施来实现。因此，必须详细规划投资策略，以打开前景广阔的经济领域，让经济多元化发展并创造就业机会。同时，还应通过实现政府公共服务的私营化，改善营商环境，吸引全球各地的顶尖人才和投资，利用连接三大洲的独特战略位置，来促进沙特经济的发展。

这一主题到 2030 年的具体目标如下。

· 失业率从当前的 11.6% 降至 7%。

· 中小型企业对国内生产总值的贡献率从当前的 20% 提升至 35%。

· 在劳动人口中，妇女所占比例从当前的 22% 提升至 30%。

· 从当前的世界第 19 大经济体发展成为世界前 15 强经济体。

· 石油和天然气产业本土化程度将从 40% 提高到 75%。

· 公共投资基金资产从 6000 亿里亚尔增加至 7 万亿里亚尔。

· 全球竞争力指数从当前的世界第 25 位上升至世界前 10 位。

· 外国直接投资从占 GDP 3.8% 提升到 5.7% 的国际水平。

· 私营部门对 GDP 贡献率从 40% 提高至 65%。

· 物流绩效指数排名从当前的世界第 49 位上升至世界第 25 位，并确保沙特在本地区的领先地位。

· 非石油出口占非石油国内生产总值的比例将从 16% 提高至 50%。

实现这些目标的具体承诺如下。

发展有助于经济增长的教育　制定一套现代化的课程体系，在文学、数学、技能和品格培养等方面设立严格的标准。与私营部门密切合作，为学生提供培训，确保高等教育所培养的人才符合就业市场需求。建立一个学生数据库，记录学生从童年早期教育到基础教育再到高等教育的受教育情况，以提升教育规划、监管、评估水平，改善教育成效。至少有 5 所沙特大学可跻身世界大学前 200 名。

让中小型企业发挥更大作用　努力优化中小型企业的融资渠道，争取在2030 年前实现中小型企业的贷款占金融机构总贷款的 20%。重新审议相关法律法规，为企业发展扫清障碍，打通融资渠道，确保年轻人和企业家的创意和产品能够顺利进入市场。建立新的企业孵化器和专门的培训机构，帮助创业者提升技能、扩展网络。利用电商平台以及与相关国际企业的合作，帮助中小型企业打开销路，出口产品和服务。

投资能力最大化 进一步完善投资方式，将阿美石油公司的所有权转为公共投资基金，使其成为全球最大的主权财富基金，努力提高基金的管理效率和投资回报率，以实现政府财政及国民经济的多元化。发掘资金密集型的战略性产业的发展潜能，打造全新的经济产业，促进国有企业的可持续发展。继续为证券市场投资与交易提供畅通的渠道，为沙特私营和国有企业的上市提供便利。

推进前景广阔的产业 努力实现可再生能源与工业设备产业的本土化。开发符合国际最高标准的旅游项目，简化游客的签证办理流程，开发名胜古迹资源项目。加大对数字技术的投资力度，并保持领先水平。为开采矿产资源提供鼓励政策，帮助企业从中获益。

促进石油与天然气产业的本土化，建立新的能源城市，将天然气产量增加一倍并修建一个覆盖全国的天然气输送网络。利用在石油与化工产品方面的世界领先地位与专业知识，对上下游与配套产业进行投资。

实现政府公共服务私营化 改革与完善相关条例，为投资商与私营部门提供和获取医疗与教育等服务创造条件，将政府的角色从当前的公共服务提供者向管理者和监督者转变。鼓励国内外投资者对医疗、市政服务、住房、金融与能源等领域进行投资，以提高私营部门对经济的贡献率。

实现国防工业本土化 着手发展技术要求相对较低的产业，如零部件、装甲车辆和简单弹药的生产制造。推动军用飞机等价值与技术含量较高产业的发展。建立一个覆盖全国的综合性服务与配套产业网络，以提升沙特在国防领域的自足性，增加沙特在地区范围与全球范围内的国防出口。

提高矿业在国家经济中的贡献度 2020年将矿业对国内生产总值的贡献增至970亿里亚尔，并在此过程中创造9万个工作岗位。进行一系列结构性改革，通过加强矿产勘探以吸引私营部门的投资，建立综合矿产资源数据库，改善采矿许可证审批流程。投资基础设施建设，开拓资金筹措渠道与建立技术中心。提升沙特国有企业的竞争力与生产力，提高国有企业对行业发展的贡献，推动专业知识与技术的本土化。

改善经商环境 进一步推进公私部门间的合作，继续鼓励私营企业投资，提高竞争力。重新评估现行法律法规，改善营商环境，确保合同的有效执行。利用有战略意义的政府储备土地，建设教育机构、休闲娱乐中心、旅游景点和工业园区。确保银行和其他金融机构的金融产品和服务满足各个行业的需求，为大型项目提供融资服务以及为小型企业提供短期周转资金贷款。简化和加速证照审批手续。为旅客和商品的流转提供便利，简化港口海关手续。

振兴经济城　对吉赞经济城进行升级改造，努力振兴其他经济城，重点发展具备竞争优势的经济城。

建立特区　在地理位置优越的区域建立物流、旅游、工业和金融等特区。

重组阿卜杜拉国王金融区　重新评估金融区的经济可行性，设计全新的基本战略，以提升项目的盈利能力与成功概率。重新规划部分建筑区的用途，改变房地产业结构，增加住宅、服务业和酒店业用地。使该区成为公共投资基金总部，进而吸引更多企业的入驻。

促进零售业的蓬勃发展　计划到 2020 年，将现代贸易和电子商务在零售业中的作用提高到 80%，将通过吸引地区和国际零售业投资商与放宽对所有权和外国投资的限制来实现这一目标。促进当地和区域范围内的货物流通，并出台必要的行业法规。加大对小型零售企业的资金支持，激励它们成长和发展。

完善数字化基础设施　和私营部门合作完善信息技术基础设施，扩大高速宽带在城市内及周边地区的覆盖范围和容量，提升网络质量。通过专门的国家委员会，强化对数字化转换的监管。完善相关规定，与电信运营商建立高效的合作关系，鼓励信息技术领域的本地投资。

建立一个独特的区域物流枢纽　与私营部门合作，完善交通基础设施，实现国内外连通。改善并落实现有的法律法规。鼓励空运、海运及其他运输企业尽其所能，在维持与现有贸易枢纽连通的同时，开拓新的贸易线路，巩固沙特作为连通亚非欧三大洲重要物流大门的地位。

（三）雄心壮志的国家

沙特领导人认为，第三大主题——雄心壮志的国家——应建立在一个高效、透明、负责、友好与政绩斐然的政府之上。沙特政府应该为国民、私营部门与非营利机构提供良好的环境，让他们可以更好地履行各自的职责、主动应对挑战和把握机遇。

这一主题到 2030 年的具体目标如下。

·非石油政府收入将从 1630 亿里亚尔增加到 1 万亿里亚尔。

·政府效能指数排名将从世界第 80 位上升至世界第 20 位。

·电子政务调查指数排名将从当前的全球第 36 位上升至全球前 5 名。

·非营利机构对 GDP 的贡献率将从不足 1% 提高至 5%。

·家庭储蓄占家庭总收入的比例将从 6% 提高至 10%。

·每年组织 100 万名志愿者（目前仅有 11000 名）进行服务。

实现这些目标的具体承诺如下。

颁布《萨勒曼国王人力资本发展计划》 根据《萨勒曼国王人力资本发展计划》，在各政府部门设立人力资源精英中心，并为政府职员提供培训。通过合理的绩效管理标准，持续提供专业发展培训并共享知识，尽可能地提高政府职员的工作能力。制定针对性政策，发现并培养未来的领导者，提供平等机会及良好的工作环境，调动政府职员的工作积极性。

政府部门间服务共享 摸清政府部门中辅助服务的情况，明确各部门工作范围，确定优先顺序并制订实施计划。设定一系列绩效指标，改善工作质量、工作流程，节省评估成本，努力实现政府部门间的服务共享。

提高政府支出的使用效率 全面审视各级政府部门的财务制度，提高支出管理效率，明确量化目标，保护政府的可持续性资源和资产。为政府职员及重要相关人员提供必要的专业培训，改善金融部门表现，提高内部审计效能。

高效的电子政务 进一步丰富电子政务的服务内容，优化流程，提供更多元化的沟通渠道，以提升电子政务的服务质量。在政府部门中推广使用在线应用软件，如云端软件、数据共享平台和人力资源管理系统，强化政府内部在线服务管理。

对生活负责 鼓励国民不断提升自己素养，努力工作，成为独立、积极的社会成员，并在此过程中培养新的技能，牢记对家庭肩负的责任，爱岗敬业，遵守纪律，不断累积经验，为实现理想抱负而奋斗。政府应通过提供抵押、储蓄投资组合、退休金等规划工具，帮助国民在经济上实现独立。鼓励国民帮助弱势群体及有需要的人群，助邻为乐、热情待客、尊重游客、礼貌对待外国友人并尊重人权。

对商业负责 商业应为社会和国家发展做出贡献，而非只关注利益最大化。企业应承担社会责任，为促进经济可持续发展做出贡献，为青年男女创造良机，帮助他们实现职业发展。企业应恪守承诺，参与国家建设，帮助国家应对时代挑战。

对社会负责 规范并加强社会救助工作组织，最大限度地发挥社会救助组织的作用与影响力。完善必要的法规，赋予非营利机构自主性，鼓励社会捐赠，支持非营利机构的发展，动员企业和富裕家庭建立非营利机构。支持具有广泛社会影响力的项目，鼓励培训人员参与志愿活动，服务于非营利机构。让非营利机构在医疗、教育、住宅、研究、文化和社会事业等领域中更好地发挥作用。

（四） 如何实现 "2030 愿景"

《沙特 2030 愿景》是一幅目标远大的全方位蓝图，是沙特迈向光明未来的重要一步。为实现这样的抱负与理想，需要实施一系列改革计划，其中包括如下几方面。

政府结构调整计划　取消最高委员会，设立安全和政治事务委员会以及经济与发展事务委员会，根据国家发展重点，继续对政府进行全面、谨慎、渐进的结构调整。

战略导向计划　不断完善政府部门制定的已经通过的战略导向计划，使之与未来经济与社会发展需求相适应。

财政平衡计划　设立委员会，建立新部门负责审阅、修订相关法规与控制支出。

项目管理计划　采取有效的项目管理机制，在经济与发展事务委员会及其他政府部门内设立项目管理专家办公室。

法规修订计划　对多项现行法律进行修订，落实多年前就应实施的新法规，其中包括《公司法》、《非政府组织法》、《闲置土地费用征收法》与《捐赠总局法》等。继续对所有法律法规进行修订，以确保法律法规与国内发展重点相适应。

绩效测评计划　采用合理的绩效测评原则，对各政府部门、项目、法案和管理人员进行评估。设立政府部门绩效测评中心，确保日后绩效测评的制度化，同时建立绩效仪表盘，以推行问责制和提高透明度。

为实现《沙特 2030 愿景》，沙特还将实施一系列执行计划，其中包括：沙特阿美石油公司战略转型计划、公共投资基金改革计划、人力资本计划、国家转型项目、公共部门管理强化计划、私营化计划、战略伙伴计划。[1]

三　《沙特 2030 愿景》 的重大意义

《沙特 2030 愿景》以沙特是伊斯兰教的心脏、具有巨大的投资实力、是连接亚非欧的全球枢纽为三大支柱，提出建立 "充满活力的社会、繁荣的经济、雄心壮志的国家" 的宏大目标，无疑是一份雄心勃勃的全面改革蓝图。

---

[1]　الصفحة الرئيسية، النص الكامل لـ"الرؤية السعودية" 2030 - العربية.نت، الموقع:
http://www.alarabiya.net/ar/aswaq/economy/2016/04/25/.

这样一份愿景规划必将在沙特、阿拉伯世界乃至全球产生积极的影响，其意义将是十分重大和深远的。

（一）解放思想　突破禁锢

《沙特 2030 愿景》所体现的第一大意义是解放思想、突破禁锢。解放思想，就是让禁锢的思想获得自由。解放思想的实质是使思想获得自由更新的权利，能够推陈出新，指导人的行为，使其应对不断变化的世界。解放思想的过程，就是思想和实际相符合的过程。

封建社会盘根错节的思想控制的习惯残余、传统思想的糟粕、非理性地对待宗教、权力话语对社会思潮和个人思想的越位导向、思想传播机制的过分制度化，都可能是阻碍思想解放的因素。

长期以来，王室家族控制着整个国家，禁止任何政党存在，至高无上的王室说一不二。沙特有众多的社会禁忌，常常被称为世界上"封闭、保守"的国家。

然而，《沙特 2030 愿景》提出的第一大目标就是建立充满活力的社会。这一点就可以说明《沙特 2030 愿景》的出台是解放思想、突破禁锢的具体体现，起码是向沙特全国乃至全球发出的解放思想、突破禁锢的信号。正因为承认沙特社会活力不足，或者说没有活力，才需要提出建立活力社会。在沙特这样的国家，认识到社会缺乏活力这样的问题需要理性和睿智；呼吁改变这样的状态、提出解决问题的方案更需要胆识和勇气。

《沙特 2030 愿景》明确提出文化娱乐活动是优质生活不可或缺的部分。现有的文娱活动并不足以满足国内居民日益增长的需求，与繁荣的经济不协调。因此，将鼓励支持地区、省级非营利机构与私营机构举办文化活动；将举办更多更丰富的文娱活动，开放专门的文娱场所，为公众提供展示才艺的舞台；还将对相关条例进行重新审订，简化建立和注册业余、社交以及文化俱乐部的流程。

须知在沙特，抽烟、饮酒乃至唱歌、跳舞一直都被视为堕落的表现、犯罪的开始，电影的上演也才刚刚开禁。在这样的背景下，《沙特 2030 愿景》能对文化娱乐活动做出如此明确的阐述，其意义非同一般。《沙特 2030 愿景》还提出，人们定期锻炼的机会非常有限，未来将改变这一切，将大范围鼓励日常体育锻炼和竞技活动，政府将与私营部门携手合作，提供更多的锻炼设施与项目，以有利于居民积极参与丰富多彩的休闲体育活动。《沙特 2030 愿景》呼吁给予男女平等的机会，认为沙特女性也是一笔伟大的财富，应该发掘她们的潜能，培养她们的职业能力，帮助她们构筑更加光明的未来，为社会和经济发展贡献力量，并明确提出将女性的劳动力市场参与率从 22% 提高到 30%。

没有人能保证这些美好的愿望有多少能成为现实，但同样也没有人能否认《沙特 2030 愿景》所具有的意义、潜力与前景。

（二） 立足发展　全面改革

《沙特 2030 愿景》所体现的第二大意义是立足发展、全面改革。沙特领导人已经明确认识到，没有发展就没有进步，没有改革就死水一潭，不进则退，不变则死，加快发展才是沙特的头等大事。为此，《沙特 2030 愿景》提出了全面的改革发展目标和具体措施。

《沙特 2030 愿景》准确把握立足发展、全面改革的方向，明确提出构建稳固而成效卓越的社会；建立新的能源城市，建设世界最宜居城市等目标任务。

《沙特 2030 愿景》以经济体制改革为立足发展、全面改革的重点；注意发挥市场在资源配置中所起的决定性作用；提出鼓励私营部门参与房地产开发；继续实行国有资产私有化；进一步完善投资方式，努力提高基金的管理效率和投资回报率；继续为证券市场投资与交易提供畅通的渠道，为沙特私营和国有企业的上市提供便利。

《沙特 2030 愿景》认为立足发展、全面改革的核心问题是处理好政府和市场的关系，是发挥好政府在改革发展中保持宏观经济稳定、加强和优化公共服务、维护市场秩序、弥补市场失灵方面的作用，是推进国家治理体系和治理能力现代化。因而提出努力推行社会福利制度的现代化改革；构建对国内外有识之士极具吸引力的环境；大力支持前景广阔的产业，努力实现可再生能源与工业设备产业的本土化；开发符合国际最高标准的旅游项目，简化游客的签证办理流程，开发名胜古迹资源项目；加大对数字技术的投资力度；为开采矿产资源提供鼓励政策；鼓励国内外投资者对医疗、市政服务、住房、金融与能源等领域进行投资；实现国防工业本土化；建立特区；促进零售业的蓬勃发展；完善数字化基础设施；构建高效、负责的政府。

《沙特 2030 愿景》提出的这些目标和措施，将为沙特社会的建设和发展提供强大动力和有力保障，充分体现了沙特领导人实行改革的坚定决心和巨大勇气，充分体现了他们对国家富强、民族振兴、人民幸福的深谋远虑和责任担当。

《沙特 2030 愿景》以推进国家治理体系和治理能力现代化为全面深化改

革的总目标，从经济、政治、文化、社会等多个层面进行部署，突出体现了改革的系统性、整体性、协同性，提出了许多新构想、新观念、新举措，描绘了新蓝图、新愿景、新目标，是沙特立足发展、全面改革的一次总部署、总动员，在沙特社会现代化建设进程中具有里程碑意义。

（三）顺应时代　顺应民意

《沙特 2030 愿景》所体现的第三大意义是顺应时代、顺应民意。在现代社会和市场经济条件下，一项重要的政策体系，必须同时做到两个方面的"顺应"：既顺应时代潮流，能够顺应生产力发展的趋势，同时又顺应民意，能够得到大多数社会成员的认同。唯有如此，政策体系方具有生命力，方具有可持续性，方具有长远的积极的社会效应。①

《沙特 2030 愿景》顺应现代化、全球化发展的新潮流，顺应新型城镇化建设和现代信息技术飞速发展的新形势，高度重视工业文明进步的思路和理念，以敏锐的眼光、超前的理念应对经济社会发展的新情况，提出了社会、经济、国家建设三大主题，强调要实现"充满活力的社会、繁荣的经济、雄心壮志的国家"的宏伟目标，明确了未来 15 年在经济、政治、军事、社会等方面的发展方向。提出了通过改善商业环境、支持中小企业发展、国家投资、发展非石油产业、发展私营企业等途径，实现沙特经济战略转型，即由单纯依靠石油出口转向经济多元化发展的奋斗目标，描绘了一幅美好蓝图。

《沙特 2030 愿景》顺应民众诉求，以促进社会公平正义、增进人民福祉为出发点和落脚点，就儿童教育、青壮年就业、居民健康医疗、体育娱乐、妇女工作、住房福利等关系百姓切身利益的问题，提出了明确的目标和措施。

《沙特 2030 愿景》顺应时代、顺应民意，是沙特在新的历史起点上全面推动社会发展和进步的行动纲领，必将在沙特、阿拉伯世界的发展史上留下浓墨重彩的一笔。沙特人如何进行这场重要的经济结构调整，正在受到海湾阿拉伯国家合作委员会其他成员国以及其他许多国家的密切关注。如果沙特的经济转型（包括制度改革和经济激励重组）取得成功，该地区内外面临类似挑战的其他国家也会受到启发，乃至效仿沙特的做法。

---

① 吴忠民：《重要政策"顺应时代潮流"与"顺应民意"缺一不可》，《光明日报》2015 年 8 月 3 日，第 2 版。

四　沙特实现"2030 愿景"面临的挑战

经济转型非常棘手，如此大规模和大范畴的转型自然存在风险。决策者意愿的正确未必就一定意味着转型的成功。沙特想要通过经济改革来彻底摆脱对石油的依赖将会非常艰难。《沙特 2030 愿景》的实现将会耗时耗力，面临许多的阻力与挑战。

（一）宗教势力的挑战

沙特是一个政教合一的国家，没有宪法和政党，实行的是严格的伊斯兰教法，《古兰经》是法律依据。沙特国内的宗教势力十分强大，渗透到国家事务的方方面面。沙特政府的重大决策必须考虑沙特宗教界的意见，必须事先与宗教界精英达成共识，获得他们的理解与支持。

《沙特 2030 愿景》高度重视发展文体活动，在"活力社会"部分，提出到 2020 年要建立 450 个注册的、专业化组织的业余俱乐部，把家庭文娱支出占比从现在的 2.9% 提高到 2030 年的 6%。

沙特没有夜总会，没有电影院（2018 年刚开始设立），传统的娱乐活动只有赛马、赛骆驼和猎鹰比赛。由于没有酒吧，没有迪厅，朋友聚会的唯一地方就是咖啡店。因此，人们担心《沙特 2030 愿景》提出这样的发展目标很可能会遇到来自宗教界的强烈非议和抵制。

《沙特 2030 愿景》还提出沙特经济为所有人创造机会，无论男性还是女性，都将各尽其才；提出要发挥妇女对经济发展的作用，把女性的劳动力市场参与率从 22% 提高到 30%。

在阿拉伯世界乃至整个伊斯兰世界，沙特妇女所受的社会约束可谓最多。在沙特，男权主义盛行，部落、家族和荣誉受到高度推崇。妇女在社会中扮演着从属者和被保护者的角色。沙特禁止女子与家庭以外的男人接触，成年女子出门必须戴面纱，并有男性亲戚陪同。她们不得独自出门、坐车、旅行。

在沙特的街上、公共场所、教育和商业活动中，官方都坚持男女必须完全隔离。在饭店，若允许女子进入，则必须配有专用的"家庭房间"。清真寺里也要男女分开祈祷。同样的隔离政策也适用于银行和政府部门。

在这样的社会状态下，《沙特 2030 愿景》就妇女工作问题提出如此明确的目标，恐怕也会在强大的宗教势力面前遭遇层层的阻力和障碍。

（二）政治体制的挑战

《沙特 2030 愿景》的实施需要沙特社会各阶层的支持，特别是需要各级领导和企业家的支持。《沙特 2030 愿景》面临的真正挑战不是目标的制定，而是目标的具体实施。《沙特 2030 愿景》需要有强有力的政府机构来实施。目前政府机构要实施如此宏大的发展改革计划，大多显得力不从心。

《沙特 2030 愿景》面临一系列的结构性问题和挑战，如：如何在石油低价的情况下，确保计划实施的财政支持；如何应对官僚主义、贪污腐败、监督乏力等问题；如何解决私有化经验缺乏、民众参与度不高等问题；如何预防实行私有化后，经济和财富被企业家控制问题；如何应对在全福利化体制受到冲击的情况下，政府对燃油等基本生活资料的补贴减少，税收增加，有些公共服务项目私有化等问题。这些问题会严重阻碍旨在将沙特经济从资源型向生产型转变的经济改革计划的实施。

在沙特，有不少人害怕改变，因为害怕未知是人类的天性。这些人不希望沙特实行经济改革。他们担心自己的收入会受到影响；担心政府减少补贴后，日子会不好过；担心政府机构的提薪节奏会放慢；担心自己会无法适应实施《沙特 2030 愿景》所需要的工作要求和节奏。由于担心自己的利益受到影响，这些人（包括部分政府官员）都可能站在改革的对立面。他们求稳不求变，而求稳则往往阻碍改革和发展。

另外，沙特在发展制造业等非石油产业方面面临重重困难，既缺乏技术也缺乏经验，无论是成本还是质量都不具备参与国际竞争的能力。《沙特 2030 愿景》提出，到 2030 年沙特的一半军需物资将在国内制造，还要把一部分医疗卫生、教育等政府服务私有化，而这些领域在世界各国都是腐败发生的高风险领域。

值得指出的是，《沙特 2030 愿景》始终未提广大人民群众参政议政这一敏感问题，说明《沙特 2030 愿景》本身更多着眼于经济领域，存在很大的局限性。

（三）人口素质的挑战

沙特是个高福利国家。2/3 的沙特劳动力在政府部门工作。沙特家庭的大多数支出依靠政府工资。人们喜欢在工作稳定、工资较高的政府部门工作，而不愿意去工作辛苦、工资又相对较低的私企就业。因此，诸如建筑、交通、电力等领域，80% 的工作人员是外籍劳工。沙特依靠外籍劳工的状况长期存在，且这一直是沙特政府面临的一个难以解决的问题。

由于沙特国民大多从事文职工作，体力劳动一般都由外籍劳工承担。沙特高校学生中也是学宗教、文科的多，学工科、理科的少。所以，沙特的大学毕业生，很难满足和适应《沙特 2030 愿景》实施的需要。

另外，沙特人因为长期处于高福利的优越、舒适的生活和工作条件之中，所以缺乏吃苦耐劳的意愿，缺乏为国为家艰苦奋斗的精神。事情是需要人来做的，有人才能做事，有什么样的人，才能做什么样的事。人口素质是决定国家发展前景的因素之一。人才缺乏，人口素质的不适应也将是《沙特 2030 愿景》面临的一大挑战。

（四）国际环境的挑战

改革和发展既需要稳定的内部环境，更需要和平的外部环境。《沙特 2030 愿景》的实施同样需要一个和平的国际环境。然而，目前沙特面临的国际环境却不容乐观。首先，同伊朗的关系不仅没有任何缓和的迹象，反而越来越紧张。沙特担忧伊朗掌握核武器，对自己形成战略威慑；忌惮伊朗扶持黎巴嫩真主党、也门胡塞武装等组织，跨境联手控制曼德海峡、霍尔木兹海峡等石油输出要道；更担心以伊朗为首的什叶派在沙特周围与日俱增的影响力。

其次，在叙利亚问题上，沙特始终支持叙利亚反对派，坚持要推翻巴沙尔·阿萨德政权。然而，形势却没有朝着沙特所希望的方向发展。叙利亚内战仍然无停息的希望，巴沙尔政权也无倒台的迹象，沙特将继续深陷其中，难以解脱。

再次，在也门问题上，沙特不惜亲自上阵，建立由逊尼派国家组成的军事联盟，出兵打击据称受到伊朗支持的什叶派胡塞武装。但结果也是事与愿违，什叶派胡塞武装不仅没有被打垮，反而取得节节胜利，目前占领着也门的大片国土，稳坐首都萨那。沙特虽然付出了沉重的代价，却没有取得任何理想的效果，完全处于骑虎难下的境地之中。

复次，2017 年 6 月 5 日，沙特、阿联酋、巴林和埃及以卡塔尔支持恐怖主义、破坏地区安全局势为由，宣布与卡塔尔断交，并开始对卡塔尔实施禁运和封锁。尽管科威特等国出面积极调停，但由于各种复杂的因素，特别是由于土耳其强势而公开的介入，此次断交危机还没有缓解的迹象，很有可能成为又一个极难甩掉的包袱。这对《沙特 2030 愿景》的实施是极为不利的因素。

最后，沙特是美国在阿拉伯世界的长期盟友。但在奥巴马任职期间，美国似乎不大情愿完全袒护沙特，两国之间出现了诸多嫌隙。沙特与美国关系疏远，其中最大的原因是沙特担忧美国政府调整中东政策，想从中东脱身。特朗普上台后，这种情况有所改变，但沙特的担忧依然没有消除。

极端主义是导致美沙关系不那么和谐的另一个问题。美国的行政、立法、司法部门和社会公众一直质疑沙特在"9·11"恐怖袭击中扮演角色。不少美国人认为，沙特不仅支持恐怖主义，而且在输出恐怖主义。2016 年 5 月和 9 月，美国"9·11 法案"先后在国会参众两院通过。这一法案允许"9·11"事件受害者家属起诉沙特政府。尽管该法案遭到时任总统奥巴马的否决，但美国国会几天后又以压倒性票数推翻了总统的否决。2017 年 3 月，美国数百名"9·11"恐怖袭击事件遇难者家属对沙特政府提起集体诉讼。[1] 他们指控沙特政府为"基地"组织提供资金和其他支持。沙特政府则威胁要抛售自己持有的数千亿美元的美国资产。

这样一种极不和谐的国际关系，对于沙特实施"2030 愿景"是十分不利的，无疑是一种需要认真面对的挑战。

五　沙特实施"2030 愿景"的前景

虽然《沙特 2030 愿景》与沙特的过往和现状存在很大的差距，但沙特政府的这一改革计划很受欢迎。人们认为沙特政府把握住了正确的发展方向，而且是沙特向更加光明的未来迈出的大胆一步。这将会解决很多以往未能解决的低效和禁忌问题，而且恰逢沙特及整个阿拉伯世界为年轻人寻求改变和机遇的重要时刻。总体而言，人们对《沙特 2030 愿景》可能会带来的变化感到乐观。

（一）《沙特 2030 愿景》具有很大的可行性

本次出台的《沙特 2030 愿景》目标明确，承诺具体，又有政策保障，具有很大的可行性。《沙特 2030 愿景》所提出的数据指标都是相关咨询机构根据沙特的实际情况，经过认真调查和测算而得出的，是有科学依据的，是符合客观情况的，在正常情况下是可以实现的。

---

[1] 《数百名 911 恐怖袭击遇难者家属起诉沙特政府》，新浪网，2017 年 3 月 21 日，http：//news. sina. com. cn/sf/news/hqfx/2017 – 03 – 21/doc – ifycnpiu9314105. shtml。

沙特政府在《沙特 2030 愿景》中所做的承诺是符合沙特国情的，是可操作、可兑现的。《沙特 2030 愿景》没有在过于敏感的政治体制改革和宗教改革方面着过多笔墨，而是主要集中在发展经济和改善民生这些阻力相对较小的领域。

另外，沙特政府还出台了一系列切实可行的政策措施，以保障《沙特 2030 愿景》得以顺利实施。如新出台的"绿卡"制度允许部分国籍的外国人在该国永久居住和工作。这不仅会大大减少沙特国内资金的外流，而且还将刺激这些外籍人员在沙特的投资。为了吸引外商投资，沙特正不断改善营商环境，允许外商 100% 控股，利润可自由兑换和汇出；通信、交通、银行、保险及零售业也已陆续对外开放。

未来五年，构建一个成功的公私合营模式，强化私营投资者与政府部门的合作，将成为沙特经济健康、可持续发展以及实现《沙特 2030 愿景》的关键因素。

（二）《沙特 2030 愿景》得到王室的大力推动

这不是沙特第一次谈论发展规划，但每次都没有落地生根，付诸实施。然而，这次看起来不一样。首先，王室把制定和实施《沙特 2030 愿景》都集中在由王储负责的经济与发展事务委员会这一个部门。有国王的支持，有王储负责制定实施，不管石油价格是涨还是跌，《沙特 2030 愿景》都将付诸实施。

其次，大幅调整政府机构和人事任命，以使其能适应《沙特 2030 愿景》实施的要求。这次机构调整包括：裁撤水电部，将其职能划归能源、工业和矿产部与环境、水利和农业部；新设娱乐总局和文化总局，分别负责娱乐事务和文化事务，由文化和新闻大臣任文化委员会主任；合并、变更多个部委。[①] 人事任命包括：任命阿美石油公司总裁哈立德·法利赫为石油和能源部部长；任命苏莱曼·本·阿卜杜拉·哈姆丹为运输部部长；任命阿卜杜拉·穆萨德·阿卜杜勒·阿齐兹为体育总局主席；任命马吉德·卡萨比为商业和投资部部长等。[②] 这些变动都是为国家转型、为实施《沙特 2030 愿景》做准备而公布的 51 项王室法令的一部分。这一系列的机构和人事调整进一步证明了沙特改革的决心。

---

① 《沙特公布高层人事变动　正式启动"沙特 2030 愿景"》，搜狐网，2016 年 5 月 8 日，http：//mt. sohu. com/20160508/n448329958. shtml。

② 《沙特公布高层人事变动　正式启动"沙特 2030 愿景"》，搜狐网。

最后，加强舆论宣传。沙特政府高度重视《沙特 2030 愿景》的舆论宣传，通过政府官员接受专访、政府部门在推特上开设专门账号、官方通讯社沙通社发布消息、阿拉比亚电视台等媒体发布阿文和英文版全文等方式，有步骤地、系统地推进《沙特 2030 愿景》的宣传工作；通过营造有利舆论环境，凸显该文件的重要性，强调该文件对沙特社会、经济、国家建设等方面的重大影响，阐释萨勒曼国王的改革决心，进而彰显其稳固的执政地位。

（三）《沙特 2030 愿景》深得人心

《沙特 2030 愿景》在沙特得到了大多数人的支持，特别是青年人的欢迎和拥护。沙特面临的结构性、传统性问题中，最突出的是青年人的问题。《沙特 2030 愿景》充分考虑了这个群体，从教育、就业、住房、娱乐等方面都给予了具体的关注，特别是明确提出将失业率从 11.6% 降至 7%。到 2030 年，政府将为青年人提供 600 万个工作岗位，沙特人的家庭收入将增加 60%。①

另外，《沙特 2030 愿景》强调妇女在劳动人口中所占比例从 22% 提升至 30%，希望在 2020 年前将拥有自住房的家庭比例提高至 52%，开展丰富多彩的娱乐、体育活动等内容都深受沙特广大民众的欢迎和支持。就妇女在沙特社会中的作用问题，沙特王储穆罕默德·本·萨勒曼认为："限制半个社会成员权利的国家是不可能繁荣的。"②

（四）《沙特 2030 愿景》的实施初见成效

《沙特 2030 愿景》计划出台后，沙特政府已经采取了一系列的改革措施，如暂停提高政府职员的工资，取消一般性奖金，暂停大部分诸如加班费、危险工种之类的额外补贴，公共福利按照西历而不再按照伊斯兰历计算（全年少 11 天），政府大臣的工资降低 20% 并降低他们的特殊待遇，将协商委员会成员的费用支出减少 15% 等。

此外，政府还决定减少政府人员工资在财政预算中的比例，减少公职人员的数量，增加私企工作人员的数量，鼓励政府工作人员在政府各部门之间轮岗，鼓励政府工作人员提前退休，到私企工作。

---

① النص الكامل لـ"الرؤية السعودية" 2030 - العربية.نت | الصفحة الرئيسية،الموقع:
http://www.alarabiya.net/ar/aswaq/economy/2016/04/25/.
② انهيار اقتصادى محتمل هل سُتنقذ «رؤية السعودية 2030» المملكة من،الموقع:
https://www.sasapost.com/see-saudi-arabia-2030/2017-4-10.

近年来，沙特的宗教警察因过分干预社会生活而备受争议。他们滥用权力，随意抓人、打人，甚至有使人致死的事件发生。2013 年 4 月，3 名男子代表阿联酋参加沙特一年一度的文化节活动，结果因为长得"太英俊了"，沙特宗教警察担心当地女人无法抗拒他们的魅力，他们被强制驱逐出境。2015 年 10 月，一名沙特男演员因在商场与粉丝自拍被宗教警察逮捕。沙特宗教警察的过多、过分干预，在社会上引起强烈的非议和不满。国外舆论也普遍认为沙特的宗教警察职权宽泛、行事粗暴，是一个名声不佳且备受争议的建制。

为改变这种局面，2016 年 4 月 13 日，沙特内阁通过针对宗教警察的新条例，对其执法权限进行了严格限制。新条例规定，宗教警察无权实施跟踪、追捕、拘禁等，不得在街头追逐嫌犯，也不得查看身份证件或其他证件（这些属于警察或缉毒部门的职权范畴），值勤时要将身份标识佩戴在显眼位置，写明自己的姓名、工作地点和工作时长，要做到和蔼可亲。宗教警察的从业者必须"品行端正并具有良好的声誉"。对于这样的新规，许多沙特人认为早该如此，表示赞成和支持这样的社会变革。同时，沙特民众希望能够对违反该条例的宗教警察追究责任。[①]

总之，沙特正在改变，沙特大学的女性人数已经超过了男性。由于政府的允许，她们的工作领域涉及工程、电影制作等各个行业。沙特议会中女性议员的比例已提高到 20%。沙特民众对现在的改革进度感到乐观。他们认为，如果改革一夜之间发生的话，反而会使人难以接受。他们还认为这样的改革不一定要百分之百实现目标才算成功。沙特王储明确表示："未来的车轮已经摆脱掉让我们失去了许多机会的意识形态的刹车片，正朝着正确的方向前进。"[②]

六　中国在沙特实施"2030 愿景"中的作为

沙特的"2030 愿景"与我国的"一带一路"倡议在许多方面有共同之处。所以，无论是从两国的合作意愿、合作基础，还是从合作领域看，中国都可以在沙特实施"2030 愿景"中有所作为。

---

① 《沙特新规整顿"宗教警察"限制滥用权力暴力执法》，搜狐新闻，2016 年 4 月 15 日，http：//news. sohu. com/20160415/n444258240. shtml。

② كيف علقت نخب تويتر السعودية على رؤية محمد بن سلمان؟ الموقع:

https：//www. paldf. net/forum/showthread. php/2016 - 4 - 26.

（一）中沙有共同的合作意愿

近年来，为缓解来自西方的压力，沙特阿拉伯一直在推进"东进"战略。《沙特 2030 愿景》明确了沙特经济多元化的发展目标，这使其对外合作的意愿更加强烈。中国作为世界经济发展的重要"引擎"，其经济的高速发展，让沙特看到了合作的机遇。《沙特 2030 愿景》的实施，要求沙特与包括中国在内的广大亚洲国家加强合作。沙特国王萨勒曼于 2017 年 3 月 15 日至 18 日对中国进行的国事访问更加清楚地表明，沙特在面临经济、安全等多方面挑战的情况下，寻求"向东看"，希望深化与中国发展战略的对接。

沙特是中国在西亚非洲地区第一大贸易伙伴，双方经济互补性强。中国提出的"一带一路"倡议，实际上也与沙特的"2030 愿景"形成互补。所以，中国也希望与沙特这个石油供应大国开展更为广泛的合作与交流。2016 年 1 月，习近平主席访问沙特，双方发表了《中国和沙特关于建立全面战略伙伴关系的联合声明》，决定建立两国高级别委员会，双方签署了涉及共建"一带一路"及产能、能源、通信、环境、文化、航天、科技等领域的 14 项合作文件。这一切都清楚地表明了中国与沙特开展全方位合作的意愿。

（二）中沙有良好的合作基础

中沙关系历史悠久，古老的丝绸之路早就将两国人民联系在一起。中沙两国自 1990 年建交以来，双边关系发展迅速，政治互信日益增强，在涉及彼此核心利益和重大关切问题上相互支持，务实合作不断深化，经济融合度日益加强。

近年来，中国从沙特进口的原油量占中国从沙特进口商品总量的 70% ~ 80%，石油贸易额占中沙贸易总额的 40% ~ 60%。中国是沙特主要的原油贸易国。中国从沙特进口的原油已突破 5000 万吨/年，占沙特原油出口总量的 1/7。[①]

沙特多年来一直致力于深化与中国的战略合作伙伴关系。两国的合作没有局限于能源领域，而是深入拓展到包括安全、金融、技术和文化交流在内的其他领域。两国初步形成了以能源合作为主轴，以基础设施建设、贸易和投资便利化为两翼，以核能、航天卫星、新能源三大高新领域为突破口的合

---

① 任重远、邵江华：《"沙特阿拉伯 2030 愿景"下的中沙油气合作展望》，《国际石油经济》2016 年第 10 期，第 53 ~ 59 页。

作格局。

　　沙特政府制定的《沙特 2030 愿景》改革计划与中国的"一带一路"倡议有很大相关性，因此会给两国创造更多的商业机会。

　　目前，中国是沙特对外贸易中最大的出口国和第二大进口国。中国的石油进口中，有 2/3 来自沙特。中国不断增长的能源需求，已成为沙特传统石油行业不可或缺的重要市场。在实施《沙特 2030 愿景》的过程中，沙特也正在积极寻求来自中国的投资支持。

（三）中沙有广阔的合作领域

　　第一，中沙可以进一步深化油气领域的合作。在当前"一带一路"建设不断推进的大背景下，沙特作为中东地区的石油大国，在中国能源外交中的地位十分显著。2016 年 1 月，习近平主席访问沙特，将两国关系提升为全面战略伙伴关系。两国同意"加强能源政策协调，提高能源合作水平，构建长期稳定的中沙能源战略合作关系"，并将此写进《中国和沙特关于建立全面战略伙伴关系的联合声明》。中国和沙特作为世界主要的石油进口国和出口国，油气合作是两国外交的主要抓手。未来，在《沙特 2030 愿景》的推动下，两国在原油贸易、天然气勘探、炼油化工、工程技术服务、装备制造等方面的合作空间将更加广阔。

　　第二，中沙可以拓展高科技领域的合作。沙特是共建"一带一路"最重要的国家之一。中沙两国在"一带一路"建设上高度契合。沙特需要实现发展模式的转型，需要发展包括制造业在内的各个生产领域。中国可以发挥自己在发展过程中积累的丰富经验和技术、人才优势，与沙方在能源、航天、高科技、工程服务和装备制造等领域开展更广泛、更深入的合作，为助力两国经济社会发展、造福人民贡献力量。

　　第三，中国可以加大在沙特的投资力度。沙特方面非常希望中国投资者赴沙特投资，特别希望能在文化、交通、航空和航海等方面跟中国有更加紧密的合作。沙特官员认为，中国企业已经在许多领域达到了国际顶尖水平，沙特迫切希望能和这些企业有更进一步的合作。沙特政府还为海外投资者制定了财政、资金等方面的优惠政策。沙特在中东是一个不小的市场。随着《沙特 2030 愿景》的实施，沙特的发展速度将会加快，其拥有的市场潜力将会不断释放，对中国投资者来说不失为一个好的选择和机遇。

　　第四，中沙可以在反恐问题上进行合作。2016 年 8 月 31 日，沙特外交大臣阿迪勒·朱拜尔在北京大学做题为《中沙关系与沙特 2030 愿景》的演讲时，赞扬了中沙两国在反恐等诸多重要事务上的合作。他呼吁，在中东地区面临安全挑战的情况下，中沙应共同为实现地区和平而努力。沙特一直对恐怖主义持批评态度，其自身也深受恐怖主义之害，并明确表示愿与国际社会共同努力，战胜恐怖主义。沙特同时强调，不应该将恐怖主义与任何宗教、民族或文明相关联。反恐是一个全球性的问题。为应对复杂的反恐局势，中国与沙特在反恐方面进行合作不仅十分必要，而且领域广阔。

第五，中国可以在缓解沙特的地缘政治压力方面发挥作用。沙特与伊朗对立，在叙利亚、也门问题上有较深的介入。中国与这些国家都有着长期的友好关系。中国始终主张用谈判的方式解决国与国之间及一国内各派别之间的争斗和矛盾。中国可以在缓解中东紧张局势中发挥积极作用。

第六，中沙可以在文化合作方面挖掘更大的潜力。近年来，中沙人文领域合作也是两国合作的新亮点。2016年12月，由沙特旅游与民族遗产机构主办的"阿拉伯之路——沙特出土文物展"成功在中国国家博物馆举行，466件体现沙特不同历史时期的珍贵文物吸引了大量民众前来参观。

随着两国在各个领域的合作不断深化，以及两国民众相互了解的不断加深，越来越多的沙特青年有志于学习汉语。沙特国王大学校长就与笔者商谈过开展汉语教学合作事宜。因此，两国在教育领域有着广阔的合作空间。

此外，双方在媒体、旅游、艺术、娱乐、体育、民间交流等领域也有广阔的合作前景。总之，中沙两国在"一带一路"倡议和《沙特2030愿景》的推动下，将不断加大合作力度，拓宽合作领域，努力构建互利共赢的全面战略伙伴关系。

有鉴于此，在沙特推进其"2030愿景"的进程中，中国完全有可能与沙特优势互补，积极把握互利合作的机遇，把中沙双边关系提升到一个新的层次。

出台《沙特2030愿景》是一种美好的希望。《沙特2030愿景》展示了未来十几年沙特的发展前景，为沙特人民描绘了一幅美好的蓝图。然而，希望和现实之间还有很大的距离。愿景的实现还需要沙特政府和人民面对种种挑战，顶住层层压力，克服重重困难。但是，只要方向是正确的，目标是明确的，沙特政府和人民一定会为将希望变成现实而奋斗。

Saudi Arabia's Vision 2030: Hope and Reality

Zhou Lie

Abstract: In order to change the passive situation of relying solely on oil and promote the all-round development of society, the Saudi government has issued the *Saudi Arabia's Vision 2030*. The government had presented clear goals and specific implementation commitments from three aspects: a vibrant society, a prosperous economy and an ambitious country. However, Hope is not equal to reality. In the process of implementing the *Saudi Arabia's Vision 2030*, the Saudi government and people will make continuous efforts to overcome all kinds of difficulties and challenges and draw lessons from failure and strive to turn hope into reality.

Keywords: *Saudi Arabia's Vision 2030*; the Situation in the Middle East; China-Saudi Arabia Cooperation

"萨勒曼新政"与沙特内政外交走向

马晓霖[*]

摘要： 自2015年1月起沙特阿拉伯进入"萨勒曼新政"时期。在此期间，萨勒曼建立了父子联合的超级权力体系，同时开始进行大刀阔斧的内政外交政策调整，展示振兴国家的勃勃雄心。在"萨勒曼新政"框架下，沙特对内尝试进行全面的政治、经济、社会、文化、宗教和女权改革，旨在给传统而保守的王国带来全新变化，以便更好地适应国家现代化和可持续发展目标；对外强化现实主义指导下的攻势外交，全方位强势介入地区热点问题并调适、平衡与大国关系，展示确立地区大国地位并维护国家核心利益的鲜明意图。"萨勒曼新政"势大力沉且呈现强烈的张力和变革性，颇为引人注目；而且由于内外并举、多管齐下，体现了一定程度的探索性和实验性；还因多种现实因素的困扰，而充满不确定性和风险性。"萨勒曼新政"承接前国王政策框架，因此也体现出一定程度的连续性，代表了21世纪以来沙特王室的集体意志和共识。"萨勒曼新政"不是一场颠覆国家政权根本性的革命，而仅仅是确保绝对君主制和威权主义治下的全面改良，面临的问题和挑战诸多，前路艰难。

关键词： 中东政治　沙特阿拉伯　萨勒曼新政　穆罕默德王储

沙特虽为政教合一的君主制国家，国王一直是教俗领袖、政府首脑和武装力量统帅，但是，国家核心权力传统上仍呈现国王为统帅、庞大王室为基础、众多权贵和部落首领为依托而形成的庞大利益集团分享权力的统治共同体，特别是开国君主沙特及众多二代子嗣构成集体分权制衡的稳定模式。萨勒曼执政后，一改家族内部分权传统，快速集权于父子二人之手，形成超越传统君权的绝对威权体系。萨勒曼不仅打破传统的王权"横向传承"模式，通过"废弟立侄"和"废侄立子"两大步骤完成"纵向传承"，还将行政大

---

* 马晓霖，浙江外国语学院教授、博联社总裁。

权充分交与儿子掌摄，自己退居幕后保驾护航，呈现父子联合执政的过渡性二元权力结构，并全力推行内政外交变革。

2018 年，沙特国王萨勒曼执政进入第四个年头，内政外交措施正在按计划向前推进。笔者将萨勒曼及其儿子穆罕默德共同实施的内政外交方略定义为"萨勒曼新政"，基于两个考虑：其一，父子二人在政治、经济、社会和外交等领域采取了较为显著的改革或引人注目的做法；其二，这些改革和做法处于其施政的初级阶段。关于萨勒曼父子执政以来的表现，学界不乏各种梳理与评价，但均局限于某个方面，尚无全面、系统、综合考察和评析的学术文章。鉴此，本文以萨勒曼父子执政三年为时间框架，尝试分析"萨勒曼新政"的内政外交变化，并对其总体特点、效果和前景略做评估，以期弥补学界对沙特当下内政外交研究系统性和全面性不足的缺憾。

一　"萨勒曼新政"的主要内容

从 2015 年 1 月萨勒曼出任沙特国王起短短几年，萨勒曼父子开启的力度超前的改革开放和更为强劲的外交攻势，在外界引起较大反响，表明这个立国近 70 年的封闭王国正在酝酿着较为深刻的全面变革。

（一）实施绝对威权保障的改革开放

萨勒曼父子当政期间，全面发力，推动对内改革和对外开放，除弊立新，主要体现在以下几个方面。

1. 实现"父权子承"，高度集中权力

"萨勒曼新政"的内部改革突出表现在调整王权继承制度，其意义在于：其一，它不仅终结了自开国国王沙特之后长期延续的"兄终弟及"模式而开启"父权子承"新时代，还为国王年轻化、执政长期化奠定了基础；其二，父子通过一系列行政和法律手段，将军权、财权和重要人事权纳入囊中，打破家族分权制衡成规，为确保政令畅通和政策的稳定性、连续性提供了顶层保障。

快速将王权向第三代转移，是"萨勒曼新政"深刻变革的特点所在，整个过程精心设计，迅速有序，步步为营，旨在解决王权长期在高龄二代间"击鼓传花"式轮转，破解该国频繁面临的继承危机。起用第三代领导人并实现长期执政，使君主制和世袭制与时俱进并保持富有创造性和开拓性的执政能力，确保沙特家族牢牢掌控国家并主导国家持续发展。

2015 年 1 月 23 日，开国之君沙特第 15 子、91 岁的第七任国王阿卜杜拉寿终正寝，79 岁的王储萨勒曼·本·阿卜杜勒·阿齐兹继承大统登基。萨勒曼君临沙特之日，将弟弟、副王储穆克林册封为王储，立侄子纳伊夫为副王储，任命自己三房所生第六子穆罕默德为国防大臣，使之成为全球最年轻的国防阁员，为其上位铺垫第一步。① 两个月后，萨勒曼罢黜年龄偏大且血统不纯（其母为也门人）的穆克林，擢升 57 岁的侄子纳伊夫为王储，让穆罕默德替补副王储并保留国防大臣职位。② 穆罕默德还被委任为宫廷大臣并担纲新成立的经济与发展事务委员会主席，该委员会由 22 名主要大臣组成，堪称大半个内阁。至此，萨勒曼将王权向第三代传递已成定局，而穆罕默德也向国家最高权力进一步迈进，王权改革第二步得以完成。2017 年 6 月，萨勒曼再次出人意料地罢黜老成持重、经验丰富且年富力强的纳伊夫，扶正穆罕默德为王储并命其担任大臣会议副主席（副首相）兼国防大臣，迫使纳伊夫依规当面向穆罕默德宣誓效忠，"父权子继"的变革基本完成。③

尽管外界舆论惊呼沙特"政变"，但萨勒曼"废侄立子"合理合法，也未引起国内舆论太大波澜。萨勒曼颁布的敕令显示，根据 2006 年出台的《王位继承效忠法》，决定君主和王储命运的王室效忠委员会 34 位家族成员中有 31 人投票赞成穆罕默德担任储君，并集体对穆罕默德履行了效忠仪式。④ 过去 87 年中，除沙特国王执政 19 年，其他六代国王均由其儿子继任，由于他们都年事已高，平均在位不过 10 年，继承危机频现。经过这番调整，萨勒曼一旦提前退位或殁于其职，穆罕默德不仅将成为沙特史上最年轻的国王，还有望执政超过 50 年，足以确保其执政的长期性和稳定性。而且，萨勒曼没有为已育有二子二女的穆罕默德指定王储，这就为以后由谁来接班预留了巨大想象空间，甚至有学者认为，这无异于已开辟"萨勒曼王朝"。⑤ 理论上，穆罕默德可以将权力传递给儿子，沙特"兄终弟及"的百年传统基本成为历史。

---

① 《穆罕默德为国防大臣》，http：//english. alarabiya. net/en/News/middle - east/2015/01/23/Saudi - Prince - Mohammad - bin - Salman - appointed - defense - minister - head - of - Royal - Court. html，最后访问日期：2017 年 12 月 2 日。

② 《穆罕默德被立为副王储》，https：//www. independent. co. uk/news/world/middle - east/saudi - arabia - king - salman - the - man - behind - the - most - dangerous - man - in - the - world - a6827716. html，最后访问日期：2017 年 10 月 10 日。

③ 《萨勒曼立穆罕默德为王储》，http：//www. aljazeera. net/news/arabic，最后访问日期：2017 年 9 月 16 日。

④ 马晓霖：《沙特换储，保守王国呈现双重改革势头》，《华夏时报》2017 年 6 月 26 日。

⑤ 丁隆：《接连换储后沙特迎来"萨勒曼王朝"》，《世界知识》2017 年第 14 期，第 43～45 页。

　　然而，"萨勒曼新政"权力改革并未止步于开辟新的代际转换，打破家族分权规制，通过调整职务和发动反贪风暴等措施削藩平山头，将重要权力集中形成具有超级威权色彩的君权统治，也是一大特点。这轮洗牌后，沙特已形成以萨勒曼父子为中心的权力架构，他们不仅掌控国防军大权，还把阿卜杜拉创建并控制近半个世纪的国民卫队降格纳归国防部辖制，要求其任何调度请求必须通过宫廷大臣逐级向穆罕默德请示。国民卫队满编 10 万人，与国防军同等规模，由沙特王室最忠实的四大部落成员组成，负责保卫圣地麦加、麦地那和主要的石油设施。[①] 萨勒曼还安排穆罕默德同父异母的胞弟哈立德担任驻美大使，调任穆罕默德堂弟艾哈迈德担任盛产石油的东方省的副省长，制约纳伊夫派系的财权。尽管萨勒曼也对王室其他派系做了一些安抚性职务调整，但总体上已将核心权力悉数掌控。

　　2017 年 11 月 4 日，沙特宣布成立由穆罕默德挂帅的反腐委员会，并一夜查封1700个银行账户，拘留包括世界级富豪瓦利德亲王在内的 208 名权贵，其中有 11 名王子、24 名现任和前任大臣。[②] 沙特政府称，这次行动是经过两年多秘密调查并掌握充分证据后发起的反贪反腐风暴，旨在清理不法不义之财，杜绝传统权钱交易方式并还财于民。相关报道表明，落网皇亲国戚或达官贵人必须交出 70% 的财产才能赎回自由。据说，通过此举萨勒曼父子将收缴高达数千亿美元的资金充实国库。这些反腐对象中，除瓦利德这样颇有舆论号召力的资深亲王，也有前国王阿卜杜拉的两个实力派儿子——刚被解除国民卫队司令一职的米特阿卜和利雅得省省长图尔基。瓦利德和米特阿卜等被视为萨勒曼之后沙特王位的有力竞争者。萨勒曼父子此举意在进一步剪除潜在最高权力觊觎者，树立绝对权威，并赢得草根阶层支持，为后续推进内外新政铺平道路。

　　2. 出台《沙特 2030 愿景》，力推经济多元化改革

　　"萨勒曼新政"另一个大亮点是进行大刀阔斧式的经济改革，尤其是推动以《沙特 2030 愿景》为主轴的经济多元化，以维护国家长治久安。经济与发展事务委员会主席穆罕默德王储既是这项宏大工程的总设计师，也是实施进程的总推动者。

　　沙特自然环境恶劣，自然资源相对单一，但石油储量巨大。这种资源禀

---

① Stig Stenglie, "Salman's Succession: Challenges to Stability in Saudi Arabia", *The Washington Quarterly*, Summer 2016, http://vision2030. gov. sa/ar/media - center, 最后访问日期：2017 年 11 月 3 日。

② Http://www. arabnews. com/node/1204266/saudi - arabia, 最后访问日期：2017 年 12 月 10 日。

赋导致石油时代的沙特长期严重依赖石油工业，国内生产总值的 50%、财政收入的 70% 和外贸收入的 90% 都源于石油，[1] 产业结构明显畸形，经济发展过于依赖外部市场和高油价，潜藏着巨大风险。近年来，随着新能源革命蓬勃发展和化石能源减排呼声日益高涨，"石油诅咒" 及 "荷兰病" 缠身的沙特危机感日益加剧，依靠高油价、高收入和高福利维持的食利经济难以为继，而福利主义时代一旦终结，必然引发巨大社会问题并最终演化为政治危机，严重威胁沙特家族君权统治。

摆脱长期单纯依赖石油及相关产业，实现经济和产业结构的根本性调整，聚焦于 "后石油时代" 的可持续发展，为国计民生打下长远和扎实的经济基础，是沙特数代国王的共识，但经济多元化进程始终推进乏力。自 2015 年穆罕默德担任副王储并实际掌管行政大权后，他和智囊班子很快就制定了 "2030 愿景——国家转型计划"，并作为国家经济改革和社会发展的总路线于当年 4 月正式公布。根据这个方案，沙特将通过推行一整套改革和复苏中期计划，实现 "经济多元繁荣、社会充满活力、国家充满希望" 三大目标，并量化为以下数字指标：政府效能指数排名由世界第 80 位提升至第 20 位；电子政务排名由全球第 36 名上升到前 5 名；全球竞争力指数排名由第 25 位提升至前 10 位；经济总量全球排名由第 19 位提升至世界前 15 强；油气行业本土化水平由 40% 提升至 75%；公共投资额由 1600 亿里亚尔提升至 1866 亿里亚尔；国外直接投资在国内生产总值中占比由 3.8% 提升至 5.7%；私营经济国内生产总值贡献率由 40% 提升至 65%；中小企业对国内生产总值的贡献率由 20% 增加到 35%；非石油外贸出口占比从 16% 提升至 50%；非石油财政收入由不足 500 亿里亚尔提升至近 3000 亿里亚尔；出售沙美石油公司 5% 的股权，将主权财富基金由 6000 亿里亚尔扩充为 7 万亿里亚尔；创造 550 万个新岗位，将失业率从 11.6% 减少到 7%；女性劳动力占比由 22% 增加到 30%；国民人均寿命由 74 岁增加到 80 岁，体育锻炼者比例由总人口的 13% 增加到 40%；文娱消费在家庭支出中的占比由 2.9% 增加到 6%；接纳朝觐人数由 800 万人增加到 3000 万人；建立各种特园区，包括物流、旅游、工业、金融、女性就业特区；完善数字化基础设施等。[2]

萨勒曼对《沙特 2030 愿景》的寄语是："我的首要目标是使国家在各方面成为世界的成功典范和先驱，我将与大家共襄盛举。"穆罕默德则在《沙特

① 参见《对外投资合作国别（区域）指南：沙特阿拉伯》，中国商务部网站，http://fec. mofcom. gov. cn/article/gbdqzn/index. shtml，最后访问日期：2018 年 2 月 10 日。

② Http://vision2030. gov. sa/ar/media – center，最后访问日期：2017 年 11 月 3 日。

2030 愿景》开篇中强调，这是一幅"为明天而奋斗且有待实现的蓝图，表达了全体国民的理想，反映了全体国人的能力"。他充满诗意和哲理地宣称，"任何成功故事都始于愿景，最成功的愿景却基于实力"，并指出《沙特 2030 愿景》能梦想成真的三大保障：沙特在阿拉伯 - 伊斯兰文明和世界数十亿穆斯林心目中的独特地位，其强大并堪称经济发动机的投资能力，以及作为阿拉伯世界门户并连接三大洲的战略和海陆枢纽优势。①

《沙特 2030 愿景》由三大支柱构成，一是通过增强阿拉伯民族和伊斯兰宗教认同，保护与传承阿拉伯和伊斯兰文化遗产，提升朝觐和伊斯兰文化研究相关服务产业水平，确立沙特在阿拉伯和伊斯兰世界的中心地位；二是使公共投资基金成为世界最大的主权财富基金，鼓励大型企业向海外扩张，使王国发展为全球投资强国；三是通过大规模基础设施建设和升级，重点发展现代贸易和电子商务，使沙特成为区域性甚至全球性的物流枢纽和金融枢纽，进而成为连接亚洲、欧洲和非洲的国际枢纽、贸易中心和世界门户。②

3. 突破禁锢传统，倡导宗教温和化改革

沙特是伊斯兰文明发祥地，是伊斯兰先知穆罕默德的故乡，且拥有麦加和麦地那两大宗教圣地，历来是伊斯兰世界的宗教中心。沙特国王也以"两圣地仆人"自居，在伊斯兰世界拥有独一无二的特殊地位和巨大影响力。但是，由于奉行保守的罕百里教法学派，特别是成为现代沙特建国、立国和固国之本的瓦哈比思想（或称"瓦哈比主义""瓦哈比教派"），沙特长期被外界视为封闭、保守和拒绝现代化的大本营。沙特裔富商奥萨马·本·拉登建立"基地"组织并成为当代伊斯兰极端思潮与恐怖主义旗帜性人物后，沙特不仅自身沦为恐怖袭击重灾区，其君主制成为极端主义煽动颠覆的主要目标，沙特政教合一特别是教法治国的传统也进一步遭受世界舆论特别是西方舆论的诟病和抨击。

萨勒曼父子充分认识到瓦哈比思想的保守性和封闭性，及其被极端和恐怖势力工具化后畸变所带来的对内、对外颠覆性威胁，试图借助新政重构宗教话语、重塑意识形态来促使国家获得更强的现代性，并引领伊斯兰文明复兴。过去三年即穆罕默德担任王储以来，沙特采取一系列措施，如在宗教领域进行"外科手术"，改良宗教土壤和氛围，限制宗教机构和力量发展，约束宗教对世俗生活的干预，强化打击极端和恐怖主义。具体措施

---

① Http://vision2030.gov.sa/ar/media - center，最后访问日期：2017 年 11 月 3 日。
② 吴彦：《沙特改革进入攻坚期》，《21 世纪经济报道》2018 年 1 月 8 日。

包括：控制新建圣训解读中心的数量；设立权威机构，审查并清除伪造的极端内容，筛选圣训为伊斯兰正名；限制宗教警察职能，压缩其活动空间，取消其直接执法权力；限期要求参加境外极端组织的公民脱离关系回国"从良"；强化反恐机制，扩充反恐联盟。2017 年 10 月 24 日，穆罕默德在利雅得"未来投资倡议"（FII）峰会上致辞，宣布立即对"毁灭性"的极端主义开战，誓言很快"终结极端主义思想"，推动王国"回归对所有宗教持开放态度的温和伊斯兰道路"。这番豪言壮语被外界视为"萨勒曼新政"吹响的宗教改革号角。①

4. 提倡多元文化，推动社会世俗化

严格地说，沙特并非一切以宗教为行为指南的教会式国家，但政教合一的政体及瓦哈比教义的压倒性地位，使整个国家的世俗化和包容性程度远低于周边君主制国家。宗教管束力量无处不在，教法高于世俗法甚至以教代法情势普遍存在，从而在一定程度上约束着社会、经济和文化生活及公民个人自由，成为国家保守与落后的内在因素之一，也恶化了沙特的国际形象。

"萨勒曼新政"致力于打造符合现代通行标准的活力型、创新型和开放型社会，对内促进宽松、和谐和多元生活方式并存的新氛围，对外改善国家刻板、枯燥和死气沉沉的固化印象，吸引更多人才和资金进入，推动社会与经济繁荣发展。首先，沙特正视现实并尊重历史，将前伊斯兰时期历史遗存和出土文物视为共同财富，举办沙特出土文物展，展现对多元文化的尊重。其次，沙特正视社会缺乏娱乐、民众特别是青年人文化生活单调枯燥的缺陷，设立娱乐总局，允许电影院、剧场和音乐厅营业并对公众开放，在咖啡厅、音乐厅安装大屏播放娱乐内容，并决定将国家三大体育场对家庭开放，结束过去只有男性享受和参与文化、体育等娱乐活动的历史，推动社会告别清教徒式和板结式时代。最后，沙特尝试设立经济特区，提供全新的法律、制度和人文环境，引进现代管理模式；开放旅游、商务、朝觐和探亲签证，接纳外国游客及其文化和生活方式，以期把沙特最终打造成一个旅游大国。2017年12月，尘封35年之久的电影院重获新生，沙特政府宣布2018年起允许沙特人开办电影院。播放的影片需接受审查，内容只要不违反沙特的宗教和传统伦理即可。②

---

① Http：//saudigazette. com. sa/article/520191/SAUDI－ARABIA/Kingdom－a－country－of－moderate－Islam，最后访问日期：2017 年 12 月 28 日。

② 王波：《沙特35 年来首次解禁电影院》，新华网，http：//www. xinhuanet. com/2017－12/11/c_1122093971. htm，最后访问日期：2018 年 2 月 10 日。

穆罕默德曾公开抨击保守主义大行其道，称过去 30 年的极端保守状态既不正常也不可持续，倡导建设开放和包容式新国家。①

5. 消除性别歧视与隔阂，推动女权正常化

"萨勒曼新政"引人注目的一个方面是女性平权、赋权改革。沙特被公认为女性权利最缺乏保障的国家。经过前几任国王的有限改革，女性虽然已获得地方议会的选举权和被选举权，但是，女性人身自由依然乏善可陈，性别隔离与歧视相当严重：女性不能单独出门，不能单独驾驶汽车，不能与男性在同一空间工作和娱乐等。这些严重滞后于时代发展的性别限制和隔离，不仅造成女性社会角色的整体缺位和下沉，而且成为沙特社会保守封闭的国家标签。从经济发展角度看，压制女性平等、自由地走向现代社会，既严重抑制消费经济的发展，还闲置大量青壮年劳动力和智力资源。引入数百万外籍人口弥补劳动力不足，不仅浪费大量国家资金，也摊薄了国民的社会福利。加快女权改革，补上女权不足短板，解放女性被禁锢的消费力和生产力，为经济注入新活力，是沙特经济供给侧改革的重要突破口，也是"萨勒曼新政"实现《沙特 2030 愿景》的重要发力点。

穆罕默德掌握实权后，陆续破除对女权的压抑和限制。2016 年 12 月 6 日，在利雅得法赫德国王文化中心，黎巴嫩歌手希巴·塔娃吉穿着时尚、长发披肩，举办了沙特建国后首场"女性演唱会"；2017 年 1 月，分别在利雅得、吉达和曼达举行的 3 场足球赛，首次允许妇女进入体育场观看。当年 10 月，沙特政府宣布，从 2018 年 6 月起将允许沙特女性单独驾车；允许女性参与公众活动（2017 年沙特已首次允许女性观看体育比赛、听音乐会）。此外，萨勒曼在《沙特 2030 愿景》里为女性规划特别工作园区，并宣布正在筹建的红海"未来城"不做性别隔离制度安排。② 毫无疑问，"萨勒曼新政"正在开启女性解放的早春。

（二）推行现实主义驱动下的强势外交

沙特长期奉行低调、温和的外交政策。2011 年"阿拉伯之春"爆发，街头运动导致多个阿拉伯国家政局失稳或政权解体，并引发中东力量大分化、大洗牌和大重组。沙特也面临地缘环境空前恶化的现实：美国战略收缩和新能源革命导致沙特战略价值降低、地位下降，伊朗影响力不断扩大并通过签

---

① Http：//saudigazette.com.sa/article/520191/SAUDI – ARABIA/Kingdom – a – country – of – moderate – Islam，最后访问日期：2017 年 12 月 28 日。

② 马晓霖：《沙特逐步纠偏回归温和道路》，《北京青年报》2017 年 10 月 28 日。

署伊核协议而获得更大国际空间，"什叶派新月地带"快速隆起并对沙特形成战略合围，恐怖主义和极端主义对王国和君主制政体构成国土安全和制度安全的双重挑战。为了摆脱困境，"萨勒曼新政"强化进攻性现实主义理念，展开地区与大国外交新攻势。

1. 在地区外交层面，重塑力量格局，确保地区大国地位

"萨勒曼新政"实施三年来，地区外交是沙特对外关系的重中之重，也是强势外交集中发力方向。沙特主动出击，全面开花，四处树敌，表达了对重塑地区格局并担当领导角色的急迫性与渴望。沙特地区外交主要矛头和优先斗争方向指向伊朗及其地区盟友，并呈现鲜明的教派斗争色彩，这也可以视为沙特对伊朗伊斯兰革命以来空前扩张西进的战略反击。沙伊矛盾与争夺地区领导权由此也成为"阿拉伯之春"以来最主要的地区阵营博弈。

过去三年，沙特在地区事务中合纵连横，软硬兼施，又拉又打，多种手段并用，多个方向并进。但总体体现为过分倚重硬实力外交，即威胁、制裁、断交、封锁和军事手段，忽视软实力外交，即金融杠杆、宗教输出、能源供应和外交斡旋等，呈现明显的"外交军事化"特征，并被称为"萨勒曼主义"。[①]

第一，频繁使用武力，开展军事外交。沙特军事外交尤其体现在对也门内战的武装干涉。2015年3月25日，沙特扶植的也门总统哈迪遭到胡塞武装及反叛的安全部队追剿，从南部城市亚丁逃往利雅得避难并呼吁阿拉伯国家紧急干预。次日，由沙特组织的8个阿拉伯国家宣布发起"果断风暴"行动，派出空军轰炸胡塞武装，正式拉开军事干涉也门内战的序幕，这是萨勒曼执政后第一个重大外交行动，总指挥就是毫无军旅经验的穆罕默德。一年后，由于单纯空袭无济于事，沙特又敦促部分参战国出动地面部队进入也门，形成陆、空联合作战态势。也门战争是沙特自海湾战争结束后首次大规模参与局部冲突，也是沙特首次组建和领导军事联盟对外发动战争，引起国际舆论广泛重视。

当然，2011年巴林出现大规模骚乱局势并接近失控后，沙特就牵头以"半岛之盾"名义出兵巴林帮助维稳并驻扎至今。利比亚危机爆发后，沙特通过阿拉伯国家联盟策动安理会授权对卡扎菲政权动武，随后派空军参加北约主导的武装干涉，直至推翻卡扎菲政权，后续还与埃及、阿联酋联合空袭利比亚目标，延续到"萨勒曼新政"阶段。在叙利亚和伊拉克，沙特除派空军参与美国主导的反恐联盟外，更多的是通过提供军费和装备，扶

---

① Mohammed Nuruzzaman, "The Myth of Saudi Power", *The National Interest*, April 11, 2016.

植自己的代理人，尤其是多股力量组成的"伊斯兰军"、"叙利亚自由军"和"沙姆自由者"等武装。2015 年 12 月，沙特宣布组建以利雅得为协调中心的 34 个伊斯兰国家反恐联盟，旨在协调在西亚和中亚的反恐行动，打击"伊斯兰国"武装及"任何恐怖组织"。尽管这是一个排斥伊朗等什叶派政权的多边组织，也没有实际发挥任何作用，但沙特充当伊斯兰世界军事盟主的意图已不言而喻。2017 年 11 月 26 日，该组织在利雅得举行国防部长和外交代表峰会，成员国也扩大到 41 个，几乎囊括除什叶派国家之外的所有伊斯兰会议组织成员国。

综上所述，"萨勒曼新政"外交明显呈现军事化和集团化特点，践行了强悍的进攻性现实主义理念。

第二，聚焦宗派外交，与宿敌伊朗全面交恶，并将派系博弈扩大到阿拉伯阵营。沙特是伊斯兰大国，尊奉以"认主独一"为核心的瓦哈比主义，实行君主制，长期推行亲美亲西方政策，并在中东和平进程中坚持温和的"以土地换和平"主张，因此与"霍梅尼主义"指导的伊朗存在诸多根源性分歧与对立。萨勒曼执政后，沙特与伊朗国家利益之争和山头博弈空前加剧，且前所未有地凸显宗派主义色彩。沙特与伊朗博弈既是后者长期进行战略施压和双方结构性矛盾等传统因素的延续发酵，也是围绕伊核危机、争夺西亚腹地和也门内战等全新矛盾的直接刺激，更是"萨勒曼新政"强势风格直接作用的后果。沙特十分迫切地试图打破伊朗组建的海湾 – 地中海"什叶派走廊"，摧毁德黑兰 – 巴格达 – 大马士革 – 贝鲁特 – 萨那（胡塞武装）"什叶派权力轴心"①，破解伊朗近年构建的北南夹击战线。

叙利亚危机爆发后，沙特笼络和斡旋大马士革政府未果，迅疾改变立场并充当政权变更主推手，旨在终结叙利亚阿拉维派执政历史并扶持逊尼派穆斯林上台，进而向西改变黎巴嫩内政外交走向，向东寻求逊尼派穆斯林重新控制伊拉克，瓦解伊朗组建的"什叶派之弧"，将伊朗势力推回至海湾东岸。但是，2013 年 9 月，奥巴马拒绝军事干涉叙利亚危机，随后又邀请伊朗加入叙利亚危机谈判，无异于承认上述地区为伊朗势力范围，这让沙特极其失望并深感遭背叛，产生了单独或联合地区国家对付伊朗的想法。时任国王阿卜杜拉重病在身，萨勒曼成为实际掌权者，也自然是对伊朗强硬外交的设计师和主导者。

---

① 德黑兰 – 巴格达 – 大马士革 – 贝鲁特 – 萨那"什叶派权力轴心"，系笔者所提，因为也门首都萨那近三年来已在胡塞什叶派武装控制之下，形成事实上的掌控。

萨勒曼执政后，沙特公开不满美国等六国与伊朗于 2015 年 7 月签署的伊核全面协议,[①] 声称将采取单独的对伊朗政策，并采取一系列激化双边紧张关系的措施。2016 年 1 月，沙特不顾美国公开劝解和私下警告，执意处决什叶派教士奈米尔，引发伊朗官方和民间不满。沙特随后以其驻伊朗马什哈德领事馆受到冲击为由宣布与伊朗断交，切断两国交通和商贸联系，还威胁利诱部分阿拉伯国家跟进，并指责伊朗入侵阿拉伯国家，干涉阿拉伯国家内政。也门内战爆发后，沙特频繁抨击伊朗及真主党支持胡塞武装，而伊朗在道义上对胡塞武装表示支持，谴责沙特后来发动的武装干涉，沙特与伊朗的派系冲突扩大到阿拉伯世界的南方。

第三，实施清理门户外交，打压阿拉伯内部异己力量或摇摆政权，削弱伊朗地区统一战线。众所周知，黎巴嫩真主党是伊朗伊斯兰革命卫队组建和长期支持的民兵组织，巴勒斯坦的哈马斯虽曾长期获得沙特资助，但日益尾大不掉且与伊朗保持密切联系。萨勒曼执政后很快宣布这两个组织为"恐怖组织"，并推动海湾阿拉伯国家合作委员会（以下简称"海合会"）和阿盟形成相关决议。观察家一致认为，这是沙特打压伊朗外围盟友的连环举措，旨在斩断伊朗介入阿拉伯事务的代理人之手。

更为严峻的是，2017 年 6 月，沙特以卡塔尔元首发表亲伊朗言论为由，联合埃及、巴林和阿联酋与卡塔尔断交并对其实施海、陆、空全面封锁，引发震荡各方的第二场"断交风波"。同时沙特对卡塔尔提出危害其国家主权和独立的所谓"复交十三条"，并要求卡塔尔在沙特与伊朗的博弈中明确选边站队。[②] 2017 年 11 月 4 日，刚刚在黎巴嫩贝鲁特会见伊朗高级代表并发表黎伊友好关系讲话的黎巴嫩总理哈里里，突然在利雅得指责伊朗干涉黎巴嫩内政并宣布辞职，随后又滞留沙特数周，直到辗转归国后才收回辞呈。诸多迹象表明，哈里里因为无力牵制真主党而承受沙特重压才被迫辞职。这两个事件在当代阿拉伯关系史上颇为罕见，体现了"萨勒曼新政"在外交领域的强势风格，并被个别学者攻评为"霸权外交"，甚至称为"萨勒曼主义"。

第四，借助金元外交，确立在阿拉伯世界的领导权。沙特并非阿拉伯世界传统"领头羊"。但是，由于埃及因内乱且国力迅速下降而无暇无力充当阿拉伯世界领导者，沙特则依托丰厚的石油美元，借助赎买政策获取了在阿拉伯世界的阶段性领导地位和影响。萨勒曼以持续资金输血和支持塞西政府执

---

① 李绍先：《伊核全面协议的影响评估》，《西亚非洲》2015 年第 5 期，第 4~18 页。

② 马晓霖：《卡塔尔困境：屈就城下之盟还是选择分道扬镳?》，《华夏时报》2017 年 7 月 3 日。

政等手段，使埃及屈服并令其追随沙特的地区政策，包括出兵也门、打压哈马斯和真主党、孤立和围剿卡塔尔、疏远伊朗。沙特通过资金利诱，不仅组建了干涉也门的伊斯兰联盟、孤立伊朗及其他什叶派政权的 41 国伊斯兰反恐联盟，还迫使也门、苏丹、毛里塔尼亚、约旦等国与伊朗断交或降低外交关系级别，而且左右阿盟决策并使这一区域组织在事实上瘫痪。金元外交在这个过程中发挥了关键作用。

第五，涉险功利主义外交，与以色列"不结而盟"。沙特与以色列长期无任何级别的外交关系，双方自伊核危机爆发后开始秘密接近，以图联合对付共同的敌人伊朗。伊核全面协议签署后，沙、以公开彼此呼应，反对美国和国际社会放松对伊朗的制裁。萨勒曼执政后，随着"什叶派轴心"势力不断扩大，沙以关系日益密切。美国总统特朗普的犹太裔女婿库什纳在萨勒曼父子与以色列总理内塔尼亚胡之间穿针引线，推动沙特和以色列越走越近。

2016 年 7 月 22 日，沙特军方高级将领安瓦尔·以斯奇将军公开访问以色列，并与以色列议会和外交部高级官员举行会谈。他向以方表示，沙特愿与以色列开展多领域合作，甚至包括重要情报交换和技术交流。此后，沙特媒体开始减少和弱化反犹报道，试图重塑犹太人和以色列在中东及其他地区的形象。[1] 8 月 6 日，以色列以"传播恐怖主义新闻"为由，宣布关闭长期运行的卡塔尔半岛电视台驻耶路撒冷记者站，标志着以色列开始配合沙特对卡塔尔的围猎行动。[2] 11 月 16 日，以色列国防军参谋长埃森科特首次接受沙特官方媒体的专访，大谈以、沙交换情报并筹建新联盟对抗伊朗的可能性与可行性。[3] 12 月 6 日，特朗普宣布接受耶路撒冷为以色列首都，这一表态在世界引起轩然大波。虽然沙特公开表示谴责，但美国、以色列和阿拉伯媒体均认为，这一明显亲以政策的出台，事先得到了沙特的认可和支持。《以色列时报》曾报道："巴勒斯坦领导人阿巴斯访沙期间，穆罕默德交其一份'沙特版'巴以和平倡议书草案，敦促其必须接受特朗普提出的和平计划，否则就下台走人。"[4] 路透社称，穆罕默德、库什纳参与讨论的这个和平计划拟于 2018 年上半年公布。卡塔尔《新阿拉伯人》报道，沙特王室要求国内媒体减

---

① 魏凯丽：《以色列与沙特关系的转变对中以关系的影响》，http：//cnblogs. timesofisrael. com，最后访问日期：2017 年 9 月 13 日。

② Https：//www. timesofisrael. com/netanyahu－demands－al－jazeera－offices－in－israel－be－shut－down，最后访问日期：2017 年 8 月 1 日。

③ Http：//www. aljazeera. net/news/arabic，最后访问日期：2017 年 12 月 3 日。

④ Https：//www. timesofisrael. com/saudis－told－abbas－to－accept－trump－peace－plan－or－resign－report，最后访问日期：2017 年 12 月 16 日。

少对特朗普耶路撒冷新政策的宣传，并要求在约旦和巴林的沙特人不得参加当地相关示威活动。① 由此可见，沙特为了对付伊朗采取了务实而功利的地区外交政策，公开接近以色列，以敌制敌，形成了超越民族冲突的准联盟，突破了传统的"泛阿拉伯主义"和"泛伊斯兰主义"双重红线。

第六，加强代理人外交，争夺叙利亚重建主导权。叙利亚危机成为沙特战略反击伊朗并扩大自己影响力的重要平台，虽然总体已遭遇败绩处于下风，但萨勒曼父子继续施加影响，通过代理人左右叙利亚重建进程和走向。围绕叙利亚政治和安全重建，一直存在联合国主导的日内瓦（维也纳）和谈机制以及俄罗斯主导的阿斯塔纳机制，沙特更多倚重前者而抵制后者。但是，无论哪个平台，实力有限的沙特都不甘心失败，除继续向反对派提供武器装备，还努力撮合反对派形成合力，并坚持以巴沙尔必须下台为叙利亚各派别和解的前提条件。2013 年 10 月，沙特曾因不满奥巴马放弃对叙利亚政府军目标的打击，以及安理会对叙利亚的所谓消极立场，拒绝接受首次当选联合国安理会非常任理事国的殊荣。但是，这并不意味着沙特轻易退出叙利亚棋局博弈。2015 年 12 月，沙特举行叙利亚反对派大会，这是叙利亚危机爆发以来，各反对派首次共聚一堂，100 多名各派代表参加了秘密会议。② 2017 年 11 月 22 日，沙特外交大臣朱拜尔和联合国秘书长特使德米斯图拉共同在叙利亚主持叙利亚反对派大会，推动其形成统一立场。2018 年 1 月 30 日，索契叙利亚对话大会顺利举行，但沙特支持的反对派公开予以抵制。

2. 在大国外交层面，维持大国平衡，确保国家战略安全

沙特虽为中东地区大国，但是在大国和地区强国交叉竞技的多重舞台上，它又是军事实力和综合国力明显不足的"肌无力"玩家，因此，强化大国外交并获得大国支持和配合就成为其现实选择。在阿卜杜拉执政期间，受一系列地区问题影响，沙特与美国、俄罗斯和中国的关系都出现不同程度的麻烦和困难，使得沙特陷入孤立与被动。萨勒曼上台后，沙特迅速调整策略和方向，重拾大国外交策略，并调整"唯美主义"和维持多边平衡，寄希望于亚洲主要国家，既维持石油输出大国市场份额，也以借力打力的方式来实现战略目标，减轻自身外交压力。

第一，巩固沙美同盟关系，修复创伤和漏洞。萨勒曼执政后，不仅任命儿子

---

① Http：//mil. news. sina. com. cn/2017 - 12 - 18/doc - ifyptfcn1627546. shtml，最后访问日期：2017 年 12 月 21 日。

② 王波：《首次叙利亚反对派会议在沙特举行》，新华网，http：//www. xinhuanet. com/2015 - 12/09/c_1117410775. htm，最后访问日期：2018 年 2 月 10 日。

哈立德出任驻美大使，迅速建立和密切特朗普家人与沙特政府的关系，而且派王储穆罕默德访美，修补奥巴马时期严重受损的沙美战略互信和同盟关系。萨勒曼充分利用特朗普重商主义和"美国优先"的主张，成功说服美国抛弃纳伊夫而支持立穆罕默德为储，还推动特朗普将首次出访放在沙特。特朗普访问沙特受到超高规格接待，萨勒曼亲自到机场迎接。沙特与美国签署了总计 4000 多亿美元的军火大单，还承诺将对美国投资 400 多亿美元，为美国创造 6 万个就业机会，帮助特朗普兑现竞选诺言。① 特朗普访沙期间，双方成功举行了美国 – 阿拉伯 – 伊斯兰峰会，凸显美沙盟交和沙特的特殊地位，进一步孤立伊朗，而且密谋了孤立和围剿卡塔尔的外交攻势。至此，沙特作为美国中东政策基石国家的角色得到确认，度过了此前困扰双边关系的一系列危机。

第二，加强对俄外交，寻求更多合作。沙特与俄罗斯的关系因叙利亚危机受到强烈冲击，双方陷入代理人战争并处于斗而不破的"非敌非友"状态。随着俄罗斯军事强势介入并扭转叙利亚战局，也基于中东"美退俄进"这一大格局变化，萨勒曼执政后迅速调整策略，于 2017 年 10 月访问莫斯科，成为沙特建国后首位做客克里姆林宫的国王。其间，双方签署能源、交通、通信、投资和农业等 15 份合作文件，被俄罗斯总统普京称为"标志性事件"，沙俄两国开启了"非常伙伴关系"。② 通过购买俄罗斯"S – 400"防空导弹系统这一突破性的杠杆，沙特还迫使美国立即同意出售此前不愿提供的"萨德"反导系统及其配件，整体提升其防空能力。尽管有人将沙特接近俄罗斯的行为称为"摇摆外交"，但事实上它彰显了"萨勒曼新政"外交现实主义原则指导下的大国平衡战略。

第三，提升沙中战略关系，扩大"向东看"阵营，确保石油出口。沙特与中国建交后双方关系快速稳定发展，沙特长期扮演中国最大石油出口国角色，沙中贸易额几乎占阿拉伯国家对华贸易总额的 1/3（见图 1）。

但是，由于中国在安理会多次否决涉及叙利亚问题的决议草案而引发沙特不满，阿卜杜拉曾罕见地公开批评中国的政策"不值得恭维"，沙特舆论也对中国中东政策啧有烦言。2014 年，已实际掌权的萨勒曼作为王储在其亚洲之行中临时增加中国之行，预示沙特重新为沙中关系升温。推动沙特对华政策回暖的因素在于，中国实力日益强大且不容忽视，中国涉叙政策得到越来越多阿拉伯国家的认可，中国大量进口石油对于低油价压力下的沙特而言形

---

① 马晓霖：《特朗普中东外交"向钱看"》，《北京青年报》2017 年 6 月 17 日。

② 吴大辉、阿扎马特：《非敌非友：俄罗斯与沙特的"非常伙伴关系"》，《世界知识》2017 年第 22 期，第 43 ~ 45 页。

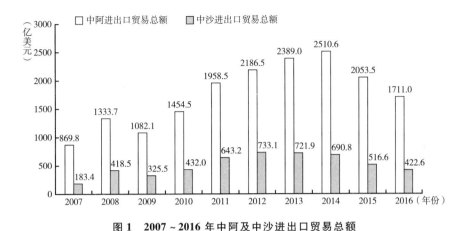

图 1 2007～2016 年中阿及中沙进出口贸易总额

资料来源：根据中国商务部网站（http：//www.mofcom.gov.cn）数据制作。

成"甲方地位"和话语主动权。2017 年 3 月，萨勒曼作为国王首次访问中国并与中国签署价值 650 亿美元的合作备忘录和意向书。这次访问既是对 2016 年习近平主席访问沙特的回访，更是沙中全面战略伙伴关系的体现。萨勒曼高度赞赏中国的外交政策和为维护国际和平与安全所发挥的重要作用，希望中国在中东事务中发挥更大作用。[①] 从沙特外交角度看，"萨勒曼新政"不仅寄希望于将"2030 愿景"与中国的"一带一路"倡议全面对接，更是着眼于在美、俄、中"大三角"之间寻求平衡的战略选择。

萨勒曼执政前后一直延续"向东看"政策，重视中国、日本、印度和韩国等东方大国，核心诉求是保持和扩大沙特石油出口，维持基本财政收入。2014 年，中、日、印三国国内生产总值达到 17.04 万亿美元，几乎追平美国的 17.41 万亿美元。[②] 作为主要石油消费和进口国，中、日、印三国 2013 年进口了沙特近 39% 的石油产量，大约是美国进口沙特石油的两倍（19%）。整个亚洲对于沙特石油安全战略更是意义非凡，以 2013 年为例，沙特日产770 万桶石油中的 68% 销往亚洲，欧洲的份额却下降到只有 10% 左右。[③] 此

---

① 李忠发、郝亚琳：《习近平同沙特国王萨勒曼会谈》，新华网，http：//www.xinhuanet.com/
photo/2017－03/16/c_129511237.htm，最后访问日期：2018 年 2 月 10 日。

② IMF，"World Economic Outlook Database"，April 2015，http：//www.imf.org/en/Publications/
WEO/Issues/2016/12/31/Uneven－Growth－Short－and－Long－Term－Factors，最后访问日期：
2017 年 10 月 11 日。

③ U. S. Energy Information Administration，"Country Analysis Brief：Saudi Arabia"，September 10，
2014.

外，沙特也有远交近攻，在大国间维持多元平衡的战略考量，特别是在美国从中东战略收缩，而中、日、印等东方大国日益重视中东变局的背景下，"移轴亚洲"成为"萨勒曼新政"的重要特色之一。"向东看"政策主要聚焦于能源合作、新能源开发、沙特经济多元化以及防务合作等四大领域。

综上所述，"萨勒曼新政"对内努力在 5 个方向进行改革探索：权力集中化、经济多元化、宗教温和化、社会世俗化和女权正常化。沙特对外则多方介入和干涉阿拉伯国家内政，展现强势的"肌肉外交"与零和思维。沙特外交更具扩张性、进攻性和冒险性，并突出地体现在地区外交事务中，尤其是武装干涉也门内战，强力反制伊朗扩张并建立逊尼派伊斯兰联盟，严厉打压黎巴嫩真主党和巴勒斯坦哈马斯，刻意遏制和孤立卡塔尔，公开介入黎巴嫩内政，尝试与以色列结成"不结而盟"的特殊关系。在大国关系方面，沙特外交则有较大调整，既努力修复被奥巴马政府伤害的沙美同盟关系，也大力加强与俄罗斯、中国交往，突出"向东看"战略，呈现以美国为中心、平衡大国关系、维持石油大国地位的战略诉求。

二　"萨勒曼新政"的总体特点与初步效果

至 2018 年初，"萨勒曼新政"实施已有三年多时间，其特点初露端倪，并取得初步效果。

（一）内政与外交改革目标明确，路径清晰

"萨勒曼新政"有清晰的诉求和实现路径，具体表现为：王权体制改革削兵权，抓财权，确君权，目标是高度集权；经济改革推出宏大规划，确定 15 年中期任务，目标是实现经济多元化；宗教改革"放气球"，造舆论，限教权，尊人权，目标是遏制激进思潮，营造包容宽松环境；社会改革破封闭，促开放，激活力，促创造，目标是建设开放、创新和生产型并世俗化的新社会；女权改革逐步放权、平权、赋权，从女性和外界普遍责难较多的方面开始，最终要实现符合伊斯兰教义的男女平等。

"萨勒曼新政"作为自上而下的改革尝试，也体现出鲜明的策略和特点，以求避免国家因变动太大、太剧烈而出现不可收拾的局面：王权体制改革短平快且手段强硬；经济改革高举高打，定位清晰，不同领域有具体的任务和目标分解；宗教改革雷声大、雨点小，"外科手术"有所启动而"内科手术"未见系统方案；社会改革仅有空泛主张，具体举措有限；女权改革小步慢行，

摸着石头过河。

与此同时，维护沙特利益是"萨勒曼新政"外交的核心动因与战略诉求。"萨勒曼新政"指导的外交是典型的"地区大国外交"。从体量和综合实力看，沙特是不折不扣的地区大国，但是，其外交风格与投入却超越地区大国，具有"地区超级大国"的做派。其动机和诉求主要包括几个方面。

第一，捍卫伊斯兰大国特别是中东地区逊尼派"领头羊"地位，用单边主义方式追求"超级霸权"，使自己成为阿拉伯事务的唯一仲裁者和世界大国进入中东地区的主要通道，[①]并确保在伊斯兰世界独一无二的影响力。

第二，确保地区格局变化和力量对比有利于维护自己的核心利益。进入21世纪以来，随着阿富汗战争和伊拉克战争相继爆发、"阿拉伯之春"以及美国战略收缩和军事重心东移亚太，面对中东出现大国力量失衡、地区力量重组、安全真空扩大等新挑战，沙特希望确保自己在新一轮的地缘政治变化中立于不败之地，甚至确立其在阿拉伯世界的中流砥柱作用。

第三，遏制伊朗输出伊斯兰革命和针对沙特的战略围堵，防止伊朗拥有核武器。沙特长期承受着伊朗"霍梅尼主义"直接或间接的威胁，不得不依托美国提供安全保障，并借助建立海合会联合同质化阿拉伯君主国抱团取暖，同时利用伊拉克等国奉行的阿拉伯民族主义遏制伊朗的扩张。"阿拉伯之春"发生后，沙特长期面临的东部压力在其北方沙姆地区等阿拉伯传统腹地扩散，同时，亲伊朗的胡塞武装在沙特南方"后院"——也门逐步做强、做大并对沙特构成战略威胁。沙特试图通过一系列带有战略反攻性质的外交努力，确保国家与家族政权的长治久安。

第四，维持对美国的战略价值。沙特是石油时代美国长期的战略盟友。随着伊斯兰激进思潮的泛滥和新能源革命的兴起，沙特对于美国的战略价值出现不断贬值的风险。"萨勒曼新政"试图利用地区力量洗牌的时机，抓住美国、以色列与伊朗战略对峙加剧的有利条件，配合以主动发起的油价战，维持传统能源出口国独特地位，确保美国继续重视沙特的战略作用，进而遏制和削弱伊朗、维持国家安全、社会稳定和王权统治的永固。

第五，传播沙特主导的伊斯兰教义、教法和生活方式。沙特是典型的依靠宗教意识形态完成建构的国家，但是，作为"国教"的"瓦哈比主义"本身具有双刃剑效应。反王权体制的穆斯林兄弟会思潮在中东的扩散以及"霍

---

① Madawi Al-Rasheed, "King Salman and His Son, Winning the US Losing the Rest", *LSE Middle East Centre Report*, September 2017, p. 5.

梅尼主义"的长期渗透，都对沙特所推行的教义、教法和生活方式构成威胁，迫使其四面出击，趋利避害，巩固瓦哈比主义的地区影响力，维持其指导下的社会制度、文化形态和生活方式免于被其他同教"异端"所侵蚀。

第六，推动中东和平进程。沙特并不反对以色列作为国家存在，也长期作为阿以冲突中的温和力量，还扮演着巴勒斯坦独立事业最大的地区金主。但是，由于伊朗"泛伊斯兰主义"的催化作用，泛阿拉伯民族主义退潮后巴勒斯坦激进力量依然拒绝调整立场，迟迟不能与以色列取得和解，进而阻碍沙特等大多数阿拉伯国家与以色列关系的正常化，也使沙特亲美外交及温和的对以立场承受巨大舆论压力。"萨勒曼新政"试图借助大范围外交行动削弱伊朗影响，打掉其手中的"巴勒斯坦牌"和"黎巴嫩牌"，为推动巴以和平进程创造条件，进而使自身摆脱深陷其中、深受其苦的道德困境。

基于此，萨勒曼执政以来的沙特对外关系特点，可总结为大国外交是长期重点，对美外交明显优先，辅助以对华对俄对欧平衡外交，力避公开摩擦。地区外交是沙特阶段性着力点，海合会、阿盟和反恐联盟成为其多边外交的主要抓手和平台。而也门内战、叙利亚内战、巴以冲突和部分国家转型又是沙特外交的切入点。"萨勒曼新政"外交当务之急和阶段性诉求是破解伊朗主导的什叶派联盟，遏制新能源革命并维持化石能源出口这条基本生命线。

（二）内政与外交改革具有较强的互动性

内政与外交是国家政治运行的有机组成部分，是彼此呼应、联系密切且不可分割的两个板块。由于王权继承、代际更替、经济改革迫切、地缘环境恶化和域外大国力量升降等多重因素同时叠加，过去三年成为王国建立百年来罕见的内部改革和外部挑战交叉出现的复杂时期，也使这个阶段的内政外交呈现更加鲜明的进取性和积极性，具体体现为强烈的互动性和共振性、具有试验性质的探索性和冒险性、单打独斗的脆弱性和风险性、虎头蛇尾的阶段性和局限性，以及一定程度的代际延续性和继承性。

第一，在互动性和共振性方面，"萨勒曼新政"的国内改革旨在打造沙特的地区超级强国地位，巩固和延续以王权统治为核心的政权合法性和制度优势，并顺应外部现代化、全球化和民主化发展大潮。而其咄咄逼人的攻势外交依托于其丰厚的石油财富储备和强大的金元话语权，既用来维护国家利益，更要应对来自泛阿拉伯民族主义、泛伊斯兰主义乃至草根街头革命的多重挑战。攻势外交体现了强人时代铁腕治国、铁腕护国的决心和勇气，有助于对内巩固执政权威和家族统治合法性。强势外交也被萨勒曼用以历练毫无资历的王储，为其提供建功立业、树立权威并借机清除异己、消除内部威胁的平台。据悉，纳伊夫被很快罢免与其反对过于扩张和强势的地区外交立场有关。此外，利用国际舆论的强大压力打击宗教势力，进一步削弱代表瓦哈比正统地位的谢赫家族及乌莱玛集团，强化王权对教权的绝对控制。

第二，在探索性和冒险性方面，"萨勒曼新政"在内政外交方面都具有试验性质的阶段特征，即通过各种尝试寻求国家发展方向、国际及地区格局的国家定位和国家利益，因而必然缺乏系统性和周密性，具有明显的探索性和冒险性。内政外交同时发力，但超越自身综合实力，必然造成眼前利益和长远利益顾此失彼、短期目标和长期目标混乱冲突的后果，进而缺乏稳定性和可持续性，并具有不确定性和脆弱性。

萨勒曼执政三年的权力运行实践被诸多观察家形容为"百年未见之变局"，涉及王权结构、经济、宗教、社会与文化等多个领域，无论力度还是广度都前所未见。外交博弈不仅全方位发力，多种手段交替，而且活动半径覆盖整个中东地区，涉及传统与当下矛盾多个层面。沙特高调的身影无处不在，过去曾经低调含蓄的沙特现在不仅十分活跃，而且咄咄逼人，成为数一数二的区域地缘角色。内政外交同时发力和多场景表演，充分体现了"萨勒曼新政"为国家谋取永续安全与发展进行的探索，但也因为准备不足或客观条件所限而充满了冒险性。外交领域的收益率显示，沙特超越国力的全方位投入已为其带来四面树敌、有心无力的恶果，并严重损害了沙特的国际形象，而且反过来有可能危及"萨勒曼新政"的合理性乃至"萨勒曼王朝"统治的合法性，进而给这场改革埋下危险的种子。

第三，在脆弱性和风险性方面，"萨勒曼新政"体现出这对父子为引领王国发展、繁荣和强大而不惜壮士断腕的勇气，但是，无论内政还是外交，新政都体现了沙特单打独斗的尴尬处境，因此不免隐藏着相当的脆弱性和风险性。从改革的引导主体而言，萨勒曼父子连续变更权力延续的传统并将属于大家族的权力集中掌握，"萨勒曼王朝"轮廓清晰可见，这无疑将使自己站在众多王权合法继承人的对立面；实施宽松和温和的社会、宗教和女权改革，无疑将使自己站在力量强大、观念僵化且以正统自居的宗教利益集团和保守势力对立面；大规模经济改革方案以及以反腐之名进行的浮财剥夺行动，不仅让世代习惯于福利主义和消费主义的国民承受痛苦，也使大量作为利益共同体长期通过权力与王室瓜分石油收入的权贵们噤若寒蝉。这些力量一旦形成反对改革的命运和利益共同体，国内改革前途就堪忧。"萨勒曼新政"国内改革如果取得成功，将对伊斯兰世界形成正面引领作用。反之，将导致伊斯兰世界特别是海湾阿拉伯君主国改革势头受挫，甚至危及政权延续，形成可怕的"多米诺骨牌效应"。

"萨勒曼新政"奉行的攻势外交超越传统的幕后操盘风格，使沙特前突为博弈主角，在阿拉伯世界的风头已远远盖过埃及等传统领袖，成为中东博弈的关键一极。而实际上，由于沙特自身地缘撬动能力有限，靠收买政策形成的联盟往往徒有虚名，导致沙特整体外交收获寥寥，陷入各种泥潭，并成为透支国力的危险伤口。

第四，在阶段性和局限性方面，"萨勒曼新政"之所以引人注目，在于其国内改革的大动干戈和对外交往的四面出击。然而，受制于多种复杂因素，这一新政无论对内还是对外都难以摆脱虎头蛇尾的命运，进而呈现阶段性和局限性特征。从内部改革而言，"萨勒曼新政"并没有从根本上改变国家政教合一、王权专制的政体本质。即便是建立宪政指导下的君主立宪制，国家政体依然是绝对垄断的超级威权君主体制。权力不仅没有向社会各阶层下放、分解进而形成分享、共有和制衡，反而从庞大家族手中进一步集中于萨勒曼派系，为建立"萨勒曼王朝"奠基。经济改革规模宏大但实施难度极大，社会、宗教、女权改革也只是舆论先行，局部有所触动，并没有通过立法形式全面展开和深刻变革。从外交实践看，三年强势外交已在不同方向做成"夹生饭"，资源调度接近枯竭，影响力扩张基本见底，势力外扩达到极限，沙特已被迫由战略进攻转入战略僵持或战略防守。这充分暴露了沙特综合国力有限，无力充当地区霸主。

第五，在代际延续性和继承性方面，尽管"萨勒曼新政"个人色彩鲜明，尤其是穆罕默德的形象被舆论过分放大，但是，这一新政并不完全是萨勒曼父子二人的创举，而是体现沙特家族特别是阿卜杜拉国王执政后的家族和国家的意志，因此，"萨勒曼新政"具有一定的继承性和延续性。只是萨勒曼父子"新官上任三把火"，新政外化为更鲜明、更强猛的阶段性深化和拓展。阿卜杜拉生前已安排权力移交的顺序和人选，据悉，他对仅有大学本科学历且无海外留学经历的穆罕默德格外欣赏，尚在位时就叮嘱其专心思考和规划国家百年发展大计，这也是穆罕默德能在父亲继位后快速推出《沙特 2030 愿景》的原因。阿卜杜拉将王权移交给萨勒曼，本身就考虑到穆罕默德最终走上权力塔尖的可能性。因此，我们不妨判断，萨勒曼开启"父权子继"并实现王权向第三代转移，其中有阿卜杜拉国王的铺垫和默许。经济多元化改革，不仅为历代国王所重视，而且被认为倒逼经济改革的 2014 年油价战，也是阿卜杜拉在位时正式打响的。社会、宗教和女权改革方面，阿卜杜拉掌握权力后已有所尝试或加以鼓励，比如他本人带头穿 T 恤打球并允许媒体报道，打破禁忌与青年女性集体合影登报，还开启宗教课堂教材审查，并要求伊玛目在清真寺依据政府审定的文本讲解宗教。

"萨勒曼新政"的强势外交和多面出击始于阿卜杜拉国王时期：2011 年出兵干涉巴林街头运动，推动阿盟要求联合国安理会出兵利比亚，威胁利诱也门前总统萨利赫和平交出权力，布局变更叙利亚政权进而与伊朗等什叶派力量进行历史对决，主张尽快实现巴以和平并借助以色列力量遏制伊朗获得核武器，乃至采取大国平衡政策，率先于 2005 年提出"向东看"战略等。因此，"萨勒曼新政"是阿卜杜拉国王内政外交的延续和升级版，是沙特王室核心层的主流意志和集体利益诉求。

（三）内政与外交改革初步成果各领域多寡不一

"萨勒曼新政"三年实践，由于优先排序和难易程度不等，所产生的改革开放成果各领域多寡不一：王权制度结构改革显著，核心权力"垂直移交"架构初成，王储掌舵已成事实，并为长期执政打下基础；经济改革刚刚起步，诸多项目有待落实，目前只细化为红海"未来城市"等大型项目，其他规划仍停留于纸面；宗教改革决心已定，忌惮较多，后续乏力；社会改革小试牛刀，言多行少；女权改革稳步推进，有待全面铺开和深化。

这是一场大幕乍启的百年变局尝试，是萨勒曼父子发动的改良运动，也是沙特家族内生性的求变图存努力，有着非常强烈的顶层设计和精英主义特点，因此，也必然是头重脚轻式的变革。萨勒曼父子作为改革的发起者、组织者和领导者登高一呼，并在权力中心大力洗牌，集权立威割除羁绊，同时推出规模庞大的经济发展计划。但是，宫廷之外的经济、宗教、社会改革乃至具有风向标意义的女权改革，显得步履艰难，呼应不足。尤其是沙特限制政党存在与发展，非政府组织也明显力量不足，改革缺乏强大统一的中间力量进行呼应和支撑，新政寄予厚望的庞大中青年人群实际上处于一盘散沙的状态。

"萨勒曼新政"推动的沙特外交多元化效果也各不相同，各有特点。大国外交效果明显而突出，巩固了基本盘，维持了与美、俄、中"大三角"的总体平衡。地区外交则总体失败，投入巨大但得不偿失，导致军费开支激增，开支水平与其国际地位和综合实力极不匹配（见表 1）。

表 1　2015 年和 2016 年世界军费支出前十位国家

单位：百万美元

国家	2015 年	2016 年	国家	2015 年	2016 年
美国	596010	606233	印度	51295	55631
中国	214093	225713	英国	53682	54217
俄罗斯	66419	70345	日本	41103	41569
沙特	87186	61358	德国	39813	40985
法国	55342	55681	韩国	36433	37265

资料来源：斯德哥尔摩国际和平研究所网站，https：//www. sipri. org/sites/default/files/Milex - constant - 2015 - USD，最后访问日期：2018 年 2 月 10 日。

　　无论是发动战争，武装敌对政权反对派，还是用资金笼络地区盟友，都使沙特实力严重透支，导致财政赤字严重。2015 年、2016 年、2018 年该国经常项目赤字分别高达 567.24 亿美元、275.51 亿美元、101.65 亿美元（见图 2），沙特的国际形象受到折损，原有的地区影响力也面临挑战。

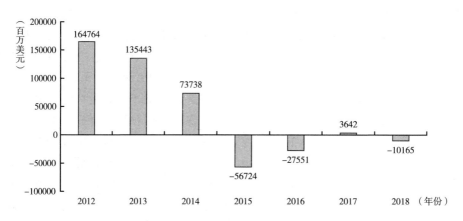

图 2　2012～2018 年沙特经常项目收支平衡情况

资料来源：EIU，*Country Report*：*Saudi Arabia*，October 18，2017，p. 9。

　　"萨勒曼新政"的地区外交特点概括起来大致表现为：恐惧情绪推动的愤怒外交、唯我独尊的地区强权外交、不计后果的冒险外交、四面树敌的麻烦外交，以及由石油美元支撑的实力外交。其结果是沙特几乎与所有地区大国交恶，实际影响力大幅度下降。

一位西方学者就此评论说："沙特得到了美国，但失去了其他。"[1] 具体而言，沙特多边外交虚实相间，虚多实少，特别是宗派外交一败涂地，得不偿失；武装干涉也门久攻不克，不仅使自己处于骑虎难下的尴尬处境，而且耗费了大量的军事开支，仅 2015 年就付出 53 亿美元的战争开支；[2] 积极推动叙利亚政权变更，反而成就了俄罗斯和伊朗，沙特自己则被边缘化；与伊朗断交并围殴卡塔尔，不仅使卡塔尔渐行渐远并倚重伊朗和土耳其等战略对手，还促使科威特和阿曼保持中立，加剧了海合会解体的风险，而且土耳其在叙利亚倒向俄罗斯 – 伊朗联盟后，又派兵进驻卡塔尔，凸显了沙特的地区孤立态势和战略威胁。由于沙特在某种程度上已成为近年来中东地区动乱乃至战争的策源地之一，特别是在也门的持续军事行动造成了大量人员伤亡，引发人道主义灾难，其行为不仅受到国际人权组织的谴责，也恶化了沙特在阿拉伯民众心目中的温和形象。不仅如此，沙特与胡塞武装交恶还导致后者多次发动反攻，给沙特边境地区造成罕见的人员伤亡和经济损失。沙特民防部队发言人称，仅胡塞武装的跨境火箭弹袭击就摧毁或损坏1074幢房屋和 108 处商店，420 辆民用汽车被烧毁。[3] 此外，胡塞武装三次向沙特首都利雅得等大城市或机场目标发射弹道导弹，引发沙特民众罕见的安全恐慌。至于沙特对以色列的功利外交，堪称"饮鸩止渴"，因为脱离实际而势必引发沙特和阿拉伯、伊斯兰世界舆论普遍不满，属于典型的只顾眼前利益而忽视长远利益，计较一域所得而忽略整体考量的短视外交。

三　"萨勒曼新政"的实施前景

"萨勒曼新政"刚刚起步，它尽管远不是一场颠覆国家政权根本的革命，而仅仅是确保绝对君主制和威权主义治下的全面改良，但面临的问题和挑战依然很多，前路艰难，不可乐观以待。

第一，在王权改革层面，"横向继承"改为"垂直继承"的权力移交只是完成了基本架构。历练明显不足且势单力孤的穆罕默德继位后，能否摆平

---

[1] Madawi Al-Rasheed, "King Salman and His Son, Winning the US Losing the Rest", *LSE Middle East Centre Report*, September 2017.

[2] Http：//foreignpolicynews. org/2016/12/11/saudi – intervention – yemen – impact – saudis – economy，最后访问日期：2017 年 12 月 11 日。

[3] Eman Ragab, "Beond Money and Diplomacy：Regional Policies of Saudi Arabia and UAE after the Arab Spring", *The International Spectator*, Vol. 52, No. 2, 2017, pp. 37 –53.

家族两代 5000 多个王子构成的权力挑战结果难料，特别是依据继承法有合法继承资格的二代和三代竞争者——"二代 13 子"和"三代 200 子"。[1]萨勒曼依靠自身权威确立的权力体系和力量重组能否在穆罕默德羽翼丰满前得以彻底消化，这些都是有待时间检验的关键问题。一旦"萨勒曼王朝"不能名正言顺地形成并延续，"萨勒曼新政"就很可能夭折。

第二，在经济改革层面，尽管有评论家认为，"2030 愿景"若能实现70% 的目标，沙特都将面貌一新，但是，这个目标依然过于理想主义而显得脱离实际。沙特政治生活的不确定性很强，多元化努力长期低效，经济发展的"油瘾"短时间恐难戒除。国人就业惯性积重难返，新增劳动力过快而吸收消化机会有限，社会福利能否大规模削减等问题一直被外界质疑。长期形成的消费型、福利型、依赖型国民观念恐怕也难在短时间内向生产型、劳动型和自主型新观念转变。2017 年 11 月 6 日，11 名王室成员聚集在利雅得省政府门前，要求萨勒曼国王取消停止为王室成员支付水电费的命令而被捕，这表明既得利益者不一定接受削减习以为常的福利补贴。[2] 此外，沙特劳动力素质和技能未必能匹配"自力更生"的较高要求，外资进入的门槛依然很高，官僚、低效、腐败等痼疾和法制诸多弊端也非很快就能得到明显改观。

第三，在社会改革层面，沙特存在着根深蒂固的部落主义、保守主义和复古主义传统，甚至渗透在社会的各个阶层和角落。当前的民族国家认同和凝聚力主要仰仗于石油暴利带来的安居乐业和相对富裕。"萨勒曼新政"利用巨额国家资本驱动经济改革也许相对容易，但是，推动定型已久且保守意识已成为文化基因的社会革新开放绝非易事。世俗主义取代保守意识和观念而成为社会思潮主流，其阻挠力量不只来自宗教阶层和部落势力，社会底层特别是受教育程度不高的草根民众恐怕也难以认同国家的大幅度开放，以免纲常崩溃，秩序紊乱。

第四，在宗教改革层面，前景更加不容乐观。特别是已长期固化为"国教"的瓦哈比意识形态，一直为沙特王室的合法性和内政外交政策的推行提供合法性外衣，与沙特王朝制度形成互为表里和唇齿相依的密切关系。"萨勒曼新政"不可能放弃甚至边缘化这个作为"沙特之魂"的精神力量及作为国

---

① Stig Stenglie，"Salman's Succession：Challenges to Stability in Saudi Arabia"，*The Washington Quarterly*，Summer 2016，pp. 117 – 138.

② Https：//www. washingtonpost. com/world/saudi – arabia – arrests – 11 – princes – who – protested – suspension – of – government – payments/2018/01/06/5ddca558 – f327 – 11e7 – b390 – a36dc3fa2842_ story. html，最后访问日期：2018 年 1 月 10 日。

家软实力输出主要内容的立国和执政工具。萨勒曼父子不仅对内要直面以瓦哈比家族（谢赫家族）为核心的庞大宗教既得利益集团，还要依托瓦哈比思想对外确立逊尼派伊斯兰大国地位，并制衡以伊朗"霍梅尼主义"为代表的什叶派意识形态挑战，对冲主张伊斯兰共和制并反对君主立宪制度的穆兄会思想。因此，可以想象，"萨勒曼新政"的宗教改革难以触及灵魂而走得更远、更深。

第五，在世俗化改革层面，问题同样严重。世俗化社会的核心标准是政教分离，教俗分离，宗教全面退出社会生活居于相对独立并受政权与法律制约的精神领域，宗教信仰完全属于个人自由选择的范畴。沙特作为政教合一、教俗合一的国家，如果宗教改革没有实质性变化，那么世俗化改革就无从谈起。从某种角度看，世俗化改革是检验"萨勒曼新政"宗教改革的试金石。

第六，在女权改革层面，沙特作为伊斯兰世界最保守、最封闭的国家之一，不仅有丰厚的封建主义、部落主义和保守主义土壤，还有着强大的男权、夫权和教权思想环境，歧视女性并排斥其平等、全面参与社会各领域生活，有着深厚的民众基础。因此，沙特女性的选举权和被选举权迟滞于世界大多数国家，女性婚姻自主权、男女同工同酬权、男女相处免予隔离和歧视的权利，和大多数国家相比也都十分落后。女性的平权、赋权和确权未必已在沙特社会形成集体共识，这也决定了"萨勒曼新政"必须小步慢行地推进这个领域的改革。

第七，在外交层面，目前尚看不出"萨勒曼新政"在外交方向有重大调整的迹象，阶段性重点依然在五个方向：致力于破解什叶派联盟围堵，遏制伊朗势力西进；尽快从也门战争抽身止损；介入叙利亚和平进程维持长久影响力；致力于获得国际广泛支持，服务国内改革开放；努力抬升油价，缓解资金紧张。

国际舆论普遍乐见"萨勒曼新政"取得成功，尤其是西方媒体不乏溢美之词。以色列反对党工党前主席赫尔佐克甚至面对沙特媒体称赞穆罕默德王储是"中东地区最伟大的革命家之一"。① 但是，国际舆论同时产生的疑问似乎更多，预示着萨勒曼父子的改革开放注定困难重重，尤其是穆罕默德接任王位并失去父亲支持和庇护后，这种自上而下、一柱擎天式的改革，究竟能走多远，都给世人留下巨大疑问。

进入 2018 年，"萨勒曼新政"正在继续推进，国内改革不断传来好消息，比如政府如期宣布燃油和水电价格上涨并开征增值税，而且似乎被国民平静

---

① Http：//chinese. aljazeera. net/news/2018/1/10/israels - opposition - leader - ben - salman - is - a - great - revolutionary，最后访问日期：2018 年 2 月 3 日。

地接受。此举对于沙特迈向"后石油经济时代"具有重大意义。[1] 同时，穿着现代而时尚的沙特女性出现在 1 月 17 日的汽车展上并竞相试驾，为 6 月起单独驾车上路做准备。同时，由利雅得省省长之妻努拉牵头的女性赋权试验项目之一——16 家餐厅首次为女性提供岗位。1 月 27 日，因反腐风暴而失去自由的亿万富翁瓦利德亲王接受路透社专访，澄清此前媒体散播的种种"谣言"，并表示坚决支持国王和王储为"打造一个全新沙特所做的一切"，表明"萨勒曼新政"得到家族的理解与配合。[2] 此外，沙特政府为占该国人口半数以上的 370 万户家庭开通"公民账户"，并每月向账户内发放现金补贴。"萨勒曼新政"国内改革正在推进，但是，多数外交难题没有得到解决或出现缓解迹象，而且围绕也门内战，沙特与长期配合密切的阿联酋也产生龃龉和摩擦，并公开相互指责。

特别要指出的是，石油价格几经波动后依然没有大幅度回升，[3] 这意味着未来沙特还将为此承担巨大的财政压力。告别食利主义和戒除"油瘾"的经济多元化改革势必伤筋动骨，王权、宗教、社会和女权改革也多管齐下，国内改革可谓头绪繁多，充满各种风险和阻碍，而全面开花的地区强势外交势必分心又破财，而且暂时看不到大幅度和全面回卷的迹象。因此，"萨勒曼新政"的内外交困是显而易见的，究竟能走多远，难以预料。中东各国不乏各种改革运动，更不乏强人政治，但终究败多胜少，而"萨勒曼新政"尤其复杂艰难，最终能否摆脱前人的挫折与厄运，只有等待时间的检验。

"Salman's New Deal" and the Trend of Saudi Arabia's Internal Affairs and Diplomacy

Ma Xiaolin

Abstract：The Kingdom of Saudi Arabia had entered a new term which could be

---

① 钮松：《新年新政，沙特迈向"后石油经济时代"》，《新民晚报》2018 年 1 月 25 日。

② Https：//www. reuters. com/article/us – saudi – arrests – princealwaleed/saudi – billionaire – prince – alwaleed – bin – talal – released – family – sources – idUSKBN1FG0DT，最后访问日期：2018 年 2 月 3 日。

③ 英国石油公司首席执行官估计，2018 年国际原油价格徘徊于每桶 45～55 美元，参见交易时间网，http：//www. imfointime. net，最后访问日期：2018 年 3 月 10 日。

called "Salman's New Deal" since January 2015. In these years, King Salman had built a super power system dominated by the father – and – son alliance, and decisively adjusted domestic and diplomatic strategies with his resolution to revive the kingdom. To unpack "Salman's New Deal", Saudi Arabia has been domestically experimenting with reforming politics, economy, society, culture, religion and feminism with the hope of modernizing and sustainable developing the traditionally conservative kingdom; in terms of diplomacy, Saudi Arabia has been upholding a hawkish stance while bearing realism in mind, intervening geopolitical hotspots on all fronts and balancing relationships with superpowers, overtly showing its agenda of strengthening the kingdom's status as a regional superpower and defending its national interests. While "Salman's New Deal" is appreciated for its momentum, possibilities and reformation, it's also fraught with uncertainties and risks since new policies, domestic and diplomatic, are being instituted simultaneously, some of which are still in experimenting stage. "Salman's New Deal" is also showing some continuity since it inherited some politic legacies of late King Abdullah, representing the collective will and consensus of the current royal family, to some degrees even revealing the future path the kingdom is going to embark on. Anyway, "Salman's New Deal" is not a kind of deep reform that could change the political structure or power system, but a wide-scale improvement to ensure the currant absolute monarchy and super authoritarianism. "Salman's New Deal" is facing some challenges and uncertainties.

Keywords: Politics in the Middle East; Saudi Arabia; Salman's New Deal; Crown Prince Mohammed Bin Salman

（原文发表于《西亚非洲》2018 年第 2 期）

沙特阿拉伯的经济调整
与"一带一路"的推进

摘要：2014 年下半年开始的国际油价下跌对沙特阿拉伯的经济造成严重冲击，加上其他政治、经济和对外关系变化等因素的影响，该国开始调整经济发展政策。其主要内容包括：资源配置从依靠政府干预向依靠市场支配的方向转变；政府财政收入从依靠石油收入向扩大非石油收入的方向转变；产业结构从过度依赖石油经济向新能源和矿业等多样化领域拓展；企业所有制结构从国有化向加快私有化的方向转变；投资资金来源从基本依靠国内资本向重视吸引外资的方向转变；劳动就业从依靠外籍劳工向"沙特化"的方向转变。综观沙特经济发展重点与中国"一带一路"倡议的契合点，能源安全、产能合作、基础设施和金融是双方经济合作最有潜力的领域。

关键词："一带一路"　沙特阿拉伯　经济调整

中国在落实"一带一路"倡议过程中，需要与共建丝绸之路经济带国家探索新的经济合作模式，并与之形成"利益共同体"和"命运共同体"。位于海湾地区的能源大国沙特是"一带一路"的重要节点国家之一。值得注意的是，自 2014 年下半年以来，关乎该国经济发展的国际石油市场剧烈动荡，国际油价从每桶 130 美元左右下跌到 2016 年初的每桶 30 美元左右，给世界主要石油输出国沙特的经济造成了严重冲击。沙特由此采取措施，进行深层次的经济调整。在充分认知该国经济发展新动态的基础上，将中国的"一带一路"倡议与沙特的经济发展重点进行对接与协调，应成为深化两国经济合作的关键。

---

* 陈沫，中国社会科学院西亚非洲研究所副研究员、中国社会科学院海湾研究中心秘书长。

一　沙特的经济调整

2014 年下半年开始的国际石油价格下跌对沙特的经济造成严重冲击，该国遂开始调整经济发展政策。尽管沙特在低油价形势下进行经济调整已经不是第一次，但这次调整却有着新的背景和更加丰富的内容。

（一）经济调整的背景

沙特经济调整的背景有其独特性，经济、政治和对外关系等因素的变化对于这次经济调整的特点和方向具有重要影响。

第一，沙特的经济调整首先与该国经济对于石油过度依赖而产生的强烈负面效应有关。从 20 世纪 70 年代开始，该国政府在大力发展石油经济的同时，开启了国家经济现代化的进程，以应对国际油价剧烈波动对经济发展的影响。从 20 世纪 80 年代后期到 90 年代，沙特曾经遭遇过长期低油价的冲击。当时，由于沙特的经济规模还比较小，其主要依靠抽回海外资产和少量举借债务承受低油价的冲击。但是，此轮低油价周期对沙特经济的冲击大于以往。2014 年，沙特政府财政预算自 2009 年以来首次出现赤字，2015 年财政预算赤字达 1222 亿美元。[1] 沙特的全部海外资产总共只有6000 多亿美元，完全按照 20 世纪八九十年代那样的模式，依靠抽回海外资产已难以安然度过危机。国际货币基金组织也对沙特发出警告，沙特如果继续强行保持石油产量，其外汇储备将在 5 年内耗尽。[2] 因此，沙特必须郑重考虑体制方面的改革及进一步加快经济多样化的步伐。

第二，沙特新国王萨勒曼对王子和副首相的任命标志着沙特第三代亲王继承王位拉开了序幕，并开始对国家的经济和政治发展发挥决定性的影响。2015 年是沙特政治历史上具有特殊意义的一年。自从沙特的创建者老沙特国王 1953 年去世以来，王位一直由他的儿子们，也就是王室的第二代亲王继承，兄终弟及，王储也是由第二代担任。及至 2015 年阿卜杜拉国王去世，79 岁的萨勒曼继承王位，已经先后有 5 位第二代亲王出任沙特国王。然而，随着时间推移，能够继承王位的第二代亲王虽然仍有人在，但普遍年事已高，健康堪忧，越来越难以承担国王的重任，在担任王储期间

---

[1]　EIU, *Country Risk Service: Saudi Arabia*, December 2015, p.12.

[2]　Ken Miyajima, "An Empirical Investigation of Oil – Macro – Financial Linkages in Saudi Arabia", *IMF Working Paper*, February 2016.

未及继承王位就离世者，也不乏其人。因此，沙特的王位继承何时开始向第三代亲王转移，是人们关注已久的问题。萨勒曼国王即位后，终于在这方面迈出了决定性的步伐。2015 年 4 月，他免去了已 70 岁的第二代亲王穆克林的王储职位，任命 57 岁的第三代亲王穆罕默德·本·纳伊夫为王储，并任第一副首相和内政大臣。更为引人注目的是，他同时任命自己的亲生儿子——穆罕默德·本·萨勒曼为副王储和第二副首相，并任国防大臣和经济与发展事务委员会主席，其继承王位的顺序排在王储之后。这些第三代亲王一般都接受过良好的现代教育。穆罕默德·本·纳伊夫曾获得美国刘易斯－克拉克学院政治经济学学位，穆罕默德·本·萨勒曼则在沙特的大学学过法律。因此，他们与老一代亲王相比，视野更加开阔，思想更加开放，在解决国家发展和安全问题方面，特别是在解决国际油价下跌导致的资金紧张问题的时候，不可能因循老一辈的传统做法，而会有更新的思路和举措。

第三，沙特的这次经济调整也与该国近年对外关系格局的变化有关。沙特长期以来是美国在中东地区的战略盟友，不仅在军事上依靠美国的支持，而且在石油出口方面主要依赖美国市场。但是这一切进入 21 世纪以来发生了急剧变化。2001 年爆发的"9·11"事件由于涉及 14 名沙特籍的恐怖主义分子，使美国与沙特之间的政治互信大打折扣，美国在中东的军事基地也从沙特转移到卡塔尔。此外，美国从 21 世纪的第二个十年开始，加快实行战略重心东移，对中东地区实行战略收缩，并开始重视寻求中东问题的政治解决方式，不愿再在叙利亚和伊朗问题上卷入新的冲突。特别是在对待沙特在中东地区的两个宿敌——伊朗和叙利亚的问题上，美国相对消极的干预态度令沙特大失所望。2013 年，美国决定与伊朗通过政治方式解决核问题，在叙利亚问题上不愿直接出兵推翻巴沙尔政权。这让沙特极为恼火，甚至在 2013 年 10 月 18 日宣布拒绝出任已经当选的联合国安理会非常任理事国，以表达对美国的严重不满。然而，美国在中东地区的战略收缩有其必然的原因，且已成为难以转变的趋势。沙特在经济上与美国也有所疏远。特别是在能源问题上，美国长期推行进口来源多样化政策，逐渐减少对中东地区的石油进口依赖；进入 21 世纪以来美国页岩油开发进展迅速，对沙特的石油进口需求进一步减少。与此同时，中国在沙特经济中的地位不断上升，2015 年已经成为沙特石油出口的第一大市场和第一大贸易伙伴。因此，从前国王阿卜杜拉执政时期开始，沙特出现明显的"向东看"的趋向。阿卜杜拉国王即位后将首次正式出访目的地锁定中国，这次出访也是两国自 1990 年建交后沙特国王首次访问中国。[①] 西方和东方在沙特经济关系中地位的此升彼降，以及沙特与美国关系正在发生的变化，必然会影响到沙特对外经济关系方向。沙特在新的条件下推动经济调整，必然要把目光更多地投向中国等新兴的东方经济贸易合作伙伴身上。

（二）经济调整的方向及其表现

关于沙特的经济调整，该国尚未发表系统的计划或方案。但根据部分沙特政要的言论，以及政府已经或计划采取的政策调整，内容大致可以归纳为以下六个主要方向。

第一，资源配置从依靠政府干预向依靠市场支配的方向转变。沙特长期以来虽然主张实行市场经济，但实际上政府对于经济的干预还是比较多的，特别是政府通过控制价格在资源配置中发挥着支配性作用。政府长期对水电和能源价格进行补贴的措施，对于在一定发展阶段内，发挥资金相对充裕的优势，加快经济建设和提高居民生活水平来说，具有相对的合理性。但是，在如今政府收入与支出的缺口急剧增大，补贴开支也随着人口增长和经济规模扩大而急剧膨胀的情况下，补贴越来越成为政府财政的巨大负担。更为重要的是，政府补贴扭曲了水电和能源的价格，使价格不能反映产品的真实成本。实际上这种做法既不利于提高资源使用的效率，也不利于激励私人企业和外资对水电和能源部门进行投资。这种扭曲的价格对于经济发展来说，并不具有长期的可持续性。因此，逐渐理顺价格，特别是发挥市场在资源配置中的决定性作用，已经引起沙特政府决策者的重视，并且反映在这一轮的经济调整之中。沙特政府已经提出要提高国内水电价格的方案，还敦促议会审议供水和电力领域的现行法律。沙特水电部提出从 2015 年 12 月起，将非居民用水价格上调 50%，但居民用水价格不变；对使用给排水服务的用户，每立方米价格上涨为 9 里亚尔；对仅使用给水服务的用户，每立方米价格为 6 里亚尔。[②] 沙特劳工部最近制定了"工资保护计划"。根据这个计划，企业所雇用的劳工即便当前劳工合同尚未终结，仍有权在不征得现有雇主同意的情

---

① 参见陈沫《沙特阿拉伯"向东看"战略举措及影响》，载杨光《中东非洲发展报告（2010～2011）》，社会科学文献出版社，2011，第 94～95 页。

② 《沙特下月起上调非居民用水价格 50%》，商务部网站，http：//sa. mofcom. gov. cn/article/jmxw/201511/20151101153920. shtml，最后访问日期：2016 年 2 月 11 日。

况下转入其他企业工作，① 这促进了劳动力在市场上的自由流动。

第二，政府财政收入从依靠石油收入向扩大非石油收入的方向转变。沙特的政府预算由于严重依赖石油收入，并且在一定程度上存在着资金剩余的情况，因此，长期以来并不重视开辟石油以外的收入来源，而是仅仅满足于石油收入的开支分配。过去当国际石油价格下跌，财政收入不能满足开支的时候，政府往往采取抽回一部分海外资产的办法，暂时弥合预算开支的不足。沙特的海外资产主要由具有中央银行职能的沙特货币管理局控制，其规模在2016 年已经达到 6323 亿美元。② 现在的情况与 20 世纪 90 年代中期沙特应对低油价的情势不同，政府预算的规模已经比当年庞大得多，而 2015 年政府财政赤字占国内生产总值的比重已经高达 17.5%。③ 沙特政府已经意识到，抽回海外资产进行调节已经不能完全解决财政资金不足的问题，也不可能是解决预算问题的长效机制。沙特财政大臣阿萨夫公开表示，要度过油价低迷时期，沙特不能单纯依赖财政储备，而应当多种手段并用，包括减少不必要的财政支出，以及发行更多债券。④ 因此，在最近启动的经济调整中，沙特已经采取那些非石油输出国常见的解决预算收入不足的办法，其中包括压缩开支、增加税收，甚至计划通过出售国有企业增加政府收入。

沙特阿拉伯还采用了发行国债的办法为政府筹措资金。政府从 2015 年 7月开始发行国债，这是自 2007 年沙特政府发行债券后的第一次，标志着沙特经济政策十年来的最大调整。2015 年 7 月，沙特政府发行 40 亿美元债券，8月又向银行售出 53 亿美元债券。⑤ 到 2015 年底，沙特政府 4 次向银行出售的债券总金额增至 307 亿美元。⑥ 沙特财政大臣阿萨夫指出，为弥补财政赤字，沙特政府除了发行更多的传统政府债券之外，还将发行伊斯兰债券。⑦ 作为增

① 《沙特劳工部宣布"工资保护"计划最新措施》，商务部网站，http://sa. mofcom. gov. cn/article/jmxw/201505/20150500963613. shtml，最后访问日期：2016 年 2 月 11 日。

② 参见沙特货币局网站，http://www. swfinstitute. org/sovereign - wealth - fund - rankings，最后访问日期：2016 年 2 月 18 日。

③ EIU，*Country Report：Saudi Arabia*，February 2016，p. 8.

④ 《沙特将继续消减预算 增发千亿美元债券》，商务部网站，http://sa. mofcom. gov. cn/article/jmxw/201509/20150901107367. shtml，最后访问日期：2016 年 2 月 17 日。

⑤ 《沙特 7 月外汇储备环比下降 0.5% 降幅趋缓》，商务部网站，http://sa. mofcom. gov. cn/article/jmxw/201508/20150801095581. shtml，最后访问日期：2016 年 2 月 17 日。

⑥ 《沙特年底前再发行 53 亿美元政府债券弥补赤字》，商务部网站，http://sa. mofcom. gov. cn/article/jmxw/201512/20151201215423. shtml，最后访问日期：2016 年 2 月 17 日。

⑦ 《沙特将继续消减预算 增发千亿美元债券》，商务部网站，http://sa. mofcom. gov. cn/article/jmxw/201509/20150901107367. shtml，最后访问日期：2016 年 2 月 17 日。

加非石油收入的措施,沙特政府在 2015 年下半年已批准对未开发土地征收
2.5%的税收,以及对使用沙特机场的旅客征收每人 23 美元的机场费。政府还
计划在 2016 年开征卷烟和软饮料税,以及 5%的增值税等。此外,沙特政府还
计划在近年内通过出售国有资产筹集 4000 亿美元收入,其中包括出售国有土地
用于商业性开发,出售其最大的石油企业沙特阿美石油公司的部分股权等。①

第三,产业结构从过度依赖石油经济向新能源和矿业等多样化领域拓展。
沙特自 20 世纪 70 年代开始大规模推行经济多样化发展战略以来,战略重点主
要放在发展能源密集型和资本密集型工业方面。新一轮低油价周期的到来,使
沙特再次深切地感受到减少对石油过度依赖的迫切性。经济多样化的战略方向
也出现了一些新的亮点,该国对于加快发展新能源和矿业的兴趣尤其引人注目。

尽管沙特是世界主要石油生产国和出口国之一,但是仍然具有能源结构
多样化的战略需要。首先,石油交易具有完备成熟的国际市场,石油是沙特
阿拉伯稳定的出口产品,因此沙特希望把尽可能多的石油用于出口,而不是
用于不断增加的国内的石油消费。其次,沙特现有的电厂都是以天然气为燃
料的燃气电厂,而沙特的天然气几乎全部是与石油伴生的,其产量随着石油
产量而波动。发展非天然气发电燃料,不仅关系全国电力供应的长期稳定,
也关系沙特通过灵活调节石油产量,保持对国际石油市场干预的主动性。最
后,沙特具有发展石油和天然气替代能源的优越条件。该国是世界上太阳能
资源最丰富的国家之一,风能资源较为丰富,同时相对充裕的资金适合发展
以前期投资需求量大著称的核能发电产业。因此,早在 2013 年,沙特的阿卜
杜拉国王核能与可再生能源中心就发布了沙特阿拉伯雄心勃勃的新能源发展
计划,即通过发展太阳能、风能和核能,在 2032 年沙特建国 100 周年的时
候,形成 54 吉瓦(5.4 万兆瓦)的新能源发电能力。2014 年,国际市场进入
低油价周期以来,尽管沙特缩减了一些项目的规模,并且在 2016 年宣布把实
现新能源发电目标的时间推迟到 2042 年,② 但新能源产业仍然是沙特经济多
样化的　个长期重要方向。

沙特是海湾地区矿业资源相对丰富的国家,包括黄金、铁矿、铜矿、锌矿、
铝矿、铝矾土、磷酸盐、石膏、苛性氧化镁、瓷土等,具有发展矿业和矿产品
加工工业的条件。2015 年 10 月,沙特石油矿业资源大臣纳伊米宣布,沙特要通
过加快矿业开发,以及发展冶金、炼铝、化肥、建筑材料等产业,在 2030 年的

---

① EIU, *Country Report*: *Saudi Arabia*, February 2016, pp. 7 – 8.
② Philippa Wilkinson, "Saudi Arabia Scales Back on Renewables", *Middle East Economic Digest*, March 2015, p. 7.

时候实现矿业产值增加两倍，达到 960 亿美元的投资规模，并创造 10 万个就业机会，把矿业打造成为仅次于石油和化工工业的国民经济"第三支柱"。[①]

第四，企业所有制结构从国有化向加快私有化的方向转变。由于石油收入控制在王族和政府的手中，所以沙特的经济发展具有政府主导的特点，每年政府预算中的很大一部分资金用于经济建设。例如，在 2013 年的政府预算中，交通运输和电信网络、经济资源开发、基础设施发展等领域的项目，就占了全年预算开支的大约 10%。[②] 除此之外，该国主要经济产业基本上都控制在政府的手中，例如沙特工业发展的旗舰企业——沙特基础工业公司就是政府持股 70% 的国有企业，其董事会主席就是副王储和经济与发展事务委员会主席穆罕默德·本·萨勒曼亲王；沙特的航空、铁路、电力、海水淡化、通信等基础设施均控制在政府手中。随着政府石油收入的减少和投资能力的削弱，以及政府需要通过出售国有资产的方式弥补财政开支的不足，政府对国有企业私有化的需要也显得越来越迫切，私有化进程正在加快。2016 年第一季度，位于沙特首都利雅得的哈立德国王国际机场成为第一家私有化机场。空管和航信服务的私有化将分别于 2017 年的第二季度和第三季度启动。2020 年前，沙特境内的国际、国内和区域机场的其他部门将逐渐实现私有化。[③] 最为引人注目的消息是，2016 年 1 月 8 日，世界巨型石油企业沙特阿美石油公司宣布，政府正在考虑将该公司部分股权上市。这个消息一经发布，便被英国经济学家情报社称为"这一代人所经历的中东石油天然气领域最大的政策转变，可能翻开该地区石油生产国 1973 年石油国有化以来的新篇章"。[④] 2015 年 5 月，该公司已经正式与沙特石油与矿产资源部分离，成为完全独立的市场主体。在铁路建设领域，沙特政府也表示欢迎私人投资参与。

第五，投资资金来源从基本依靠国内资本向重视吸引外资的方向转变。沙特因为长期拥有巨额的石油收入，单就发展的资金而言，对外国直接投资的需求并不大。但是，从引进外国先进技术、通过外国投资者扩展国际市场等角度来看，沙特也对外国直接投资进行有选择地引进，特别是石油天然气的下游产业和工业制造业对外国直接投资的政策相对比较宽松。而在石油天

① Mark Watts, "Cautious Optimism for Mining Prospects", *Middle East Economic Digest*, November 2015, p. 39.

② J. E. Peterson, "Saudi Arabia", in Christopher Matthews edited, *The Middle East and North Africa 2014*, 60th Edition, Routledge Taylor and Francis Group, London and New York, 2013, p. 964.

③ 《沙特拟于明年启动机场私有化进程》，商务部网站，http://sa.mofcom.gov.cn/article/jmxw/201511/20151101167182.shtml，最后访问日期：2016 年 2 月 15 日。

④ EIU, *Country Report：Saudi Arabia*, February 2016, p. 24.

然气的上游产业、金融服务等领域，沙特政府对于外国直接投资的限制就比较严格，有些领域甚至不对外国直接投资开放。因此，总体上沙特吸引外国直接投资的规模不大，根据联合国贸易和发展会议的统计，2013 年外国直接投资仅占沙特当年全国固定资产投资总额的 5%。①

但是，随着石油价格的降低、政府投资能力下降，沙特更加需要依靠私人投资和外国投资，发展非石油产业，以推动经济的增长，对引进外国直接投资也表现出更加积极的姿态。首先，政府相关部门简化外国投资许可程序，对所有的外国投资许可使用统一的文件。投资总局也为投资许可设立了最多只需要 5 个工作日的"快速服务通道"。② 其次，优化外国投资管理，沙特投资总局重新对外资企业进行了分级，对上市企业、跨国企业、行业领先企业、有计划在沙特建立地区中心的企业、有自主知识产权的中小企业，以及其他有利于沙特工业多元化并促进出口的企业给予较高的评级。③ 投资总局还正在对所有外国投资项目进行评估，要求达到有利于增强沙特经济竞争力、增强沙特商品在国内外市场竞争力、促进工业和知识产权本地化、增加出口、促进沙特收入多元化、发展沙特人力资源、促进沙特各行政区域发展平衡等指标。④ 最后，进一步放宽外资股比限制，允许外资在批发和零售项目中的投资比例从 75% 提高到 100%。2015 年 6 月，沙特开始向外国投资者开放股票市场。

第六，劳动就业从依靠外籍劳工向"沙特化"的方向转变。沙特存在着独具特点的就业问题：一方面，劳动力严重依赖外籍劳工；另一方面，国民的失业率却居高不下。据沙特官方媒体《阿拉伯新闻报》2016 年 2 月 1 日报道，2015 年，沙特籍 15 岁以上有就业能力的劳动人口为 1190 万人，失业率为 11.5%，而在沙特就业的外籍劳工达到 972 万人。⑤ 根据这一组数字进行大概的估算，实际就业的沙特国民数量并不大。大量达到沙特就业年龄的人口

---

① UNCTAD, *World Investment Report 2014*, Country Fact Sheet, http：//unctad. org/SearchCenter/，最后访问日期：2016 年 1 月 29 日。

② 《沙特投巨资促进交通发展并优化投资环境》，商务部网站，http：//sa. mofcom. gov. cn/article/jmxw/201505/20150500988262. shtml，最后访问日期：2016 年 2 月 1 日。

③ 《沙特投资总局致力于优化在沙外国投资》，商务部网站，http：//sa. mofcom. gov. cn/article/jmxw/201507/20150701053927. shtml，最后访问日期：2016 年 2 月 1 日。

④ 《沙特投资总局致力于优化在沙外国投资》，商务部网站，http：//sa. mofcom. gov. cn/article/jmxw/201507/20150701053927. shtml，最后访问日期：2016 年 2 月 1 日。

⑤ 《2015 年沙特外籍劳务市场活跃增长》，商务部网站，http：//sa. mofcom. gov. cn/article/jmxw/201602/20160201249732. shtml，最后访问日期：2016 年 2 月 5 日。

满足于享受政府提供的良好福利，而不愿从事较艰苦的工作。沙特政府为了推动国民就业，长期致力于推行劳动力"沙特化"，强制沙特的企业和机构雇用沙特国民，要求沙特籍雇员所占比例要提高到 20%。与此同时，沙特劳工部还规定了一些仅限于沙特人担任的职业，其中包括政府公务员和私营机构高级人力资源管理者等。在沙特当前推动的经济调整中，政府继续坚持推行沙特人就业优先的"沙特化"政策。

尽管上述经济调整仍然处于起步阶段，但它们代表着沙特经济发展的长期方向，也是中国在"一带一路"框架下实现双方发展战略对接的重要关注点。

二　沙特经济调整对推进"一带一路"的影响

尽管沙特国内对中国的"一带一路"倡议充满期待，[①] 但双方经济发展战略的对接仍面临地缘政治、国际经济环境等诸多内部与外部因素的挑战。从沙特经济调整的内容看，也存在一些需关注的问题。

第一，沙特的经济调整迈出了新的步伐，但与其他发展中国家一样，经济调整也会受到经济和社会成本的制约。一是企业对经济调整的承受能力。水电和燃料价格的上涨将提高沙特工业企业的生产成本，许多能源密集型企业和以天然气为原料的企业也将在 2016 年面临利润率降低的前景，这将降低这些企业的竞争力。例如，上述涨价将使沙特的主要工业集团沙特基础工业公司的生产成本上升 5%，其下属企业沙特化肥公司的生产成本将上升 8%，延布水泥厂生产成本将增加 6000 万里亚尔，沙特矿业公司利润将减少 1.2 亿里亚尔等。[②] 尽管这些都是经济调整和发展必须付出的代价，对于促进企业提高效率、更好地适应市场经济环境有长期的益处，但是也会给企业的发展带来当下的困难。二是经济调整的社会承受能力。据媒体报道，沙特目前有5000 多名王子，其中有 2000 人是核心成员。他们不仅每年可以从国家的石油收入中坐收数额不等的补贴，而且许多人都是各种经济实体的所有者。多种补贴的减少，特别是针对富有的国民实施减少补贴的政策，以及水电及汽油等基础产品价格的上涨，必然触及他们的经济利益。就普通的沙特国民而言，由于减少补贴和基础产品价格上涨，国内通货膨胀的整体水平预计上升。这对收入相对较低的国民，特别是东部地区收入相对较低的什叶派民众聚居地

---

① 参见薛庆国《"一带一路"倡议在阿拉伯世界的传播：舆情、实践与建议》，《西亚非洲》2015 年第 6 期，第 36～52 页。

② EIU, *Country Report*：*Saudi Arabia*，February 2016，p. 23.

区的民众，可能造成更加明显的影响。

第二，沙特经济结构多元化调整是一个渐进的过程，沙特石油经济特性仍会长期存在。沙特作为一个发展中国家，虽然人均收入已进入中上等收入国家行列，但是政府对经济高度干预的体制和严重依赖石油收入的单一经济结构的转变还远远没有完成。这主要表现在：其一，石油仍然是压倒一切的收入来源，特别是唯一重要的出口收入来源、政府财政收入来源。2011 年石油出口额占出口总额的 84.9%，2012 年石油收入占政府财政总收入的87.7%。① 其二，石油仍然是可以影响经济全局的产业基石。2012 年石油天然气采掘业产值占国内生产总值的 46.6%，② 遥遥领先于任何其他产业的占比。从沙特最近 40 年的经济发展历史来看，只要国际石油价格进入高涨周期，其经济增长就会加快；只要国际石油价格进入下降周期，其经济增长就会放慢，人均国内生产总值往往因此而形成负增长。其三，石油仍然是王权和社会稳定的基石。沙特在大量石油收入的基础上，推行国民免费教育和免费医疗等高福利政策。每个沙特公民在成年的时候，都可以获得政府提供的一块土地和 13.3 万美元补贴，以建造自己的住房。与此同时，政府对于水、电和能源的价格实行补贴，仅水费补贴一项，每年支出就达 500 亿美元。③ 2015 年的燃料补贴则高达 520 亿美元。④ 当 2011 年沙特发生民众向王室提出实行宪政的请愿活动时，该国王室以增加 360 亿美元补贴的手段使事件迅速获得平息，进一步凸显了石油收入对于维护社会稳定和王室统治的重大意义。因此，国际油价的下跌对于沙特来说，是牵一发而动全身且足以全面影响经济、政治和社会发展的重大事件。

国际石油市场进入低价格周期，对沙特加快经济体制和结构的调整又一次产生了促进作用。在石油收入减少、国家干预能力减弱的情况下，沙特通过采取或计划采取改革和开放的措施，加快发展现代化的税收和融资体系，让市场在资源配置中发挥更大的作用，调动民营资本和外国资本的投资积极性，发展更多的非石油产业，增加民众的就业机会。这些措施毫无疑问是在

---

① J. E. Peterson, "Saudi Arabia", in Christopher Matthews edited, *The Middle East and North Africa 2014*, pp. 964 – 965.

② J. E. Peterson, "Saudi Arabia", in Christopher Matthews edited, *The Middle East and North Africa 2014*, pp. 964 – 965.

③ 《中东阿拉伯之春将再引爆？》，http://www.bwchinese.com/articale/1052719_2.html，最后访问日期：2016 年 2 月 7 日。

④ 《沙特王室不顾油价下跌仍大发红包》，中财网，http://cfi.net.cn/p20151102000517.html，最后访问日期：2016 年 2 月 7 日。

发展的道路上迈出了新的步伐，代表着沙特阿拉伯经济改革和发展的大趋势。但是，如同其他许许多多的发展中国家一样，由于受到经济和社会成本的制约，沙特的经济调整不可能一蹴而就。

第三，错综复杂的中东地区形势，也对沙特政府削减开支形成制约。受到国际油价持续下跌的影响，沙特政府财政自 2014 年起出现了入不敷出的现象（见表 1）。更为雪上加霜的是，沙特政府为应对周边国家动荡情势增加了军费开支。2015 年 3 月，沙特组建了包括海合会国家和埃及、约旦、摩洛哥、苏丹、巴基斯坦在内的国际联盟，高调介入也门冲突，打击什叶派的也门胡塞武装。与此同时，沙特与伊朗争夺地区大国地位的争斗不会停止。2013 年，沙特的防务和安全开支就占预算开支的 30.5%。[1] 而沙特由于参与对也门胡塞武装的打击和对抗"伊斯兰国"的国际联合行动，导致其 2015 年的军费和国防开支大增约 53 亿美元。[2] 如果地区热点问题得不到政治上的解决，甚至演化为更加严重的危机和冲突，那么还会进一步加重沙特政府的财政负担。

表 1   2011~2017 年沙特政府财政收支状况及预测

单位：亿里亚尔

类别	2011 年	2012 年	2013 年	2014 年	2015 年	2016 年	2017 年
财政收入	11177.92	12473.98	11563.61	10443.66	6256.73	7221.36	8556.91
财政支出	8267.0	8733.05	9760.14	11099.03	10838.86	9971.75	10356.02
盈余/赤字	2910.92	3740.93	1803.47	− 655.37	− 4582.13	− 2750.39	− 1799.11

资料来源：EIU，*Country Risk Service*；*Saudi Arabia*，December 2015，p.12。

因此，受到上述条件的制约，沙特的经济调整不可能一步到位，很可能要经历一个渐进的过程。除了已经出台的措施之外，计划中的措施怎样出台以及可以落实到什么程度，都要根据国际石油市场形势的变化，以及各方面承受能力来具体决定。沙特的经济调整对中国在沙特阿拉伯落实"一带一路"倡议，深化与沙特阿拉伯的经贸合作，可能产生正面和负面的影响，但是总体来说，有利的因素远远多于不利的因素。

从总体上看，油价下跌对于石油进口国的影响比较积极，不仅可以降低

---

[1]　J. E. Peterson，"Saudi Arabia"，in Christopher Matthews edited，*The Middle East and North Africa 2014*，p. 964.

[2]　《沙特经济部长发言》，和讯网，http：//gold.hexun.com/2015 - 12 - 29/181484028.html，最后访问日期：2016 年 2 月 16 日。

石油的进口成本，也可以在开展石油合作方面处于更加主动的位置。中国可以抓住这样的机遇，大力推动与沙特的石油合作，通过签署条件更加有利的石油长期供应合同，吸引沙特的石油美元向中国石油工业下游领域投资回流，获取更多的建筑工程项目，促进中海自由贸易区谈判等多种路径，做好石油大文章，为巩固中国的石油进口安全和扩大与沙特的全面经贸合作，开辟新的局面。此外，沙特的经济调整体现了经济市场化的基本方向，有利于减少和消除经贸合作中的一些壁垒。在沙特经济调整的六个主要方向中，除了劳动力市场"沙特化"多少带有一些保护主义色彩之外，其他的调整方向都将使沙特经济更加具有市场化和对外开放的特征。由于沙特的人口和劳动力规模有限，远远不能满足经济发展的需要，因此劳动力"沙特化"政策并不会根本上改变该国劳动力主要依靠外籍人员的局面。因此，经济调整总体上可以为中国投资者提供更加市场化的投资环境，有利于中国与沙特开展产能合作和金融合作。

沙特经济调整可能给经贸合作带来的负面影响，主要是沙特因资金紧张而减少对合作项目的资助力度，甚至按所需项目的时间和重要性重新核查，对一些项目做出缩小规模、停建甚至裁撤处理。由于沙特的大部分基础设施建设项目的业主都是政府机构或国有企业，因此基础设施建设项目受到的影响可能更加明显。对此，中资企业应当采取适当措施，应对市场的新变化。首先，中企应当更加重视多种企业协同行动，发挥工程设计、设备采购、带资承包、施工建造和项目建成后的运营管理等方面的综合优势，提高承揽建设－运营－移交模式项目（BOT）的综合竞争实力。此外，中企应当更加注意项目的可行性研究，特别是选择那些对于沙特国计民生具有"刚需"性质且不易被裁撤的项目。最后，中企应更加严格和精准地制定项目合同，避免项目执行过程中发生额外成本和商务纠纷。

三　"一带一路"在沙特的推进路径

沙特是"一带一路"倡议中的重要节点国家。沙特具有丰富的能源资源，经济发展潜力巨大，国际油价的周期性变化对沙特阿拉伯的冲击只是阶段性的。低油价周期往往造成国际石油投资减少，剩余产能逐渐耗尽，从而为新一轮的高油价周期准备条件。当前的低油价一方面给沙特造成一些经济困难，另一方面也促进该国进行以发展市场经济为方向的经济调整，总体上来说为中国与之开展经贸合作创造了更加有利的市场环境。因此，我们不能把沙特当前面临的经济问题视为一成不变的，而是应当从长计议，把握沙特经济政策调整的"脉搏"，为双方经济长期合作和落实"一带一路"倡议寻找更好的对接路径。

第一，构建"能源安全共同体"。中国与沙特在能源安全上相互依赖，具有巨大的能源安全合作空间。长期以来，沙特一直是中国石油进口的主要来源地与油气资源合作伙伴，[①] 未来相当长的时间内依然会是如此。尤其是自美国能源革命以来，随着页岩气的开发利用，以及美国能源多样化战略的实施，美国减少了对沙特及中东其他国家的石油进口；欧洲也将能源需求主要集中在中亚及北非地区；只有亚洲特别是中国仍然主要依赖从沙特进口石油。随着中国经济的快速发展，以及对石油需求的增加，中国对沙特的石油进口也将继续增加。

对沙特来说，中国一直是巨大的石油出口市场。而且基于长远利益，为了在低油价周期仍能保住亚洲市场份额，沙特已调低销往亚洲的原油基准价格，特别是针对中国市场的。然而，在全球低油价及石油供应过剩的背景下，沙特开始面临与俄罗斯争夺中国市场份额的竞争。俄罗斯在中国的市场份额增速已经超过沙特。2010～2015 年，沙特阿拉伯对中国的原油出口增长约 12 万桶/日，同期，俄罗斯向中国原油出口增速达到 55 万桶/日。[②] 2010～2015 年中国从沙特与俄罗斯进口石油量的变化也可反映市场份额增速的变化（见图 1）。因此，确保在中国市场的份额也是沙特石油出口安全的重要利益所在。实际上，双方的能源进口安全和能源出口安全是相互依存的。在国际石油价格下跌、国际石油市场份额竞争加剧的今天，这种石油安全利益对于沙特而言，显得更加重要。

因此，基于双方的利益契合，中国和沙特可以通过建立长期稳定的石油贸易关系、扩大在石油天然气工业上游产业和下游产业的相互投资等多种方式，进一步加强双方的能源合作。

第二，建设"互补性优质产能转移合作伙伴"关系。产能转移是中国与沙特之间互利合作的一个富有潜力的领域。在石油工业领域，中国为了炼制数量日益增加的中东进口原油，以及建立战略石油储备设施，或石油的商业性储存和分配设施，需要不断扩大石油工业的下游产业规模。沙特

[①] 陈沫：《从苏丹和沙特阿拉伯研究案例透析中国石油企业的国际化经营》，《西亚非洲》2014 年第 5 期，第 126 页。

[②] 《沙特的大麻烦》，和讯网，http://futures.hexun.com/2016－02－09/182224113.html，最后访问日期：2016 年 2 月 15 日。

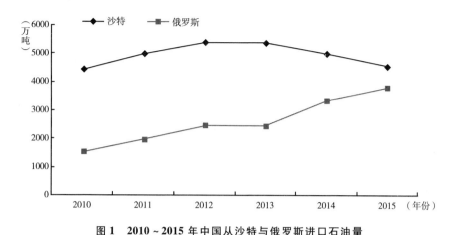

图1　2010～2015年中国从沙特与俄罗斯进口石油量

资料来源：笔者根据《中石油经研院能源数据统计》（2016年1月）绘制。

拥有雄厚的资金实力，以及石油工业下游领域的先进技术，其中许多技术是从西方国家引进的。因此，沙特具有扩大对中国石油工业下游领域投资的条件。这种投资的一个重要长效后果是确保中国对沙特石油进口的稳定需求。中国在石油和天然气的勘探和开发领域有成熟的技术，可以参与沙特的石油工业上游项目。

　　沙特在经济调整中大力推动的矿业及相关加工工业，以及新能源工业都是中国拥有大量成熟技术和优质剩余产能的领域。进入21世纪以来，中国已经成为世界最大的太阳能发电设备生产国和出口国，以及世界风能发电设备的重要生产国和出口国，核能技术近年也已经走出国门。中国冶金、建材等产业产能过剩严重，有大量的技术可以通过直接投资向外转移。沙特在经济调整过程中对外国直接投资放宽限制，改善服务，其投资环境的改善将对中国企业到沙特投资产生更大吸引力。尽管沙特采取的增加税种、取消水电和能源补贴等政府财政增收节支的措施可能成为常态，但就沙特的水电和能源价格以及税收水平而言，仍然比中国国内低得多，不会对产业转移产生根本性的负面影响。

　　第三，拓展基础设施建设合作市场。沙特是国际建筑工程承包的大市场，根据统计，仅2015年沙特最大的20家建筑工程项目业主的计划和在建项目总额就达到7440亿美元。① 这些项目基本上都是基础设施项目，绝大多数都

---

① Dominic Dudley, "Saudi Arabia Faces Uncertain Future, Saudi Arabia Projects 2015", *Middle East Economic Digest Supplement*, Headley Brothers Ltd., UK, 2015, p. 4.

是由外国企业承包建设。国际油价下跌和石油收入减少会影响沙特基础设施建设的规模，也会影响项目的融资方式，例如更多地采用"公私合作"（PPP）或"建设－运营－移交"（BOT）模式融资，发挥承包商和私人投资的作用，但是不可能改变当下沙特对外国建筑工程公司的严重依赖状况。中国的建筑工程企业从 20 世纪 70 年代末开始走向包括中东地区在内的国际市场，进入 21 世纪后已经成为国际建筑工程市场的一支重要力量。在国际建筑工程承包权威刊物美国《工程新闻纪录》对 2014 年全球最大的 250 家国际建筑承包商的评选中，中国企业占 62 家。① 中国建筑工程承包企业在国际市场上承包的基础设施种类多，履行合同守时保质，承揽的包括工程设计、设备采购和施工建设（EPC）在内的总承包项目数量不断增加，在高铁等领域拥有独创的专利技术。曾经在沙特有过中铁建承建麦加轻轨、华为公司为麦加朝觐提供通信保障、中交集团承建吉达防洪项目等一批成功的项目，赢得了沙特政府和人民对中国承包公司的信任，中国企业完全可以在沙特的建筑工程承包市场上有更大的作为。

第四，打造金融合作新"亮点"。随着中国和沙特经贸业务往来的增加，双方之间的银行业投资已经开始，并成为近年来快速发展的合作领域。2013年 12 月，沙特国家商业银行在上海开设代表处，成为阿拉伯国家在中国开设的第一家银行代表机构，并且计划在以后发展为分行或与中资银行成立合资银行。2015 年 6 月，中国工商银行利雅得分行正式开业，这是沙特境内第一家中资银行。随着双方经贸合作的进一步发展，银行和金融合作的机会将进一步增加。中国宣布发起成立亚洲基础设施投资银行（以下简称"亚投行"）以后，2015 年 1 月沙特就正式宣布成为中国发起创立的亚投行意向创始成员国，并最终确定在亚投行出资 250 亿美元，居各成员国第八位，也是成员国中出资仅次于土耳其（260 亿美元）的中东国家。② 2015 年，沙特开始以发行国际债券的方式融资，也给中国购买国际债券提供了新的机会。沙特虽然一时出现资金紧张，但有巨大石油资源为依托，有良好的偿债能力。国际评级机构近期对沙特的评级依然良好，惠誉评级为"AA"，穆迪评级为"Aa3"，

---

① 《美国发布 2014 年度全球最大承包商 250 强》，中研网，http：//www.chinairn.com/news/20140924/142952728.shtml，最后访问日期：2016 年 2 月 10 日。

② 《外媒：亚投行各国出资金额公布 前五大股东出炉》，凤凰财经网，http：//finance.ifeng.com/a/20150629/13804288_0.shtml，最后访问日期：2016 年 2 月 15 日。

标普评级为"AA⁻"。① 中国与沙特在金融领域的合作方兴未艾，具有广阔的前景。

结 语

2014 年下半年以来的国际油价下跌对沙特经济造成了明显的冲击，也导致该国为应对冲击而进入了经济调整的新阶段。这种经济调整是沙特从单一的石油资源出口经济转向多元化经济发展的必由之路，也是我们在观察沙特经济发展和落实"一带一路"倡议时需要把握的大趋势。无论这种经济调整进展快慢，还是是否能够全面推进，这种调整的大方向对于中国在沙特落实"一带一路"倡议总体都是有利的。中国企业应当抓住沙特经济调整所提供的长期机遇，积极应对当前面临的市场挑战，在发挥比较优势的基础上，积极开展与沙特的互利合作，特别是在能源安全、产能合作、基础设施和银行金融四大领域同沙特的经济调整与发展对接，落实"一带一路"倡议。

Economic Adjustment in Saudi Arabia and The Promotion of "the Belt and Road"

Chen Mo

Abstract：Since the second half of 2014, Saudi Arabia has been seriously affected by the decline of international oil price. In addition, owing to changes in politics, economy and foreign relations, Saudi Arabia has started the policy adjustment of economic development. The main content of the adjustment is as follows：the resource allocation is moving from government regulations to the market forces；the government budget income is moving from the over-dependence on oil revenues to more non-oil income；the industrial structure is moving from over-dominance by oil industry to new energy industry and mining sectors etc；the

---

① Phillippa Wilkinson, "Turning Back to Debt Markets", *Middle East Economic Digest*, July 2015, p. 18.

business ownership structure is moving from nationalization to privatization; the source of investment is moving from relying on domestic investment to attracting more foreign investment; and employment is moving from dependence on foreign labors to the "Saudilization". From the point of view of connecting Saudi economic development and China's "the Belt and Road" Initiative, the most promising areas of bilateral economic cooperation are energy security, capacity cooperation, infrastructures and finance.

Keywords："the Belt and Road"；Saudi Arabia；Economic Adjustment

（原文发表于《西亚非洲》2016 年第 2 期）

当代埃及私营部门与社会阶层结构问题评析[*]

陈 勇 毕健康[**]

摘要： 受制于政府治理能力低下和特权企业垄断市场等因素，当代埃及私营部门内部结构失衡的情况较为严重。非正规私营部门过于庞大，而中小私营企业的数量和吸纳就业人数占比低，资本规模极小且生产技术落后。中小私营企业发展受挫，导致市场转型不佳，进而加剧了社会的二元分化：大商人阶层和上层官僚集团窃取私营部门发展成果；广大中下层民众难以分享市场化改革的好处，导致生活无法改善，社会地位难以提升。塞西政府在稳定政局后，重启市场化改革，但营商环境并无根本改善，中小私营企业仍未恢复到 2011 年之前的水平。塞西政府需全面提升治理能力，杜绝裙带资本主义，抓住 "2030 年愿景" 与 "一带一路" 倡议对接的契机，大力扶持中小企业发展，走包容性发展和可持续发展相结合之路。

关键词： 市场转型 当代埃及 私营部门 社会阶层结构

西方新自由主义普遍认为，私有化和市场化是发展中国家探索经济增长和社会现代化的必经之路。埃及据此把私有化作为建立市场经济和发展私营部门的唯一途径。穆巴拉克政府曾两次推动大规模的经济改革，推行国企私有化。其间，埃及私营部门规模扩张迅速，经济增长较为平稳。但 2011 年 1 月 25 日，埃及爆发大规模群众示威游行，大批民众走上街头，疾呼"大饼、

---

* 本文系中国社会科学院创新工程项目"当代埃及社会结构、社会流动与社会稳定研究"、安徽大学西亚非洲研究中心项目"当代海湾国家埃及劳工移民研究"（yfzx2017YB－1）的阶段成果之一。

** 陈勇，中国社会科学院研究生院世界历史系 2016 级博士研究生；毕健康，博士，中国社会科学院世界历史研究所研究员。

自由和社会公正"，导致穆巴拉克政权倒台，经济改革陷入停滞。2012 年 6 月，代表政治伊斯兰力量的穆尔西执政后，埃及政府制定并颁布了新宪法，在经济领域继续选择与国际货币基金组织合作，深化私有化和市场化改革，但未能在短期内消除社会与经济失序状态，从而引起了学界对私有化和市场化为何在埃及失灵的追问。对于埃及的市场转型、私营部门扩张为何未如新自由主义学者所预言，成为缓解社会矛盾有效手段的诘问，本文通过回溯穆巴拉克时期的埃及私营部门发展历程后认为，埃及私营部门虽通过私有化实现了规模的扩张，但受困于政府效率低下和特权企业垄断市场等因素，其内部结构失衡，作为微观市场基础的中小私营企业发展受挫。上述原因是造成埃及经济改革与市场转型成效不佳的重要因素。

由于经济学和社会学学者研究视角和理论工具的差异，已有研究往往将埃及私营部门和社会结构变迁视为彼此独立的进程。但卡尔·波兰尼（Karl Polanyi）等一批新社会经济学家提出了"市场内嵌于社会"[①] 的观点，将市场理解为广义的社会结构，让市场从抽象重新转为具象，为探究私营部门和社会结构关系提供了新视角。本文沿用新社会经济学的研究方式，借助市场转型学说提供的私营部门与社会阶层互动的分析框架，以职业和收入为划分现代社会阶层的主要指标，分析埃及商业精英与官僚集团上层如何建立特权企业、窃取大量社会财富以及挤压中小私营企业，从而导致埃及社会广大中下层民众难以享受到私营部门发展的成果，并最终使埃及社会产生贫富分化严重、社会矛盾激化、社会阶层结构畸形等问题。

一　理论视野中的私营部门与社会阶层结构的关系

公营部门和私营部门是构成绝大多数现代国家经济的主体。私营部门类型多样，[②] 其中中小私营企业是发展中国家私营部门的核心力量。20 世纪 70 年代以来，埃及等以公有制为主体的国家，纷纷进行市场化改革，社会资源的配置方式发生根本改变。私营部门获得了更多的经济利益和发展机会，力量也逐渐壮大。与此同时，新兴的劳动力市场和私营企业为社会阶层流动开启了新渠道，以市场为核心的社会资源和社会地位获得机制逐步发展，社会阶层结构也发生了重要变化。因此，分析和理解埃及私营部门对社会阶层结

---

① 沈原：《市场、阶级与社会——转型社会学的关键议题》，社会科学文献出版社，2007，第 167 页。

② 私营部门可细分为私营企业部门、家庭部门或正规私营部门、非正规私营部门等。

构的影响必须将之置于市场化改革的背景之下，考察作为市场转型的主要途径和核心经济指标的正规私营部门，及其实现营商环境优化和壮大私有企业的有效途径。

国内外学者围绕市场转型与社会分层的关系提出了诸多学说：市场转型理论、权力转换理论、权力维系理论以及综合考量市场转型与社会不平等关系的学说。① 这些理论揭示了市场转型背景下，私营部门受制于市场发育程度和制度环境等因素，呈现不同的发展轨迹，其对社会阶层结构的影响也截然不同。

市场转型理论与权力维系理论分别以工业化 - 功能主义和制度主义逻辑为基础来分析市场转型与社会分层关系。倪志伟（Victor Nee）首次提出市场转型说。他认为，市场化改革会为私营部门提供大量新的机会，它打开了"社会经济流动的新渠道"。在此过程中，随着直接生产者的权力加强，企业家发展成新的社会精英，社会日趋平等化。② 罗纳 - 塔斯（Rona-Tas）和约翰·罗根（John Logan）等学者则强调权力、政治、文化传统对社会分层的制约作用，提出了权力转换、权力维系等理论，认为在基本制度未变化时，政治权力依然掌握和控制着资源的分配。③

针对市场转型过程中出现的社会不公平现象，有学者开始综合考量市场发展与社会不平等的关系，认为在社会主义混合经济阶段，"干部、原来的干部和前共产主义精英阶层的成员，开始步入市场并从中获益，因此，一种不平等的二元体制出现"④。但也有学者并不认为市场化改革必然会导致社会不公平，并归纳了造成市场不公平的主要因素。⑤

综合来看，不同市场化阶段和具体制度环境造成了私营部门发展情况的

---

① 方长春：《从"再分配"到"市场"——市场转型与社会分层研究综述》，《南京社会科学》2006 年第 1 期，第 105～110 页；李路路：《制度转型与分层结构的变迁——阶层相对关系模式的"双重再生产"》，《中国社会科学》2002 年第 6 期，第 105～116 页。

② 〔美〕倪志伟：《市场转型理论：国家社会主义再由再分配到市场》，边燕杰主编《市场转型与社会分层：美国社会学者分析中国》，生活·读书·新知三联书店，2002，第 189～191 页。

③ 〔美〕罗纳 - 塔斯：《昔日风云人物还是今日弄潮儿吗？社会主义过渡转型中的企业家和共产党干部》，刘爱玉译，《国外社会学》1996 年第 5 期，第 43～62 页；Bian Yanjie and John Logan，"Marker Transition and the Persistence of Power：The Changing Stratification System in Urban China"，*American Sociological*，Vol. 61，No. 5，1996，pp. 739－758.

④ 〔美〕泽林尼、科斯泰罗：《关于市场转型的争论：走向综合？》，边燕杰主编《市场转型与社会分层：美国社会学者分析中国》，第 589 页。

⑤ Andrew G. Walder，"Markets and Inequality in Transitional Economies：Toward Testable Theories"，*American Sociological*，Vol. 101，No. 4，1996，pp. 1060－1073.

差异。私营部门发展的成败对社会阶层结构的变化至关重要。在市场转型过程中，中小私营企业的苗壮成长能够推动社会结构的合理化，这表现为三个方面：一是农民等直接生产者有机会创立中小私营企业，壮大以中小企业主为核心的中小资本拥有者队伍；二是大量私营企业成立，能够创造更多的就业岗位，满足新增劳动力的就业需求并缓解贫困；三是市场竞争能够提高私营企业的效率，促进经济增长和产业升级。在此基础上，私营企业能够创造更多专业技术岗位，推动职业结构向高级化发展，凸显人力资本的重要性，最终为社会中间阶层的壮大奠定基础。

反之，私营部门如果发展失衡，就会加剧阶层间利益分配不均，进而激化社会矛盾。市场强调效率和竞争，容易造成资源集中和垄断，最后导致社会的严重分化。历史经验已经表明，不合理的制度和政策设计往往是市场不公平加剧的根本原因。在市场转型过程中，原公有制占主体的国家往往采取较为激进的私有化政策。以商业精英和政治精英为代表的社会上层经常通过创建特权企业而成为私营部门发展的最大受益者，以普通工人为代表的社会中下层却被边缘化，从而导致他们对官僚精英与商业精英攫取国家财富感到不满，并难以接受自身社会地位的下滑，最终使社会矛盾加剧。

上述关于私营部门和社会结构关系的案例研究主要关注西方发达国家、苏联、东欧国家和中国。现有对阿拉伯地区私营部门发展和社会结构关系的研究并不充分。埃及是阿拉伯地区的第一人口大国，自萨达特政府时期推行市场导向的经济改革至穆巴拉克政权倒台，私营部门深刻影响了埃及社会各阶层的变迁。对埃及私营部门和社会结构关系的研究将有助于总结埃及市场化改革的经验教训，探讨阿拉伯国家的未来发展之路。

二　当代埃及私营部门发展的政策背景和困境

20世纪五六十年代，埃及公营部门极速扩张，私营部门的发展被严格限制，大资产阶级也基本被消灭。自20世纪70年代以来，萨达特政府为摆脱经济困境、增强经济活力，实施经济改革政策。穆巴拉克执政后，埃及政府进一步推进经济自由化改革，先后在1991年和2004年进行结构调整和经济改革，减少政府对经济的直接干预，发展以市场为导向的外向型经济。埃及私营部门因而得到迅速发展，并成为该国市场经济中最为重要的组成部分。但埃及私营部门内部结构失衡，导致其出口乏力、投资不足，中小私营企业发展受挫。

（一）萨达特和穆巴拉克政府的经济政策

萨达特政府开启新自由主义改革，放弃纳赛尔时期的进口替代政策与社会主义改造政策，取而代之的是强化市场作用和重视私营部门发展。1973 年"十月战争"之后，萨达特推行经济开放政策，埃及私营部门迎来重要的发展契机。萨达特政府大力吸引外资，调整公营部门，鼓励私营企业发展。埃及政府陆续归还国有化资产，增加私营企业的贷款额度，恢复股票证券交易所交易，放松外汇管制。与此同时，萨达特政府试图通过员工参股等方式，售卖国有企业的股票，改变国有企业性质。如 1975 年 5 月颁布的法令规定："企业员工可以购买至多一万埃镑的股票，并允许私营部门购买。"①

穆巴拉克政府继承和发展了萨达特的经济改革政策，积极促成埃及与国际货币基金组织和世界银行等国际金融机构的合作，两次推动以市场化和私有化为重点的"结构调整与经济改革"。在此过程中，埃及私营部门逐渐取代公营部门，成为市场的主体。1991 年，穆巴拉克政府为摆脱经济困境，开启第一轮"结构调整与经济改革"，发展以市场和私营部门为基础的外向型经济，促进了私营部门的快速发展。这一轮经济改革具体包括财政政策改革、货币政策改革、经济结构调整和国有企业私有化四部分。财政政策改革包括施行紧缩的财政政策、削减补贴支出、降低实际工资、发行国债、提高部分基本商品价格、增加公共服务的收费和放开工业品价格；货币政策改革主要指开放金融部门，推行利率市场化，降低商业银行法定准备金率，扩大准备金的覆盖范围和实行双重汇率；调整经济结构的举措有鼓励贸易自由化，加入世贸组织，成立自由贸易区，逐步推进金融机构和资本市场改革；国有企业私有化措施包括制定法律条文、明确私有化目标与实现途径等。1991 年埃及政府颁布第 31 号法令，提出具体的国企私有化目标。1991～2003 年，埃及有 197 家国有大型企业完成私有化。②

2004 年，以纳齐夫为总理、由总统穆巴拉克之子贾迈勒·穆巴拉克（Gamal Mubarak）实际控制的新内阁上台，埃及开启了新一轮的结构调整与经济改革。新的改革计划进一步提升了市场在埃及经济运行中的地位，并确立了私营部门的市场主体地位。该计划包括三方面内容。一是改革税收、货币、汇率和金融制度，改善基础设施，优化埃及的宏观投资环境。如大幅降低个人所得

---

① 杨灏城、江淳：《纳赛尔和萨达特时期的埃及》，商务印书馆，1997，第 355 页。
② Nadia Ramsis Farah, *Egypt's Political Economy：Power Relations in Development*, Cairo：American University in Cairo Press, 2009, p. 54.

税和企业增值税，简化申请程序；成立货币政策委员会，丰富货币政策工具
（如逆回购），实行有管制的汇率浮动；提高银行的最低资本要求，推动银行
的兼并与收购。2005 年，埃及的企业增值税从 40% 降至 20%。[①] 2003 年，埃
及修改银行法，将银行的最低资本要求从 100 万美元增至 500 万美元，外国
银行的最低资本要求从 15 万美元增至 50 万美元。[②] 二是大力发展出口型经
济，吸引外资，推行贸易自由化。如政府简化投资手续，降低进口关税，取
消服务费和进口附加费；同时加强与世贸组织、欧盟等国际组织的经济合作，
鼓励出口。2004 ~ 2011 年，埃及的海关审批手续从原来的 26 项减至 5 项。[③]
三是加速私有化进程。2004 ~ 2010 年，282 家埃及国有企业完成私有化，[④] 其
中包括出售埃及第四大银行——亚历山大银行 80% 的股份和埃及电信 20% 的
股份。[⑤]

　　萨达特和穆巴拉克政府的经济改革推动了埃及私营部门的高速扩张，私
营部门发展成为国民经济的主要组成部分。1992 ~ 2011 年，埃及私营部门的
就业人数从 960 万人增至 1710 万人，占总就业人口的比重从 68.6% 上涨到
72.0%，[⑥] 私营部门的 GDP 占比也从 2004 ~ 2005 年度的 62.3% 上升到 2010 ~
2011 年度的 63.2%。[⑦] 其中，私营部门在批发和零售业、制造业、建筑业、
运输业等行业中占据绝对主导地位。2010 ~ 2011 年度私营部门的产值在批发
和零售业占 96.9%，在制造业占 83.7%，在建筑业占 88.1%，在运输业占
74.7%。私营部门在通信业和金融业也得到长足发展，2010 ~ 2011 年度埃及
私营部门的产值在通信业占 66.6%，在金融业占 32.8%。[⑧] 与此同时，埃及
私营部门的农业人口和家庭工人占比下降。1991 ~ 2011 年，埃及农业人口占

①　OECD，"Competitiveness and Private Sector Development：Egypt 2010"，*Organization for Economic Co-operation and Development*，2010，p. 30，https：//www. oecd – ilibrary. org/finance – and – investment/competitiveness – and – private – sector – development – egypt – 2010_ 9789264087408 – en，最后访问日期：2019 年 10 月 25 日。

②　OECD，"Competitiveness and Private Sector Development：Egypt 2010"，p. 32.

③　OECD，"Competitiveness and Private Sector Development：Egypt 2010"，p. 30.

④　CEIC，"Privatization：No of Companies in Egypt"，https：//insights. ceicdata. com/Untitled – insight/ views，最后访问日期：2019 年 7 月 1 日。

⑤　OECD，"Competitiveness and Private Sector Development：Egypt 2010"，p. 31.

⑥　Central Bank of Egypt，"Monthly Statistical"，*Central Bank of Egypt*，January 2006，p. 120；"Monthly Statistical"，*Central Bank of Egypt*，January 2013，p. 122，https：//www. cbe. org. eg/ en/EconomicResearch/Publications/Pages/MonthlyBulletinHistorical. aspx，最后访问日期：2019 年 6 月 30 日。

⑦　Central Bank of Egypt，"Monthly Statistical"，January 2013，p. 19.

⑧　Central Bank of Egypt，"Monthly Statistical"，January 2013，p. 126.

总就业人口的比重从 31.5% 降至 29.3% ,[①] 家庭工人占总就业人口的比重也从 14.7% 降至 10.9% 。[②]

（二）穆巴拉克时期私营部门的困境

穆巴拉克时期埃及私营部门的规模迅速扩张，但却未能有效推动埃及出口和投资的增长，也未能有效支持埃及经济的可持续发展。

长期以来，埃及私营部门的产品缺乏出口竞争优势，经济效益不高。以私营部门占主导的埃及制造业为例，2011 年埃及制造业商品出口仅占埃及商品出口总量的 45% 。[③] 其中，高新技术产品出口比例更低，仅为制造业出口总量的 28% 。[④] 埃及私营部门出口乏力，难以赚取外汇和缩小国际贸易逆差，导致埃及出口导向型经济转型目标迟迟无法实现。总体来看，埃及私营部门尽管得到快速扩张，但并未带动私营部门投资的增长。私营部门缺乏投资积极性，对经济实际增长贡献呈下滑趋势。1996 ~ 2006 年，埃及国内私人投资下降了 4% ,[⑤] 这导致其对经济增长的推动作用减弱。1990 ~ 2017 年埃及私营部门固定资本形成总额占 GDP 之比甚至出现严重下滑，从 12.42% 降至 6.15% 。[⑥] 埃及经济出现这一情况的主要原因在于私营部门内部发展失衡，具体表现在以下两个方面。

一方面，以中小私营企业为主的正规私营部门[⑦]发展受挫。中小企业的发展能够缓解社会就业压力，增加居民收入，改善民众的生活条件，增加国家财政收入。但埃及的中小私营企业发展严重滞后。

首先，作为正规私营部门主体的中小私营企业数量和吸纳就业人数占比低。参照世界银行的标准，雇工人数在 5 ~ 99 人的为中小私营企业。[⑧] 中小私企是埃及正规私营部门的主体。1986 年埃及正规私营部门数量为 57807 家，1996 年为 109154 家，2006 年为 175737 家；就业人数 1986 年为 79.17 万人，

① The World Bank, "Egypt, Arab Rep", https：//data. worldbank. org/country/egypt - arab - rep? view = chart，最后访问日期：2019 年 8 月 31 日。

② The World Bank, "Egypt, Arab Rep".

③ The World Bank, "Egypt, Arab Rep".

④ The World Bank, "Egypt, Arab Rep".

⑤ OECD, "Competitiveness and Private Sector Development：Egypt 2010", p. 49.

⑥ The World Bank, "Egypt, Arab Rep".

⑦ 本文将正规私营部门定义为雇员 5 人（含）以上的私营企业，包括雇员 6 ~ 9 人的小型私企、雇员 10 ~ 99 人的中型私企和雇员 100 人（含）以上的大型私企。

⑧ Federica Salida and Jon Vierk Bernt, *Assessing Private Sector Contributions to Job Creation：IFC Open Source Study*, International Finance Corporation，2013，p. 10.

1996 年为 140.31 万人，2006 年为 166.68 万人。其中，1986 年埃及中小私企数量为 57227 家，1996 年为 107830 家，2006 年为 170680 家；中小私企就业人数 1986 年为 59.49 万人，1996 年为 102.69 万人，2006 年为 141.69 万人。1986～2006 年，中小私企数量占正规私营部门总量的 97% 以上，就业人数占正规私营部门总就业人数的 75% 以上。但其中微型企业数量众多，1986～2006 年，埃及正规私营部门中小私企数量占比低于私营部门总量（包括非正规私营部门在内）的 7%，用工数量仅占私营部门总就业人数的 25%。与庞大的非正规私营部门相比，埃及中小私企就业人数占比更加微不足道。2006 年，埃及的中小私企就业人数只占埃及私营部门就业人数的 10%。[①]

其次，中小私营企业融资困难，资本规模过小。埃及中小私企贷款困难。2000 年以来，埃及私营部门产值占经济总量的 2/3，但在 1990～2017 年，埃及私营部门平均每年只获得全年信贷额的 1/3。[②] 中小私企贷款备受歧视。2010 年埃及证券交易所的调查显示，92% 的中小企业的银行贷款申请被拒绝，中小企业贷款总额只占埃及银行信贷量的 6% 和埃及总资本积累的 10%。[③] 另外，融资困难直接造成埃及中小企业扩张严重受限。2006 年的埃及企业调查显示，埃及中小企业平均资产仍只有 3 万埃镑（约 5000 美元）。[④]

最后，中小私营企业欠缺技术革新能力，劳动生产效率低，缺乏市场竞争力。2003～2011 年，68% 的埃及中小制造企业沿用传统生产技术，不到 2% 的企业采用新技术，中小服务和零售企业革新技术的占比更低。同期资本劳动比率仅从 1 万埃镑提升至 1.4 万埃镑。[⑤] 2016 年的埃及企业调查进一步证实，引进新技术和新服务的埃及小型企业（员工 5～9 人）和中型企业（员工 10～99 人）仅各占全国企业总数的 5.5% 和 14.2%，拥有外国公司授权技术的占比更低，各为 0.3% 和 4.7%。[⑥] 技术水平落后导致埃及中小企业的商品难以出口。2016 年的埃及企业调查显示，仅有 5.8% 的埃及小型企业和 9.2% 的中型企业出口

① 埃及中央公众动员与统计局：《1986 年埃及企业调查报告》（阿拉伯文），第 127 页；《1996 年埃及企业调查报告》（阿拉伯文），第 35 页；《2006 年的埃及企业调查报告》（阿拉伯文），第 36 页，http://www.capmas.gov.eg/Pages/Publications.aspx? page_ id = 5109，最后访问日期：2019 年 7 月 23 日。

② The World Bank，"Egypt，Arab Rep".

③ OECD，"Competitiveness and Private Sector Development：Egypt 2010"，p. 83.

④ Hafez Ghanem，*The Role of Micro and Small Enterprises in Egypt's Economic Transition*（*Global Economy & Development Working Paper 55*），Washington D. C. ：Brookings，2013，p. 13.

⑤ Hafez Ghanem，*The Role of Micro and Small Enterprises in Egypt's Economic Transition*，p. 16.

⑥ The World Bank，"Enterprise Surveys – 2016 Egypt"，*Enterprise Surveys*，http://www.enterprisesurveys.org/，最后访问日期：2019 年 8 月 29 日。

商品。[①]

另一方面，非正规私营部门过于庞大是私营部门发展失衡的重要表现。埃及非正规私营部门聚集在制造业、零售业和服务业，资本规模小，生产效率低下。制造业、零售业和服务业是埃及非正规私营部门的主要从事领域。但伴随着埃及工业化水平的提高，非正规私营部门逐渐从制造业向服务业转移。1988 年，非正规私营部门中制造业占 37.5%，零售业占 44%，服务业占 10.9%。1998 年，非正规私营部门中制造业占比下降 18.5 个百分点，服务业占比上升 19.8 个百分点。[②] 埃及非正规私营部门资产规模非常小，生产效率远低于正规私营部门。1998 年，将近 60% 的非正规私营部门资产总额低于 5000 埃镑，其中更有 16% 的非正规私营部门资产总额低于 100 埃镑。[③] 2004 年的埃及企业调查显示，埃及非正规私营部门的效率仅仅是正规私营部门效率的一半。[④]

埃及非正规私营部门扩张迅速，规模极其庞大，容纳大量非农劳动力。埃及微型私企（员工 1~4 人）增长尤为迅猛，是非正规私营部门扩张的主要推动力。1986~2006 年，埃及微型私企数量从 105 万家增至 220.6 万家，[⑤] 占私营企业数量的 90% 以上。同期，就业人数从 158.6 万人增至 415.5 万人，[⑥] 占私营企业就业人口的比重也从 66.7% 增加到 71.4%。2002~2003 年，埃及家庭部门雇用员工 690 万人。[⑦] 同年，埃及私营企业共雇用员工 510 万人，按埃及微型企业占 70% 计算，雇用员工人数高达 357 万人。因此，2002~2003 年，

① The World Bank，"Enterprise Surveys – 2016 Egypt"．

② Alia El Mahdi，"Towards Decent Work in the Informal Sector：The Case of Egypt"，*International Labour Organization*，May 2002，p. 10，http：//www. ilo. org/wcmsp5/groups/public/ – – – ed_emp/documents/publication/wcms_ 122058. pdf，最后访问日期：2020 年 2 月 8 日。

③ Alia El Mahdi，"Towards Decent Work in the Informal Sector：The Case of Egypt"，p. 14.

④ Rana Hendy and Chahir Zaki，*On Informality and Productivity of Micro and Small Enterprises：Evidence from MENA Countries Cairo*，Economic Research Forum（ERF）Working Paper，No. 719，2012，p. 443.

⑤ 埃及中央公众动员与统计局：《1986 年埃及企业调查报告》（阿拉伯文），第 127 页；《1996 年埃及企业调查报告》（阿拉伯文），第 35 页；《2006 年埃及企业调查报告》（阿拉伯文），第 36 页。

⑥ 埃及中央公众动员与统计局：《1986 年埃及企业调查报告》（阿拉伯文），第 127 页；《1996 年埃及企业调查报告》（阿拉伯文），第 35 页；《2006 年埃及企业调查报告》（阿拉伯文），第 36 页。

⑦ Central Bank of Egypt，"Monthly Statistical"，*Central Bank of Egypt*，December 2009，p. 70，https：//www. cbe. org. eg/en/EconomicResearch/Publications/Pages/MonthlyBulletinHistorical. aspx，最后访问日期：2019 年 6 月 30 日。

埃及非正规私营部门（包括家庭部门和微型企业）共计雇用员工 1047 万人，占埃及私营部门就业总人数的 87.25%，占埃及总就业人口的 52%。除去农业部门，埃及非正规私营部门仍是劳动力的主要接收者。2008～2011 年，埃及非正规私营部门就业人口占埃及非农就业人口之比从 55.7% 增至 59.9%。[①]

三 穆巴拉克时期埃及私营部门陷入困境的原因

发展私营部门绝不能简单依靠大规模私有化来推动，而是要通过优化市场环境来鼓励中小私企发展。穆巴拉克政府两次推动经济结构调整，推进大规模私有化，但埃及营商环境仍未有效改善。政府治理能力依然低下且腐败泛滥，裙带资本主义滋生的特权企业垄断着市场。中小私营企业因而缺少公平竞争的市场环境，成长困难。

（一）政府治理能力不足

政府治理能力低下、腐败严重是埃及私营部门发展的主要制约因素。世界银行的政府管理能力调查显示，1996～2008 年埃及政府效率的平均得分为 42.42 分，行政管理质量的平均得分为 39.78 分，腐败控制的平均得分为 42.26 分。[②] 埃及政府治理能力低下造成正规私营部门的运营成本上涨，既阻碍了中小私营企业的成长，也助长了私营部门的非正规化。

埃及市场准入门槛高，政府办事效率极低，中小私营企业长期得不到真正支持。从事钢铁、水泥、酒店和通信等行业都需要国家发放特许经营许可证，一般只有极少数特权企业可以获得，中小私营企业只能承接下游服务工作。即使申请普通的施工许可证和出口许可证，埃及中小企业也要比大型企业多花费两倍时间。[③] 穆巴拉克政府也曾尝试鼓励中小企业革新，并设立社会发展基金等五个专门机构负责，但机构之间各自为政，人浮于事，并未给中小企业提供有效帮助。与此同时，穆巴拉克政府对外资心存顾虑，对私营部门的外籍劳工和外资设置重重限制，如外籍劳工数不得超过企业员工总数的 10%，在建筑、海运等行业的合资企业中外资至多占 49% 等。[④]

① The World Bank, "Egypt, Arab Rep".

② The World Bank, "Governance Matters", *World Bank*, https://databank.worldbank.org/reports.aspx? source = worldwide - governance - indicators#，最后访问日期：2019 年 7 月 30 日。

③ OECD, "Competitiveness and Private Sector Development：Egypt 2010", p.49.

④ OECD, "Competitiveness and Private Sector Development：Egypt 2010", pp.60 - 66.

腐败泛滥是埃及政府治理效率低下的集中表现，也是埃及私营部门发展的主要障碍之一。腐败问题已经成为埃及私营部门的关注焦点。2012 年世界银行的调查显示，85% 的埃及私营部门将腐败视为阻碍企业发展的重要因素，腐败已经成为阻碍私营部门发展的三大因素之一。[①] 2001～2008年，埃及廉政排名下滑 64 名，评分从 3.6 分降到 2.8 分，[②] 犯罪和腐败造成的损失高达 572 亿美元。[③] 腐败对中小企业的伤害尤为严重。2009 年的埃及企业调查显示，42% 的中小企业主不得不提供好处费以获取营业执照，其中 29% 的中小企业被要求行贿，但另有高达 90% 的中小企业主认为行贿是正常的商业行为。[④] 简言之，埃及政府的腐败纵容了特权企业，扰乱了正常的市场秩序。

（二）特权企业垄断行业市场

国有企业私有化的目的是通过引入私人资本，刺激市场竞争，提升产品的国际竞争力。埃及大规模的私有化确实增加了私营部门的经济比重，提升了私营部门的社会地位，但埃及国企的私有化过程缺乏充分公开和有效监督。埃及商业精英与政治精英相互勾结，形成特权企业[⑤]和行业寡头，反而阻碍了市场竞争力的提高。

埃及部分技术官僚利用与政府的特殊联系，抓住私有化和市场化的机遇，在钢铁、水泥、酒店、通信等领域建立特权企业，形成行业垄断。埃及特权企业和行业寡头崛起于 20 世纪 90 年代的经济改革，2000 年后力量愈发强大。如 1996 年创立的埃及伊兹钢铁公司（El-Ezz Steel Rebars），到 2006 年已经垄断了埃及 60% 的钢铁市场。[⑥] 有调查显示，2003～2010 年，特权企业平均营

① Andrew Stone, Lina Badawy and Hooman Dabidian, *Egyptian Private Enterprises in the Aftermath of the Revolution: An Investment Climate Update*, Washington D. C.: World Bank Publisher, 2012, p. 1.

② Amr Ismail Adly, "Politically-Embedded Cronyism: The Case of Post-Liberalization Egypt", *Business and Politics*, Vol. 11, No. 4, 2009, p. 14.

③ UNDP, IMC, ECRC, *Expanding Horizons in Development: The Rising Role of Egypt's Private Sector*, United Nations Development Programme, 2016, p. 49.

④ UNDP, IMC, ECRC, *Expanding Horizons in Development: The Rising Role of Egypt's Private Sector*, p. 49.

⑤ 埃及特权企业一般有三种形式：公司的总裁是政府官员、公司的拥有者是政府官员、公司的董事会中有政府官员。

⑥ OECD, "Competitiveness and Private Sector Development: Egypt 2010", p. 52.

业收入为 1. 77 亿美元，是其他私营企业的四倍。[1] 埃及行业寡头常与政府官员"暗箱合作"，利用国有企业的私有化壮大自身力量，甚至扩张的资金也来自国资银行。以钢铁和水泥市场为例，1999 年是伊兹钢铁公司扩张的关键一年，它先是成功上市，然后以极低价格收购亚历山大国有钢铁公司。为实现收购，伊兹钢铁公司同年从埃及国资银行获得了超过其市值四倍的贷款。[2]

埃及特权企业虽然有规模效益，但抑制了市场竞争，造成社会资源的分配不均。另外，特权企业享有不正当竞争优势，挤压中小企业的生存空间，它们比中小企业更容易获得贷款、土地和能源补贴。[3] 特权企业造成的市场不完全竞争直接降低了新企业的孵化率。1996 ~ 2011 年，在特权企业垄断的行业，十年内新增企业数量减少了 50%，五年内新增企业数量减少了 28%。[4] 不仅如此，埃及行业寡头为了垄断国内市场，不断排斥国际竞争。1995 ~ 2009 年，埃及的平均关税从 16.5% 下降到 8.7%，[5] 却新增加 53 项非关税措施来保护特定行业，其中尤以特权企业涉及的行业为甚。66% 的特权企业享受 2 ~ 3 项非关税保护措施，而非特权企业仅有 4%。[6] 埃及行业寡头通过政府支持占据庞大市场，借助规模效应获得更大的市场份额，但并未有效提升埃及私营部门的效率。2010 年，埃及特权企业利用特权额外攫取了 13% ~ 16% 的市值和 7.69% ~ 8.43% 的市场份额。[7]

四　穆巴拉克时期"二元分化"的埃及社会阶层结构

穆巴拉克政府推行的两次自上而下的经济改革，都将私有化作为改革的主要

---

① Stephan Roll, "'Finance Matters!' The Influence of Financial Sector Reforms on the Development of the Entrepreneurial Elite in Egypt", *Mediterranean Politics*, Vol. 15, No. 3, 2010, p. 357.

② Hamouda Chekir and Ishac Diwan, "Crony Capitalism in Egypt", *Journal of Globalization and Development*, Vol. 5, No. 2, 2014, p. 10.

③ Ishac Diwan, Philip Keefer and Marc Schiffbauer, *Pyramid Capitalism: Cronyism, Regulation, and Firm Productivity in Egypt*, World Bank: Policy Research Working Paper Series, 7354, October 2016, p. 27, https://link. springer. xilesou. top/article/10. 1007/s11558 – 018 – 9327 – 2, 最后访问日期：2019 年 7 月 30 日。

④ Ishac Diwan, Philip Keefer and Marc Schiffbauer, *Pyramid Capitalism: Cronyism, Regulation, and Firm Productivity in Egypt*, p. 19.

⑤ Hamouda Chekir and Ishac Diwan, "Crony Capitalism in Egypt", p. 27.

⑥ Ishac Diwan, Philip Keefer and Marc Schiffbauer, *Pyramid Capitalism: Cronyism, Regulation, and Firm Productivity in Egypt*, p. 25.

⑦ Hamouda Chekir and Ishac Diwan, "Crony Capitalism in Egypt", p. 10.

举措。在此过程中，技术官僚和商业精英通过创建特权企业，实现权力维系，进而成为私有化的主要受益者。具体表现在两方面：其一，部分埃及技术官僚，通过私有化契机建立特权企业，摇身变为新的商业精英；其二，商业精英为获取更多特权，日益加强与政治精英、国际金融资本家的合作，其中部分演变成垄断资产阶级。官僚集团上层与大资产阶层构成了埃及社会的顶层，侵占了大量的社会财富，形成封闭的精英集团。以特权企业为标志的恩庇关系扭曲了社会财富分配方式，限制了中等资产阶层发展，国企下岗员工甚至不得不面临生存的困境。

与此同时，埃及私营部门内部结构失衡，中小私营企业发展受挫。广大中下阶层民众未能实现职业地位提升、收入增加，埃及构建以社会中间阶层为主体的现代社会阶层结构之路任重道远。一方面，埃及中小私企资本规模小，产业升级困难，员工工资低，缺少专业技术岗位，阻碍了专业技术人员队伍壮大；另一方面，埃及正规私营部门无力提供更多就业机会，满足新增人口就业需求，非正规私营部门扩张迅速。非正规私营部门的就业无法解决埃及失业、贫困问题，导致埃及社会底层人口占总人口比率居高不下。

穆巴拉克时期埃及社会结构呈现向市场化过渡的阶段特征，即"社会是不平等的二元体制"①。具体表现在三个方面：首先，财富高度集中在极少数官僚集团上层和大资本家手中；其次，中小企业主和专业技术人员队伍占人口的比重过小，国企员工处境堪忧，社会中间阶层规模无法壮大；最后，社会底层规模庞大，贫困发生率居高不下，普通家庭的年轻人提升社会地位无望。

（一）特权阶层维持并扩大优势

埃及商业精英、政治精英联合国际金融资本家通过建立、发展特权企业，成为私有化和私营部门发展的最大受益者。私有化进程中，部分埃及技术官僚利用与政府的紧密联系，建立了特权企业，转变成新的商业精英，维持着优势社会地位。壮大后的商业精英为巩固自身地位，反过来积极参与政治活动，并与国际金融资本家结盟。埃及出现既享有政治权力，又拥有经济资本的封闭精英集团，其中数十个商业精英家族演变成垄断资产阶级。

穆巴拉克时期，埃及大商人阶层与政治精英间建立了"一体式"的合作关系，以此维持和扩大占优势的社会地位。一方面，一批埃及政府原官员在私有化过程中大获其利，成为新的商业精英。如民族民主党成员艾哈迈德·伊兹

---

① 〔美〕泽林尼、科斯泰罗：《关于市场转型的争论：走向综合?》，边燕杰主编《市场转型与社会分层：美国社会学者分析中国》，第589页。

（Ahmed Ezz）创立伊兹钢铁公司，垄断埃及钢铁市场；历任埃及旅游部长和工业部长的艾哈迈德·马格拉比（Ahmed El-Maghraby）利用职务之便，帮助家族企业——棕榈山公司成为埃及第二大房地产开发商。另一方面，为谋求国家经济政策的倾斜和扶持，巩固家族企业的特权，商业精英努力提高自身的政治话语权，积极加强与国际资本家的合作，如商业精英组建智库，积极参与政治活动。1995～2005 年，埃及商人议员的人数从 8 名增加到 150 名。[①] 2004 年后，埃及一度形成以贾迈勒·穆巴拉克为核心、商业精英为主体的政治阶层，其中多位大商人被任命为内阁部长。与此同时，埃及政治精英、大资产阶级通过与国际资本家合作，进一步壮大了自身力量。如贾迈勒·穆巴拉克拥有埃及最大的投资公司——赫尔姆斯（EFG-Hermes）下属私募基金 18% 的股票，该投资公司的背后大股东实为两家阿联酋银行。[②] 2006 年，埃及曼苏尔和马格拉比两大家族先以低价购买了埃及效率最高的金融机构——埃及美国银行，后与法国农业银行合作，成立了埃及农业银行，两大家族占股 1/5。

政治精英与商业精英的联合，日益演变成一个封闭的政治、经济利益集团。其中，数十个商业精英家族实现了资本的高度集中，掌控着埃及私营部门。2008 年，30 位埃及大商人直接管理或控股 104 家核心大企业，加上其他二级公司，共拥有 385 家企业。[③] 2014 年，埃及规模最大的十家商业集团的年营业额占埃及 GDP 的 4.45%。[④] 以埃及最富有的萨维里斯家族为例，其控制的庞大商业帝国包括七家大型上市公司，[⑤] 控制着埃及建筑、通信和旅游行业。2008 年，纳吉布·萨维里斯（Naguid Sawiris）及其三个儿子控制的上市公司的市值达到 900 亿埃镑，占埃及股票市场的 19%。[⑥]

---

① Angela Joya, "The Egyptian Revolution: Crisis of Neoliberalism and the Potential for Democratic Politics", *Review of African Political Economy*, Vol. 38, No. 129, 2011, p. 370.

② Sean F. McMahon, *Crisis and Class War in Egypt: Social Reproduction, Factional Realignments and the Global Political Economy*, London: Zed Books, 2016, p. 177.

③ Hamouda Chekir and Ishac Diwan, "Crony Capitalism in Egypt", p. 19.

④ Amr Adly, "Too Big to Fail: Egypt's Large Enterprises after 2011 Uprising", *Carnegie Middle East Center*, March 2, 2017, https://carnegie-mec.org/2017/03/02/too-big-to-fail-egypt-s-large-enterprises-after-2011-uprising-pub-68154, 最后访问日期：2019 年 7 月 30 日。

⑤ 这七家上市公司是奥斯康电信控股（Orascom Telecom Holding）、埃及移动服务公司（Egyptian Company for Mobile Services）、奥斯康酒店开发公司（Orascom Hotel and Development）、奥斯康建筑公司（Orascom Construction Industries）、奥斯康发展控股（Orascom Development Holding）、奥斯康酒店控股（Orascom Hotels Holding）、埃及化肥公司（Egyptian Fertilizers Company）。

⑥ Stephan Roll, "'Finance Matters!' The Influence of Financial Sector Reforms on the Development of the Entrepreneurial Elite in Egypt", p. 359.

（二） 中等资本家和国企下岗员工陷入困境

埃及的私有化进程缺少有效监督和管理，官商勾结，侵吞国有资产，中小私营企业发展受阻，中等资本家队伍扩张无望。与此同时，国企员工利益未得到保障，社会地位不断下滑，社会中间阶层力量被削弱。

一方面，以中小企业主为首的中产阶层队伍占人口比重过小。中小企业主是企业家群体的核心力量，是社会中间阶层的重要组成部分。特权企业扰乱了正常市场秩序，中小私企发展空间被压缩。2008 年的埃及企业调查显示，只有 13.1% 的埃及人试图投资创办企业。[①] 2006 年埃及的小型私企有 140921 家，中型私企有 29759 家。[②] 以 2006 年埃及人口 7816 万计算，中型企业主和小型企业主各占总人口的 0.4‰和 1.8‰，因而以中小企业主为代表的中等资产阶层仅占埃及总人口的 2.2‰左右。

另一方面，国有企业私有化导致大量国企工人下岗，下岗工人处境艰难，社会地位严重下滑。国企工人原是纳赛尔时期社会主义改革的受益者，却成为穆巴拉克时期经济改革的牺牲品。穆巴拉克时期的经济改革向经济效益低下的国有企业开刀，试图通过私有化改革，提高经济竞争力，但国企工人的利益未得到有效的保护。2004～2010 年，共有 33 家国企售卖给工人股份，仅占私有化企业的 11.7%，[③] 大量国企工人被迫以内退等方式离开国有企业。1990～2010年，将近 60 万名埃及国企工人下岗，[④] 其中超过 20 年工龄的高龄下岗工人（男性超过 50 岁，女性超过 45 岁）仅获得 1.2 万～3.5 万埃镑的赔偿金。[⑤] 国有企业下岗工人转而进入私营部门，但中小私营企业又缺少足够合适的工作岗位接纳他们。多数情况下，国企下岗工人只能在非正规私营部门就业，生活水平大幅下降。

（三） 中小私企生产技术落后，专业技术人员队伍难以壮大

一般而言，中小私营企业的转型升级能推动社会分工不断细化与深化，

---

①　OECD，"Competitiveness and Private Sector Development：Egypt 2010"，p. 83.

②　埃及中央公众动员与统计局：《2006 年埃及企业调查》（阿拉伯文），第 36 页。

③　CEIC，"Privatization：No of Companies：Employees Shareholders Association in Egypt"，https：//insights. ceicdata. com/Untitled – insight/views，最后访问日期：2019 年 7 月 1 日。

④　Central Bank of Egypt，"Monthly Statistical"，January 2016，p. 122；"Monthly Statistical"，January 2019，p. 188.

⑤　Matthew Gray，"Economic Reform, Privatization and Tourism in Egypt"，*Middle Eastern Studies*，Vol. 34，No. 2，1998，p. 100.

优化职业结构，从而加大中小私营企业对专业技术人才的需求，壮大以专业技术人员为主的社会中间阶层。但埃及中小企业发展受挫，资本规模小、生产效率低、产业层级低，转型升级遥遥无期，没有能力提供更多高端技能型、工程型的岗位。

埃及正规私营部门员工职业层次低、工资低廉、工作强度大，且缺乏稳定性，难以支撑专业技术人员队伍的发展。首先，穆巴拉克时期的埃及中小私企多沿用传统的生产技术，生产效率低，因而绝大多数工作岗位都属于简单的体力劳动，缺少专业技术岗位。其次，埃及正规私营部门的工资远低于国企。2011 年，正规私营部门平均周工资为 397 埃镑，国有企业的周工资为 657 埃镑，正规私营部门的周工资仅是国有企业的 60%。[1] 再次，正规私营部门工人的工作强度要高于国企工人。不少埃及私营纺织企业工人的工作时间长达 12 小时，国有企业工人却只有 8 小时。最后，埃及正规私营部门的劳工缺乏稳定性，随时面临不得不进入非正规私营部门或失业的风险。1990 ~ 1998 年，正规私营部门 11.67% 的劳工流入非正规私营部门，13.11% 直接失业，相反，非正规私营部门仅 3.59% 的劳工进入正规私营部门。[2] 显然，中小私企难以提供更多高薪专业技术岗位，无法满足专业技术人员队伍发展的需求，专业技术人员占人口的比重依然很低。1999 年，以专业技术人员为主体的自由职业者仅占埃及人口的不到 5%。[3]

（四）非正规私营部门无法改善社会底层民众生活、提升大学毕业生的社会地位

非正规私营部门就业既不是改善埃及社会底层民众生活条件的有效途径，也不能提升教育对社会流动的推动作用，埃及社会底层民众规模依然庞大。埃及私营部门虽然容纳了大量农村剩余劳动力，但正规私营部门新增就业机会无法满足新增就业人口的需求，因而大量劳工或是被迫选择在工资低廉、缺少社会保障的非正规私营部门工作，或是继续滞留在自给自足的家庭部门，处于失业的边缘。其中包括众多本应是社会中间阶层后备军的年轻大中专毕

---

① 埃及中央公众动员与统计局：《2012 年埃及工资和就业调查报告》（阿拉伯文），第 9 页，http://www.capmas.gov.eg/Pages/Publications.aspx? page_ id = 5109，最后访问日期：2019 年 7 月 23 日。

② Barry McCormick and Jackline Wahba, *Migration and Mobility in the Egyptian Labour Market*, *ERF Research Project*, No: ERF99 – UK – 10082004, 2004, p. 59.

③ 毕健康、陈勇：《当代埃及社会结构与发展困境研究》，《阿拉伯世界研究》2019 年第 2 期，第 11 页。

业生。

埃及就业人口增长速度远高于埃及私营企业创造新岗位的速度，超过一半的埃及私营部门劳工只能进入非正规私营部门，其中包括大量的大中专毕业生。自纳赛尔时期以来，埃及教育规模迅猛扩张，培养了大批大中专毕业生。1971～2011年，埃及中学的入学率从31.7%提升到81.7%。[1]穆巴拉克政府为缓解债务危机，减少政府开支，严格限制政府部门和国企的规模，并取消了大中专学生的就业分配制度。由于国有企业岗位饱和，正规私营部门又无法提供充足就业岗位，埃及年轻的大中专毕业生只能进入非正规私营部门。20世纪90年代以来，大量大中专毕业生流入非正规私营部门，比较1985～1990年和1993～1998年两组调查数据，20～29岁的年轻人进入非正规私营部门的可能性最大。1993～1998年，中等职校毕业生进入非正规私营部门的比例达到64.86%，可能性增加25%。[2] 2008年，仅28%的埃及年轻人有正式工作，其中10%在正规私营部门就业，72%在非正规私营部门就业。[3]

非正规私营部门工作环境恶劣、工资低、缺少基本社会保障和福利，因而无法改善埃及底层民众的生活，更不可能提升大中专毕业生的社会地位。1998年国际劳工组织的调查显示，仅有5%的非正规私营部门劳工日工资超过20埃镑，超过60%的女性劳工日工资低于5埃镑。[4] 低工资难以维持生计，导致大多数非正规私营部门劳工只能依靠政府的补助。埃及非正规私营部门可能不提供就业合同和基本企业福利，员工缺少安全保障。2012年，私营企业的合法员工仅占40.4%，享受社会保险员工占45.4%，享受健康保险员工占26.0%。[5] 家庭部门员工更是几乎无保障，合法雇用员工仅占1.9%，享受社会保险的占12.7%，享受健康保险的占1.8%。[6]

埃及正规私营部门只能满足一部分新增人口的就业需求，非正规私营部门就业又极具不稳定性，导致大量埃及劳动力实际上处于失业的状态，其中大中专毕业生占比甚高。1990～2011年，埃及的失业率一直徘徊在8%～12%。[7] 2010年，埃及中专毕业生的失业人数达到99.1万人，占总失业人数

① The World Bank, "Egypt, Arab Rep".

② Barry McCormick and Jackline Wahba, *Migration and Mobility in the Egyptian Labour Market*, p. 55.

③ Hafez Ghanem, *The Role of Micro and Small Enterprises in Egypt's Economic Transition*, p. 12.

④ Alia El Mahdi, "Towards Decent Work in the Informal Sector the Case of Egypt", p. 21.

⑤ 埃及中央公众动员与统计局：《2012年埃及劳动力统计年鉴》（阿拉伯文），第20页。

⑥ 埃及中央公众动员与统计局：《2012年埃及劳动力统计年鉴》（阿拉伯文），第20页。

⑦ The World Bank, "Egypt, Arab Rep".

的 42.2%；埃及大学及以上受教育程度的毕业生失业人数达 93.2 万人，占总失业人数的 39.6%。[1] 年轻大中专毕业生占埃及总失业人口的 81.8%。在非正规私营部门就业只能维持基本生存，失业更是意味着丧失收入来源。因此，大量埃及社会底层民众入不敷出，始终无法摆脱贫困。按照人均每日收入低于 3.2 美元的贫困标准，1990～2008 年埃及贫困率虽然下降了 11.2%，但仍有超过 1/4 的埃及人生活在贫困线以下。[2] 按照国家贫困线（略低于 2 美元）计算，1999～2010 年，埃及贫困率甚至从 16.7% 上涨到 22%。[3] 居高不下的失业率、贫困率是埃及社会底层民众规模庞大、生活困苦的集中体现。

五 塞西政府调整经济结构的举措及其前景

市场化改革，特别是私营部门的发展面临着提升效率和保证社会公平的双重挑战。中小私营企业是私营部门发展的动力来源，也是社会广大中下层民众的财富来源。因而，发展中小私营企业成为发展中国家实现效率提升、缩小社会差距的重要手段。但是，穆巴拉克政府简单地将私有化视为发展私营部门的主要途径，忽略了国家治理能力的提升，导致埃及营商环境不佳，缺少公平竞争的市场环境。埃及中小私营企业发展严重受阻，劳动生产率无法真正提升。与此同时，埃及社会中下层难以真正享受经济改革的成果，社会二元分化问题严重。

塞西执政后，为缓解长期动乱造成的经济困境，重启经济结构调整。一度暂停的市场化改革、私营部门发展政策再次成为埃及经济发展的处方。其具体政策如下。一是重视非正规私营部门发展。非正规私营部门的正规化被写入埃及 "2030 年愿景"。[4] 二是积极争取国际专项贷款或援助，加大对中小企业的资金扶持。仅 2019 年 5 月，世界银行就与埃及中小企业发展局达成 10 亿美元的合作协议。[5] 三是建设中小企业工业园区。2019 年 3 月，埃及已经完成 7 个中小企业工业园区（规划 13 个）建设，新建工厂 3114 个，可提供

---

① 埃及中央公众动员与统计局：《2011 年统计年报》（阿拉伯文），第 93 页。

② The World Bank，"Egypt，Arab Rep"．

③ The World Bank，"Egypt，Arab Rep"．

④ "Sustainable Development Strategy: Egypt's Vision 2030"，*Sdsegypt 2030*，p. 61，http：// sdsegypt2030. com，最后访问日期：2019 年 6 月 30 日。

⑤ "Egypt，World Bank Sign New Cooperation Agreement"，*Ahram*，May 7，2019，http：// english. ahram. org. eg/NewsContent/3/12/331231/Business/Economy/Egypt，– World – Bank – sign – new – cooperation – agreement – t. aspx，最后访问日期：2019 年 5 月 30 日。

10.2 万个岗位。[①] 四是限制特权私企参加大型国家建设项目，减少或阻止埃及商业精英参与政治，削弱大商人阶层干政的能力。例如，2015 年伊兹两次申请参加议会选举，但都因技术层面原因被拒绝。[②]

然而，埃及政府的国家治理能力仍旧不足，整体营商环境未实现大幅提升，中小私营企业发展仍举步维艰，非正规私营部门规模不减反增。多年的政治动荡、激进的金融改革以及低效的政府治理，导致埃及中小私企的发展之路异常艰辛，目前尚未恢复到穆巴拉克执政后期的水平。2017 年私营企业调查显示，埃及中小私营企业 83402 家，仅占私营企业数量的 2.25%，不足 2006 年企业数量的一半。同年，埃及中小私企的用工人数为 160 万人，只占私企总就业人数的 15.4%。[③] 2006～2017 年，埃及劳动力人数增加近 390 万人，[④] 中小私营企业的用工人数却几乎保持不变。与之相对，非正规私营部门规模不断扩大。2016 年，埃及的非正规私营部门就业人数占总就业人员之比达到 62%。[⑤]

与此同时，塞西政府为加快经济建设，允许军队大规模参与经济建设，导致军方经济实力急速膨胀，也在一定程度上制约了市场竞争机制的建立。塞西视军队为埃及经济重建的核心力量，不断放宽对军队参与经济活动的限制。2016 年，塞西颁布总统令，允许武装部队土地项目管理局与私营企业、外资企业合作，成立营利性公司，投资和开发其管理的沙漠。埃及军方还主导了埃及新首都建设、苏伊士运河走廊、沙漠改造、高速公路建设等大型国家建设项目。埃及现役军官和退役军官则利用监督、管理军队企业等方式合流，形成了一个庞大的政治经济利益集团。埃及军队既是经济政策的制定者，又是经济运行的参与者，一定程度上阻碍了市场的公平竞争，挤占了埃及中小私营企业的发展空间。

① 中国驻埃及大使馆经济商务处：《埃新设工厂达到3114 家》，2019 年 3 月 12 日，http：//eg. mofcom. gov. cn/article/jmxw/201903/20190302842105. shtml，最后访问日期：2019 年 6 月 20 日。

② 《伊兹被禁止参加议会选举》（阿拉伯文），半岛电视台，2015 年 2 月 22 日，http：// www. aljazeera. net/news/arabic/2015/2/22/استبعاد أحمد-عز-من-الترشح-للانتخابات-البرلمانية-بمصر，最后访问日期：2019 年 9 月 10 日。

③ 埃及中央公众动员与统计局：《2017 年埃及企业调查》（阿拉伯文），第 133 页，http：// www. capmas. gov. eg/Pages/Publications. aspx? page_ id = 5109，最后访问日期：2019 年 7 月 3 日。

④ Central Bank of Egypt, "Monthly Statistical", January 2017, p. 122；Central Bank of Egypt, "Monthly Statistical", January 2019, p. 122, https：//www. cbe. org. eg/en/EconomicResearch/ Publications/Pages/MonthlyBulletinHistorical. aspx，最后访问日期：2019 年 6 月 30 日。

⑤ The World Bank, "Egypt, Arab Rep".

总体而言，塞西重启的经济改革并未收到预想的成效。塞西执政以来的私营部门实现了一定程度的扩张，2017～2018 年，埃及私营部门用工人数达 2010 万人，占总就业人口的 77.3%；私营部门收入占 GDP 的比重达 68.3%。[①] 但私营部门规模的扩张仍未有效缓解埃及的就业、贫困问题，削减补贴等改革计划也遭到部分经济学家和普通民众的批评。2017 年，埃及大学生的失业率依然高达 34%，更有近 1/2 的大中专毕业生失业。[②]

未来塞西政府应如何避免重蹈穆巴拉克时期的覆辙，又该如何有效提振经济和维护社会稳定呢？

首先，塞西政府需竭力提升政府治理能力，全面改善营商环境，持续加大对中小私营企业的扶持力度。埃及政府在落实现有的扶持中小企业发展政策的基础上，应进一步整合行政机构，提高行政效率，降低市场准入门槛；简化中小企业注册手续，降低企业的税费负担，规范市场秩序，减少埃及非正规私营部门向正规化转型的障碍；加大财税扶持力度，完善资本市场，帮助中小私企解决融资难的问题；提升埃及大中专教育质量，加强人才培养与就业的联动，健全社会招聘机制，为中小企业专业化提供人力资源，同时缓解埃及青年就业难问题。

其次，塞西政府应当杜绝裙带资本主义，平衡军方企业和私营企业的发展，建立良性的政商关系。穆巴拉克执政后期，商业精英与政治精英勾结，形成特权阶层，掠夺私营部门的发展成果，激起民众强烈不满。穆巴拉克政权倒台后，不少埃及商业精英或被送上审判庭，或无奈逃往国外。但不可否认，大商人阶层曾在埃及私营部门发展过程中起到关键作用。塞西政府的经济结构调整，特别是大型国家建设项目，也需要私营部门的投资和埃及大型私企的参与。因此，埃及政府应在继续与商业精英合作的基础上，加强政治制度建设，发展新的"协商式"政商关系，避免滋生特权企业，确保政策制定的公平性、合理性。在此基础上，塞西政府还需加强对军队经济行为的监管，警惕新的寻租现象产生，维护市场竞争机制，拓展中小私营企业的发展空间。

---

① Central Bank of Egypt, "Monthly Statistical", January 2019, pp. 19, 122, https://www.cbe.org.eg/en/EconomicResearch/Publications/Pages/MonthlyBulletinHistorical.aspx，最后访问日期：2019 年 7 月 18 日。

② 埃及中央公众动员与统计局：《2018 年埃及劳动力统计年鉴》（阿拉伯文），第 14～17 页，http://www.capmas.gov.eg/Pages/Publications.aspx? page_ id = 5104，最后访问日期：2020 年 2 月 3 日。

最后，塞西政府应抓住共建"一带一路"的契机，创新合作机制，鼓励中小私企参与其中，实现共同发展。2016 年，塞西政府提出埃及"2030 年愿景"，并将其与中国的"一带一路"对接。2018 年，塞西开启第二个任期，中埃经贸合作也步入新阶段，多个中国国有企业承建的大型基础设施建设项目从计划阶段进入实践阶段，中国大型民营企业也加快布局埃及市场。如 2019 年 8 月，康佳宣布与埃及胡胡家电（HOHO）合资办厂。① 2018 年，埃及政府为参加中国首届国际进口博览会的中小企业提供补贴，积极推销埃及棉纺织产品等优势产品。② 但受限于中小企业自身"小和弱"的特点，以及埃及整体营商环境和产业链的不健全，埃及中小企业参与"一带一路"建设还处于前期摸索阶段。未来中埃双方可创造更多机会，利用网络商务平台、工业园区、"抱团"合作等方式，吸引更多埃及中小私营企业参与到"一带一路"项目中，使埃及广大中下层民众受惠于中埃经贸合作。

On Private Sector and Social Stratum Structure
in the Contemporary Egypt

Chen Yong   *Bi Jiankang*

Abstract： The structural imbalance of the private sector in contemporary Egypt is relatively serious. The informal sector is too large, the number and employment ratio of formal small and medium-sized private enterprises are low. The capital scale is very small and the production technology is backward. The frustrated development of small and medium-sized private sector leads to the poor effect of market-oriented transformation and exacerbates the social dichotomy. The development achievement of private sector has been stolen by Egypt's large merchant class and upper bureaucracy. It is difficult for the broad middle and lower classes to share the benefits

---

① 《中国家电企业助埃及年轻人实现更高质量就业》，新华网，2019 年 9 月 6 日，http：//m. xinhuanet. com/2019 – 09/06/c_ 1124970370_ 3. htm，最后访问日期：2019 年 10 月 3 日。

② 中国驻埃及大使馆经济商务处：《埃及贸工部长塔里克表示：我们将把最好的商品展示在进口博览会上》，2018 年 1 月 10 日，http：//eg. mofcom. gov. cn/article/jmxw/201801/20180102696601. shtml，最后访问日期：2019 年 6 月 20 日。

of market reform, and their living conditions and social stratum have not been improved. In the future, the Sisi's government should comprehensively improve the governance capacity and take the path of inclusive and sustainable development as their only choice.

Keywords: Market Transformation; Contemporary Egypt; Private Sector; Social Structure

（原文发表于《阿拉伯世界研究》2020 年第 2 期）

苏丹经济发展道路的探索及启示

陈　沫<comment>author affiliation mark *</comment>*

摘要：受到多种发展思潮的影响，苏丹自独立以来始终在寻求实现经济可持续发展的道路。在经历了"苏丹式社会主义"经济模式、"伊斯兰市场经济"发展模式的实践后，20世纪90年代苏丹开启了经济调整与改革的艰辛探索。在此过程中，苏丹经济发展有过挫折，但也积累了宝贵的发展经验。事实证明，维护国家政治稳定、制定符合自身国情的经济发展战略、推进工业化进程、充分利用外国直接投资，以及开展多元经济合作，是加快苏丹经济发展的必由之路。

关键词：经济发展模式　苏丹　"苏丹式社会主义"　伊斯兰经济经济调整

苏丹自1956年独立以来，在不同历史发展阶段，选择了不同的经济发展道路，以期实现国家经济与社会的快速发展。在此过程中，该国既走过"苏丹式社会主义"道路，也尝试过"伊斯兰市场经济"发展模式。当下，苏丹正在实行经济调整与改革。简要总结与反思该国经济发展的经验与教训，对正处于发展道路选择迷思中的西亚非洲国家来说，具有一定的启示。

一　"苏丹式社会主义"的兴衰

苏丹独立之初，国内政治动荡，未形成明晰的经济发展战略。1969年尼迈里发动政变上台后，提出了走"苏丹式社会主义"道路的发展理念，由此主导了该国20世纪70年代的经济发展。

（一）"苏丹式社会主义"的由来

尼迈里执政之初，正值北非地区"阿拉伯社会主义"思潮风起云涌，纳

---

* 陈沫，中国社会科学院西亚非洲研究所副研究员、中国社会科学院海湾研究中心秘书长。

赛尔领导下的埃及和卡扎菲领导下的利比亚都走上了阿拉伯社会主义的发展道路。受此思潮影响，尼迈里执政后即提出建设"苏丹式社会主义"的发展目标，[①] 试图在苏丹建立一个独立自主的社会主义民主共和国。"苏丹式社会主义"的尝试，最初得到了苏联和东欧国家的支持。苏联派遣专家帮助苏丹制订经济发展计划并提供技术援助。1971 年 7 月，苏丹共产党发动针对尼迈里的政变未遂，苏联和东欧国家谴责尼迈里处决政变人员，从而引致尼迈里与苏东国家关系恶化。从 1972 年开始，苏丹逐渐同美国和西欧国家改善关系并寻求经济援助，此举逐渐淡化了其发展道路的意识形态色彩。但是，尼迈里并没有因此放弃走"苏丹式社会主义"道路的基本方针，仍效仿埃及执政党——阿拉伯社会主义联盟的模式，成立了苏丹的执政党——苏丹社会主义联盟。

（二）"苏丹式社会主义"指导下的经济发展举措

第一，积极推动南北和解，为国家经济建设创造安全环境。尼迈里把"苏丹式社会主义"看作包括苏丹北方和南方在内的苏丹全民族的共同发展道路，并极力把南方也纳入其中。为此，他上台后积极推动与南方反政府武装力量和解，提出了在南方实现区域行政管理自治的方案，同时按照社会主义方针开展经济重建。[②] 1972 年 2 月，尼迈里总统与苏丹南方阿尼亚·尼亚（Anya Nya）领导的反政府武装签署了《亚的斯亚贝巴协定》。尼迈里此举结束了苏丹南北长达 17 年的冲突，为集中精力在全国范围内进行"苏丹式社会主义"建设，包括在南方实施琼莱运河等项目建设，创造了必要的安全环境。

第二，以国有经济为主体，推动内向型进口替代工业化。尼迈里与其他当时选择走社会主义道路的国家一样，把走社会主义道路与巩固民族独立联系在一起。基于此，一方面，苏丹政府在 1971～1972 年对 30 多家私营企业实行了国有化，将糖厂、棉纺厂、水泥厂、化肥厂、印刷厂、水电供应、基础设施、主要商业银行、大型旅馆以及农业土地和一些现代化的种植园掌握在政府手中。另一方面，国家大力发展面向国内市场的进口替代经济项目，扩大甘蔗种植面积，发展榨糖、纺织、农产品加工等满足国内市场需求的产业，以及支持现代农业生产的化肥和水泥工业。20 世纪 70 年代到 80 年代初，苏丹利用外国援助和贷款，建设了西南塞纳尔（South West Sennar）、哈加尔·

---

① Ali Ahmed Suliman, "Sudan Economy", in Basil Davidson et al. (eds.), *The Sub-Saharan Africa 1980 – 1981*, Rochester: Staples Printers Rochester Limited, 1980, p. 976.

② Ali Ahmed Suliman, "Sudan Economy", in Basil Davidson et al. (eds.), *The Sub-Saharan Africa 1980 – 1981*, p. 976.

阿萨拉亚（Hagar Asalaya）、梅鲁特（Melut）、蒙加拉（Mongala）、基纳纳（Kenana）等多家榨糖厂以及 7 家纺织厂、1 家水泥厂、喀土穆化肥厂、朱巴供电系统等一批主要工业企业。[①] 此外，苏丹减少对石油进口的依赖，于 1975 年授予美国公司位于红海沿岸面积为 13.6 万公顷的陆上和海上石油的勘探权。

第三，利用冷战时期的国际环境，吸收多方外资搞建设。苏丹是在资金和外汇极为缺少的情况下开展经济建设的。国有企业虽是国民经济的主体，但大多经营不善并处于亏损状态。为解决发展资金匮乏问题，苏丹利用冷战期间美国与苏联以及阿拉伯国家与以色列均争夺该国的情势，把争取各方援助作为当时苏丹获得外资的主要方式。20 世纪 70 年代初，苏丹从苏联和东欧国家获得的援助较多。1972 年以后，美国成为苏丹最大的双边援助来源国。[②] 1973 年第一次石油危机以后，沙特阿拉伯和科威特成为苏丹新的援助来源国。据统计，1971～1985 年，苏丹接受的净官方开发援助和外国政府援助总额从 8900 万美元上升到 11.3 亿美元。[③]

（三）经济发展成效

"苏丹式社会主义"探索没有给苏丹带来持久的经济发展，带来的是发展业绩的大起大落。20 世纪 70 年代苏丹实行的工业发展举措，对于加快经济增长和改变殖民地时期的畸形经济结构产生了一定作用。1965～1973 年和 1973～1980 年两个时段相比，工业产值的年均增长速度从 1% 上升到 6%，制造业的年均增速在后一时期高达 6.7%，与同期增长速度只有 3.4% 的农业相比，工业显然成为这一时期经济增长的主要动力。[④] 一批工业企业的出现，推动了苏丹产业结构的升级，工业产值在国内生产总值中的比重从 1965 年的 9% 上升到 1980 年的 14%。制造业的结构也更加多样化。以 1970 年与 1980 年相比，制造业产值中食品与农产品加工业产值的占比从 39% 下降到 22%，纺织服装业产值的占比从 34% 下降到 25%，而随着化肥行业脱颖而出，化学制品产值的占比从 5% 提升到 21%。[⑤] 化肥和制糖工业的发展，为同类产品的

---

① Ali Ahmed Suliman, "Sudan Economy", in Basil Davidson et al. （eds.）, *The Sub-Saharan Africa 1980 - 1981*, p. 982.

② Susan Turner, "Sudan Economy", in Muddathir Abede-Rahim et al. （eds.）, *The Sub-Saharan Africa 1987*, Rochester: Staples Printers Rochester Limited, 1986, p. 962.

③ 世界银行数据库，http：//www. worldbank. org/table，最后访问日期：2018 年 1 月 20 日。

④ 参见世界银行《撒哈拉以南非洲：从危机走向可持续增长》，1989，第 222～223 页。

⑤ 参见世界银行《撒哈拉以南非洲：从危机走向可持续增长》，第 236～237 页。

进口替代做出了重要贡献。工业就业人口在就业人口总数中的比重从 1965 年的 5% 提高到 1980 年的 8%。[1] 然而，苏丹在经历了 1974～1977 年昙花一现的快速增长（这几年的年均经济增长率超过 12%）后，并没有持续下去，而是很快失去了动力并陷入负增长的困境。1978～1984 年，苏丹有 4 年为负增长，有 2 年为不足 2% 的低增长。与此同时，在人口快速增长的压力下，苏丹人均国民收入从 1960 年的 888.7 美元下降到 1985 年的 680.9 美元。[2]

"苏丹式社会主义"尝试受挫，其主要原因是没有能够按照经济规律办事。尼迈里尽管利用了冷战时期美苏两大阵营对非洲争夺的有利态势，获得了大量条件优惠的国际资金，但没能把这种有利条件转化为苏丹经济的持续发展，反而导致了超级通货膨胀和严重债务危机，主要表现在以下几方面。

第一，政府长期采取膨胀式财政政策，资金投入超过了国力能承受的范围。苏丹政府在财力极为有限的情况下，从 20 世纪 70 年代起长期采用膨胀式的财政政策来维持日益增长的财政开支，无限制地向中央银行借贷。并且，在无力偿还中央银行借贷时，政府便把对中央银行的临时性借贷转换为长期借贷，借以弥补政府财政开支的不足。例如，1976～1977 财政年度中央银行规定中央政府借贷上限为 4480 万苏丹镑，而实际上到 1976 年中期中央政府就已经向中央银行临时借贷 7388 万苏丹镑；到 1976 年底，中央政府又要求中央银行将 3370 万苏丹镑的临时借贷转为长期借贷，从而使中央政府以这种方式所欠中央银行的长期债务总额达到 2.18 亿美元。[3] 在这种情况下，中央银行除了增发货币以外，无法应付政府债务的不断增长。而政府得到的借贷也越来越多地用于偿还旧债，而不是投入经济发展项目。这样的财政模式导致苏丹的经济建设资金越来越紧张，而通货膨胀率从 20 世纪 70 年代开始逐渐上升，到 1985 年已经上升到 45.4%。[4]

第二，发展项目受到过度保护，长期不能产生经济效益。苏丹政府为了保护进口替代项目免受外国产品的竞争，长期采取多种保护措施，其中包括税收优惠、人为规定高估的汇率、产品享受价格补贴等。1972 年出台的《发展和鼓励工业投资法》甚至规定，在给予企业 5 年免征所得税优惠的基础上，如果企业盈利不超过投资金额的 10%，可再免征所得税 5 年；如果此后企业

---

[1] 参见世界银行《撒哈拉以南非洲：从危机走向可持续增长》，第 277 页。

[2] 世界银行数据库，https://data.worldbank.org/indicator，最后访问日期：2018 年 2 月 4 日。

[3] Ali Ahmed Suliman, "Sudan Economy", in Basil Davidson et al. (eds.), *The Sub-Saharan Africa 1980–1981*, p. 985.

[4] 世界银行数据库，https://data.worldbank.org/indicator，最后访问日期：2018 年 2 月 4 日。

盈利仍为投资金额的 10% ~ 20%，则继续给予免征所得税 50% 的优惠。[1] 对于没有盈利或盈利少的企业给予免缴营业税的优待，实际上这对企业提高效益产生了负面效应。企业长期受到政府高关税和进口限制措施的保护，市场竞争和提高效益的动力就会不足。国有企业由于管理不善而普遍亏损，1975 ~ 1980 年国有企业每年平均亏损 5000 万美元，[2] 这加重了政府的资金困难。

第三，投资项目不产生外汇收入，偿还外债日益困难。苏丹获得的大量外资被用于内向型的进口替代项目建设，其中就包括基础设施、国防开支、社会发展等非生产性项目。外资在上述领域的投入很难产生出口创汇效益，造成苏丹国际收支状况日益恶化。从 70 年代后期开始，苏丹的债务问题日益严重。政府外债总额从 1970 年的 3 亿美元增加到 1987 年的 80 亿美元。[3] 到 20 世纪 80 年代后期，苏丹已陷入债务危机，经济发展陷入困境。

二　伊斯兰经济模式的践行

南苏丹独立以前的苏丹，北方伊斯兰主义势力在政治上占据优势。因此，在苏丹经济发展道路的探索过程中，伊斯兰主义始终是一个不容忽视的因素，但其对苏丹经济影响最明显的时期并不长，主要集中在 20 世纪 80 年代上半期。

（一）伊斯兰主义的崛起

尼迈里总统在推行"苏丹式社会主义"发展道路时，基本上把伊斯兰主义势力排除在政治舞台之外。随着 20 世纪 70 年代末苏丹经济的恶化，尼迈里推行的发展道路受到质疑，这为伊斯兰主义者乘势而起创造了机会。20 世纪 70 年代末，受到苏丹国内掀起的反对通货膨胀的游行示威浪潮的冲击，尼迈里开始放弃"苏丹式社会主义"发展模式，而转向伊斯兰主义者寻求和解和摆脱经济困难的出路。苏丹的伊斯兰主义理论家图拉比 1978 年被吸收进苏丹社会主义联盟并担任政治局委员，1979 年被任命为总检察长，1983 年被任命为尼迈里总统的法律顾问和外交政策助理，这标志着伊斯兰主义者走上政治舞台的中心，获得了对苏丹发展道路的话语主导权。1985 年 4 月尼迈里政府被推翻后，图拉比创立了有苏丹穆斯林兄弟会背景的全国伊斯兰阵线党，

---

① Ali Ahmed Suliman, "Sudan Economy", in Basil Davidson et al. (eds.), *The Sub-Saharan Africa 1980 - 1981*, p. 982.

② 中国社会科学院西亚非洲研究所：《北非五国经济》，时事出版社，1987，第 93 页。

③ 世界银行：《撒哈拉以南非洲：从危机走向可持续增长》，第 258 ~ 259 页。

并在 1987 年出任联合政府副总理，此后又在 1989 年支持巴希尔发动军事政变。在巴希尔执政期间，图拉比于 1996～2000 年担任苏丹国民议会议长，于 1999 年担任全国大会党总书记（巴希尔总统任党主席），直到 2000 年被开除党籍。图拉比在苏丹彰显政治影响力的历史时期，就是苏丹伊斯兰主义最活跃的时期。

（二）伊斯兰主义对苏丹经济生活的影响

图拉比作为苏丹伊斯兰主义思潮的倡导者，一直把国家的伊斯兰化视为理想目标，认为苏丹需要"寻求一种新的国家发展模式"[1]，也就是经济伊斯兰化的道路。也有学者认为，图拉比寻求建立的新模式是"伊斯兰市场经济"。[2] 但事实证明，图拉比并没有能够为苏丹摆脱经济困难找到有效的出路，其推行的政策甚至还产生了一些负面影响。

1977 年，尼迈里成立了以图拉比为首的法律修订委员会。1983 年 9 月，尼迈里集中颁布了被称为"九月法令"的伊斯兰色彩浓厚的法律，其中包括禁止生产和销售酒类、缴纳天课（扎卡特）、禁止收取利息等，并强制在全国范围内推行。从 1984 年开始，苏丹的财政年度改为按照伊斯兰历计算，同时用伊斯兰天课取代了 20 种直接税收。这些法律一经颁布，便引起南方非穆斯林民众的强烈不满，导致南方居民的激烈反抗和南北内战的重新爆发。南北之间重燃战火不仅使 80 年代初已经恶化的苏丹经济雪上加霜，也使琼莱运河等分布在南方的"苏丹式社会主义"建设时期的重大建设项目无法推进，还使外国投资者暂停了石油勘探活动，西方国家的援助因此而减少。而以天课取代正常税收的改革没有体制机制的保障，无法顺利推行。这一切都进一步加剧了苏丹的经济困难。1985 年，尼迈里总统为了缓和南方的反抗情绪，遏制伊斯兰主义势力的过度膨胀，转而对穆斯林兄弟会进行镇压，甚至以阴谋推翻政府的罪名将图拉比逮捕入狱，结果又导致国内穆斯林群体的激烈反对。在国内不同民族和宗教的激烈冲突中，尼迈里最终在 1985 年被国内的军事政变推下台，伊斯兰主义对经济的影响渐微。

由此看来，伊斯兰主义对苏丹经济的影响也是昙花一现，并没有带来积

---

[1] Mohammed Elhachimi Hamdi, *The Making of An Islamic Political Leader*, *Conversations with Hassan al-Turabi*, 转引自刘辉《哈桑·图拉比及苏丹的"伊斯兰实验"》，载《青海民族研究》2009 年第 4 期，第 36 页。

[2] RSO Fahey, "Islam and Ethnicity in the Sudan", *Journal of Religion of Africa*, Vol. 26, No. 3, 1996, p. 263.

极的变化。相反，伊斯兰主义活跃时期也正是苏丹经济最困难的时期。在伊斯兰经济模式最为盛行的 1983～1985 年，苏丹的实际经济增长持续大幅度下降，每年平均下降 5.7%。[1] 这种负面影响甚至扩散到整个 80 年代。

（三）　经济伊斯兰化难有作为的原因

伊斯兰主义者所关注的仅仅是实现宗教理想，特别是在各个领域恢复和落实伊斯兰教的规范和准则，民族国家的经济发展道路并不是伊斯兰主义者所考虑的问题。图拉比曾明确地表示，建立在民族利益基础上的民族主义价值，从根本上是与伊斯兰教相互冲突的。[2] 伊斯兰化的措施并不能真正代表经济发展的思想，而只是经济适用某些伊斯兰教的规范。这些规范更多地反映了伊斯兰教在财富分配方面的经济伦理，但并没有提供能够促进经济增长和结构变化的理论和路径。因此，在使苏丹摆脱经济危机的过程中，无论是在缓和 20 世纪 80 年代到 90 年代中期的超级通货膨胀方面，还是在解决严重的债务危机方面，伊斯兰主义者都没有提出过系统的对策。即便是在伊斯兰主义对经济影响最"明显"的部门，即金融部门，伊斯兰融资机构也远远没有成为苏丹金融部门的主流。相反，在苏丹这样一个伊斯兰世界和非伊斯兰世界两种文化泾渭分明的国家，伊斯兰化经济法律的颁布重新点燃了南北冲突的战火，破坏了国家发展的稳定局势。

三　经济调整与改革的探索

苏丹的经济调整是在巴希尔执政以后陆续展开的。这是一种综合性的调整与改革，注重恢复宏观经济的稳定，为苏丹经济的发展开辟了新局面。

（一）　经济调整的背景

巴希尔上台执政的时候，苏丹经济形势已经严重恶化。从 1985 年尼迈里总统被推翻到 1989 年巴希尔总统上台期间，苏丹民选政府虽然意识到需要进行经济调整，国际货币基金组织也多次与苏丹政府讨论经济调整方案，但慑于经济调整可能带来的社会代价并迫于各种社会集团的压力，政府始终无法下定决心进行改革，以致经济问题日益严重。在巴希尔上台以前，美国、英

---

① 世界银行数据库，https://data.worldbank.org/indicator，最后访问日期：2018 年 2 月 4 日。

② Mohammed Elhachimi Hamdi, *The Making of An Islamic Political Leader*, *Conversations with Hassan al-Turabi*, 转引自刘辉《哈桑·图拉比及苏丹的"伊斯兰实验"》，第 35 页。

国、联邦德国、沙特等主要援助方因苏丹偿债能力问题多次停止提供新的援助。当时，苏丹已成为拖欠国际货币基金组织债务最多的非洲国家。鉴于此，1990年5月，国际货币基金组织对苏丹发出警告：从当年7月开始偿还拖欠国际货币基金组织的11.5亿美元债务，否则将被终止该组织成员资格。当年9月，国际货币基金组织正式通过《关于苏丹的不合作声明》，指责苏丹从1984年以来一直拖欠国际货币基金组织的债务。① 国际货币基金组织的声明对苏丹筹集贷款和援助产生了极其不利的影响，这就要求苏丹政府进行经济改革与调整。当然，巴希尔政府的经济调整，除受外部国际压力影响以外，实际上也是巴希尔政府的主动作为。

（二）经济调整的措施及主要内容

第一，创造安全的国内环境。巴希尔改善国内安全的努力，主要体现在缓和南北冲突和达尔富尔危机方面。1989年巴希尔通过政变上台后，他所领导的救国革命指挥委员会立即宣布，其首要目标就是解决南北冲突。1997年4月，苏丹政府与南方6个派别达成协议，首次承诺允许南方进行民族自决，并在一定的过渡期后举行独立公投。② 2005年，苏丹政府与南方的苏丹人民解放运动签署《全面和平协议》，同意赋予南方自治权，不在南方适用伊斯兰法律，并承诺6年过渡期以后在南方举行公民投票，以决定南方是否独立，从而使这场长达半个世纪之久的南北冲突走向了结束。在苏丹达尔富尔危机方面，巴希尔政府与达尔富尔的当地派别先后于2005年和2006年签署了《关于解决达尔富尔冲突的原则宣言》和《达尔富尔和平协议》，接受了联合国前秘书长安南2006年提出的关于在达尔富尔部署联合国、非盟混合维和部队的建议，从而缓和了危机，避免了外部制裁可能给苏丹经济造成的损失。巴希尔为实现国内和平所做的努力，为推行经济调整和开创经济发展的新局面创造了安全的国内环境。

第二，实行财政紧缩。苏丹政府从1990年开始与国际货币基金组织进行关于经济调整的谈判。实施财政紧缩措施是国际货币基金组织强调的调整重点，主要包含减少政府补贴和进口开支两方面，其中包括1990~1992年减少大饼补贴和汽油补贴、停止进口食糖、减少一半小麦进口等措施。在汇率调整方面，苏丹从实行鼓励侨汇和棉花出口的多重汇率逐渐过渡到统一汇率，1992年以后

---

① Bebe-Esi Amanor, "Sudan Economy", in Muddathir Abedel-Rahim et al. (eds.), *The Sub-Saharan Africa 1993*, Rochester: Staples Printers Rochester Limited, 1992, p. 828.

② Duncan Woodside, "Sudan Recent History", in Iain Frame et al. (eds.), *The Sub-Saharan Africa 2016*, London and New York: Routledge Taylor and Francis Group, 2016, p. 1183.

又采取了提高进口和出口关税的增收措施，并通过货币贬值进一步调整了苏丹镑与美元的汇率。但是，苏丹对于国际货币基金组织提出的冻结工资等可能引起社会动荡的措施则未予接受，甚至还给贫困家庭和低收入工人发放了补助。

第三，大力吸引外国直接投资。20世纪90年代以前，苏丹利用外资的形式主要是依靠外国贷款和援助，并不重视利用外国直接投资。而且，投资法的许多条款对于外国投资者并没有吸引力。例如，1972年颁布的《发展和鼓励工业投资法》要求享受优惠待遇的投资项目必须位于乡村地区，此外，对于投资本金和利润汇出国外还有种种限制。[1] 巴希尔政府为解决发展资金问题，于1990年颁布了新的投资法，加大了吸引外国直接投资的力度。此后，该国又多次修订此法，明确了电力、采矿、制造、农牧、交通运输和电信，以及旅游等产业为对外国直接投资开放的重点产业，并承诺了一系列对外资的优惠和保障措施。

第四，大力发展石油工业。巴希尔政府把吸引外国直接投资的重点放在石油工业领域，努力将资源优势转化为产业发展优势。1995年苏丹政府决定吸引中资企业的直接投资，联合开发苏丹的石油资源。1997年苏丹政府与中国、马来西亚和加拿大（后将股权转让给印度企业）的企业合资成立大尼罗石油作业公司，开展油田开发、石油管道建设和炼油厂建设，开启了石油工业发展的进程，也掀开了苏丹工业化发展的新篇章。1999年，苏丹成为石油输出国，石油产量在2008年达到平均每日50万桶。[2] 石油开采业的发展，为其发挥后向关联效应，推动下游和相关产业的发展创造了条件。

第五，资金合作"向东看"。巴希尔上台后，美国等西方国家对其在国家发展道路的选择、反恐和达尔富尔等问题上所采取的方针表示不满，开始对苏丹进行制裁和孤立。世界银行和国际货币基金组织与苏丹的关系也变得紧张。在这种情况下，巴希尔把资金合作的目光进一步转向非西方国家，尤其是中国、阿拉伯国家和印度。从20世纪90年代中期开始，中国一直是苏丹的主要直接投资来源国。仅在2005～2014年，中国对苏丹的年直接投资额就从3.5亿美元增加到17.5亿美元，在苏丹接受的外国直接投资总额中的占比从20%提高到89%，中国的投资主要集中在石油工业。[3] 除此之外，中国还

①　Ali Ahmed Suliman, "Sudan Economy", in Basil Davidson et al. (eds.), *The Sub-Saharan Africa 1980 – 1981*, p. 982.

②　Duncan Woodside, "Sudan Recent History", in Iain Frame et al. (eds.), *The Sub-Saharan Africa 2016*, p. 99.

③　商务部、国家统计局、国家外汇管理局：《2016年度中国对外直接投资统计公报》，中国统计出版社，2017，第52页。

在 1997~2008 年向苏丹提供了 24 亿美元援助和贷款，主要流向减贫与社会发展领域。与中国不同，阿拉伯国家和印度的援助和投资主要集中在农业领域。资金合作方向的转换使苏丹在西方资金供应减少情况下，仍然得以保持较多的外部资金来源。

由此看来，巴希尔政府实际采取的经济调整与改革措施，不仅包括国际货币基金组织提出的财政紧缩方面的内容，也包括其他多方面举措。它是一套苏丹自主探索的综合治理方案。更重要的是，巴希尔政府通过改善投资环境，为经济发展创造了新的条件。

（三）经济发展的新局面

巴希尔政府从政治和经济方面以及政策和体制方面进行的综合调整，使苏丹经济走出通货膨胀和债务危机，从 90 年代后期开始进入快速增长的轨道。

第一，实现了利用外资结构的优化，摆脱了通货膨胀和债务危机。苏丹新投资法颁布以后，虽然美国等西方国家对苏丹实施经济制裁，西方的石油公司纷纷从苏丹撤出，但中国、印度、马来西亚等国的投资却开始增加，苏丹很快形成了大规模利用外国直接投资的局面。苏丹外国直接投资流入额从 1994 年的 9900 万美元增加到 1998 年的 3.7 亿美元，2012 年更是达到 23.6 亿美元的高峰。外国直接投资逐渐超过外国援助，成为苏丹外资流入的主要形式。外国直接投资的流入，为苏丹经济度过困难时期和进入新的发展阶段注入了新的动力，并推动了该国石油工业的大发展。当苏丹从 90 年代末开始获得石油出口收入以后，资金状况亦相应发生了根本性的改善。苏丹从 1998 年开始已按时偿还拖欠国际货币基金组织的债务，债务危机迎刃而解；通货膨胀率也在 2000 年以后回落到个位数。

第二，掀起苏丹第二次工业化热潮，产业结构发生了重大变化。大量外国直接投资流入苏丹，助推了该国的第二次工业化浪潮，其规模与效应远远超过了 20 世纪 70 年代昙花一现的第一次工业化高潮。石油工业及其下游工业的发展产生了非常明显的进口替代和出口替代效果。炼油厂所生产的柴油和液化石油气能够满足苏丹市场 70% 的需求，而汽油则能满足苏丹市场 100% 的需求，苏丹基本上实现了第一大进口商品——石油的全部进口替代。此外，石油成为苏丹的主要出口货物，实现了对传统的阿拉伯树胶和棉花等主要出口货物的出口替代，石油产品的出口也实现了工业制成品的部分出口替代。与此同时，大量的石油出口收入使苏丹拥有了新的资本积累源泉，可用于其他产业的发展，如苏丹政府在 2000 年推出的在苏丹港和苏瓦金港之间建立包括仓库和工商业区在内的红海自由贸易区项目。因此，石油及其相关工业的发展进一步改变了苏丹原来的产业结构。1990～2000 年和 2000～2016 年两个时期，包括采掘业在内的工业增长速度分别达到 8.9% 和 5.6%，而同期制造业的增长速度分别达到 7.2% 和 6.7%。与同期农业增速 7.2% 和 2.9%，以及同期服务业增速 1.7% 和 7.0% 相比，工业是增长速度最快和最稳定的部门，对于 90 年代以后苏丹经济的长期增长起到了坚实的支撑作用。[①]随着工业的发展，大量劳动力从传统农业部门转移到现代工业部门，2017 年工业部门就业人数占全国就业总人数的比例上升到 20.4%。[②]

第三，加快了经济增长，苏丹经济进入长期、快速的增长阶段。从 20 世纪 90 年代末到 2011 年南苏丹分离之前，苏丹告别了经济增长与衰退交替出现的剧烈波动时期，经济实现了比较稳定的长期快速增长。1998～2010 年经济的年均增长率达到 6.4%，同期人均国民收入也从 931 美元提高到 1361 美元。[③]受南苏丹独立的影响，苏丹经济在经历 2011 年和 2012 年两年的负增长（分别为 -2.4% 和 -9.7%）阵痛后，从 2013 年起又进入稳步增长期，2013～2017 年年均增速为 4%。[④]

四　对苏丹经济发展道路的反思与启示

纵观独立 60 多年来苏丹成败交错的经济发展历程，其经济发展理念与实践呈现出阶段性特点，不同阶段取得的成效亦各不相同，其中蕴含不少值得思考的经验教训。

第一，维护政局稳定是经济快速发展的前提与关键因素。南苏丹独立以前的苏丹，北方穆斯林与南方非穆斯林之间存在巨大文化差异和社会冲突，长期存在的达尔富尔等热点问题，也同样易引发社会冲突。从苏丹独立以来 60 多年的实践来看，安全环境的治与乱与经济业绩的好与坏具有明显的正向关联。凡是民族宗教关系处理得比较好的时期，该国经济发展都比较顺利，否则就会给经济发展带来严重危害。巴希尔执政后优先缓和与南方的关系，缓解达尔富尔危机，为苏丹创造了国内局势比较稳定的时期，也是该国经济增长最快的时期。相反，苏丹独立之初南北冲突不断，尼迈

---

① 世界银行数据库，http://www.worldbank.org/table，最后访问日期：2018 年 2 月 4 日。

② 世界银行数据库，https://data.worldbank.org/indicator，最后访问日期：2018 年 2 月 4 日。

③ 世界银行数据库，https://data.worldbank.org/indicator，最后访问日期：2018 年 2 月 4 日。

④ EIU, *Country Report：Sudan*, December 29, 2017, p. 14.

里总统在 1983 年推行经济伊斯兰化的政策导致南北之间重开战端，不仅把苏丹经济拖入两个发展情况最差的时期，而且直接导致了尼迈里政权的倒台。苏丹的案例一再说明，民族宗教关系的好坏对于经济发展来说，是一个可以决定其成败的关键因素。只有推行和谐的民族宗教政策，经济发展才有安全保障。

第二，经济发展模式需要结合自身国情自主探索，没有现成的模式可照搬。苏丹在探索独立后经济发展道路的过程中，受到过多种发展思潮的影响。但是，该国最终自 20 世纪 90 年代以来经济能够实现较快增长，并不是照搬任何一种已有发展模式的结果。"苏丹式社会主义"的尝试因忽视经济运行规律而难以持久。经济伊斯兰化难以破解严峻的经济困难，甚至给国家稳定带来负面影响。国际货币基金组织提出的经济调整方案局限于财政紧缩，如果没有巴希尔政府实行的安全稳定和体制调整措施相配合，不但难以开辟经济发展的新局面，甚至有可能使苏丹在通货膨胀和债务危机中陷入经济绝境。因此，苏丹经济在 20 世纪 90 年代以后出现重大转机，是苏丹政府根据国情主动作为的结果，是综合调整、以稳定保发展、以改革促发展、以工业化引领发展的结果。由此，适合国情的经济发展道路必须依靠发展中国家自身去探索。

第三，工业化是推动经济发展的有效路径。大多数发展中国家的经验说明，工业化是实现经济发展的基本路径，这一点在苏丹的发展历程中再次得到证明。苏丹独立后 60 多年的发展实践，特别是 20 世纪 90 年代以来的发展经历表明，经济增长最快的时期也是工业化的高潮时期，工业是经济增长的主要引擎。工业化不仅成为苏丹获得资本积累的重要手段，而且通过其前向关联效应带动了石油工业全产业链的形成，优化了产业结构。此外，工业化还带动了劳动力从传统部门向现代部门的转移。

第四，外国直接投资成为解决国家发展资金问题的有力补充。缺少资金和外汇往往是发展中国家经济发展的重大缺口，利用外国资金对于经济发展具有十分重要的意义。外资包括外国援助、贷款和外国直接投资等。苏丹经历了从利用外国援助和贷款向利用外国直接投资的转变。苏丹的经历说明，利用外国援助和贷款的规模必须与国力相一致，必须把外资的流向与生产性项目和经济效益紧密联系在一起，否则最终只能产生难以承受的债务负担。政府通过改善投资环境，引导外国直接投资的合理流向，有利于确保外资项目的经济效益，也不会形成国家的外债负担。苏丹在 20 世纪 80 年代陷入债务危机，与利用外国援助和贷款失当有关；而 20 世纪 90 年代以来经济的持续较快增长，则基本上是发挥了外国直接投资优势的结果。

第五，应开展多元化的国际经济合作。苏丹的经济发展离不开国际合作。苏丹独立以来曾经先后把苏东国家、美国、西欧国家、阿拉伯国家以及中国作为主要合作伙伴。但苏东国家和美国先后于 20 世纪 70 年代和 80 年代停止对苏丹的援助，这与不满苏丹的内外政策有关。事实上，美国和苏联都把所谓经济合作当成了政治干涉的手段。海湾阿拉伯国家虽然资金雄厚，但缺乏技术，在开展合作项目时一般需要第三方参与。中国一贯奉行和平共处五项原则，改革开放以来经贸合作的能力得到全面提升，20 世纪 90 年代以来逐渐成为苏丹的主要合作伙伴。中国的支持对于苏丹的石油工业发展和基础设施建设发挥了重大作用。因此，从苏丹经济发展的经验教训来看，只有开展多元化的国际合作，才能在复杂多变的国际环境中获得主动。

第六，对经济发展道路的探索没有"完成时"。过去几十年，苏丹不仅经历了长时段的内战，而且在 2011 年又出现了南苏丹独立的情况。南苏丹独立给苏丹经济带来了灾难性影响。苏丹国家分裂以前，大部分石油资源蕴藏在南方的团结州、上尼罗州和琼莱州，只有南科尔多凡州属于北部。全国已形成南方出产大部分原油，并利用管道输送到北方进行加工和出口的产业体系。然而，南苏丹独立使这一体系分裂成两块。其后果是：南苏丹的独立使苏丹的经济基础发生重大变化，并面临新的问题：苏丹和南苏丹在支付石油设施补偿费和石油运输过境费方面分歧严重。2013 年南苏丹内部派别又陷入武装冲突，使石油生产受到重创。因此，2011 年苏丹出现了 20 年以来的第一次经济负增长，2016 年工业产值在国内生产总值中的占比跌落到 3%。[①] 此外，虽然苏丹经济发展持续取得进展，但是该国仍然面临减贫问题。到 2016 年为止，苏丹仍然是一个低收入的发展中国家，人均国内生产总值仅为 2040 美元，全国将近 15% 的人口人均生活费达不到每天 1.9 美元的国际贫困线。[②] 如何加快经济发展，尽快摆脱经济落后的面貌，仍然是摆在苏丹面前的重大课题。

①　世界银行数据库，http：//www.worldbank.org/table，最后访问日期：2018 年 2 月 26 日；世界银行数据库，https：//data.worldbank.org/indicator，最后访问日期：2018 年 2 月 4 日。
②　世界银行数据库，http：//databank.worldbank.org/data/reports.aspx，最后访问日期：2018 年 2 月 26 日。

Sudan's Exploration of Economic Development Path and Its Inspiration

Chen Mo

Abstract：Since its independence, Sudan had been influenced by a number of development thoughts in its exploration of a sustainable economic development path. Having tried the economic model of "Sudanese socialism" and "Islamic market economy", Sudan was engaged in the hard exploration of economic adjustment and reform in the 1990s. During this process, Sudan had suffered from setbacks of development, but has also accumulated precious development experience. Facts have proved that in order to accelerate its economic development, Sudan has to maintain national political stability, autonomously formulate the economic development strategy which meets the national conditions, promote industrialization, make the best use of foreign direct investments and carry out a diversified economic cooperation.

Keywords：Economic Development Model; Sudan; the "Sudanese Socialism"; Islamic Economy; Economic Adjustment

（原文发表于《西亚非洲》2018 年第 2 期）

科威特阿拉伯经济发展基金会
对非洲国家的援助研究[*]

李　意[**]

摘要： 近年来，国际发展援助体系正在经历着深刻变化，新兴经济体成为国际发展合作新格局中的重要建设力量，由它们主导的南南合作模式受到国际社会的广泛关注。海湾阿拉伯国家作为国际援助体系的新生力量，其表现尤为突出。本文以科威特阿拉伯经济发展基金会为例，探讨该基金会对外援助的动因，分析其对非洲国家援助取得的成就和产生的影响。科威特等阿拉伯援助国均属于发展中国家，在开展对外援助时更强调援助主体与援助客体之间的平等与合作关系。这些国家因提供的援助额度大、占国民总收入比例高、涉及国家和地区广，不但成为新兴援助体中的佼佼者，而且在国际政治和外交事务上获得了更多的同情和支持。

关键词： 科威特阿拉伯经济发展基金会　对外援助　南南合作

对外援助是一个国家或国家集团对另外一个国家或国家集团提供的无偿或优惠性的有偿货物或资金，用以解决受援国所面临的政治经济困难或问题，或是达到援助国特定目标的一种手段。[①] 近年来，由发达国家主导的国际援助格局正在发生结构性变化，发展援助委员会（Development Assistance Committee，DAC）以外的新兴援助国逐步成为国际发展合作新格局中的重要建设力量。在这些国家中，由科威特、沙特、阿联酋等海湾阿拉伯国家构成的阿拉伯援助国由于采取以平等、互利和共赢为特点的南南合作援助模式而受到国际社

---

* 本文系 2015 年国家社科基金"丝绸之路人文外交背景下的中阿智库合作研究"（15BGJ057）和 2016 年教育部人文社会科学重点研究基地重大项目"中国与中东国家的人文交流研究"（16JJDGJW013）的阶段性成果。

** 李意，博士，上海外国语大学中东研究所副研究员。

① 宋新宁、陈岳：《国际政治经济学概论》，中国人民大学出版社，1999，第 216 页。

会的广泛关注。[①]

阿拉伯国家的对外援助主要采取基金会管理模式。为了资助其他需要帮助的国家和人民，这些基金会对其自身资金、货物或服务进行国际性转移，成为国际关系中不容忽视的组成部分。它们具有公益性、非营利性和基金信托性等基本特征，既不同于政府和企业，也有别于一般的非营利组织。从事对外援助的阿拉伯基金会主要包括科威特阿拉伯经济发展基金会（下文简称"科威特发展基金会"）、沙特发展基金会、阿布扎比发展基金会等（见表 1）。在这些基金会中，成立于 1961 年的科威特发展基金会是第一个由发展中国家建立的援助机构。该基金会逐渐成为其他阿拉伯国家援助机构效仿的对象。该基金会当前的资金规模约 103 亿美元，代表科威特政府向发展中国家提供财政和技术援助，资助发展中国家基础设施项目的开发与建设。[②] 从 1970 年到 2011 年，科威特累计提供了约 200 亿美元的官方发展援助。20 世纪 80 年代之前，科威特年度对外援助总额平均占其国民总收入的 2%，之后逐步减少，但远高于第 25 届联合国大会决议上规定的关于发达国家援助金额需达到其国民总收入 0.7% 的比例。[③] 50 多年来，科威特发展基金会一直将亚洲和非洲作为对外援助的重点区域。

表 1　海湾阿拉伯国家的主要对外援助基金会一览

中文全称	英文全称	成立时间
科威特发展基金会	Kuwait Fund for Arab Economic Development	1961 年
沙特发展基金会	Saudi Fund for Development	1974 年
阿布扎比发展基金会	Abu Dhabi Fund for Development	1971 年

作为非发展援助委员会成员的援助国，科威特是海湾地区较早走上工业化道路的国家，依靠实施工业化和金融化并重的经济双轨发展战略，其国民经济逐步走向多样化的发展道路。科威特利用得天独厚的石油资源优势和完善的现代化石油工业体系，积累了大量石油美元，为其开展对外援助奠定了

---

① Felix Zimmermann, "New Partnerships in Development Co-operation", *OECD Journal*, No. 1, 2010, pp. 37 – 45.

② 科威特货币为科威特第纳尔，1 科威特第纳尔约合 3.29 美元。为便于查阅和比较，本文统一使用美元。

③ Mustapha Rouis, "Arab Development Assistance: Four Decades of Cooperation", World Bank, 2010, http://siteresources. worldbank. org/INTMENA/Resources/ADAPub82410web. pdf, 最后访问日期：2017 年 3 月 21 日。

坚实的经济基础。作为科威特最主要的援助管理和执行机构，科威特发展基金会凭借成立时间早、援助项目多、贷款力度大等优势，成为中东地区首屈一指的对外援助基金会。本文通过分析该基金会的援助动因和主要活动，探讨其对外援助取得的成效和产生的影响，尤其是对非洲国家的经济社会发展做出的贡献和承担的国际责任。

一　科威特发展基金会对外援助的动因

关于对外援助的动因主要有两种解释。一种来自现实主义的政治学家，他们把对外援助视为国家对外政策的工具，其本身不是目的，而是手段。正如美国政治学家摩根索指出的那样，"资金和服务从一个政府向另一个政府转移是为已经获得的或即将获得的服务支付的代价"[①]。在现实主义的政治学家们看来，对外援助就如买卖交易那样"现实"，受援国向援助国提供所需的服务，援助国以援助的形式来"购买"这种服务。另一种观点来自发展经济学家，他们倾向于把对外援助视为经济问题，认为发展援助是促进贫穷落后国家和地区经济社会发展的重要手段。1980 年国际发展问题独立委员会发布的《北方—南方：争取生存的纲领》（又称《勃兰特报告》）提出，在一个互相依赖的时代，帮助贫困国家就是帮助富国自己。[②] 这一理念从人道关怀出发，希望福利国家的理想与实践能跨国界延伸，以落后国家的发展需要为目标，减少地缘政治的色彩。科威特发展基金会的对外援助动因正是两者的结合，既有政治经济因素，又包含宗教文化因素。

（一）政治因素

对外援助是服务于国家利益的政策性工具，援助机构的成立与对外活动通常会配合一个国家的政治需求。自 1946 年科威特发现大量石油以来，其原油出口日益增长，国民生产总值也随之快速增加。长期以来，作为科威特最大的工业产业，石油业占其 GNP 的近 90%。[③] 显然，石油产业不断增长的利润

① Hans Morgenthau, "A Political Theory of Foreign Aid", *American Political Science Review*, No. 56, 1962, p. 302.

② Rogers C. Riddell, *Does Foreign Aid Really Work?* Oxford and New York：Oxford University Press, 2007, pp. 30 – 42.

③ Benyan Turki, "The Kuwait Fund for Arab Economic Development and Its Activities in African Countries, 1961 – 2010", *The Middle East Journal*, Vol. 68, No. 3, 2014, pp. 421 – 435.

和积累的财富有利于科威特拓展海外利益和与其他国家建立良好关系。科威特通过对外经济援助的方式，不仅帮助其他阿拉伯国家发展经济，维护伊斯兰文化与宗教遗产，而且阻止了非友好国家可能采取的有损科威特利益的行动。1961 年 6 月 19 日，科威特脱离英国殖民统治并实现独立。但仅一周后，伊拉克就声称科威特是其主权的一部分，毫不掩饰吞并科威特的企图。伊拉克的这一声明在当时遭到了阿拉伯国家和国际社会的一致谴责，而国家安全特别是伊拉克入侵的威胁，也被列为科威特的头等大事。因此，科威特国家领导人尤其渴望通过石油收入来巩固政权、维护国家主权和社会稳定，确保获得来自阿拉伯、非洲国家政府和民众对科威特政权的同情和支持。客观地说，科威特对其他阿拉伯与非洲国家的财政援助，很大程度上是为了争取他们的政治支持。

1961 年 12 月 31 日，科威特发展基金会正式成立，而当时科威特实现独立才不到半年。当时的科威特埃米尔（国王）亲自宣布设立这一基金会，旨在通过无偿捐赠和对外援助等手段向阿拉伯和非洲国家传递政治信号，即科威特将为那些支持科威特国家安全、内部稳定和独立的国家提供经济援助。1965 年，时任埃米尔阿卜杜拉三世·萨利姆·萨巴赫（Abd Allah III al-Salem al-Sabah）和基金会总经理均表示，"基金会的主要目标是援助那些背负金融债务的阿拉伯国家，向它们提供贷款。科威特的石油收入会被充分用于援助那些有意向支持我们的国家"[1]。科威特外交大臣也在多个场合表示，"科威特的贷款政策更倾向于向那些支持科威特的兄弟国家提供帮助"[2]。

相关研究表明，与以色列保持外交关系的受援国，更容易被阿拉伯发展援助排除在外。[3] 在 1978 年召开的巴格达阿拉伯峰会上，阿拉伯援助国决定将年度援助额提升到 350 万美元，用于"支持与以色列对峙的国家，使其立场能够坚定不移"。这些与以色列进行军事对抗的国家包括埃及、约旦、叙利亚和黎巴嫩。埃及作为主要的受援国，在 1975 ～ 1978 年接受了相当于 20 亿美元的阿拉伯国家援助。然而，随着 1978 年埃及与以色列签署《戴维营协议》并达成和解后，所有阿拉伯国家对埃及的援助就此暂停，甚至包括由科威特和沙特阿拉伯提供基金的埃及海湾开发组织（Gulf Organization for the Development of Egypt，GODE）的专项援助。此后的十年间，埃及海湾开发组

---

① Michael McKinnon, *Friends in Need：The Kuwait Fund in the Developing World*, London：I. B. Tauris, 1997, p. 25.

② Michael McKinnon, *Friends in Need：The Kuwait Fund in the Developing World*, p. 26.

③ Eric Neumayer, "Arab-related Bilateral and Multilateral Sources of Development Finance：Issues, Trends, and the Way Forward", *World Economy*, Vol. 27, No. 2, 2004.

织再没有向埃及提供任何援助。① 两伊战争爆发后，科威特和沙特成为伊拉克
最大的外援国。截至 1981 年底，科威特的援助高达 50 亿美元，此外还有数
量惊人的无息贷款。除援助外，沙特和科威特还在两伊"袭船战"期间向伊
拉克提供其国内港口的使用权，允许伊拉克商船靠泊其国内港口。来自阿拉
伯世界的援助对伊拉克成功顶住伊朗的进攻发挥了关键性作用。

作为科威特对外投资的重要渠道，科威特发展基金会的主要目的是通过提
供信用担保、赠款和技术援助，来帮助阿拉伯国家和其他发展中国家渡过财政
难关，促进受援国的经济社会发展，增强科威特与受援国之间的经济关系。与
此同时，科威特政府将科威特发展基金会视为重要的外交工具，通过运用"第
纳尔外交"来争取阿拉伯和非洲国家对科威特政府的支持和拥护。由于科威特
发展基金会参与多项对外援助和救济项目，促进了受援国经济与社会的发展与
进步，因此科威特政府在许多地区和国际事务上逐渐获得了联合国安理会的认
可和支持。1963 年 5 月 14 日，联合国承认科威特为联合国会员国之一。1990 年
11 月海湾战争之前，联合国安理会通过第 678 号决议，"授权同科威特政府合作
的会员国，除非伊拉克在 1991 年 1 月 15 日或之前……完全执行上述各决议
（指无条件撤军），否则可以使用一切必要手段……恢复该地区的国际和平与安
全"②。这是自 1950 年朝鲜战争以来，联合国安理会授予的最广泛的开战权力
的决议，一定程度上体现了联合国对科威特的支持。

（二）经济因素

基金会往往与慈善活动联系在一起，通常具有非企业、非政府的特点，
是属于第三部门的机构。美国学者认为，基金会是一个"非政府、非营利组
织，由自己的受托人或董事会管理，以维持或援助社会、教育、慈善、宗教
或其他活动为目的的共同福利组织"③。科威特发展基金会在很多方面与美国
的基金会存在相似之处，它凭借雄厚的经济实力，以全方位和多元化的工作
方式，在对外援助领域扮演着重要角色，并逐渐发展成为一个强有力的行为
实体。其中经济因素一直伴随着科威特发展基金会的发展和壮大。

---

① Pierre van den Boogaerde, "The Composition and Distribution of Financial Assistance from Arab
Countries and Arab Regional Institutions", *IMF Working Paper*, No. 90/67, July 1990.

② 联合国安理会第 678 （1990） 号决议，S/RES/678，联合国网站，http://www.un.org/zh/
documents/view_ doc. asp? symbol = S/RES/678 （1990），最后访问日期：2017 年 2 月 21 日。

③ Weaver Warren and George W. Beadle, eds., *U. S Philanthropic Foundations*: *Their History Structure
Management and Record*, New York: Harper & Row Publisher, 1967, p. 39.

　　科威特独立后，政府逐渐收回了石油开采权。随着石油美元的大量积累，政府积极扩大对外投资，在增加投资收入的同时，满足了兄弟国家的资金需求。在机构分工中，科威特投资总局专门负责对外投资和贷款，科威特发展基金会则专门负责为阿拉伯国家及其他发展中国家提供优惠贷款和经济援助。科威特发展基金会的创立无疑展现出科威特外交政策目标的深远策略。创立之初，科威特发展基金会主要以提供超低利率（1.5% ~ 2.0%）贷款的方式向阿拉伯国家提供建设项目的经济技术援助，如伊拉克、约旦、埃及和叙利亚等。1973 年以来，科威特发展基金会发放贷款和援助的对象国扩大到非洲、拉美甚至欧洲。1973 ~ 2015 年科威特发展基金会对外贷款对象国及货款占比如表 2 所示。

表 2　1973 ~ 2015 年科威特发展基金会对外贷款对象国及贷款占比

对外贷款对象国	贷款占比（%）
阿拉伯国家	54
东南亚和太平洋国家	20
西非国家	10
中非、南非和东非国家	8
中亚和欧洲国家	6
拉美和加勒比海国家	2

　　资料来源：根据科威特发展基金会网站相关内容整理，http：//www. kuwait - fund. org，最后访问日期：2016 年 12 月 15 日。

　　在具体运作的过程中，科威特发展基金会提供贷款的项目主要集中在受援国的经济部门，同时偏重于支持受援国的基础设施部门，用于机场建设、港口建设、公路建设、桥梁建造、通信设施、教育工程、农业工程、水利工程、运输和能源工业等。该基金会提供的援助方式主要包括以下几种。一是财政和国际收支援助，科威特发展基金会可直接提供贷款和担保。贷款严格按照选定、准备、审查、提款、监督的项目程序执行。贷款利率较低（年利率为 0.5% ~ 5%），且偿还周期较长（一般为 15 ~ 40 年，宽限期为 10 ~ 15 年）。二是项目援助，这些援助往往用来为功能性研究提供资金，研究所选项目应有助于受援国金融和经济的发展，如投资机会研究、项目投资可行性研究以及项目执行部门研究等。三是技术援助，如提供技术、金融、经济、法律和技术方面的咨询服务，帮助受援国制定相关计划或政策，促进该国资本或投资机构的发展。四是人道主义援助，包括援助救济、紧急援助以及慈善用途，主要用于减轻受危机影响的国家和地区的饥荒和其他人道主义灾难的影响，有时也包括以文化或宗教为目的的援助，如修建清真寺或在伊斯兰教斋月提供食物等。[①]

（三）宗教因素

阿拉伯国家的对外援助很大程度上体现了要在伊斯兰世界实现公平的愿望。伊斯兰教义倡导穆斯林怜悯和宽宏大量，其中一个重要的行为是施舍，内容包括金钱、衣食、时间、劳动、服务、知识和技术等。伊斯兰教认为，敬畏真主最直接的表现是把真主恩赐的各种形式的财富及时施舍给急需者，且施舍者也将获得补偿和多种援助。施舍者虽有所出，但他在无形中获得真主的回报。《古兰经》指出："为主道而施舍财产的人，譬如（一个农夫，播下）一粒谷种，发出七穗每穗结一百颗谷粒。真主加倍地报酬他所意欲的人，真主是宽大的，是全知的。"（2：261）《布哈里圣训实录全集》第70章中也探讨过这个问题。先知穆圣说："施舍吧！即使你给别人施舍一颗蜜枣，也能帮助你避开火狱中的刑罚。""每个穆斯林都应当施舍。哪怕劝说他人行善，劝诫别人不做坏事，也是施舍的行为。"[②] 为此，伊斯兰教要求穆斯林每年都要捐出一定的财富作为"济贫税"（即天课），用于济贫扶困。可以说，科威特对兄弟国家的援助善举也契合伊斯兰教的相关教义。

宗教教义倡导的施舍和援助精神首先体现为阿拉伯团结。科威特与其他海湾援助国所在的阿拉伯半岛是伊斯兰信仰的中心。它们从宗教文化传统出发，强调其阿拉伯属性和伊斯兰教认同。因此，科威特发展援助的重点在阿拉伯国家，这类援助占其对外援助总额的一半以上。同时，人道主义行为和责任是所有穆斯林的宗教义务，《古兰经》鼓励社会团结和赠予行为。人道主义是穆斯林宗教实践的基本要素，而非穆斯林也可以是援助的受益者。[③] 可以说，人道主义援助已成为科威特提升软实力的重要路径，也是科威特对外援助和外交事务的重要内容。如2010年科威特向巴基斯坦提供500万美元人道主义援助，2011年向索马里运送20吨人道主义援助物资等。叙利亚内战爆发以来，科威特政府在向叙利亚民众以及邻国提供援助方面发挥了引领作用。由战争带来的水资源短缺严重影响着叙利亚人的生活，超过50%的人无法获

[①] Benyan Turki, "The Kuwait Fund for Arab Economic Development and Its Activities in African Countries, 1961 - 2010", p. 421.

[②] 《布哈里圣训实录全集》，祁学义译，宗教文化出版社，2008，第321页。

[③] 张帆：《海湾君主国对中东国家对外援助动因的发展变化》，《西亚非洲》2016年第1期，第153页。

得安全的饮用水和足够的卫生设施，导致了诸如甲型肝炎和伤寒等水传播疾病的暴发，危及数百万人的生命。为此，科威特为阿勒颇和大马士革 520 万名当地居民提供了干净的饮用水、药品和医疗用品。科威特先后于 2013 年和 2014 年主办了两次联合国对叙利亚的人道主义募捐大会，共募集到 34 亿美元，其中科威特捐赠 8 亿美元。此外，科威特发展基金会也拨款 5000 万美元资助叙利亚周边国家，特别是约旦和黎巴嫩，用于建设安置叙利亚难民的项目。其中拨款 2300 万美元用于资助约旦政府和联合国开发计划署确定的紧急救助项目；捐赠 2600 万美元用于建设涵盖黎巴嫩 8 个省的难民营项目等。[①]

总之，科威特发展基金会致力于深化科威特和阿拉伯、非洲等发展中国家间的友谊，在促进受援国经济发展、产业调整和提高就业水平方面卓有成效。科威特发展基金会提供的优惠贷款等援助，快速且有效地帮助了发展中国家项目的融资和发展计划的实施。为使科威特发展基金会的各项工作更规范、成效更显著，科威特外交部成立了专门的委员会来管理该基金会。

二 科威特发展基金会对外援助对象的拓展

科威特发展基金会由政府创建，拥有较为完备的规章制度和一系列工作流程，其主要工作需在科威特首相的监管下运行，具体管理权交给外交大臣行使。这种监管模式使得基金会的工作能够做到快速应变，提高援助的有效性。作为中东地区的主要贸易中心之一，科威特自古以来就是连接巴格达、阿勒颇和内志商队线路的主要枢纽，也是沟通亚洲和非洲之间航海贸易的重要港口。由于非洲东海岸是阿拉伯移民迁至非洲的主要通道，科威特借助地理位置之便，将海外贸易延伸到东非，加强了阿拉伯半岛人民与非洲人民之间的联系，特别是与东非国家人民之间的联系，其影响范围从非洲东部的索马里一直延伸到南部的莫桑比克。20 世纪 70 年代，刚独立不久的非洲国家十分需要外部援助来推动国家经济与社会的发展，维护政治稳定。鉴于此，科威特在非洲统一组织（OAU）的框架下，制定了平等对待所有非洲国家的对非政策原则，强调尊重非洲国家主权，不介入各国内政，力求通过协商、调和、双向协议和国际仲裁等方式来解决相互间的争端。同时，科威特还支持不结盟国家、国际组织和非洲的独立运动。这些原则促进了科威特和非洲国家的深入交往与合作，并使科威

---

① 张伟：《科威特愿帮助叙利亚人民》，中国驻科威特大使馆经济商务处网站，http://kw. mofcom. gov. cn/article/ztdy/201409/20140900742115. shtml，最后访问日期：2017 年 3 月 7 日。

特发展基金会的援助活动得以顺利开展和推进。世界银行原行长奥尔登·克劳森（Alden Clausen）曾这样赞扬科威特发展基金会的工作："该基金会的重要性不亚于世界银行，它充分尊重受援国的意愿，以增强受援国自主发展能力为目标，其相关政策已经得到受援国的欢迎与肯定。"[1]

起初，科威特发展援助一直维持着较大的资金规模，但自20世纪70年代末期以来，其对外援助额度开始呈下降趋势，20世纪90年代以来援助额度下降了一半，2011~2015年援助额度更是下降了2/3以上（见表3）。这一变化趋势主要受到以下几个因素的影响。第一，20世纪七八十年代，海湾援助国发展援助额度极高主要是因为当时石油价格飙升带来的国家财政收入剧增，以及一系列大型援助项目和建立援助机构与体系的启动费用较大，因此具有阶段性特点。第二，20世纪90年代以来，石油价格下降导致国家财政收入减少。海湾阿拉伯国家面临国内开支剧增的现实，因此留给援助的财政空间变小。[2] 第三，包括地区安全问题在内的外部因素也制约了援助的财政空间。海湾战争及其战后重建严重削弱了阿拉伯国家开展对外援助的意愿和能力。特别是对于科威特而言，自1990年被伊拉克入侵之后，其援助金额至今也没有恢复到之前的水平。

表3　1970~2015年科威特发展援助的资金规模

单位：亿美元

年份	1970~1979	1980~1989	1990~1999	2000~2009	2010~2015
金额	179.99	168.74	84.91	55.90	17.71

资料来源：根据AidFlows网站资料整理而成，http://www.aidflows.org，最后访问日期：2016年12月10日。

在援助政策上，科威特将自己定位于南南合作的提供者，与受援国是伙伴关系，而非传统意义上的援助国与受援国的关系。科威特没有专门的国别战略，而是以受援国需求为基础，在项目建设过程中秉承参与式和咨询式的方法，其援助不附加任何政治和经济改革条件。例如，科威特发展基金会主要负责管理双边发展援助贷款和技术援助，代表科威特政府向发展中国家和机构赠款，以及向多边发展机构进行股本认购和捐赠。[3] 基金会下设决策机

---

[1] Michael McKinnon, *Friends in Need: The Kuwait Fund in the Developing World*, pp. 7-9.

[2] Eric Neumayer, "Arab-related Bilateral and Multilateral Sources of Development Finance: Issues, Trends, and the Way Forward", pp. 281-300.

[3] 李小云等：《国际发展援助：非发达国家的对外援助》，世界知识出版社，2013，第195页。

构，即科威特政府对外援助常设委员会（Kuwaiti Government's Permanent Committee of External Assistance），该委员会由 7 名政府官员组成。科威特法律规定科威特发展基金会不能直接对受援国减免债务，但它积极参与了重债穷国动议（HIPC）的债务重组计划。此外，科威特发展基金会还参与了多边减债动议（MDRI）等多边会谈和全球计划，代表科威特政府签署了联合国千年发展目标（MDGs）和关于援助有效性的巴黎宣言。[①]

随着时间的推移，科威特政府认识到基金会在扩大科威特国际影响力方面的重要性。科威特发展基金会一改以往援助对象仅限于阿拉伯国家的做法，逐步将其援助范围拓展至非洲国家。随着援助对象和额度的不断增加，科威特发展基金会在非洲的影响力也与日俱增，甚至一度与以色列在非洲的影响力匹敌。在 20 世纪六七十年代，科威特政府尽管在非洲的政治影响有限，但已开始支持非洲国家的反殖独立运动，声讨南非的种族隔离政策。这有利于当时阿拉伯国家共同反对以色列入侵的斗争，特别是支持巴勒斯坦争取民族解放和国家独立的事业。共同的命运使科威特政府在一些重大地区问题上表现出对非洲国家的同情。[②]

1973 年阿以战争爆发后，阿拉伯国家在阿尔及尔举行了第六届阿盟首脑会议。会上许多非洲国家要求获得更多的财政支持，同时要求禁止以任何形式向南非和罗得西亚（今津巴布韦）的种族主义政府提供援助。科威特在此次会议上担任了巩固阿拉伯国家与非洲国家关系的重要角色。它强调了与非洲国家开展经济合作的必要性，敦促阿拉伯国家石油部长建立一个泛阿拉伯基金，帮助 1973 年阿以战争后因油价飙升而经济急剧下滑的非洲国家，促使阿拉伯产油国在对非贷款问题上达成一致。次年，科威特发展基金会的管理层决定修改管理原则，将建立和发展与受援国的外交关系作为主要目标，把援助范围拓展至亚洲、非洲、拉丁美洲和加勒比地区等非阿拉伯发展中国家。

科威特发展基金会援助对象的拓展也使其在国际社会上争取到了更多的政治声援与支持，有力地推动了阿拉伯国家争取自身权益的正义事业。1973年以后，科威特发展基金会的援助资金从 33 亿美元增加到 1981~1982 年度的 66 亿美元。此后，科威特发展基金会不断发表声明称，资助和贷款项目要超越阿拉伯世界，走向全球。[③] 科威特发展基金会在非洲国家最早的援助项目位于马里和上沃尔特（今布基纳法索）。自 1962 年至 2016 年底，科威特发展基

---

① Mustapha Rouis, "Arab Development Assistance: Four Decades of Cooperation", p. 26.

② Michael McKinnon, *Friends in Need: The Kuwait Fund in the Developing World*, p. 57.

③ Michael McKinnon, *Friends in Need: The Kuwait Fund in the Developing World*, p. 60.

金会已向西非国家提供了 172 笔贷款，累积金额达 6.1 亿第纳尔（约合 20 亿美元）。① 这些援助项目旨在促进当地的经济和社会发展，如促进受援国农业发展、刺激其国内和国际消费，以及发展人力资源，包括培训女性劳动力等。科威特发展基金会的援助范围覆盖了交通、通信、农业、能源等多个领域（见表 4）。

表 4 科威特发展基金会贷款指向领域及其比例

单位：%

贷款分布	交通	能源	农业	水和污水	工业	通信	发展银行	社会
占总贷款比例	34	24	14	10	9	3	3	3

资料来源：根据科威特发展基金会网站资料整理，http：//www. kuwait - fund. org/，最后访问日期：2015 年 6 月 17 日。

即使在 1990 年海湾危机期间，科威特发展基金会也未因战局混乱而停止发放贷款。在科威特被占领期间，该基金会签署了 11 项新协议以资助阿拉伯国家和其他国家的发展项目，总价值超过 3.3 亿美元。② 此外，科威特发展基金会还为其他阿拉伯国家公民提供援助，对那些在战乱期间被迫离开家园的阿拉伯民众施以援助。这个在国家即将沦亡的危急时刻仍出手援助的义举，无疑加强了科威特与援助对象国的关系。除贷款项目外，科威特发展基金会还向有需求的外国机构或其他国家拨款，这些拨款基本涵盖了受援国经济发展的各个方面，而援助对象可谓遍及全球。有研究显示，位于撒哈拉以南非洲和亚洲的人口众多的穷困国家，是科威特对外援助的重点对象。③ 2013 年科威特政府发展援助总额为 2.31 亿美元，2014 年达 2.768 亿美元。援助对象国大多分布在非洲和亚洲。其中，西亚北非国家占其援助总额的 61.03%，撒哈拉以南非洲国家占 25.15%，南亚和中亚国家占 5.41%。从国别来看，摩洛哥接受的援助金额最多，占其官方援助总额的 21.82%，其次是约旦和埃及。值得注意的是，中国也接受过科威特的发展援助，约占其官方援助总额的

① 《科威特阿拉伯经济发展基金会 1962 年至 2016 年共向西非国家提供贷款 20 亿美元》，中国驻科威特大使馆经济商务处网站，http：//kw. mofcom. gov. cn/article/jmxw/201702/20170202520947. shtml，最后访问日期：2017 年 2 月 26 日。

② Benyan Turki，"The Kuwait Fund for Arab Economic Development and Its Activities in African Countries，1961 - 2010"，p. 425.

③ Eric Neumayer，"Arab-related Bilateral and Multilateral Sources of Development Finance：Issues，Trends，and the Way Forward"，p. 283.

3.47%（见表 5）。实际上，科威特是最早向中国提供政府优惠贷款的阿拉伯国家。截至 2015 年底，科威特发展基金会共向中国提供了 9.52 亿美元优惠贷款，用于基础设施、教育、卫生、农业和环保等领域的 37 个大中型项目建设，有力地支持了中国中西部地区经济和社会的发展。

表 5　2013～2014 年科威特发展基金会主要受援国一览

单位：亿美元

国家	摩洛哥	约旦	埃及	黎巴嫩	中国	苏丹	毛里塔尼亚	巴基斯坦	突尼斯
金额	1.108	0.857	0.571	0.250	0.176	0.171	0.136	0.132	0.126

资料来源：根据 OECD 的相关数据整理，OECD，http：//www.oecd.org/countries/kuwait/，最后访问日期：2016 年 2 月 17 日。

与此同时，科威特非常重视对外援助的国际合作，积极与发达国家、发展援助委员会国家和国际机构携手开展工作，如非洲发展银行、世界银行国际开发协会（International Development Association）等。这一方面能够弥补科威特在援助资金、援助管理经验上的不足；另一方面也可以依托合作国家和机构来提升科威特在国际发展领域的影响力。如每年举行的"阿拉伯 – 发展援助委员会对话"旨在通过定期开会讨论发展问题，寻求更优化的协作方式，以有效帮助欠发达国家的经济发展（见表 6）。此外，科威特还是阿拉伯援助机构协调秘书处①的发起国和组织方，其在协调阿拉伯国家对外援助、优化现有资源和能力配置、协调资金政策与操作程序方面积极运筹，这既体现了阿拉伯对外援助工作的有效协调，又极大地拓展了援助对象和影响范围。

表 6　近年来"阿拉伯 – 发展援助委员会对话"一览

时间	地点	主办方	主要议题
2011 年 6 月 4～5 日	英国伦敦	英国国际发展部	在中东地区政治变革的大环境下，进行经验分享和战略规划，以协助该地区国家走出困境
2014 年 1 月 20 日	科威特	阿拉伯经济和社会发展基金会	加强协调、共同努力，为阿拉伯国家转型提供支持；在也门、索马里等脆弱国家建设和平力量并提供援助

---

① "Coordination Secretariat of the Arab National and Regional Developmental Institutions, the Islamic Development Bank, and the OPEC Fund for International Development", Arab Fund for Economic & Social Development, http：//www.arabfund.org/Default.aspx？pageId = 472，最后访问日期：2017 年 4 月 1 日。

时间	地点	主办方	主要议题
2015 年 1 月 26~27 日	法国巴黎	OECD 巴黎总部	强化实现联合国可持续发展目标（SDGs）的手段；支持发展中国家努力实现发展目标
2016 年 1 月 8 日	奥地利维也纳	OPEC 国际发展基金	发展金融和伙伴关系；撒哈拉以南非洲地区的能源准入；私营部门在脆弱和受冲突影响国家中的作用
2017 年 3 月 27 日	瑞士伯尔尼	瑞士发展与合作署	调整经济发展合作的工具；分享成功经验；推动教育方面的联合行动

资料来源："Arab-DAC Dialogue on Development"，OECD，http：//www. oecd. org/dac/dac - global - relations/arab - dac - dialogue. htm，最后访问日期：2017 年 3 月 20 日。

三 科威特发展基金会对非洲国家援助的影响

自 1961 年成立以来，科威特发展基金会不断援助发展中国家，为后者的经济发展提供了大量物质支持。科威特发展基金会的援助对象除了和科威特有着共同价值观和类似政治制度的国家外，还有一些是在许多国际重大问题上支持和理解科威特政府的兄弟国家。这里笔者以非洲受援国为例，分析该基金会的对外援助在推动科威特外交战略、提高科威特国际声望与地位方面所发挥的重要作用。其中，尤以摩洛哥、塞内加尔、坦桑尼亚和莫桑比克等国家为代表，体现了科威特对非洲国家的全方位援助。

（一） 北非国家摩洛哥

历史上，海湾阿拉伯国家合作委员会成员国与摩洛哥共命运、重团结，有着基于"特殊历史关系"的兄弟情谊。摩洛哥与科威特虽然相距较远，但双边关系堪称典范。两国有着共同的宗教和语言，同为阿拉伯国家联盟成员国。摩洛哥在关键历史时刻支持科威特方面的立场使双方的关系更加紧密。随着 1960 年 1 月摩洛哥苏丹（国王）穆罕默德五世顺利访科，两国友好关系拉开了序幕。[1] 此后，科威特一直致力于支持摩洛哥的发展，科威特发展基金会很多早期的援助项目是投向摩洛哥的。自 1966 年至 2011 年，科威特发展

---

[1] "Kuwaiti-Moroccan Ties Based on Shared Values"，The Middle East North Africa Financial Network，http：//www. menafn. com/1094222258/KuwaitiMoroccan - ties - based - on - shared - values - Official，最后访问日期：2016 年 2 月 13 日。

基金会向摩洛哥的 39 个项目提供了融资支持，援助资金高达 9.4 亿美元。[①]
如 1966 年 5 月，该基金会提供的两笔贷款均与摩洛哥农业改革有关：一笔用于财政支援摩洛哥的农业项目，另一笔用于加强摩洛哥西部周边建设。1990年 11 月，科威特向摩洛哥贷款数亿美元，用于援建华达大坝（Wahda Dam）项目。同时，科威特发展基金会还鼓励科威特公司在摩洛哥投资设厂，开拓市场，帮助后者发展经济，满足当地就业需求。如今，科威特的私人企业投资在摩洛哥外国投资中占有较大份额，并获得两国政府的大力支持，其投资涵盖农业、商业、海上运输、基础设施建设、供水和电力传输等多个领域。

科威特发展基金会对摩洛哥王国的援助无疑进一步加强了双边关系，直接促成 2001 年在两国外长主导下的科威特 - 摩洛哥高级联合委员会的建立，这有利于科威特政府推行国家外交战略，提高国际地位。可见，通过对非洲国家进行慈善援助和投资，科威特国家软实力不断增强。科威特发展基金会长期不懈地向广大发展中国家提供援助，使科威特获得了良好的国际声望与口碑。科威特的援助政策因此被国际社会誉为"第纳尔外交"。

（二）西非国家塞内加尔

自 20 世纪 70 年代开始，科威特就与西非国家塞内加尔建立了紧密联系。科威特对西非国家贷款、赠款及技术援助基金发布的统计数据显示，在西非国家中，塞内加尔是科威特对西非国家贷款、赠款及技术援助基金的最大受惠国，共获得 3.14 亿美元（约 1560 亿西非法郎）贷款。[②]

1972 年，科威特和塞内加尔达成一项经济合作协议，开启了双方在文化、航空运输和商业领域的合作。1976 年，塞内加尔与科威特对西非国家贷款、赠款及技术援助基金签订了第一份贷款协议，获 400 万美元贷款，全部用于塞内加尔东部地区发展畜牧业计划。1982 年，科威特发展基金会还援助了一项旨在减少干旱影响的塞内加尔河流域的建设工程。随后，双方先后签订了多项贷款协议，主要用于塞内加尔国内社会经济建设，其中包括塞内加尔河开发、农田灌溉、公路建筑与维修等。2012 年，科威特发展基金会向塞内加尔提供 5000 万美元贷款，用于塞内加尔北部国道疏通项目第三施工段工程建

[①] 张伟：《科威特希望扩大与摩洛哥的投资规模》，中国驻科威特大使馆经济商务处网站，http：//kw. mofcom. gov. cn/article/jmxw/201502/20150200888054. shtml，最后访问日期：2016年 2 月 13 日。

[②] KFAED，"Loans to West Africa，1926 - 2009"，Kuwait Fund，http：//www. kuwait - fund. org/images/stories/publications，最后访问日期：2016 年 9 月 20 日。

设。其他援助项目还包括塞内加尔河流导航、建立水电站以及道路工程等。①

科威特对塞内加尔的援助项目有力地促进了双边政治关系的发展，正因如此，塞内加尔在许多国际政治事务上给予了科威特政府大力支持。1990 年 8 月 2 日，塞内加尔强烈谴责伊拉克对科威特的入侵，声援和支持科威特反侵略的正义斗争。科威特的对外援助在增强其与非洲国家兄弟情谊的同时，也使这些受援国逐步成为科威特在国际和地区事务中的坚强后盾和支持者。

（三）东非国家坦桑尼亚

坦桑尼亚是世界最不发达国家之一。科威特与坦桑尼亚的关系最早源于科威特商人的经商活动，他们的活动大多集中在坦桑尼亚的坦噶尼喀和桑给巴尔区域。1938 年科威特发现石油以前，其贸易帆船经常抵达东非港口。后来随着石油的发现和现代航海业的不断发展，科威特船只逐渐减少。即便如此，科威特与东非国家的关系在科威特发展基金会支持下仍然逐步增强。1975 年，科威特发展基金会提供了 1.42 亿美元的贷款用于坦桑尼亚蒙扎纺织厂的扩建。为巩固双方的关系，科威特发展基金会在 1975～2000 年向坦桑尼亚提供了总价值达 16.79 亿美元的 11 项贷款，同时提供了社会发展方面的技术援助。1997 年，依靠科威特发展基金会提供的技术援助和财政支持，坦桑尼亚顺利建起了桑给巴尔港口。2002 年，在科威特发展基金会援助下，坦桑尼亚还完成了一条高速公路的可行性研究项目。②

科威特是坦桑尼亚的主要外资来源国，其投资主要集中于矿业、制造业、批发零售业等。2016 年 5 月，据中国驻桑给巴尔总领事馆经济商务室的消息，由于桑给巴尔现有医院大部分年久失修，有的已成为危房，且空间狭小，难以满足就诊需要，科威特政府拟提供资金用于这些医院的升级改造。首家获得科威特援助资金改造的医院是桑给巴尔目前规模最大的纳兹莫加医院，援助金额为 0.37 亿美元（840 亿坦先令），其他几家桑给巴尔现有医院的改造也在陆续商谈中。③

（四）南非国家莫桑比克

莫桑比克是联合国宣布的世界最不发达国家和重债穷国之一。独立后因

---

① 刘潇潇：《塞内加尔获科威特贷款》，《经济日报》2014 年 1 月 6 日，第 4 版。

② Benyan Sa'ud Turki, *Zanzibar and Its African Surroundings*, Kuwait City, 2010, p. 83.

③ 《科威特政府将提供援助资金改造桑给巴尔最大的纳兹莫加医院》，中国商务部网站，http://www.mofcom.gov.cn/article/i/jyjl/k/201605/20160501316955.shtml，最后访问日期：2017 年 4 月 30 日。

受连年内战、自然灾害等因素的影响，莫桑比克经济长期困难。近年来，国际组织和金融机构多次召开援助莫桑比克捐赠国会议。国际社会通过无偿援助、信用贷款及减免债务等途径向莫桑比克提供经济援助。1982 年 2 月，科威特发展基金会为莫桑比克提供了 1.48 亿美元的贷款，用来资助莫桑比克道路建设。此项目自 1982 年开始至 2006 年结束，总价值超过 7.95 亿美元。[①]

综上所述，科威特发展基金会作为一个促进非洲经济发展的重要组织，在加强科威特的对非关系方面也颇有建树。非洲许多国家领导人都高度赞扬科威特发展基金会在帮助和支持非洲国家方面所发挥的重要作用。2013 年 1 月 23 日，在科威特海湾大学组织的一次新闻发布会上，来自塞内加尔、埃及、毛里塔尼亚、津巴布韦、埃塞俄比亚、苏丹、贝宁以及尼日尔的外交官一致赞扬科威特政府对非洲国家的支持以及科威特发展基金会多年来所做出的重要贡献，尤其在帮助非洲经济发展方面取得的不凡成就。目前来看，科威特发展基金会已成为科威特一项有效的外交工具，大大超出了经济领域和经济范畴，增强了科威特在非洲大陆的存在感和政治影响力。

结　语

世界银行的报告显示，以沙特、科威特、阿联酋为代表的阿拉伯国家已成为全球最大的官方援助国，其对外援助额占国民总收入的平均值为 1.5%，是联合国建议比例的 2 倍，是经济合作与发展组织国家的 5 倍。与传统援助国相比，阿拉伯援助国更加关注受援国的基础设施建设和经济发展，把对非洲欠发达国家等的援助视为南南合作的重要内容。作为阿拉伯援助领域的开拓者和主力军，科威特发展基金会无疑在阿拉伯国家对外援助方面发挥了良好的表率作用。截至 2016 年，科威特发展基金会已向 43 个国家提供了 76 笔总额达 54.6 亿美元的赠款；向 105 个发展中国家的 896 个项目提供了 186.6 亿美元的优惠贷款；向地区和国际性研究和发展组织捐款 11.6 亿美元；向有关国家提供了 326 笔总额达 7.8 亿美元的技术援助。[②]

从援助形式上来看，科威特发展基金会以双边援助为主，较少参与多边援助。从援助渠道上看，援助以贷款为主，还有少量的技术援助和赠款。从援助的地区分布来看，自 1973 年以后，受援国由原先以阿拉伯国家为主扩大

---

① KFAED, "Loans to West Africa, 1962 - 2009", Kuwait Fund, http：//www. kuwait - fund. org/ images/stories/publications/，最后访问日期：2016 年 9 月 16 日。

② 根据科威特通讯社、科威特外交部的相关数据整理而成。

到亚洲和非洲贫穷的非阿拉伯国家。援助领域以基础设施为主，但近年来已逐渐向农业和社会领域倾斜。此外，科威特对外援助的透明度高，援助条款优惠性大，赠款比例很高。援助也不以促进出口为目的，其中所涉及的商品和服务可以全球招标，具有很高的非捆绑性特点，加之援助贷款支付程序便捷高效，因此获得受援国的普遍欢迎。在过去 50 多年的对外援助工作中，科威特对兄弟国家的巨额援助不但增强了彼此的感情，拉近了彼此的距离，而且显著提升了自身国际影响力，得到了国际社会的广泛赞誉。

On Kuwait Fund for Arab Economic Development's Aid to African Countries

Li Yi

Abstract：In recent years, the international development aid system has been changing constantly. Emerging economies have become a new force in building a new pattern of international development cooperation, and the South-South cooperation they have led has received wide attention from the international community. Among the emerging donor countries, the Arab aid countries are a particular important force in the international aid system. This paper takes the Kuwait Fund for Arab Economic Development as an example, to explore the contribution and impact of Kuwait's foreign aid, in particular, the Fund's assistance to African countries and their performance. Since the Arab donor countries, such as Kuwait, are still in the rank of the developing countries themselves, they place more emphasis on the equality and cooperation between the donor and the recipient countries. These aids highlight the international social responsibility undertaken by the developing countries, and also bring a huge positive effect for recipient countries and international assistance system.

Keywords：Kuwait Fund for Arab Economic Development；Foreign Aid；South-South Cooperation

（原文发表于《阿拉伯世界研究》2017 年第 4 期）

改革开放初期中国与中东国家
经贸关系的发展

肖　宪[*]

摘要： 改革开放初期（1979～1989年）是中国与中东国家之间经贸关系的一个特殊且重要的时期。当时中东国家进入石油繁荣期，积累了大量石油美元，很多国家掀起了基础设施建设的热潮。同时中东局势不稳，尤其是持续八年的两伊战争，导致地区军备竞赛加剧。这一独特形势为中国企业同中东国家开展经济合作提供了一个难得的机遇。在此期间，中国努力在中东地区扩大出口、引进资金；积极进行工程承包和劳务输出；抓住机遇发展军品贸易。改革开放初期，中东地区对中国经济迅速发展、快步走向世界所发挥的作用远远超过了世界很多地区。甚至可以说，正是在中东地区开展的商品贸易、工程承包、劳务输出、外资引进以及军售，使中国掘到了改革开放和现代化建设的"第一桶金"。

关键词： 改革开放　中东　工程承包　劳务输出　军售

从1949年中华人民共和国成立至改革开放前，中国与中东主要国家的关系集中在政治领域，经济因素在双边关系中所占的比重很小，即使有经济往来，也都是为当时中国的政治和外交服务。1978年改革开放以后，中国的工作重心转移到经济建设上来，在对外交往中开始注重加强同世界各国的经济合作，充分利用国外的资金、技术、市场、资源发展中国经济。中国本着"平等互利、讲求实效、形式多样、共同发展"的原则，积极开展与第三世界国家的经济技术合作。在20世纪80年代，中东国家尤其是海湾产油国，通过两次石油涨价积累了大量石油美元。一些国家由此制订了雄心勃勃的发展计划，给其他国家带来了重大商机。与此同时，由于中东地区冲突不断，伊拉克、伊朗、沙特阿拉伯、埃及等国大量采购武器，军火市场空前繁荣。中

---

* 肖宪，博士，云南大学国际关系研究院教授。

国改革开放的前十年（1979~1989年），中国同中东国家在商品贸易、工程承包、劳务输出、外资引进、军售等方面开展了卓有成效的合作。改革开放初期，中东地区对中国的经济贡献远超过世界其他地区。

一　改革开放初期中国与中东国家的贸易关系

20世纪五六十年代，中国同中东地区的贸易往来十分有限，主要呈现出三大特点。一是贸易伙伴少，中国在中东地区的贸易伙伴仅限于埃及、伊拉克、叙利亚、也门等少数几个阿拉伯国家。二是贸易规模小，当时中国与中东地区的贸易量只占中国对外贸易总量的2%~3%，如1969年中国同中东国家的贸易总额不到2亿美元。三是带有较强的政治色彩，如20世纪50年代中期，为支持埃及的反殖民斗争，本不需要进口棉花的中国连年购买埃及的棉花和棉纱；① 1960~1962年，为帮助新取得独立的伊拉克，中国每年从伊拉克进口6万吨椰枣。1978年以来，中国的工作重心转移到了经济建设上，强调以"平等互利、讲求实效、形式多样、共同发展"的原则与第三世界国家开展经济合作。这一时期，中国与中东国家关系最显著的变化是双方在深化政治关系的同时，加强了经济往来，改变了过去那种只注重政治关系，经济和文化关系处于从属地位的状况。

改革开放后，中国先后同所有的中东国家建立了经贸关系，同部分国家签订了政府间贸易协定，成立了双边经济、技术、贸易合作委员会，中国同中东国家的贸易往来迅速加强。1978年中国与中东国家的贸易额仅10.84亿美元（其中中国出口7.06亿美元，进口3.78亿美元）。十年后的1988年，中国同中东国家的贸易额上升至28.47亿美元（其中中国出口23.38亿美元②，进口5.09亿美元）。20世纪90年代初海湾战争期间，根据联合国制裁伊拉克的661号决议，中国停止了同伊拉克的贸易往来，同其他中东国家的贸易也受到一定程度的影响，1990年中国与中东国家的双边贸易额减至24.99亿美元。但海湾战争后，中国与中东国家的贸易额很快恢复了增长势头，1991年双边贸易额回升至29.18亿美元，1992年进一步增加至35.25亿

---

① 1955年埃及棉花丰收，与埃及关系恶化的西方国家从埃及进口商品量锐减，致使埃及棉花大量滞销。中国为了支持埃及，以高于国际市场的价格，于1955年和1956年先后从埃及进口了价值2450万美元和1000万英镑的棉花。1955年仅棉花一项的金额就占中国从埃及进口额的96.4%。参见肖宪《当代中国—中东关系》，中国书籍出版社，2017，第57~58页。
② 此数字不包括军品贸易、工程承包和劳务出口。

美元（其中中国出口 22.91 亿美元，进口 12.34 亿美元）。[①]

在这一时期，中国对中东国家出口的商品以轻纺产品和食品（包括茶叶）为主，五金矿产、土畜产品、机械设备和化工产品次之，还有家电、工艺品等。中国从中东国家进口的商品主要有棉花、化肥、高低压聚乙烯、磷酸盐、钢材、橡胶、小麦、胶合板以及石油等。从商品结构来看，双方的贸易存在一定程度的互补性。当时中国虽然也从中东进口石油，但主要是出于贸易平衡的考虑，包括一些作为补充的油品。其实 20 世纪 90 年代初的中国并不缺石油，每年还出口一定数量的石油。随着 1993 年中国首次成为石油净进口国，中国才开始越来越多地从中东地区进口石油。

早在 20 世纪五六十年代，为了解决贸易中外汇短缺和资金困难的问题，中国曾先后同埃及、伊拉克、叙利亚等国签订了政府间支付协定或贸易支付协定，规定双边贸易采取记账方式支付（或记账易货贸易）。进入 70 年代以后，随着一些阿拉伯国家经济情况的改善以及双方进出口商品结构的变化，继续采用记账方式支付很难实现中国与阿拉伯国家的双边贸易平衡，一定程度上阻碍了中国与中东国家贸易的进一步发展。因此从 70 年代中期起，中国同上述国家通过友好协商，签订了新的政府间贸易协定，将原先的记账贸易方式改为现汇贸易方式。至 1985 年，中国同所有中东国家的记账贸易都改成了现汇贸易。

20 世纪 80 年代之前，中国在中东地区的贸易伙伴主要是埃及、叙利亚、黎巴嫩等地中海沿岸国家。进入 80 年代后，海湾国家逐渐成为中国商品出口的主要市场，中国对其出口量占中国对中东地区出口总量的 70% 以上。1978 年，与中国进出口贸易额超过 1 亿美元的中东国家仅有 4 个，即科威特（1.26 亿美元）、伊拉克（1.26 亿美元）、伊朗（1.19 亿美元）和埃及（1.17 亿美元），中国同这 4 个国家的贸易额占当年中国与中东地区贸易总额的 87.7%。1988 年，同中国双边贸易额超过 1 亿美元的中东国家已达 8 个，依次为约旦（10.26 亿美元）[②]、叙利亚（3.72 亿美元）、沙特阿拉伯（2.96 亿美元）、科威特（2.34 亿美元）、土耳其（1.94 亿美元）、阿联酋（1.92 亿美元）、埃及

[①] 这些数字都不包括军品贸易。除特别说明外，本文中的中国与中东地区经济贸易统计数据均来自相关年份的《中国对外经济贸易年鉴》。

[②] 20 世纪 80 年代约旦自中国的进口额从几百万美元猛增到 1982 年的 13 亿美元，1985 年增至 15 亿美元，这主要与两伊战争有关，当时约旦将这些货物转口至伊拉克。两伊战争结束后，约旦从中国的进口额从平均每年 10.5 亿美元降至 1990～1996 年的平均每年 8000 万美元左右。参见邓新裕《略论中国和中东的经贸关系》，《欧亚观察》2000 年第 2 期，第 28 页。

（1.65 亿美元）和伊朗（1.64 亿美元）。1990 年，同中国贸易额超过 1 亿美元的中东国家有 9 个，顺序发生了较大的变化，依次为土耳其（5.85 亿美元）、沙特阿拉伯（4.18 亿美元）、伊朗（3.62 亿美元）、阿联酋（3.10 亿美元）、叙利亚（1.37 亿美元）、阿曼（1.33 亿美元）、科威特（1.19 亿美元）、伊拉克（1.18 亿美元）和约旦（1.09 亿美元）。[①] 可以看出，由于外汇充裕，对进口无限制、无配额，实行低税或免税政策，外汇、资金和利润都能自由进出，贸易条件优越，海湾国家同中国的贸易发展较为迅速。

然而，从当时双方各自的对外贸易情况来看，中国与中东国家的贸易仍处于较低的水平。20 世纪 90 年代初期，中国同中东国家的贸易额只占中国进出口贸易总额的 3% 左右。中国在中东的主要贸易伙伴同中国的贸易额一般也不超过这些国家进出口贸易总额的 2%。作为地区大国的埃及是同中国关系最好的中东国家，但 1990 年中埃贸易额只有 8000 万美元，仅占埃及对外贸易额的 0.8%，占中国对外贸易额的 0.08%，这与两国良好的政治关系很不相称。当时中东地区每年的对外贸易总额大约为 2500 亿美元，而同中国 30 亿美元的贸易额只占其对外贸易总额的 1.2%。[②]

中国与中东国家贸易额不高主要同彼此的出口商品结构有关。当时双方相互出口的商品基本是轻纺、食品、半成品、原材料和土特产品，技术含量不高，附加值较低，互补性也不强。例如，1987 年中国向中东地区出口的 1000 万美元以上的 15 种大宗商品是服装、茶叶、食品罐头、棉涤纶、棉花、棉布、大米、纸张、纸浆、铁丝、抽纱、五金工具、麻袋、陶瓷和毛毯。中东国家向中国出口的主要商品是钢材、钢丝等金属制品和尿素、各种聚乙烯及土特产品。与此同时，中国和中东国家所需要的各种机械、运输设备、大型成套设备、电子电器等技术含量高的资本密集型产品和附加值高的耐用消费品，都不得不从西方国家进口。这种情况在很大程度上制约了双方贸易额的扩大。[③] 此外，双方贸易不平衡的问题也比较突出，中国对中东各国的贸易都存在较大的顺差。

改革开放初期，中国与中东地区的贸易额增长迅速，中国在中东地区的贸易伙伴不断增多，中东地区在中国对外贸易中的地位逐渐上升。1978 ～ 1988 年，中国与中东国家的贸易额从不到 10 亿美元上升到近 30 亿美元。中国在中东地区的贸易伙伴从传统的埃及、叙利亚等地中海沿岸国家逐渐扩展

①　赵国忠主编《简明西亚北非百科全书》，中国社会科学出版社，2000，第 315 页。
②　邓新裕：《略论中国和中东的经贸关系》，第 29 页。
③　李国福、李绍先：《中国同中东地区的经贸关系》，《现代国际关系》1990 年第 2 期，第 55 页。

到伊朗、科威特、沙特阿拉伯等海湾国家。

20 世纪六七十年代，中国曾向埃及、叙利亚、也门等中东国家提供了不少援助性的经济技术合作项目。进入 80 年代后，此类项目虽然有所减少，但公路、桥梁、体育场馆、医院、学校等基础设施建设工程，以及派出农业专家、工程技术人员、体育教练组和医疗队等的援助项目仍维持在一定水平。中国在埃及的经援项目有 30 多项，其中最具代表性的当数开罗国际会议中心，这是 80 年代中国最大的援外项目。该工程于 1986 年 3 月奠基，1989 年 12 月落成，中埃两国领导人共同出席了落成典礼。开罗国际会议中心是当时世界上规模最大、设备最现代化的会议大厦之一，占地面积 30 万平方米，建筑面积 5.8 万平方米，耗资超过 1.5 亿瑞士法郎，埃及人称它是"中埃友谊大厦"。[1]

二　改革开放初期中国与中东国家的工程承包和劳务合作

20 世纪 70 年代的两次石油危机导致国际原油价格大幅上涨，中东石油生产国因此获得了大量石油外汇收入。特别是海湾石油生产国出现了经济繁荣，纷纷投入巨额资金，掀起规模空前的经济开发和建设高潮。由于这些国家普遍缺乏本土劳动力，施工力量不足，众多国际承包商和外籍劳工涌入中东地区，使中东地区（尤其是海湾地区）一跃成为当时世界上最大的工程承包和劳务输出市场。巴基斯坦、孟加拉国、泰国、菲律宾、韩国等纷纷进军中东地区尤其是海湾国家的工程承包和劳务输出市场。

1978 年 6 月，中国对外经济联络部向国务院提出，应抓住国际承包工程市场出现的有利时机，利用中国与中东各国多年来建立起来的友好合作关系，尽快组织中国建筑力量进入中东市场。国务院很快批准了这一提议，中国建筑工程总公司、中国公路桥梁工程公司、中国土木工程集团有限公司和中国成套设备出口公司率先进入中东市场，开展工程承包和劳务合作业务。1979 年 3 月，这四家国有大型企业同伊拉克、埃及等国共签订工程承包和劳务合作合同 36 项，合同金额达 5117 万美元，揭开了中国对外工程承包和劳务输出的序幕。

尽管中国进入中东工程承包和劳务市场较晚，但由于遵循了"守约、保

---

[1]　陈天社等：《当代埃及与大国关系》，世界知识出版社，2010，第 214 页。

质、薄利、重义"的经营原则，工程承包及劳务合作仍取得了显著成绩，成为这一时期中国对外经济合作的一个亮点。中国在中东地区工程承包的对象国由几个发展到十几个，承包额持续增长。据统计，1978～1988 年中国与中东国家签订的劳务合作及工程承包合同约 2600 个，工程承包合同总额达 55 亿美元，实际营业额达 32.4 亿美元，分别占中国同期对外工程承包合同总额（89 亿美元）和营业总额（49.7 亿美元）的 62% 和 65%；同期向中东地区的劳务输出量占中国对外劳务输出总量的 83%。其中，1984 年的工程承包合同额最高，达 11.757 亿美元；1985 年的合同总额达 7.887 亿美元（其中工程承包合同额达 6.78 亿美元，劳务输出合同额达 1.107 亿美元），该年中国在阿拉伯国家的劳务人员为 43081 人。[①]

当时中国对外工程承包仍处于起步阶段，在中东地区承包的工程项目主要是房建和筑路项目，规模较小，承揽方式以分包和承包施工为主。中国劳务人员均是有组织、成建制派出，工作中吃苦耐劳、遵守纪律，而且不带家属，项目完成后即回国，因此很受海湾阿拉伯国家的欢迎。中国企业往往信守合同，员工工作勤奋，能够严格控制工程进度，因而企业在国外树立了良好的形象和声誉。与此同时，中国企业的工程承包质量不断提高，有的承包项目被所在国誉为"样板"工程。因而承包项目不断扩展，向多档次、高技术的方向发展，劳务输出也趋向多样化，技术和智力劳务输出呈上升趋势。

20 世纪 80 年代中期，伊拉克是中国海外工程承包和劳务输出的最大市场。中伊在该领域的合作始于 1979 年，最初中国公司是从提供劳务和承包中小工程开始的。1981 年两国签订了新的经济技术合作协定，并成立了经济、技术、贸易合作委员会，为双方工程承包和劳务合作提供了制度框架。1985 年，伊拉克已成为中国开展对外劳务输出及工程承包最重要的国家，双方累计签订劳务合作和工程承包合同 444 项，合同总额达 15.3291 亿美元，占同期中国对外工程承包和劳务合作总额的 30.8%；当年中国在伊拉克劳务人员达 20895 人，占该年中国在国外劳务人员总数的 39.1%。[②] 这一时期，中国在伊拉克的劳务合作和工程承包业务成功实现了结构性转型，即从建筑业逐渐转向制造业和服务业。20 世纪 80 年代初期，中国企业承包的项目以土木工程为主，包括住房、桥梁、水坝和厂房等；进入 80 年代中期，承包的工程项目逐渐转向铁路、公路、水电、石油等领域，输出的劳务人员也逐渐从建筑业转

---

① 李国福、李绍先：《中国同中东地区的经贸关系》，第 54～58 页；江淳、郭应德：《中阿关系史》，经济日报出版社，2001，第 515 页。

② 黄民兴：《中东国家通史·伊拉克卷》，商务印书馆，2002，第 366 页。

向服务业。

科威特是当时中国在中东工程承包和劳务合作市场中仅次于伊拉克的国家。中国 1981 年开始进入科威特的工程承包和劳务合作市场。中国企业最早的工程承包项目是从一家法国承包公司分包的布比延大桥工程。该桥长 2.5 公里，跨海将首都科威特城与布比延岛连接起来，该项目合同金额达 187 万美元。中国工程技术人员和工人经过努力，按设计要求高质量完成了工程，并在 1982 年 10 月提前一个月完工。对此，法国《费加罗报》报道称："该工程除采用新技术外，令人注目的另一特点是使用了中国劳工。中国工人组织严密，一旦任务下达，他们就采取自己习惯的方法组织施工，保质保量完成生产指标。"[1] 1981~1991 年，中国在科威特的工程承包合同额达 3.8027 亿美元，劳务输出合同额达 1.7784 亿美元（见表 1）。[2] 在伊拉克入侵科威特前，最多时曾有近 2 万名中国工人在科威特工作。

表 1　20 世纪 80 年代中国在海湾六国的工程承包和劳务输出合同额

单位：万美元

国家	工程承包合同额	劳务输出合同额
科威特	38027	17784
阿联酋	9897	1324
沙特阿拉伯	2500	1002
巴林	560	148
阿曼	38	93
卡塔尔	—	2
总计	51022	20353

资料来源：钱学文：《海湾国家经济贸易发展研究》，上海外语教育出版社，2000，第 191 页。

除伊拉克和科威特等海湾国家外，这一时期中国还与北也门、约旦、埃及、伊朗、叙利亚等中东国家开展工程承包和劳务合作。从 20 世纪 90 年代初起，中东地区在中国对外工程承包和劳务合作中的比重开始下降。这主要是两方面的原因造成的。一方面，中国在南亚、东南亚、非洲等世界其他地

---

① 江淳、郭应德：《中阿关系史》，第 517 页。

② 据美国学者莉莲·哈里斯的统计，从 1976 年到 1989 年，中国在科威特的工程承包项目和劳务输出项目的总额为 5.3312 亿美元。参见 Lillian Craig Harris, *China Considers the Middle East*, London: I. B. Tauris, 1993, p. 227.

区的工程承包和劳务合作逐步铺开，中东地区的地位自然就有所下降。例如，1980 年中国对外工程承包和劳务合作合同总额仅 1.4 亿美元，几乎全部集中在中东；1990 年，中国对外工程承包和劳务合作合同总额达 21.25 亿美元，已开始分散到新加坡、马来西亚、日本、韩国以及中国香港和澳门等地。① 另一方面，因国际油价持续下跌和美元贬值，中东工程承包和劳务合作市场开始萎缩。而地区局势动荡尤其是海湾战争的爆发，使中国失去了伊拉克这一最大市场。1990 年 8 月伊拉克入侵科威特后，中国从伊拉克、科威特两国撤出了近 2 万名劳工。即便如此，中东地区仍是 20 世纪 90 年代中国开展对外工程承包和劳务合作最重要的地区。

值得一提的是，20 世纪 80 年代，中国从科威特等中东国家引进外资的合作成为中国与地区国家经济合作的另一个亮点。从 1982 年到 1988 年，科威特政府设立的科威特阿拉伯经济发展基金会（KFAED）先后向中国提供了三笔总计 3 亿多美元的低息贷款，利率为 3.5% ～5%。这些贷款用于 13 个项目的建设，其中湖南胶合板厂、安徽宁国水泥厂、新疆乌鲁木齐化肥厂、福建厦门国际机场、沙溪口水电站等五个项目都在 80 年代后期建成并投入使用。1989～1991 年，科威特阿拉伯经济发展基金会又先后向中国提供了总计 1 亿多美元的贷款。截至 1992 年，科威特共向中国提供了约 5 亿美元的长期低息贷款，涉及 19 个建设项目，大多为机场、公路、港口以及工业园区建设项目。除政府贷款外，科威特的圣塔菲石油勘探公司、雷耶斯集团等私营企业和财团也同中国联合开发南海油气田，建设秦皇岛中阿化肥厂等。科威特是这一时期中国引进外资最多的中东国家，也是当时中东地区唯一向中国提供政府优惠贷款的国家。② 20 世纪 80 年代末 90 年代初，在科威特的带动下，约旦、突尼斯、利比亚、阿联酋等阿拉伯国家也开始向中国提供一定数量的贷款或投资，这些外资对中国当时的"四化"建设发挥了重要的推动作用。

海湾国家科威特之所以成为中国改革开放初期工程承包、劳务合作和引进外资的"领头羊"，主要原因有以下两点。一是作为海湾产油国的科威特拥有大量石油美元。据英格兰银行统计，20 世纪 80 年代中期，海湾产油国共拥有海外资产 3420 亿美元，私营财团拥有海外资产 1300 亿美元。当时只有 120

---

① 中国贸易外经统计年鉴编委会编《中国贸易外经统计年鉴（2006）》，中国统计出版社，2007，第 274 页。

② 赵国忠主编《简明西亚北非百科全书》，第 318～319 页；钱学文：《海湾国家经济贸易发展研究》，上海外语教育出版社，2000，第 195～196 页。

万人口的科威特，却拥有约 600 亿美元的外汇储备，[①] 这些资金需要找到投资出路，而现代化事业刚刚起步的中国则急需外资，合作符合双方需要。二是中国同科威特始终保持着良好的外交关系。科威特于 1971 年与中国建交，是海湾地区最早同中国建交的国家，两国往来密切，彼此较为熟悉，互信度高。中国在海湾局势、巴勒斯坦问题上同科威特立场接近，也为两国经贸关系的发展奠定了政治基础。此外，科威特在经济上开放度高，在与中国开展经济合作时不预设条件和限制。

三 改革开放初期中国与中东国家的军售

从 1949 年到 1979 年，中国虽然向埃及、阿尔及利亚、苏丹、"巴解组织"、"佐法尔解放阵线"[②] 等地区国家和组织提供过武器和装备，但是按毛泽东所提出的"我们不当军火商"的原则，这些武器主要是出于支持地区"民族解放运动"或者"反帝反修"等政治目的给予的无偿军事援助。1949～1976 年，中国对中东地区提供的武器，无论是数量还是性能都非常有限，对中东局势的影响微不足道。按以色列学者伊扎克·希霍的说法，在整个 20 世纪 60 年代，中国向中东地区提供的军事援助总价值约 500 万美元，种类也只是步枪、机关枪、地雷、手榴弹、炸药等普通小型武器。[③] 而这一时期，无论是美国和其他西方国家还是苏联和东欧集团，每年都向中东国家出售数量巨大、价值上亿美元的先进武器。[④]

从 1979 年起，中国开始将武器作为商品，同部分中东国家开展武器贸易，以换取外汇收入。这主要是出于两个方面的考虑。一方面，改革开放后中国在对外关系中开始淡化意识形态，更加注重务实合作，目的是为中国的现代化建设创造更有利的条件和环境。而合法的商业性武器贸易是中国对外关系的组成

---

① 赵国忠主编《简明西亚北非百科全书》，第 318 页。
② "佐法尔解放阵线"是阿拉伯半岛南部的阿曼苏丹国的民族主义组织，成立于 1965 年。该组织采取武装斗争的方式反对英国殖民统治和当地君主制的苏丹政权，后改名为"解放被占领的阿拉伯湾人民阵线"，于 1975 年被阿曼政府和伊朗联合剿灭。参见肖宪《当代中国—中东关系》，第 94～97 页。
③ 〔以色列〕伊扎克·希霍：《中东安全平衡中的中国因素：以色列的视角》，载高斯坦主编《中国与犹太－以色列关系 100 年》，中国社会科学出版社，2006，第 191 页。
④ 据莉莲·哈里斯的统计，从 1955 年至 1978 年，中国军火出口总值仅为 7.55 亿美元，而同期英国和法国的军火出口额都是 50 亿美元，苏联为 250 亿美元，美国为 500 亿美元。参见 Lillian Craig Harris, *China Considers the Middle East*, p. 200。

部分。另一方面，中东地区是国际重要的军火贸易市场。美国、苏联和其他国家都向中东地区出口大量军火，并获得了巨大的经济利益，中国也希望在这一市场中获得自己的份额。此外，一些曾接受过中国无偿援助的国家要求中国继续提供军工产品，而中国刚开始的现代化建设和改革开放又急需外汇支持。在这种情况下，中国领导人邓小平坦言："看来不当军火商不行了。"①

1979 年 1 月，中国政府决定将对外军事援助由原来的全部无偿援助改为收费、以货易货和无偿援助三种方式。同年 5 月 2 日，中国和埃及在开罗签订了一项军售合同，中国向埃及出口歼 6 型飞机 44 架、歼教 6 型飞机 6 架、涡喷 6 发动机 220 台、涡喷 8 发动机 28 台，总成交额达 1.67 亿美元。这是中国第一次向中东国家出售武器，也是首次向国外出售武器，是改革开放后中国与中东地区军事合作的标志性事件。时任埃及副总统穆巴拉克在这一单军火交易中发挥了重要作用，正是在他的直接参与下，谈判才得以顺利推进。由于合同执行良好，1980 年 4 月，中国与埃及又在北京签订了向埃及出口 60 架歼 7 飞机及备份发动机、备件和测试设备的合同，总成交额超过 2 亿美元。②

虽然中国是中东军火市场的"后来者"，但不少中东国家很欢迎中国武器的到来，这主要是因为中国武器价格低廉、操作简便、结实耐用、交货及时，而且中国很少或者基本上不附带政治条件，这与美国等国家在出售军火时设定的高门槛形成了鲜明对比。另外，对于那些原先从苏联获得过武器的国家来说，中国武器在技术和设计方面与苏制武器很接近，与他们所熟悉的苏式武器可以实现兼容。

除埃及外，伊拉克和伊朗也是这一时期中国在中东地区的两大军火客户。1980 年两伊战争爆发后，伊拉克和伊朗都需要进口大量武器装备。而出于各种原因，传统的军火供应国都不愿意或者不能够向两伊提供武器，如美国因 1979 年伊斯兰革命停止了向伊朗提供武器，苏联也在一段时间内不愿向伊拉克出售武器，这就为中国进入两伊军火市场提供了机会。从 1983 年至 1986 年，中国向伊朗、伊拉克出售的武器金额占中国中东军火出口合同额的近 92%，实际交付金额占中国出口中东武器总金额的 87.5%。从 1987 年至 1990 年，中国向两伊出售军火的金额仍占中国中东军火销售总金额的 56.6%。1991 年海湾战争后，中国遵守联合国关于对伊拉克实行武器禁运的规定，停止了对伊拉克的武器供应，但伊朗仍是中国在中东的重要客户。1991 ~ 1994

---

① 李周书：《中国战机军售第一单——从无偿援外到军售》，《航空档案》2005 年第 1 期，第 48 页。

② 李周书：《中国战机军售第一单——从无偿援外到军售》，第 49 页。

年，伊朗一国的采购额就占中国对中东地区军售总额的 68.7%。[1]

这一时期中国还向沙特阿拉伯、阿曼、叙利亚、北也门、利比亚等国出售了部分武器。20 世纪 80 年代，沙特阿拉伯虽尚未与中国建交，但两伊战争的爆发和阿以冲突的发生使其深感安全受到威胁。沙特在向美国寻求购买武器遭到拒绝的情况下，转而向中国求助。1986 年 4 月和 7 月，沙特驻美国大使班达尔亲王两次访问中国，提出与中方在安全方面进行合作，希望中国向其提供"东风 – 3"型（也称"CSS – 2"型）中程弹道导弹，并强调这是法赫德国王的决定。当时中国对与沙特开展军事贸易持积极态度，同时也希望在和平共处五项原则的基础上同沙特建交。1986 年 8 月，中国破例同意向沙方提供"东风 – 3"型导弹。1987 年 2 月和 9 月，沙特防空军司令哈立德·本·苏尔坦亲王两次秘密访华，参观中国导弹生产基地，商谈签订有关军贸协议。由于军火交易的敏感性，这些活动都是在极端保密的情况下进行的。中国向沙特提供导弹也为几年后中沙建交铺平了道路。[2] 沙特先后向中国购买了约 40 枚"东风 – 3"型地对地导弹，价值 30 亿 ~ 35 亿美元。按美国军备控制和裁军署（ACDA）的统计，1982 ~ 1986 年，中国最大的武器出口客户依次是伊拉克（33 亿美元）、伊朗（12 亿美元）和埃及（6.25 亿美元）；1987 ~ 1991 年，中国最大的武器出口客户顺序变成了沙特阿拉伯（30 亿美元）、伊朗（26 亿美元）和伊拉克（17 亿美元）。[3]

在整个 20 世纪 80 年代，中东地区都是中国最重要的武器出口市场。中东甚至一度成为中国唯一的武器出口地区，如 1985 年中国所有出口武器都销往中东地区；1986 年中国 94% 的武器销售合同是与中东国家签订的。中国出口武器的种类既有传统的轻武器和"三大件"——坦克、装甲车和火炮，也有性能越来越先进的飞机、舰艇和导弹。然而，1990 年以后中国对中东地区的武器出口在中国军工出口中所占的比重开始大幅下降，1993 年已降至16.7%。其原因主要有以下几点。首先，中东地区局势发生了深刻变化。1988 年两伊战争结束后，中东地区国家对武器的需求减少；1990 年伊拉克入侵科威特后，联合国通过决议决定对伊拉克实行制裁和武器禁运。其次，中国武器虽然价格较低，但科技含量也较低，性能不高。尤其是 1991 年海湾战争后，西方高技术含量的武器装备大受中东国家青睐，传统的中国武器日渐受到冷落。最后，20 世纪 90 年代中国的武器出口市场逐渐多元化，销往南

---

① 〔以色列〕伊扎克·希霍：《中东安全平衡中的中国因素：以色列的视角》，第 200 页。

② 参见赵国忠《中国与中东的军事外交》，《阿拉伯世界研究》2010 年第 2 期，第 3 ~ 10 页。

③ Mohamed Bin Huwaidin, *China's Relations with Arabia and the Gulf 1949 – 1999*, London: Routledge, 2002, pp. 113 – 114, 224 – 225.

亚、东南亚和非洲国家的武器不断增加，使得中东地区所占的比重下降。1994～1997年，中东地区在中国对外武器销售中所占的份额只有18%。①

毋庸置疑，20世纪80年代中国对中东地区的军售实现了可观的经济利益。尽管每年10多亿至20多亿美元的外汇收入对于美国、苏联等武器出口大国来说并不算多，然而对于刚开始致力于现代化建设和改革开放的中国来说是弥足珍贵的。以1987年为例，该年中国全部商品出口合同额只有394.4亿美元，而对中东地区的军售额就高达43亿美元（见表2），相当于全部商品出口合同额的11%。②可以说，中国对中东的军售为推动中国的现代化，尤其是国防现代化做出了重要贡献。除经济收益外，中国的武器销售还在一定程度上加强了中国同武器购买国的关系。例如，军售使中国同伊朗的关系越来越紧密，为20世纪90年代中期中国日益增长的石油进口提供了便利；中国同埃及的关系也因军事合作而更为密切；中国于1987年向沙特阿拉伯提供导弹，也为1990年中沙正式建交奠定了重要基础。

表2　1983～1992年中国对中东地区的军售额

单位：亿美元，%

年份	交付额			合同额		
	军售总额	中东地区军售额	百分比	军售总额	中东地区军售额	百分比
1983	16	14	87.5	8	7	87.5
1984	21	19	90.5	3	1	33.3
1985	7	7	100.0	14	13	92.9
1986	13	11	84.6	18	17	94.4
1987	21	19	90.5	47	43	91.5
1988	30	26	86.7	25	17	68.0
1989	24	20	83.3	16	4	25.0
1990	15	11	73.3	24	12	50.0
1991	14	7	50.0	6	2	33.3
1992	9	1	11.1	5	1	20.0
合计	170	135	79.4	166	117	70.5

资料来源：美国军备控制和裁军署：《世界军费开支和军售1995年》，转引自〔以色列〕伊扎克·希霍《中东安全平衡中的中国因素：以色列的视角》，第194页。

---

①　Yitzhak Shichor, "Mountains Out of Molehills: Arms Transfers in Sino-Middle Eastern Relations", *Middle East Review of International Affairs*, Vol. 4, No. 3, 2000, p. 70.

②　据有关资料，当时中国向中东出售武器的企业主要有：北方工业公司、保利科技有限公司、中国精密机械进出口公司、长城工业公司等。参见 Lillian Craig Harris, *China Considers the Middle East*, p. 201。

20 世纪 80 年代中国对中东国家的军售引起了美国等西方国家的不满，它们指责中国武器破坏了中东军事力量的平衡和稳定，甚至称中国向中东地区扩散核武器和化学武器。1993 年 7 月，美国认为驶向伊朗的中国货轮"银河号"载有化学武器原料，要求登船检查，还派军舰围追堵截，最后却根本没有发现任何化学武器原料。美国等西方国家在此问题上往往捕风捉影，甚至不惜歪曲事实，造谣污蔑。事实上，中国向中东地区出售的武器，无论在数量上还是性能上都远远落后于美、苏（俄）两国，也赶不上英国和法国。据英国方面的资料，1984 ~ 1989 年，伊拉克共向中国购买了价值 33 亿美元的武器，而同期向苏联购买的武器价值高达 140 亿美元，向法国购买的武器价值也有 50 亿美元。美国多年来一直是中东地区最大的军火供应国，仅 1991 ~ 1994 年，美国向中东地区输出的武器就价值 325 亿多美元（见表 3）。[1] 美国等西方国家在中国军售问题上大做文章，一方面固然是它们担心中国向中东国家出售高质量和高性能的武器，尤其是担心中国的中远程导弹和核材料、核技术流入中东后，会打破该地区的力量平衡；另一方面则从自己的私利出发，担心中国武器进入中东军火市场后，将会挤占自己的市场份额，影响他们在中东的武器销售。美国打着控制武器流入中东的旗号，以国际警察自居，对中国指手画脚、说三道四，自己却大肆贩卖军火，是典型的强权政治和霸权主义行为。

表3　1983 ~ 1994 年中东地区主要军火供应国军售情况一览

单位：百万美元，%

供应国	1983 ~ 1986 年			1987 ~ 1990 年			1991 ~ 1994 年		
	排名	价值	百分比	排名	价值	百分比	排名	价值	百分比
美国	2	14776	16.4	1	25996	28.0	1	32512	56.0
苏联（俄）	1	28610	31.8	3	16700	18.0	3	3300	5.7
法国	3	9090	10.1	4	8500	9.2	2	13800	23.8
英国	4	6595	8.7	2	20700	22.3	4	2500	4.3
中国	5	3925	4.4	5	7600	8.2	6	700	1.2
德国	6	605	0.7	6	500	0.5	5	1700	2.9

资料来源：里查德·格里迈特：《对发展中国家常规军售 1983 ~ 1994 年》，转引自〔以色列〕伊扎克·希霍《中东安全平衡中的中国因素：以色列的视角》，第 194 页。

---

[1]　赵国忠主编《海湾战争后的中东格局》，中国社会科学出版社，1995，第 104 页。

中国政府多次声明，中国在向中东出售武器的问题上是有原则的，并且坚持严格的道义标准，中国从未向中东地区提供任何核武器和化学武器。早在 20 世纪 90 年代初，中国就在中东军控问题上表明了自己的立场：一是中东军控应遵循"公正、合理、全面、均衡"的原则，向中东出售武器最多的国家应承担特别的责任和义务，应充分尊重和听取中东国家的意见和主张；二是中国支持在中东建立无核区和无大规模杀伤性武器区的主张；三是中东军控应该同中东和平进程相联系，是公正、全面解决中东问题的一部分，其最终目的应是实现中东地区的和平。同时，中国政府还公开了中国的军售三原则，即出售武器的目的是帮助进口国进行防卫；不出售可能破坏中东战略均势的先进武器；不利用出售武器干涉他国内政。[①] 对于武器出口，中国政府还严格规定只向主权国家政府出售武器，要求接受国提供最终用户和用途证明，并明确承诺不向第三方转让。中国从来没有向非国家实体和个人出售过武器，避免了中国武器流入地区极端组织和恐怖分子之手。多年来，中国在军售问题上一直恪守这些原则。

结　语

改革开放初期是中国同中东国家开展经济合作的一个特殊且重要的时期。当时的中国百废待兴，急需发展，并希望通过对外开放走向世界。而中东国家正好进入石油繁荣时期，积累了大量石油美元，纷纷掀起基础设施建设热潮；同时地区局势不稳，各国开展军备竞赛，两伊爆发军事冲突。这种独特的形势给双方合作提供了难得的机遇，因此中国得以在中东扩大出口，开展工程承包、劳务输出、外资引进和军品贸易。而进入 20 世纪 90 年代后，油价大幅下跌，中东各国开始紧缩财政，削减进口，压缩基建规模，市场逐渐萎缩；同时外部介入增加，中东和平进程启动。而中国进一步扩大开放，无论是工程承包、劳务输出，还是商品和武器贸易，都有了更多的合作伙伴和更广阔的市场。因此，中东市场对于中国的重要性出现一定程度的下降。

改革开放初期，中国同中东地区的贸易额增长迅速，保持着较大的顺差。工程承包和劳务输出成为中国同中东地区开展经济合作的一大亮点，对于中国来说，这是一种开拓性的尝试和创新。中东地区多为不发达国家，工业基

---

① 关于中国政府的军售立场，参见周树春、于大波《我外交部发言人在开罗谈军控问题　全面均衡原则适用于中东所有国家》，《人民日报》1991 年 7 月 5 日，第 6 版。

础都比较薄弱；一些石油输出国虽拥有大量资金，但在现代化建设中缺乏高素质的劳动力、高水平的技术人员和管理人员。改革开放初期，中国人口众多、劳动力低廉，具有较先进的装备和技术；中国人吃苦耐劳、头脑灵活，但缺乏必要的外汇资本。这些都正好与中东国家工程和劳务市场的需求吻合。因此，中东地区成为改革开放后中国最早在国外开展工程承包和劳务输出的地区。在中东地区开展的工程承包和劳务输出不仅有助于缓解中国国内的劳动就业压力，还使中国获得了大量外汇收入。此外，1982 年以后中国与科威特、阿联酋等中东国家开展金融合作，成功引进了数笔国际资金。1982 ~ 1989 年，科威特、阿联酋、约旦等国共向中国提供了 5.7 亿美元的贷款，这不仅是中国最早引进的外资项目，而且是优质的长期、低息政府贷款。[①]

这一时期中国在中东最有特色、最具挑战性的活动，就是抓住机遇开展军品贸易。中东是世界上冲突和战争最频繁的地区，该地区多数国家都没有自己的现代军事工业。武器作为一种特殊商品，在中东国家对外关系中占有突出地位。改革开放前中国流入中东的少量武器都是无偿赠予的。在"军售三原则"的指导下，20 世纪 80 年代前期中国与中东国家之间的军火贸易取得了重要突破。伊拉克、伊朗、埃及在中国对中东国家的军售中位列前三名；至 80 年代后期，沙特阿拉伯也成为中国军售的重要对象国。据统计，1980 ~ 1988 年，中国对两伊及埃及军售的数额在 110 亿 ~ 120 亿美元。[②] 中国与埃及的军事交流不限于武器销售，两国间还开展军事技术交流、联合举办军事装备展览等活动。除大笔外汇收入外，武器转让还在一定程度上加强了中国同购买国之间的关系，也促进了中国国防工业的发展。

今天看来，几十亿乃至上百亿美元也许并不算一个很大的数目，如 2014 年，中国与中东国家的贸易额已达 3186.6 亿美元，[③] 但对于改革开放之初的中国来说，这是一笔弥足珍贵的外汇收入，它有力地推动了中国的现代化建设和改革开放事业。

总之，在中国改革开放初期，中东地区对中国经济方面所发挥的作用是不言而喻的，在推动中国经济迅速发展的同时，也使中国经济快步走向世界。甚至可以说，正是通过在中东地区的商品贸易、工程承包、劳务输出、外资引进以及军火出口，中国掘到了改革开放和现代化建设的"第一桶金"。

---

① 肖宪主编《世纪之交看中东》，时事出版社，1998，第 433 页。

② Yitzhak Shichor, "Unfolded Arms: Beijing's Recent Military Sales Offensive", *The Pacific Review*, Vol. 1, No. 3, 1988, pp. 320 – 321.

③ 肖宪：《当代中国—中东关系》，第 366 页。

The Development Economic and Trade Relations between China and the Middle East Countries in the Initial Stage of China's Reform and Opening-up

Xiao Xian

Abstract：The initial stage of China's reform and opening-up（1979 – 1989）was a special and important period during which China had started its economic cooperation with the Middle East countries. It was the period of oil boom for some the Middle East countries and there was an upsurge of largescale infrastructure construction in the region. Meanwhile, the Middle East was unstable due to the outbreak of Iran-Iraq war and intensified arms race. It provided a rare opportunity for Chinese enterprises to develop their economic cooperation with the Middle East countries. During this period, China actively expanded its export to and introduced foreign capital from the Middle East, carried out project contracting and labor exporting, and most spectacularly, seized the opportunity to develop military trade. At the early stage of China's reform and opening-up, the role of the Middle East played a more significant role than other regions did in promoting China's economic development, thus China made the first pot of gold for its reform and opening-up.

Keywords：Reform and Opening-up；the Middle East；Project Contracting；Labor Export；Military Trade

（原文发表于《阿拉伯世界研究》2018 年第 5 期）

二

能源开发与合作研究

中东国家的能源补贴及其改革

吴 磊 杨泽榆*

摘要：长期以来，油气资源和能源补贴一直是中东国家经济与社会发展的主要特征，尤其是其以能源补贴为特征的能源消费政策对中东经济与社会发展具有重大影响。中东国家能源补贴政策具有特定的历史、思想和市场基础，与该地区丰富的油气资源、自然资源赋权的社会契约思想和发展缓慢的多元化经济密切相关。能源补贴政策曾对中东经济发展、社会和政治治理起到了积极作用，但是它的消极作用和不利影响也显而易见。能源补贴刺激了能源消费，鼓励了资源浪费，导致低效率的稀缺资源分配，扭曲了市场价格，阻碍了节能投资和节能行为，降低了下游产业的竞争优势，增加了政府财政负担。能源补贴未能体现稀缺资源的价值，是对稀缺资源市场供求关系的严重扭曲以及对市场配置资源的严重背离，最终不是促进而是阻碍了经济社会发展。在此意义上，中东国家能源补贴改革势在必行，但因中东国家能源补贴改革的实质是利益调整，涉及面广，改革不可能一步到位，难以一蹴而就。

关键词：油气资源开发 中东 能源补贴 能源消费

一 问题的提出

石油和天然气是中东地区重要的自然资源和国家财富。半个多世纪以来，它们在中东经济社会发展中具有举足轻重的地位和作用，中东产油国也因此形成了独特的产业、经济结构与社会发展模式。中东国家凭借丰富的油气资源，不仅成为国际能源市场的重要力量，而且成为国际能源权力的中心。产油国的油气生产、供应、油价政策，甚至能源投资、贸易、金融政策，长期并深刻影响着国际能源供求与安全，以及世界经济发展，为此国内外学者做

---

* 吴磊，教授，博士生导师，云南大学国际关系研究院院长；杨泽榆，云南大学国际关系研究院讲师。

了很多研究，积累了大量文献资料。遗憾的是，迄今为止，国内学界有关中东国家能源消费与需求政策，特别是能源补贴政策的分析研究仍然比较少，具有进一步挖掘和深化的空间。

实际上，近 20 年来，随着经济的发展、人口的增加和人们生活水平的提高，中东地区的油气消费增长迅速，目前正在发展为世界上主要的能源消费地区。"可以确定的是，海湾正在从全球能源市场的主要供应中心，变成一个主要的能源需求增长市场。"[1] 像其他发展中经济体一样，中东能源消费的快速增长缘于经济的不断发展、人们生活水平的提高和人均收入的增长，特别是人口的快速增长，与其产业结构和国家产业政策的关系更大，尤其与国家的能源消费政策密切相关。海湾国家以丰富的油气资源为基础，不断发展石油化工、化肥、钢铁、电解铝、电力、道路基础设施等产业，这些产业无一不是巨大的能源消费产业，能源强度高，导致了内部能源消费的快速增长。另外，中东产油国不仅拥有世界上生产成本最低的能源，而且内部的能源消费价格也是世界上最便宜的。长期实行低价能源消费政策的结果是进一步刺激和鼓励了国内的能源消费，低廉的能源价格对中东国家的能源消费和社会经济产生了重大影响。

中东国家能源消费政策的另一重要特征是能源补贴。数十年来，能源补贴或能源的补贴化（the subsidization of energy）一直是中东国家经济社会政策取向的普遍特征。电力、油气价格长期低于世界平均水平，是中东国家产业政策的重要标志，也是中东社会契约的重要内容。[2] 尽管能源补贴政策鼓励了能源消费，刺激了内部电力、交通运输和商业的能源需求，有利于国家的工业化集中于能源密集型产业，但能源补贴扰乱了市场信号，造成了浪费和能源的过度消费，导致低效率的稀缺资源分配，阻碍了节能投资和节能行为以及替代能源的发展，降低了国家下游生产的竞争价格优势，增加了政府的财政负担。事实表明，这种能源消费政策越来越难以持续。2014 年以来，国际能源市场石油供过于求、油价低迷，沉重打击了中东产油国对石油租金的过度依赖，经济改革和财政改革成为中东国家的当务之急。降低能源补贴，提

---

① Laura E. Katiri, "Energy Sustainability in the Gulf States: The Why and the How", *Oxford Institute for Energy Studies*, March 2013, p. 3, https://www.oxfordenergy.org/wpcms/wp – content/uploads/2013/03/MEP_4. pdf, 2019 – 05 – 11.

② Ferdinand Eibl, "The Political Economy of Energy Subsidies in Egypt and Tunisia: The Untold Story", *Oxford Energy Review*, August 2017, p. 2, https://www.oxfordenergy.org/wpcms/wp – content/uploads/2017/08/The – political – economy – of – energy – subsidies – in – Egypt – and – Tunisia – the – untold – story. pdf? v = 1c2903397d88, 2019 – 05 – 21.

高能源价格，加速经济多元化，增加政府收入和恢复财政平衡，成为经济和财政改革的主要目标。

本文拟对中东国家的能源补贴政策、能源补贴的作用和影响，以及能源补贴改革及其相关问题，进行初步分析，希望能为中国的中东问题研究提供新的视角。

二　中东国家的能源补贴政策及其动因

过去数十年来，能源的补贴化——能源补贴及低价能源消费政策，在中东国家广泛存在，成为中东经济社会的普遍特征。中东国家不仅以国家垄断能源价格的形式实施能源补贴政策，而且补贴化的能源消费价格长期低于世界市场水平，致使中东国家的能源价格扭曲到极其严重的地步。

（一）　中东国家能源补贴政策的实施

能源补贴作为政府干预经济活动的手段之一，被世界各国广泛运用。然而，全世界能源补贴主要集中于发展中国家和新兴经济体，并且约50%的补贴用于石油产品，电力和天然气补贴程度相对较小。2013年，全球化石燃料补贴总额达到了5500亿美元，是可再生能源的4倍。[①] 全球能源补贴最严重的地区在中东，中东能源补贴额占世界能源补贴总额的比例高、数额大。从20世纪70年代开始，中东国家陆续出台了能源补贴政策，并逐渐成为世界能源补贴力度最大的地区。国际能源机构（IEA）研究表明，中东地区有11个国家实施了明显的能源补贴政策，且全部在世界能源补贴排名的前15个国家之列。[②] 国际货币基金组织（IMF）数据显示，2011年中东税前能源补贴达到2370亿美元，占全球能源补贴的48%、地区国内生产总值（GDP）的8.6%、政府收入的22%。[③] 国际能源机构列出了2010年全球能源补贴最高的10个国家，其中7个来自中东地区，科威特、伊朗、沙特阿拉伯和卡塔尔位居前列，这四国2010年向国内居民收取的燃料和电力费用低于国际价格水平

---

① IEA, "World Energy Outlook 2014", https：//webstore. iea. org/download/summary/412？ fileName = Chinese – WEO – 2014 – ES. pdf, 2018 – 05 – 21.

② IEA, "Fossil-Fuel Subsidies Database", http：//www. worldenergyoutlook. org/resources/energysu bsidies/fossilfuelsubsidydatabase, 2018 – 07 – 12.

③ Carlo Sdralevich et al. , *Subsidy Reform in the Middle East and North Africa*, IMF Middle East and Central Asia Department, 2014, p. 3.

的 1/3。[1] 国际油价飙升在很大程度上促进了能源补贴的增长。2009～2011年，国际油价从每桶 60 美元涨至 100 多美元，全球能源补贴金额也从 3000 亿美元大幅增至 4800 亿美元，中东地区每年的能源补贴超过 2100 亿美元，约占国内生产总值的 8%。2014 年，中东地区的石油补贴额占全球石油补贴总额的 56.4%，电力补贴额占全球电力补贴总额的 45.4%，天然气补贴额占全球天然气补贴总额的 53.2%。[2] 平均补贴率最高的国家为伊朗（82%），最低的为伊拉克（53.7%）。其中，伊朗燃料补贴总额占国内生产总值的比例高达 19.3%，为世界之最。[3]

在巨额补贴的作用下，中东地区的能源消费呈现出明显的低价特征（见图 1）。总体来看，该地区的汽油价格仅为世界平均水平的一半，而最高的时候也比世界平均水平低 40% 左右。2010 年，伊朗、沙特阿拉伯、利比亚、卡塔尔、巴林、科威特、阿曼、阿尔及利亚、也门等国家的汽油和柴油零售价格每升不到 0.4 美元，伊朗和沙特阿拉伯甚至不到 0.2 美元，即便苏丹、伊拉克、突尼斯、叙利亚、约旦、摩洛哥等国的零售价格较高，阿拉伯世界平均汽油和柴油零售价格也只有 0.6 美元。相比之下，经济合作与发展组织（OECD）国家的平均零售价格高达 1.7 美元，德、英、法、丹麦等国则接近 2 美元。[4] 2010 年，中东地区有 11 个国家的汽油与柴油价格低于每升 0.5 美元，价格最低的伊朗甚至低于 0.1 美元；而同一时期中东地区一瓶矿泉水的价格约为 0.4 美元。中国 2010 年的汽油与柴油价格分别为每升 1.11 美元和 1.04 美元，沙特阿拉伯的汽油和柴油价格仅分别为每升 0.16 美元和 0.067 美元。[5]

从补贴的方式上看，中东国家能源补贴主要有以下三种。第一，最常用的方式是在消费环节提供能源价格补贴，即通过减免各种能源消费税费的方式，使民众以极低的价格享受各种能源带来的便利和福利，包括各种品号的汽油、柴油和家用天然气等燃料以及电力等二次能源。补贴通常用于石油产

[1] Bassam Fattouh and Laura El-Katiri, "Energy Subsidies in the Middle East and North Africa", *Energy Strategy Reviews*, No. 2, 2013, pp. 108 – 115.

[2] IEA, "Fossil-Fuel Subsidies Database", http：//www. worldenergyout look. org/resources/energys ubsidies/fossilfuelsubsidydatabase, 2018 – 07 – 12.

[3] IEA, "Fossil-Fuel Subsidies Database", http：//www. worldenergyout look. org/resources/energys ubsidies/fossilfuelsubsidydatabase, 2018 – 07 – 12.

[4] Laura E. Katiri, "Energy Sustainability in the Gulf States：The Why and the How", *Oxford Institute for Energy Studies*, March 2013, p. 3.

[5] World Bank, "World Development Indicators", http：//data. worldbank. org/indicator/EP. PMP. DESL. CD, 2018 – 06 – 30.

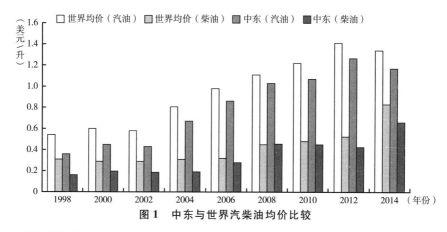

图 1 中东与世界汽柴油均价比较

资料来源：IEA，"Fossil-Fuel Subsidies Database"，http：//www. worldenergyoutlo ok. org/resources/
energysubsidies/fossilfuelsubsidydatabase，2018 – 07 – 12。

品和电力，此类能源消费价格通常含有 25% ~ 95% 不等的价格补贴。政府为
此降低相关能源产品的销售价格，达到增加国民福利的目的。第二，除了针
对民众的消费补贴，中东国家还对企业和耗能部门在生产环节予以补贴，其
中较为典型的是针对发电、海水淡化等高耗能产业的补贴。此种补贴方式可
使企业的生产成本大为降低，有利于企业提高产品在国际市场上的竞争力和
扩大利润空间。如黎巴嫩政府长期对国家电力公司（Electricite Du Liban，
EDL）提供财政和补贴支持，是比较典型的案例。① 第三，采用现金补贴。中
东国家能源补贴还有一种不太普遍的现金补贴方式，采取此类补贴方式的国
家主要有伊朗、约旦、摩洛哥和也门，即向中低收入目标群体发放一定的现
金补偿，以提高或补偿其能源购买力。此类补贴有较强的针对性和时效性，
行政成本相对较低，补贴的数量和规模便于控制，不会对市场价格产生较大
影响。约旦等国政府在取消了针对燃料的价格补贴后，便通过向低收入和中
等收入群体发放现金补贴以弥补燃料价格上涨带来的损失的方式，减轻或降
低能源补贴改革带来的影响。②

　　从补贴程度上看，根据国际能源机构的统计数据，中东国家可划分为三
大类，分别为非常高补贴国家、高补贴国家与无补贴国家。其中，非常高补

① 《黎巴嫩电力行业简况》，中国驻黎巴嫩大使馆经济商务处网站，http：//lb. mofcom. gov. cn/
article/ztdy/201507/20150701049818. shtml，2017 – 02 – 14。
② 《约旦当局准备发放 2014 年度第二批燃油补贴》，中国驻约旦大使馆经济商务处网站，
http：//www. mofcom. gov. cn/article/i/jyjl/k/201408/20140800711276. shtml，2017 – 03 – 04。

贴国家包括卡塔尔、科威特等 11 国，主要是海湾石油生产国和出口国（见表 1）。这些国家的共同特点是拥有较为丰富的油气资源，政府掌握着巨额的油气出口收入，其能源补贴往往针对全体国民，数额也十分巨大。其中较为典型的是沙特阿拉伯，沙特阿拉伯早在 20 世纪 50 年代就开始对进口食品提供大量政府补贴，70 年代中期，居高不下的通货膨胀率迫使沙特阿拉伯政府将财政补贴扩展到能源领域。凭借着丰厚的石油收入，沙特阿拉伯为全体国民提供高额能源补贴，提升人民福祉，增强国内工业产品在国际市场上的竞争力。伊朗在 20 世纪 80 年代开始对石油等能源产品实施补贴，初始目的是缓和两伊战争带来的经济和社会矛盾。随后，伊朗能源补贴力度逐渐加强，并成为世界上燃料价格最低的国家之一。2008 年伊朗的汽油售价每升仅 0.1 美元，同期世界平均每升超过 2 美元。2014 年，伊朗化石燃料补贴总额高达 780 亿美元，占国内生产总值的 19.3%，沙特阿拉伯的化石燃料补贴为 713 亿美元，占国内生产总值的 9.5%，伊朗超过沙特阿拉伯，成为世界上燃料补贴最高的国家。[①] 2013 年和 2015 年，埃及能源补贴占国内生产总值的比重分别高达 16% 和 10%。[②]

表 1　中东国家能源（化石能源）补贴程度

补贴程度	国家
非常高	卡塔尔、科威特、沙特阿拉伯、阿联酋、阿曼、巴林、利比亚、伊朗、阿尔及利亚、伊拉克、埃及
高	也门、约旦、叙利亚、黎巴嫩、摩洛哥、突尼斯
无	以色列

资料来源：根据经济合作与发展组织和国际能源机构的统计数据分类归纳（IEA，"Fossil-Fuel Subsidies Database"，2017，http：//www. worldenergyoutlook. org/resources/energysubsidies/fossilfuelsubsidydatabase，2018 - 07 - 12）。

高补贴国家包括也门、约旦、叙利亚、黎巴嫩、摩洛哥与突尼斯六国。这类国家的石油与天然气资源较为贫乏，化石燃料无法自给自足，经济发展水平相对落后。政府只能对部分耗能领域进行重点补贴。例如，也门的

---

① IEA，"Fossil-Fuel Subsidies Database"，http：//www. worldenergyout look. org/resources/energysubsidies/fossilfuelsubsidydatabase，2018 - 07 - 12.

② Ferdinand Eibl，"The Political Economy of Energy Subsidies in Egypt and Tunisia：The Untold Story"，*Oxford Energy Review*，August 2017，p. 2.

能源补贴主要集中在柴油领域，主要目的是降低水泵的运行成本，促进名为"卡特"①的农作物种植业的发展。2009 年，在也门所有能源补贴中，柴油补贴占 69%。② 黎巴嫩的能源补贴主要集中在电力部门，21 世纪初，政府每年对黎巴嫩国家电力公司投入的补贴资金约为 10 亿美元，从 2012 年起上升至 20 亿美元。③ 约旦政府主要向低收入和中等收入群体发放燃油现金补贴，其 2014 年补贴额为 2.1 亿约旦第纳尔。④ 在中东地区，以色列在能源补贴领域是一个特例，该国油气资源贫乏，却是本地区工业化、经济发展程度最高的国家，其产业以知识密集型为主。对于化石能源，该国不仅未给予补贴，反而收取 60% 以上的重税，致使该国的汽柴油价格为本地区最高。

（二）中东国家实施能源补贴政策的原因及其积极作用

能源补贴被视为一种合法的政策工具，在各种不同形式的经济体中得到广泛运用。⑤ 经济学理论和历史经验表明，能源补贴可以以多种方式促进产油国的经济社会发展，中东国家能源补贴政策的初始目的是促进国内产业发展，保护低收入人群，具有社会安全保障和社会契约的重要意义。这是中东地区广泛存在能源补贴的重要原因。

第一，能源补贴一定程度上有利于培育和壮大优势产业，促进经济增长。实施能源补贴政策，对培育中东国家的优势产业、促进经济发展具有一定的积极作用。中东地区石油和天然气资源丰富，是世界主要油气产地。依据要

① 卡特是镇静剂的重要原料之一，是也门的主要经济作物，其收入支撑着该国的农村经济，在也门的经济中占有一定地位。据统计，卡特经济产值占也门国内生产总值的 6%、年产值的 1/3、国民消费的 10%，每 7 个工作岗位中就有 1 个与卡特有关。参见《再议也门人咀嚼卡特行为》，中国驻也门大使馆经济商务处网站，http：//ye. mofcom. gov. cn/article/jmxw/201404/20140400541430. shtml，2017 - 04 - 25。

② Maria Vagliasindi, *Implementing Energy Subsidy Reforms-Evidence from Developing Countries*, Washington D. C. : World Bank, 2013, p. 257.

③ 《黎巴嫩电力行业简况》，参见中国驻黎巴嫩大使馆经济商务处网站，http：//lb. mofcom. gov. cn/article/ztdy/201507/20150701049818. shtml，2017 - 02 - 14。

④ 约旦补贴规定，家庭成员 6 名及以下的个人，月收入低于 800 约旦第纳尔或年收入低于 10000 约旦第纳尔，有权每年领取 70 约旦第纳尔作为燃油价格上涨的补偿（按当时汇率 1 约旦第纳尔约为 1.41 美元）。公共部门雇员、民事和军事退休人员、社保公司退休人员和国家援助基金的受益者，可以通过其银行账户收到现金。私营部门工人和失业人员可以从房地产银行领取补助。参见《约旦当局准备发放 2014 年度第二批燃油补贴》，中国驻约旦大使馆经济商务处网站，http：//www. mofcom. gov. cn/article/i/jyjl/k/201408/2014080 0711276. shtml，2018 - 08 - 26。

⑤ Joerg Spitzy, "Energy Subsidies—An OPEC Perspective", *Oxford Energy Forum*, No. 88, 2012, p. 5.

素禀赋理论，中东国家必须充分利用优势油气资源提高产能，建立强大的油气工业，扩大油气出口，增加政府收入，带动国民经济的整体发展，最终实现工业化和现代化。2015年，电力和工业部门的能耗占中东能耗总量的72%以上，发电量中的90%左右依靠石油和天然气。该地区的工业结构比较单一，大多数集中于油气和石化领域。能源密集型产业，如水泥、化肥和化工，是中东能源消费政策重点补贴的产业。政府补贴不仅能够降低企业的生产成本，而且能促使企业提供消费者能负担得起的商品和服务，对于培养和壮大优势企业、提高企业的竞争力、增加出口收入和政府收入、增加就业以及促进经济增长，均具有一定的积极作用。

第二，有利于稳定商品市场价格，抑制通货膨胀。中东经济体长期高度依赖石油和天然气出口收入，国际石油市场波动频繁，化石燃料贸易的国际市场价格起伏不定，经济社会发展长期受国际大宗商品周期波动的影响。众多中东国家政府实施经济调控职能时面临的主要挑战之一，就是能源和食品等大宗商品价格上涨时引发的通货膨胀压力。此外，高燃料价格导致的产业成本增加也会引起消费成本上升，最终传导到消费者。因此，对能源消费政策进行调整，对国内能源价格实行政府垄断定价和能源补贴，降低能源价格，稳定市场物价和抑制通货膨胀，一直是中东国家的主要政策调控目标。

第三，有利于低收入群体获取多种形式的能源。据联合国环境规划署统计，21世纪初，全球大约还有16亿人口没有通电，20多亿人口仍然依赖木柴、木炭等传统燃料取暖和做饭。其中，阿拉伯国家大约有6500万人口没有通电，另有超过6000万城市和农村人口的电力供应严重不足，两者占阿拉伯国家总人口的比例高达41.6%，包括占总人口29%以上的收入低于2美元/天的贫困人口，这些人口无法或很少获得现代能源。在也门等阿拉伯国家中，约1/5的人口依赖木材、粪便和农业废弃物等非商业燃料做饭和取暖；在阿尔及利亚、埃及、摩洛哥和叙利亚，这部分人口占总人口的比例为5%～10%。[①] 2003年，北非国家和西亚阿拉伯国家仍然分别有5%和12%的人口在使用固态燃料，他们基本上与现代能源无缘。在大多数阿拉伯国家，木材的稀缺性使得木材消费平均水平低于世界水平的54%，事实上，发达国家的木材使用率仅为5%，而最不发达国家的平均水平却高达89%。中东实施能源

---

① United Nations Economic and Social Commission for Western Asia（ESCWA）/ League of Arab States（2005），*Progress Achieved on Energy for Sustainable Development in the Arab Region*，p. 5，http：//www. un. org/esa/sustdev/csd/csd14/escwaRIM_ bp. pdf，2018－07－25.

补贴政策的一个最主要目标，就是帮助中低收入群体获得他们能够负担得起的液体燃料、液化石油气和电力等多种形式的能源。随着能源补贴政策的实施，中东地区的通电率大为提升，20 世纪 90 年代，中东地区总人口约 2.55亿人，整个地区通电率达到 85.9%，大约还有 3600 万人所在地区尚未通电。到 2012 年，该地区总人口增至 4.01 亿人，整个地区通电率升为 96.2%，大约还有 1520 万人所在地区尚未通电。①

对高成本燃料实施补贴，提高能源普及率，对中低收入家庭起到了一定的保护作用。在社会安全网络不存在或不完善的情况下，从高燃料价格中保护低收入家庭被认为是能源补贴背后的关键因素之一。这一目标可以通过多种途径实现。有些中东国家政府针对燃料中最典型的柴油，向低收入家庭提供直接补贴，也可以进行间接补贴，因为柴油在公共交通领域被广泛运用，是低收入家庭的主要运输燃料，在农村地区也被农民广泛使用。有些国家向生产者提供经济补贴。补贴降低了能源生产成本，能源生产商向终端用户提供更低成本的能源消费商品，间接补贴中低收入群体的能源消费。此外，一些国家没有采取直接针对贫困人群的做法，而是采取国家垄断定价，使国内石油产品价格低于国际价格水平，而不管这些燃料是由贫困人群使用还是由富裕人群使用。因此，"能源补贴是重要的，即使不是唯一，也是欠发达国家构建社会安全网的支柱，并且相较于卫生和教育等福利支出，能源补贴更加重要"②。

第四，有利于履行社会契约，实现社会财富的再分配。在油气资源丰富的海湾国家，石油和天然气等自然资源属于自然财富，能源优惠、普惠和分享的思想被默认为一种根深蒂固的社会契约，政府提供低价燃料、水和电力是一种社会契约，低能源价格是统治者和公民之间社会契约的核心要素，是石油租金管理和分配的一种方式，这是租赁制国家的共有特征。一些学者研究发现，在中东国家，尤其是海湾阿拉伯国家合作委员会（以下简称"海合会"）国家，人们普遍认为享受低价能源是与生俱来的权利，通过石油与天然气开发，政府已经获得了巨额财富，因此政府应通过能源补贴的形式对国家财富进行再分配，使人民享受到油气财富和经济发展的红利。

第五，一定程度上有利于维护或实现社会稳定。应该说，一些中东国

---

① World Bank, "World Bank Data Bank, World Development Indicators 2017", "Access to Electricity (% of Population)", http: //data. worldbank. org/indicator/EG. ELC. ACCS. ZS, 2019 - 04 - 06.

② Ferdinand Eibl, "The Political Economy of Energy Subsidies in Egypt and Tunisia: The Untold Story", *Oxford Energy Review*, August 2017, p. 2.

家政府通过向油气生产商提供巨额补贴的方式降低国内能源价格，或直接或间接提供能源补贴，以达到消除民众不满情绪、维护社会和政治稳定的目的。在石油租金管理问题上，中东国家实行能源补贴和低价政策，既有安抚人民的作用，又有维护社会和政治稳定的目的。在 2012 年前后突尼斯、埃及发生社会政治动荡，波及一些海湾阿拉伯国家时，有关国家采取的政策效果最为明显。长期以来，为了获取民众对王室政权的支持，海合会国家大都实行从"摇篮到坟墓"的高福利、高能源补贴政策。必须看到，即便中东国家对能源补贴进行了改革，但中东部分国家内部政治、社会和宗教矛盾仍然尖锐，政府不得不持续扩大福利支出，缓慢进行能源补贴改革，以继续赢得民众支持，维持社会和政权稳定。

总的来看，在中东国家特定的政治经济环境中，能源补贴一定程度上具有促进经济发展、提供社会保障和维护政治稳定的功能。从政策效用看，中东地区油气资源丰富，油气开采、生产成本低廉，中东国家利用自有资源优势实施能源补贴政策，一定程度上促进了油气产业及钢铁、水泥、建筑和采矿等能源密集型产业的发展，油气产业发展成就显著，对中东国家的经济增长、物价稳定、国际收支平衡以及履行社会契约、保护低收入群体等经济社会发展目标，具有积极的带动和促进作用。对于长期动荡、政府更迭频繁的中东国家而言，政治稳定是重要目标，通过能源补贴实现的经济目标和社会保障目标，也有助于维护政治稳定。尽管如此，中东国家能源补贴的积极作用也不能被高估。

三　能源补贴政策实施中面临的问题

虽然能源补贴政策在降低能源价格、稳定物价方面起到了显著成效，在促进经济发展方面有一定的积极作用，但随着时间的推移，中东国家能源补贴的经济社会成本越来越高，不利影响逐渐显现。特别是 2014 年国际能源市场石油供过于求、油价低迷以来，中东国家出口和政府收入锐减，维持财政支付平衡困难，能源补贴难以为继，能源补贴改革不得不提上议事日程。

（一）能源补贴的经济成本及其不利影响

第一，能源补贴和低价能源政策鼓励和刺激了能源消费，导致了大量的能源浪费，降低了企业和民众节约能源的动力。统计资料表明，1980～2009

年，整个阿拉伯世界一次能源消费量翻了四番，年均增速为 4.5%，成为世界上仅次于亚洲的能源消费高增速地区，并且，多数国家的能源消费增速超过了人口和国内生产总值的增速。20 世纪 80 年代以来，海合会国家能源需求增长迅猛，年均增速超过了 6%，能源消费自 1980 年以来翻了五番。[①] 1980 年至 2015 年，中东国家一次能源消费增长了 5 倍，年均增长率为 5.4%，其中海合会国家年均增长率超过了 6%，增速仅次于亚洲。能源消费的迅速上升正日益削弱该地区的能源出口能力。其中，埃及、阿联酋和也门已分别成为石油、天然气和成品油的进口国。迅速增长的国内石油消费对沙特阿拉伯未来的出口潜力具有消极影响。沙特阿美石油公司总裁表示，如果沙特阿拉伯国内石油消费继续快速增长，到 2028 年，其石油出口可能下降多达 300 万桶/日。[②] 英国智库研究专家认为，按照目前的石油需求增速，到 2030 年，沙特阿拉伯将不再是石油出口国，而可能变成一个石油净进口国。[③]

过去 30 年来，世界各国的能源强度呈普遍下降趋势，受低价和补贴能源政策的影响，中东地区的能源强度却逆向发展，不降反升。进入 21 世纪以来，绝大多数中东国家的能源强度继续增长，人均能源强度进入了世界最高国家行列。阿联酋和沙特阿拉伯 1980 年以来的能源强度增长了 3 倍，沙特阿拉伯 2012 年人均石油与天然气消费量分别为每天 15.6 升和 9.4 立方米，分别为中国的 13 倍和 32 倍。[④] 目前，世界上能源强度最高的 10 个经济体中有 8 个来自中东国家。40 年前，中东人均能源消费不到经合组织国家水平的 50%，海湾国家目前的人均能源消费却远远超过了经合组织国家和其他工业化国家的水平。卡塔尔、科威特、阿联酋和巴林的人均能源消费居高位，卡塔尔为 17000 公斤石油当量，能源强度之高乃世界之最，巴林为近 9000 公斤石油当量。普遍的能源浪费现象造成的直接后果是能源利用效率的迅速降低。[⑤]

第二，巨额能源补贴成为国家的沉重财政负担，严重影响国家收支平衡和经济发展。能源补贴最明显的消极结果是政府不断累积和增长的财政支出

① BP, "BP Statistical Review of World Energy", June 2012, https://www.bp.com/en/global/corporate/energy – economics/statistical – review – of – world – energy. html, 2018 – 09 – 28.

② "Saudi Oil Chief Fears Domestic Risk to Exports", *Financial Times*, 26 April 2010.

③ "Saudi Arabia May Become Oil Importer by 2030, Citigroup", *Bloomberg*, 4 September 2012.

④ 笔者根据英国石油公司发布的 2013 年《世界能源统计评论》（*BP Statistical Review of World Energy*）中的石油消费数据、国际货币基金组织的世界人口统计相关数据整理、计算而成。

⑤ BP, "BP Statistical Review of World Energy", https://www.bp.com/en/global/corporate/energy – economics/statistical – review – of – world – energy. html, 2018 – 01 – 04.

负担，特别是进口能源的阿拉伯国家。埃及官方能源补贴账单从 2005 年的 72 亿美元增加到 2010 年的 119 亿美元，年均增长 21%，相当于埃及的财政赤字总额。非洲开发银行估计，埃及直接和间接的能源补贴实际成本高达 230 亿美元，相当于埃及国内生产总值的 11.9%。也门 2008 年花费在能源补贴上的财政支出占政府支出的 34% 以上，超过了教育和卫生支出总和的 1.5 倍。2008 年，叙利亚的能源补贴占政府支出的 34%。2015 年，科威特人均能源补贴为 1547 美元，为世界能源补贴最高的国家之一。2014 年，世界银行发布了一份关于能源补贴的报告，估计海合会国家每年用于燃料和电力补贴的金额高达 1600 亿美元，相当于海合会六国国内生产总值的 10%，其中沙特补贴额约占了一半。同一时期，埃及的能源补贴开支达到了政府总开支的 19.5%，也门也达到了政府总开支的约 1/3。① 2014 年中东主要国家能源补贴占国内生产总值比重如图 2 所示。

在众多中东国家，能源补贴的财政负担变得越来越不可持续，显然，能源价格和补贴政策的改革已经变得日趋迫切。随着 2014 年末国际油价的大幅下跌，油气产品出口收入的下降使得中东国家难以维持现有的能源补贴制度。2014 年、2015 年国际油价的大幅下跌使沙特阿拉伯的主要收入来源大幅减少，致使利雅得遭受了 2007 年以来最严重的政府预算赤字，政府不得不动用外汇储备和发行债券。② 沙特阿拉伯 2014 年出现了高达 540 亿里亚尔的财政赤字。2015 年 7 月，沙特阿拉伯政府被迫在 2007 年后首次发行债券，从当地银行借款 40 亿美元，以弥补低油价导致的预算赤字。③ 在油价低迷的情况下，绝大多数中东产油国均面临着较大的平衡预算压力。④

第三，长期补贴和能源低价政策有利于能源密集型产业的发展，却导致了产业结构的单一，妨碍了其他产业的发展，形成了"挤出效应"，不利于扩大和增加就业，不利于多元化经济发展。长期以来，石油和天然气在中东国家经济社会发展中具有举足轻重的地位和作用，油气产业一枝独秀的局面一

① IEA, "Fossil-Fuel Subsidies Database", 2017, http://www.worldenergyoutlook.org/resources/energysubsidies/fossilfuelsubsidydatabase, 2018 - 04 - 25.

② Luay Al Khatteeb, "Saudi Arabia's Economic Time Bomb", Brookings, 2015, https://www.brookings.edu/opinions/saudi - arabias - economic - time - bomb, 2018 - 03 - 29.

③ 《沙特政府发行 40 亿美元的债券》，参见商务部网站，http://www.mofcom.gov.cn/article/i/jyjl/k/201507/20150701042259.shtml, 2018 - 09 - 28.

④ Elena Holodny, "Here are the Break-Even Oil Prices for 13 of the World's Biggest Producers", 2015, http://www.businessinsider.com/break - even - oil - prices - for - all - the - major - producers - in - the - world - 2015 - 7, 2018 - 04 - 02.

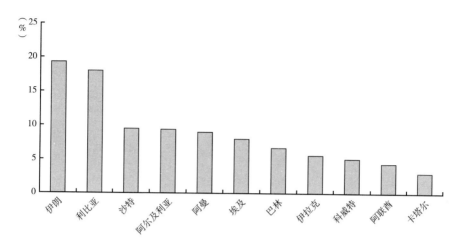

图 2　中东主要国家能源补贴占国内生产总值比重（2014 年）

资料来源：IEA，"Fossil – Fuel Subsidies Database"，2015，http：//www. worldener gyoutlook. org/resources/energysubsidies/fossilfuelsubsidydatabase，2018 – 07 – 12。

直存在。中东产油国的油气收入占国家出口收入的比重，从经济相对多元化的阿联酋的 33%，到具有高度出口导向的沙特阿拉伯和卡塔尔的 88%，再到阿尔及利亚和伊拉克的 97%，油气收入长期居高不下。石化工业对政府收入的贡献更加突出，从阿尔及利亚的 66%、也门的 62% 到多数海湾国家和利比亚的 80% ~ 90%，绝大多数中东产油国的政府预算和社会经济发展计划严重依赖能源工业发展和油气收入。[①] 另外，在绝大多数中东国家，制造业创造的附加值一直相对较低，其比重远不及采掘业创造的附加值，即使在也门和叙利亚这样较小的产油国也不例外。叙利亚采掘业创造的产值比制造业多 6 倍，一些海合会国家采掘业创造的产值比制造业多 10 倍，只有 6 个阿拉伯国家制造业创造的产值占国内生产总值的 10%。[②] 迄今为止，6 个海合会国家以及利

---

① 一些学者认为，衡量一个国家是否是依赖石油等自然资源的国家，有两个指标：非石油财政赤字平衡和非石油往来账户平衡。2006 年，沙特阿拉伯、科威特和伊朗两项赤字率分别为 51% 和 57%、84% 和 28%、27% 和 25%，远远高于同样是产油国的挪威的 4% 和 9% 的水平。John V. Mitchel and Paul Stevens，"Ending Dependence：Hard Choices for the Oil-Exporting States"，*A Chatham House Report*，2008，p. 11；吴磊、杨泽榆：《阿拉伯国家社会转型中经济发展面临的挑战》，《阿拉伯世界研究》2014 年第 5 期，第 12 ~ 24 页。

② John V. Mitchel and Paul Stevens，"Ending Dependence：Hard Choices for the Oil-Exporting States"，*A Chatham House Report*，2008，p. 11；吴磊、杨泽榆：《阿拉伯国家社会转型中经济发展面临的挑战》，《阿拉伯世界研究》2014 年第 5 期，第 12 ~ 24 页。

比亚和伊拉克，仍居世界上经济最不多元化的国家之列，也是最严重依赖石油创造经济产值、出口、政府收入，甚至制订社会经济发展计划的国家。石油和天然气产业以及石油化工行业属于资本密集型产业，在海合会国家，油气产业部门贡献了国内生产总值的50%以上，但其雇用的劳动力则不到5%。2010年，沙特阿拉伯矿业、石油和天然气产业雇用的劳动力是74212人，仅是私营部门全部劳动力的1%。也就是说，油气产业"可以创造好的工作，但不能提供更多的就业机会"，"这是石油国家资源诅咒和结构性问题不得不面临的风险"。[①]

（二）能源补贴的社会成本及其不利影响

中东国家能源补贴政策的社会成本和影响也不能低估。由于低收入群体能源消费较少，能源补贴实际上更多地保护了中高收入者的利益，加剧了社会的两极分化；各国补贴力度不一导致的能源价格差距也催生了能源走私犯罪；大量化石燃料的消费催生了严重的环境保护问题。

第一，能源补贴的社会安全网作用并没有显现出来，其对社会的稳定意义也没有被充分证明，能源补贴的不均加剧了社会的两极分化。虽然能源补贴一直被认为是保护低收入群体的重要社会保障手段，然而，在政策的具体实施过程中，消费能源较多的大型企业与中高收入家庭往往会得到更多的能源补贴。相关研究表明，能源补贴也难以真正实现减贫和促进社会稳定，能源补贴的主要受益者是少数高收入阶层。国际能源机构的数据表明，阿拉伯世界能源补贴的最大获益者是世界上人均收入最高者，大量的能源补贴流向了相对富裕的少数人口，而非大量的贫穷居民。[②] 国际货币基金组织的一项研究表明，埃及、约旦、毛里塔尼亚等国中最穷的1/5人口只享受到了柴油补贴总额的1%~7%，而最富有的1/5人口则获得了42%~47%。[③]

第二，能源补贴催生了大量能源走私犯罪。中东各国能源补贴水平不一，力度存在明显差异，燃油产品的价格区别较大。以2010年燃油价格为例，阿尔及利亚的汽油和柴油价格分别是每升0.32美元与0.17美元，摩洛哥的汽

① Daniel Yergin, *The Quest: Energy, Security and the Remaking of the Modern World*, Published by the Penguin Group, 2011, p. 294.

② Bassam Fattouh and laura EI-Katiri, *Energy and Arab Economic Development*, Oxford Institute for Energy Studies, 2012, pp. 60 – 61, http://www.arab – hdr.org/publications/other/ahdrps/ENGFattouh KatiriV2.pdfi, 2019 – 07 – 21.

③ C. Sdraleviched, *Subsidy Reform in the Middle East and North Africa: Recent Progress and Challenges Ahead*, Washington D. C.: International Monetary Fund, 2014, p. 14.

油与柴油价格分别为每升 1.23 美元和 0.88 美元，突尼斯的汽油与柴油价格分别为每升 0.94 美元和 0.82 美元。[①] 各国间燃料价格的巨大差异为能源走私提供了利润空间。阿尔及利亚的燃油产品被大量走私到摩洛哥、突尼斯、马里等邻近国家。该国政府因汽油走私，每年损失将近 20 亿美元收入。2013 年 7 月，阿尔及利亚能源部长优索福·尤斯菲（Youcef Yousfi）曾称，每年约有 15 亿升燃油从阿尔及利亚走私到邻国。[②]

第三，能源补贴也对地区的环境保护造成了不利影响，环境成本居高不下。中东低廉的化石燃料价格和能源补贴刺激了能源消费的增长，鼓励了能源浪费，抑制了节能，制约了风能、太阳能等绿色能源的使用，导致了温室气体排放量的增长。20 世纪 80 年代至今，中东地区人均二氧化碳排放量的年均增长率为 1.36%，是世界平均水平 0.20% 的 6 倍多。[③] 时至今日，卡塔尔、科威特、阿联酋和巴林的人均二氧化碳排放量为世界最高水平。其中，卡塔尔人均二氧化碳排放量超过 50 吨，世界平均水平仅为 4.6 吨。大量化石燃料的消费导致了严重的环境污染问题，目前科威特、阿联酋和沙特阿拉伯已经跻身世界上污染程度最高国家的行列，其中，科威特城在 2011 年成为世界空气污染最严重的第十大城市。[④] 在绿色能源发展方面，化石能源的挤出效应也非常突出，虽然一些中东国家政府也曾出台过绿色能源发展计划，但到目前为止该地区各国能源需求的 95% 以上仍旧依赖石油和天然气，只有埃及、摩洛哥、伊拉克和叙利亚建设了少量水电站，而太阳能发电的比例则不足 1%。[⑤]

四　能源补贴改革及其影响

如前所述，中东国家的能源补贴政策在实施过程中，既取得了预期的一

---

① World Bank, "World Development Indicators", 2017, http：//data. worldbank. org/indicator/ EP. PMP. DESL. CD, 2018 – 06 – 27.

② "Algeria Loses $2bn a Year to Fuel Smuggling", *Algeria Times*, September 1, 2016, Location：Africa, 参见 *GULF OIL & GAS*, http：//www. gulfoilandgas. com/webpro1/main/mainnews. asp？id =49246, 2017 – 02 – 24.

③ World Bank, "World Development Indicators", 2017, http：//data. worldbank. org/indicator/EP. PMP. DESL. CD, 2018 – 03 – 22.

④ WHO Database, "Outdoor Air Pollution in Cities", http：//www. who. int/phe/health _ topics/ outdoorair/databases/cities – 2011/en, 2017 – 04 – 23.

⑤ 依据英国石油公司 2016 年发布的《世界能源统计评论》（*BP Statistical Review of World Energy*, June 2016）有关统计数据计算而成。

些积极成效，也存在很多问题。由于能源补贴政策难以为继，中东国家相继
进行了缓慢改革。

（一） 能源补贴改革的主要内容

逐步取消、减少能源补贴，提高能源价格，成为中东国家能源补贴改革
的主要内容。其中，油气资源较为贫乏的摩洛哥、也门、约旦、突尼斯等国
为补贴改革的先行者。早在 20 世纪 80 年代，摩洛哥便迈出了燃料补贴改革
的步伐。最初，摩洛哥政府决定逐步削减对航空用油与部分能源密集型产业
（如水泥和化肥） 的补贴力度。1995 年，该国实施了第一次液体燃料价格改
革。2000 年，摩洛哥成功地把补贴支出降低到了占国内生产总值的约
1.7%。[1] 2006 年，摩洛哥政府再次取消煤油补贴，并减少对包括汽油、柴油
在内的部分石油产品的补贴，使汽油、柴油和煤油的税率分别上涨了 9%、
7% 和 8%。2012 年，严重的财政危机迫使该国政府进一步削减能源补贴，并
在 2013 年对石油产品实行新的价格机制，将国内市场与国际市场的价格并
轨。2014 年后，摩洛哥政府彻底取消了对汽油、燃料油和柴油的补贴。[2] 至
2015 年 1 月，该国的能源补贴只剩液化石油气（LPG） 一项。[3]

伊朗、利比亚、埃及、伊拉克等国家的能源补贴改革起步较晚。伊朗的
补贴改革较有代表性。2007 年，德黑兰开始实施能源补贴改革，大幅度提高
柴油和重燃料油的税率，柴油由每升 58.6 里亚尔（约合 0.0063 美元） 涨至
每升 4477 里亚尔（约合 0.484 美元），重燃料油由每升 30.8 里亚尔涨至每升
2803 里亚尔（约合 0.303 美元）。[4] 伊朗政府还加强了燃料监管以缓解燃料的
过度消费问题。[5] 2010 年，伊朗议会通过了补贴改革法案，减少或取消对能
源产品的补贴，计划在五年内分阶段削减补贴，最终使石油产品价格水平达
到不低于波斯湾离岸价格的 90%，天然气价格不低于出口平均价的 75%。[6]

[1] Paolo Verme, Khalid El-Massnaoui, *An Evaluation of the* 2014 *Subsidy Reforms in Morocco and a Simulation of Further Reforms*, Washington D. C. : World Bank, 2015, p. 5.

[2] Paolo Verme, Khalid El-Massnaoui, *An Evaluation of the* 2014 *Subsidy Reforms in Morocco and a Simulation of Further Reforms*, p. 3.

[3] 《摩汽油价格降至 14 年来最低点》，中国驻摩洛哥大使馆经济商务处网站，http://www. mofcom. gov. cn/article/i/jyjl/k/201501/20150100872536. shtml，2017 – 07 – 21。

[4] Maria Vagliasindi, *Implementing Energy Subsidy Reforms-Evidence from Developing Countries*, Washington D. C. : World Bank, 2013, p. 233.

[5] Dominique Guillaume, *Iran-The Chronicles of the Subsidy Reform*, Washington D. C. : IMF, 2011, p. 4.

[6] Maria Vagliasindi, *Implementing Energy Subsidy Reforms-Evidence from Developing Countries*, p. 234.

2010 年，伊朗政府启动了新一轮补贴改革计划，试图在五年内将伊朗国内能源价格提高到国际价格的 95%。同年 12 月，伊朗宣布了液态燃料的新价格体系，随后公布了天然气、电力和水的新税率，并允许提高出租车和公共交通的价格上限。2015 年 5 月，伊朗政府决定取消燃料补贴，正式实施"燃油单一价格制度"。[①] 汽油价格随之从 7000 里亚尔（约合 24 美分）/升提高到 1 万里亚尔（约合 34 美分）/升，柴油价格从 2500 里亚尔（约合 8 美分）/升增加到 3000 里亚尔（约合 9 美分）/升。[②]

石油资源最丰富的沙特阿拉伯凭借巨额的石油出口收入长期维持代价高昂的能源补贴制度。然而，在 2014 年国际油价大幅下跌的冲击下，迫于油价下跌带来的巨大财政压力，沙特阿拉伯政府决定削减能源补贴，对能源补贴制度进行改革。利雅得研究了国内消费行为和需求，并借鉴 25 个国家的改革经验，推出了改革的指导原则。其中，家庭用户改革原则应在保护家庭最低能源消费需求的前提下鼓励减少消费，并将改革节约的资金用于与家庭密切相关的医疗保健、住房等领域。非家庭用户改革原则要求对能源进行逐步提价，让受影响行业能够逐步适应，同时将改革节约的资金优先用于新兴产业。交叉原则要求有关部门根据市场情况定期更新能源价格，并提高公共事业部门服务水平，保障改革政策的公开透明。

2015 年沙特阿拉伯对能源和水的补贴占国家补贴总额的 80%。2016 年，利雅得对家庭和非家庭用户实施了第一阶段能源和水价改革，将家庭用户的汽油价格从原来的每升 0.45~0.60 里亚尔提至 0.75~0.90 里亚尔；非家庭用户的交通用柴油从每桶 10.60 美元提至 19.10 美元，工业用柴油从每桶 9.12 美元提价至 14.00 美元；非家庭用户的天然气价格，从原来的每百万英热单位 0.75 美元涨到 1.25 美元。在电价改革方面，沙特政府将家庭用户电力价格由每千瓦时 0.05~0.26 里亚尔微调至 0.05~0.30 里亚尔（见表 2）。[③] 通过上述补贴改革，沙特阿拉伯在能源领域的补贴支出减少了 45%。[④]

---

① "Iran Set to Overhaul Fuel Pricing and Set a Single Rate-official", *Oil & Companies News*, 26 May 2015, http://www.hellenicshippingnews.com/iran - set - to - overhaul - fuel - pricing - and - set - a - single - rate - official, 2017 - 01 - 24.

② 《伊朗启动实施燃油单一价格制度》，参见中国驻伊朗大使馆经济商务处网站，http://ir.mofcom.gov.cn/article/jmxw/201505/20150500985321.shtml，2017 - 04 - 21.

③ General Authority for Statistic Kingdom of SA, "Fiscal Balance Program: Balanced Budget 2020", 2016, https://www.stats.gov.sa/en/node, 2017 - 05 - 12.

④ 王俊鹏：《沙特削减能源补贴或将引发连锁反应》，《经济日报》2016 年 1 月 11 日。

表 2　沙特阿拉伯能源补贴改革实施前后部分能源产品价格对比

家庭用户			非家庭用户			
能源产品	旧价格（2016年之前）	2016 年价格	能源产品	使用部门	旧价格（2016年之前）	2016 年价格
汽油（里亚尔/升）	0.45 ~ 0.60	0.75 ~ 0.90	天然气（美元/百万英热单位）		0.75	1.25
电力（里亚尔/千瓦时）	0.05 ~ 0.26	0.05 ~ 0.30	热能（美元/百万英热单位）		0.75	1.75
			柴油（美元/桶）	交通	10.60	19.10
				工业	9.12	14.00
			HFO380 燃油（美元/桶）		2.08	3.80
			电力（里亚尔/千瓦时）	工业	0.14	0.18
				商业	0.14 ~ 0.26	0.18 ~ 0.30
				政府	0.26	0.32

资料来源：General Authority for Statistic Kingdom of SA，"Fiscal Balance Program：Balanced Budget 2020"，2016，https：//www. stats. gov. sa/en/node，2017 - 05 - 12。

此外，沙特阿拉伯还制定了下一阶段的改革路线图（见表 3）。在第二阶段，能源产品的价格将在 2017 ~ 2020 年继续提高。最终，沙特阿拉伯能源产品的价格将以相关产品的出口价格为参考。相关部门也会根据国际市场走向对国内能源产品的售价定期进行调整。

表 3　沙特阿拉伯 2017 ~ 2020 年能源补贴改革计划

年份	家庭用户	非家庭用户
2017	电力 100% 上调至参考价格	
2018		电力 100% 上调至参考价格
2019	视水利基础设施的准备情况，逐步将水价上调至参考价格	
		除丁烷、丙烷和天然气外全部能源产品分阶段上调至参考价格
2020	所有能源产品 100% 上调至参考价格	

资料来源：General Authority for Statistic Kingdom of SA，"Fiscal Balance Program：Balanced Budget 2020"，2016，https：//www. stats. gov. sa/en/node，2017 - 05 - 12。

(二) 能源补贴改革产生的初步影响

在中东地区，海合会国家属于能源补贴最多的地区。尽管提高能源价格、减少能源补贴的改革遇到了广泛反对，但海合会国家仍然逐步提高国内汽柴油价格，最终目标是与国际油价接轨，电力价格也逐步提高。2015~2018年，海合会国家的汽油价格平均每升由0.30美元提升至0.54美元，油价上涨了80%。中东能源价格改革降低了政府开支，取得了初步成效。2013年，摩洛哥的能源补贴改革成功地减少了政府财政赤字。① 2014年，价格指数机制的全面推行和补贴改革又使摩洛哥减少了近20%的补贴支出（占国内生产总值的1%）。② 2015年，摩洛哥补贴支出降至140亿迪拉姆，而这一数字在2012年曾经高达550亿迪拉姆。③ 伊朗2010年的补贴改革节约了近600亿美元（约占国内生产总值的15%）的政府财政开支。同时，汽油价格上涨使伊朗国内汽油消费由6600万升下降至5400万升，提升了伊朗成品油的出口能力，并产生了810亿里亚尔的额外收入。2016年，沙特阿拉伯的能源补贴改革节约了270亿~290亿里亚尔的财政支出，同时将能源消费增长率从2015年上半年的3.5%降低至2016年上半年的1.7%。④ 约旦通过改革也成功使补贴费用从2005年占国内生产总值的5.6%降至2010年的0.4%。⑤

中东国家的能源补贴改革虽然取得了一定的成效，但引起了普遍反对，不利影响也随之显现。从目前情况来看，削减能源补贴和提高能源价格，对几乎所有经济部门的发展和国民生活造成了影响，涉及国家的宏观经济。改革降低了民众的生活质量，并可能引起社会动荡。

第一，能源补贴的减少、降低和能源价格的提高对中东国家的宏观经济造成了冲击。能源补贴改革增加了社会的整体生产成本，对国家的国内生产

① Paolo Verme，Khalid El-Massnaoui，*An Evaluation of the 2014 Subsidy Reforms in Morocco and a Simulation of Further Reforms*，Policy Research Working Paper 7224，World Bank Group Poverty Global Practice Group，March 2015，p. 23.

② Paolo Verme，Khalid El-Massnaoui，*An Evaluation of the 2014 Subsidy Reforms in Morocco and a Simulation of Further Reforms*，Policy Research Working Paper 7224，World Bank Group Poverty Global Practice Group，March 2015，p. 22.

③ 《摩洛哥补贴制度将改革》，中国驻摩洛哥大使馆经济商务处网站，http：//ma. mofcom. gov. cn/article/ddfg/haiguan/201601/20160101244509. shtml，2017 – 05 – 20.

④ General Authority for Statistic Kingdom of SA，"Fiscal Balance Program：Balanced Budget 2020"，2016，https：//www. stats. gov. sa/en/node，2017 – 05 – 12.

⑤ Maria Vagliasindi，*Implementing Energy Subsidy Reforms-Evidence from Developing Countries*，The World Bank，Washington D. C.，2013，p. 74.

总值、消费、进出口贸易和投资等关键宏观经济指标均造成潜在影响。[①] 能源补贴改革导致的能源价格上涨，直接影响到严重依赖油气或电力产品的经济部门，如石化工业、运输业、钢铁工业等，对其他经济部门的间接影响也不容忽视。能源补贴的减少导致几乎所有经济部门的生产成本增加，减少了产业的利润，削弱了产业的竞争力。与此同时，能源成本上升还可能导致企业融资困难，影响到企业的长远发展。中东地区的乙烯产能占世界产能的 20%以上，该地区的乙烯、聚烯烃新建装置规模均为世界级水平。沙特阿拉伯、伊拉克、卡塔尔、阿联酋等国以天然气、液化天然气、石油为主要原料，建成了许多现代化的大型石油化工企业，大力发展乙烯、甲醇和塑料等化工产业，制造化工原料、燃料和汽车燃料，以及石化企业原料或冶金工业燃料。此外，中东国家一些能耗巨大的能源密集型产业如钢铁、水泥、建筑和采矿等部门也需消耗大量能源进行作业，伴随城市基础设施大力建设而发展的钢铁工业，其能耗需求还将不断上涨。沙特阿拉伯在 2016 年将非家庭用户的天然气价格，从原来的 0.75 美元/百万英热单位提高到 1.25 美元/百万英热单位；将非家庭用户的交通用柴油价格，从原来的 10.60 美元/桶提高到 19.10美元/桶，工业用柴油从 9.12 美元/桶提价至 14.00 美元/桶；将非家庭用户的HFO380 燃油价格，从原来的 2.08 美元/桶提至 3.80 美元/桶。阿曼于 2013年初，将国内工业用天然气价格提高了一倍（为 3 美元/百万英热单位），到2015 年将天然气价格翻了一番。各国纷纷针对工业用天然气和工业用油进行提价，这部分成本直接增加到石化、钢铁等产业的生产成本中。[②] 面对刚性能源需求，提高能源价格无疑会大幅增加企业的生产成本。沙特阿拉伯综合农业公司阿尔马莱（Almarai）声称，能源补贴改革导致的燃料和电力价格上涨使其成本在 2016 年增加了 3 亿里亚尔（约 8000 万美元）。为了减少灌溉导致的能源和水利成本，沙特阿拉伯政府还计划在 2019 年淘汰掉目前种植的高耗水型绿色饲料作物（主要是紫花苜蓿），仅此一项，将使沙特阿拉伯农业部门2021 年多支付 5300 万美元的饲料进口费用。

第二，能源补贴降低和能源价格上涨也对中东国家的物价和通货膨胀造成不利影响。对于消费者来说，补贴的降低与能源价格的上涨（相当于间接税的增加），难免会导致通货膨胀率的上升，造成实际收入与支付能力的下降。在这种情况下，为了回应生活成本的增加，民众很有可能会要求增加工

---

① Soheir Abouleinein, *The Impact of Phasing Out Subsidies of Petroleum Energy Products in Egypt*, *ECES Working Paper*, No. 145, 2009, p. 17.

② 参见沙特统计局官网，https://www.stats.gov.sa/en/node，2017 - 04 - 25。

资以弥补损失，加重通货膨胀，形成恶性循环。中东国家对柴油、汽油、煤油等石油产品进行提价，民众或企业需支付更高价格获取所需能源。也门在2005年7月将柴油、汽油和煤油的价格提高144%，2010年汽油提价25%、柴油提价11%，2014年推出"价格回调"政策，大幅提高汽油、柴油价格。[1]约旦从2005年开始逐步取消燃油补贴，到2008年2月取消了主要燃料产品补贴，普通汽油价格增长了33%，柴油和煤油增长了76%；从2014年开始按每年15%的增长率阶梯式增加银行和酒店等工商企业的电力价格。[2] 埃及逐步取消电力部门补贴，截至2016年7月，埃及工业部门的税率增加幅度为25%~40%。[3] 沙特对家庭用户的汽油和非家庭用户的交通用柴油、工业用柴油价格进行了调整。阿曼从2016年1月15日起，将优质汽油和普通汽油价格分别提高了33%、23%。[4] 此外，中东国家使用的水、电与高能耗的海水淡化产业和发电产业密切相关，因此水电价格配套调整成为其能源补贴改革的重要部分。摩洛哥从2014年8月1日起提高水、电价格，水费提高6%，居民用电价格提高6%，工业用电价格提高4%。[5] 沙特在2016年推动能源价格改革之后，微调了电价和水价。卡塔尔政府2015年10月开始实施阶梯水价和阶梯电价，加大对浪费水电行为的处罚力度。[6] 巴林政府从2016年2月开始逐步取消对非巴林人的家庭电力补贴。[7] 高燃料价格导致的产业成本增加将最终传导到消费者身上，使消费成本上升，引起消费者的损失。因此，能源价格大幅波动将造成通胀上行，减少经济效益。

第三，能源补贴的减少降低了民众生活质量，引起了民众的普遍不满，影响了社会稳定。单纯从社会福利的角度看，中东地区的居民长时间将能源

① Maria Vagliasindi, *Implementing Energy Subsidy Reforms-Evidence from Developing Countries*, Washington D. C. : World Bank, 2013, p. 258, https：//openknowledge. worldbank. org/handle/10986/11965, 2019 – 08 – 04.

② RCREEE, "Arab Future Energy Index TM (AFEX) Renewable Energy 2016", pp. 55 – 58, http：//rwww. creee. org/sites/default/files/final_ afex_ re_ 2016. pdf, 2019 – 08 – 01.

③ RCREEE, "Arab Future Energy Index TM (AFEX) Renewable Energy 2016", pp. 55 – 58, http：//rwww. creee. org/sites/default/files/final_ afex_ re_ 2016. pdf, 2019 – 08 – 01.

④ 《油价创12年来新低，海湾国家相继削减能源补贴》，中国商务部网站，http：//www. mofcom. gov. cn/article/i/jyjl/k/201601/20160101234176. shtml, 2018 – 09 – 24。

⑤ 《摩政府计划提高水、电价格》，中国驻摩洛哥大使馆经济商务处网站，http：//ma. mofcom. gov. cn/article/jmxw/201406/20140600636354. shtml, 2019 – 01 – 22。

⑥ 《卡塔尔加大对水电浪费行为处罚力度》，中国驻卡塔尔大使馆经济商务处网站，http：//www. mofcom. gov. cn/article/i/jyjl/k/201510/20151001134794. shtml, 2019 – 01 – 22。

⑦ RCREEE, "Arab Future Energy Index TM (AFEX) Renewable Energy 2016", pp. 55 – 58, http：//rwww. creee. org/sites/default/files/final_ afex_ re_ 2016. pdf, 2019 – 08 – 01.

补贴视为政府向民众分享国家财富的一种福利待遇，是一种社会契约，如今取消或降低补贴已经引起国民的不满。能源补贴改革不可能不对民众的实际收入和家庭福利造成影响。一方面，随着能源产品价格的上涨，民众将被迫在燃料与电力方面支付更多的费用；另一方面，随着社会生产成本的整体性上升与通货膨胀，诸如食品、日用品等消费品的价格也将提高。在此过程中，低收入群体将受到更大的影响。这可能引起社会的普遍不满，为社会动荡埋下伏笔。也门政府削减燃料补贴的改革就遭遇过民众的激烈反对。2005 年 7 月，也门政府宣布削减燃油补贴后，该国出现了大规模的反政府示威活动，冲突导致 20 多人丧生，300 多人受伤。2014 年 7 月，也门政府再次宣布燃油提价后，该国首都萨那爆发了大规模的民众示威游行，抗议政府在没有征询民众意见的情况下突然提高燃油价格。此次游行示威活动一直持续到 8 月底，引发了政坛动荡。① 2011 年 1 月，约旦政府公布将电价平均提高 9% 的能源补贴改革方案后，国内民众和工商界立即表达了不满，并组织了多次抗议活动。同年 3 月，约旦政府被迫中止实施提高电价计划，将电价恢复到调价前水平。② 此外，伊拉克、巴林、沙特阿拉伯、科威特等国的民众也均因能源价格上涨以及由此引发的商品价格升高，多次进行抗议。③ 2019 年 11 月 15 日，伊朗政府宣布上调汽油价格并实施新的配给制度，引发部分民众不满，该国多座城市爆发抗议示威活动。

（三） 政府的应对举措

为了抵消能源补贴改革给经济与社会发展带来的不利影响，中东国家出台了一系列应对措施。

第一，一些国家尝试在改革中建立燃料价格自动调整机制。这一机制替代了原有的价格管制体系，对削减能源补贴与保障国内市场燃料价格的稳定具有积极意义。1995 年，摩洛哥政府对液化石油产品的补贴机制进行改革时，建立了一个随鹿特丹市场价格变化而变化的国内价格指数机制。该机制规定，如果国际市场原油价格在最近两个月上下波动超过 2.5%，则相关部门将会重

---

① 《也门政府大幅提高燃油价格引民众不满》，新华网，http：//news. xinhuanet. com/world/2014 -07/30/c_ 1111871917. htm，2018 - 04 - 23。

② 《约旦政府中止提高电价计划》，中国驻约旦大使馆经济商务处网站，http：//www. mofcom. gov. cn/aarticle/i/jyjl/k/201203/20120308029241. html。

③ "GladaLahn, Fuel, Food and Utilities Price Reforms in the GCC-A Wake-up Call for Business", Chatham House Research Paper/Energy, Environment and Resources Department, June 2016, p. 14.

新评估国内主要液体石油产品的价格。[①] 2015 年 8 月，阿联酋也建立了国内汽油、柴油价格与国际油价的联动机制。[②] 阿曼与约旦也将国际油价、地区国家燃料售价作为参考依据，每月调整国内燃料的售价。[③]

第二，中东国家还在能源补贴改革中积极制定配套缓冲措施。为了减小改革对经济社会发展造成的冲击，尤其是为了避免低收入群体的利益受损，中东国家出台了一系列配套缓冲措施。其中，针对性的现金补贴是主要的缓冲措施之一，政府向特定人群发放一定量的现金或优惠券，以弥补生活成本上升带来的损失。[④] 此外，一些国家政府积极探索利用已有的社会保障体系，缓解能源补贴改革给民众生活带来的影响。2005 年能源补贴改革开始时，约旦政府增加了对社会福利系统的拨款，采取了一系列临时性措施，向主要劳动力是非政府雇员或退休人员的家庭发放现金补贴，给低收入的政府雇员和退休人员发放一次性奖金，增加公务员工资，维持每月消耗电力不到 160 千瓦家庭的电价，免除 13 种基本商品、节能产品和农产品的关税，减免部分餐厅的营业税，临时减免年营业额低于 140 万美元的出租车公司和公交公司的消费税。[⑤]

结　语

丰富的油气资源、石油财富以及广泛和普遍存在的能源补贴和能源低价政策，一直是中东国家经济社会发展的两个主要特征。半个多世纪以来，油气资源在中东社会经济发展中发挥了决定性的作用，使中东国家形成了独特的经济社会结构和发展道路。就能源与经济发展之间的关系而言，能源补贴和廉价能源消费政策具有特定的历史和市场基础，与中东地区丰富的自然资源赋权的社会契约思想，以及发展缓慢的多元化经济密切相关。能源补贴政

① Paolo Verme, Khalıd El-Massnaoui, *An Evaluation of the 2014 Subsidy Reforms in Morocco and a Simulation of Further Reforms*, Washington D. C. : World Bank, 2015, p. 4.

② IEA, *World Energy Outlook 2015*, Paris: OECD/IEA, 2015, p. 101.

③ 《阿曼上调汽、柴油价格》，中国驻阿曼大使馆经济商务处网站，http://www.mofcom. gov. cn/article/i/jyjl/k/201601/20160101232062. shtml，2017 – 09 – 21；关于约旦油价调整机制的内容，参见 Maria Vagliasindi, *Implementing Energy Subsidy Reforms-Evidence from Developing Countries*, Washington D. C. : World Bank, 2013, p. 77。

④ Bassam Fattouhand Laura El-Katiri E. , " Energy and Arab Economic Development ", *Arab Human Development Report*, Research Paper Series, 2012, pp. 44 – 45.

⑤ Maria Vagliasindi, *Implementing Energy Subsidy Reforms-Evidence from Developing Countries*, Washington D. C. : World Bank, 2013, pp. 75 – 76.

策也具有一定的历史地位和作用，有利于能源密集型产业的发展，有利于稳定商品价格，有利于低收入人群受益，有利于社会稳定，在一定程度上和历史条件下促进了中东国家的经济社会发展。

然而，能源补贴和廉价能源消费鼓励了资源浪费，刺激了能源消费需求的急剧增长，导致稀缺资源分配效率低下，抑制了节能投资和节能行为，阻碍了替代能源的发展，削弱了国家下游生产的竞争优势，增加了政府财政支出负担。总之，能源补贴和廉价能源消费政策未能体现稀缺资源的价值，是对稀缺资源市场供求关系的严重扭曲，是对市场配置资源的严重背离，最终不是促进而是阻碍了经济发展。就此而言，能源补贴改革势在必行，且意义深远。

中东国家的发展经验表明，石油财富不会自动实现经济繁荣、社会稳定和人类发展目标。只有调整经济结构，加快其他产业的发展，摆脱对化石燃料的依赖，努力实现经济的多元化发展，进行经济社会转型，才可能从根本上解决中东国家的"资源诅咒"问题，也才可能从根本上杜绝能源补贴问题，从而实现资源价格的完全市场价值。目前，部分中东国家的能源补贴改革迈出了重要的步伐，取得了部分成功，打破了恶性循环，说明能源补贴改革是可行的。一方面，这些能源补贴改革可使政府减少财政开支，为经济多元化发展节省宝贵资金。另一方面，随着能源补贴的削减与能源价格的上升，原有的能源密集型产业将会受到较大冲击，可促使经济结构朝着更加多元化的方向发展。

虽然改革红利潜力巨大，中东国家能源补贴改革却遭到了国内民众的普遍抵制和反对，进展缓慢，难以一蹴而就。改革也不可能一步到位。不论是从经济社会层面看还是从政治层面看，中东国家的能源补贴改革都是一项微妙和具有挑战性的任务。一方面，随着能源价格的上涨，粮食和其他基本商品的价格也将上涨，已经或可能再次触发大规模的社会抗议，影响政治稳定，"阿拉伯之春"的教训仍然在影响着中东国家的能源补贴改革进程和方向。另一方面，中东国家能源补贴改革的步伐深受国家财政能力和财政可持续性发展的影响，未来仍将如此。① 因此，迄今为止，中东产油国中没有一个国家的国内油价完全与国际市场接轨，能源补贴仍然普遍存在。能源补贴改革实质

---

① Laura E. Katiri, Bassam Fattouh, "A Brief Political Economy of Energy Subsidies in the Middle East and North Africa", *Oxford Institute for Energy Studies*, OIES Paper: MEP 11, February 2015, p. 14, https://www.oxfordenergy.org/publications/a - brief - political - economy - of - energy - subsidies - in - the - middle - east - and - north - africa/? v = 1c2903397d88, 2019 - 08 - 07.

上是利益调整，牵涉面广，不可能一蹴而就，必须分阶段调整和进行，前期的缓冲措施和社会保障体系的完善非常必要，补贴的效率和公平问题也必须兼顾。更加重要的是，维持经济发展和政治稳定，是确保能源补贴改革的重要前提。展望未来，中东国家能源补贴和能源消费政策的调整和改革，还有一段长路要走。

Energy Subsidies and Reforms in the Middle Eastern Countries

Wu Lei   Yang Zeyu

Abstract：For a long time, oil and gas resources and energy subsidies have been the main characteristics of economic and social development in the Middle Eastern countries, especially its energy consumption policy characterized by energy subsidies, which has a significant impact on the economic and social development of the Middle Eastern countries. The energy subsidy policy in the Middle Eastern countries has a specific historical, ideological and market basis, which is closely related to the rich oil and gas resources, the social contract ideology of natural resource empowerment and the slow development of economic diversification of the region. Energy subsidy policy has a certain historical status and positive role, but its negative and adverse effects are also obvious. It stimulates energy consumption, encourages waste of resources, leads to inefficient allocation of scarce resources, distorts market prices, hinders energy-saving investment and energy-saving behavior, reduces the competitive advantage of downstream industries, and increases the financial burden of the government. Energy subsidies fail to reflect the value of scarce resources, which is a serious distortion of the supply-demand relationship in the scarce resources market and a serious deviation from the market allocation of resources. In the end, energy subsidies do not promote, but hinder economic and social development. In this sense, the reform of energy subsidies in the Middle Eastern countries is imperative and of far-reaching significance. Nevertheless, the essence of energy subsidy reform in the Middle Eastern countries is interest adjustment, which covers a wide range of fields and is difficult to achieve over night. Although reform cannot be achieved in one step and the road is still long, the Middle East countries should persist in it.

Keywords: Oil and Gas Resources Development; Middle East; Energy Subsidy; Energy Consumption

（原文发表于《西亚非洲》2020 年第 1 期）

论中国与苏丹石油合作的动因

张 璀[*]

摘要： 中国与苏丹的石油合作是两国从各自的战略利益出发达成的一项互利共赢的合作。苏丹为了摆脱经济困境，将开发石油资源作为国家经济发展战略的重中之重。西方石油公司撤出苏丹后，苏丹需要其他国家的资金和技术帮助其开发石油。同时，苏丹还面临着西方国家的制裁，需要联合世界上反对霸权主义的发展中大国来应对西方的压力。中国自从 1993 年成为石油净进口国以后，对海外石油的需求不断增长。苏丹石油资源丰富，参与开发苏丹的石油资源能使中国的石油进口来源更加多元，有助于维护中国的石油安全。帮助苏丹开发石油资源还能增强苏丹自主发展经济的能力，继而加强苏丹维护独立和领土完整的能力。在对外政策上不屈服于强权压力的苏丹是中国在国际社会的坚定伙伴。这有利于中国拓展自己的战略空间，突破西方国家的制裁和封锁。

关键词： 石油合作 战略利益 中国 苏丹

1989 年，苏丹发生政变，巴希尔上台执政。新政府刚一上台，便谋求与中国开展石油合作，以期利用中国的技术和资金帮助其发展石油业。1995 年，中国与苏丹签署了第一份正式的石油合作协议。从这一年开始，中国企业对苏丹石油业进行了大规模投资，中苏石油合作大步发展。中国在苏丹的石油投资不但成为中国在海外的最大石油投资，而且也是迄今为止覆盖面最广、最完整的投资，涵盖了包括石油开采、加工、运输、销售在内的一整条产业链。

苏丹为什么会转向中国以寻求帮助其发展石油工业的外部支持？中国为什么会投资苏丹石油业？本文试从中国、苏丹两国各自的国内形势和国际环境入手，分析中苏两国进行石油合作的动因。

---

* 张璀，博士研究生，北京大学阿拉伯语系。

一　苏丹石油业发展回顾

苏丹的石油勘探活动始于 1959 年。当年，AGIB 公司进行了苏丹的第一次石油勘探活动，打了六口试验井，但没有发现任何存在石油和天然气的迹象。1970 年，苏丹总统尼迈里访华时向中国领导人提出过在石油和其他矿产开采领域进行合作。中方随后派遣了 50 名石油和矿业领域的专家前往苏丹进行相关考察，但最终双方并未达成实质性合作协议。1974～1975 年，苏丹政府先后授予美国雪佛龙公司和其他几家西方石油公司在苏丹勘探和开采石油的特许权。雪佛龙公司随后在石油勘探和开采上取得了突破，先后在本提乌和哈季利季发现了大量石油，并开始了开采作业。当时苏丹石油产量虽然不多，但已经引起了世界关注，一些西方报纸这样形容："苏丹躺在一片巨大的油湖之上。"[①]

这些石油资源大部分位于苏丹南部地区，苏丹政府于是计划修建一条连接苏丹南部油田和北部苏丹港的输油管道，并计划在苏丹北部兴建一座炼油厂。但这些动议遭到了南方领导人的反对，他们认为苏丹中央政府企图争夺南方的石油资源。对石油资源的争夺和其他原因导致了苏丹第二次南北内战的爆发。油田所在地区的安全环境严重恶化。雪佛龙公司的油田遭到苏丹南方反政府武装的袭击，造成该公司三名员工死亡。迫于安全形势，雪佛龙公司于 1985 年停止了其在苏丹的所有活动。随后，其他西方石油公司也相继退出了苏丹。

1989 年，巴希尔上台后，致力于从雪佛龙公司手中收回油田开采特许权。1992 年，苏丹政府通过一家有政府背景的私人公司收购了雪佛龙公司的特许权。在收回特许权后，苏丹政府迅速将此特许权中关于哈季利季油田、团结油田等的权利授予了加拿大国家石油公司。加拿大国家石油公司在 1996 年恢复了相关油田的开采，但日产量不到两万桶。苏丹政府认为其没有足够的技术和财力来实现石油的大规模开采。在苏丹政府的压力下，加拿大国家石油公司同意将部分股份转卖给中国石油天然气集团公司（下文简称"中石油"）、马来西亚国家石油公司（Petronas）和苏丹石油公司，并与这几家公司组成大尼罗石油作业公司。中石油拥有 40% 的股份。

随后，苏丹石油产量快速增长。1999 年，苏丹第一条输油管线建成并投

---

① د. جعفر كرار، العلاقات الصينية-السودانية -صناعة النفط نموذجا، مركز الدراسات السودانية، الطبعة الأولى، القاهرة، 2009، ص12.

入使用，该管线长达 1506 公里，连接哈季利季油田、团结油田与红海港口城市苏丹港。苏丹从石油进口国摇身一变成为石油出口国。2006 年，另一条长达 1370 公里的输油管线建成，将苏丹东南上尼罗州油田的原油输送到苏丹港。根据苏丹官方公布的数据，到 2009 年 2 月，苏丹石油日产量为 50 万至 53 万桶。①

二　转向中国：政治和经济利益考量下的战略选择

1989 年 6 月 30 日，在苏丹全国伊斯兰阵线的支持下，以陆军旅长巴希尔为首的一批中级军官发动政变，成功夺取政权。新政府成立后，前任政府遗留下来的严重经济问题成为摆在其面前的严峻挑战。1989 年 7 月，苏丹的债务据估计有 130 亿美元，每年的赤字相当于国内生产总值的 25%，通货膨胀率则为 80%～100%。② 内战更是捉襟见肘的苏丹巨大的财政负担。苏丹财政收入的 80% 被分配给了军队、警察和安全部门。③ 只要南方的战事不停，减少财政赤字便毫无希望。为了应对庞大的财政赤字和不断增加的外债，也为了获得支持南方战事的资金，苏丹政府亟须石油出口带来的收入。正因如此，苏丹新政府一上台就把发展苏丹石油产业列为优先事项。

此前，苏丹的石油业严重依赖西方石油公司的技术和资金。尼迈里当政后期，苏丹与美国的关系相当紧密。美国将苏丹视为防止苏联势力在该地区扩张的重要屏障，支持尼迈里开发南方的石油资源以巩固其政权。然而，巴希尔上台后奉行激进的伊斯兰主义路线，与美国的关系严重恶化。由于美国政府的压力，再加上苏丹南部战事没有在短时间内停息的迹象，雪佛龙公司等西方石油公司决定从苏丹撤资。在这样的背景下，苏丹不得不转向非西方国家，以寻求发展石油业所需的技术和资金。

在当时拥有相应技术和资金的非西方大国中，中国与苏丹之间的双边关系较好。两国之间有着传统友谊，都有遭受帝国主义侵略和殖民的惨痛历史。建交后，双方在涉及对方核心利益的问题上一直相互支持。中国为苏丹的建设和发展提供了大量援助，包括喀土穆友谊厅在内的一批中国援建工程给苏

---

① د. جعفر كرار، العلاقات الصينية-السودانية ـ صناعة النفط نموذجا، مركز الدراسات السودانية، الطبعة الأولى، ص.241.

② 罗伯特·柯林斯：《苏丹史》，徐宏峰译，中国大百科全书出版社，2009，第 270 页。

③ Elhadi Abdul SamadAbdalla，"Ethno-cultural Regionalism and the Hazards of Dismantling the Sudan State：A Conflict-management Perspective for National Integration"，*The Ahfad Journal*，December 2015，p. 54.

丹人民留下了良好的印象。正是这种传统友谊使苏丹新政权把中国视作可以信赖和依靠的大国。而且苏丹新政权也需要中国帮助其抵抗西方的压力。苏丹全国伊斯兰阵线领导人哈桑·阿卜杜拉·图拉比曾说："伊斯兰运动在可预见的与西方的冲突中选择中国作为依靠的大国。"[1]

在政变前一年，苏丹伊斯兰全国阵线领导人对中国进行过一次访问，哈桑·图拉比将这次访问描述为："我们的那次访问并非偶然，我们已经预计到当我们执政的时候，我们因为多种原因必须转向中国。"[2] 他所说的这些原因包括以下几点：

（1）苏丹需要开采石油所带来的迅速的经济发展；

（2）中国可以提供苏丹所需的一些简单技术；

（3）中国和苏丹一样，曾是殖民地半殖民地国家，并坚持不干涉别国内政的原则；

（4）中国专家吃苦耐劳，能在苏丹的环境中工作，而且他们尊重当地文化；

（5）苏丹新政权预计到西方会将其描述成宗教极端主义者，并对其采取孤立政策。苏丹选择转向中国而不是印度，是因为印度与巴基斯坦之间存在克什米尔争端。[3]

哈桑·图拉比说："我们希望通过我们的访问在政变以前使中国准备好接受苏丹政府里的新面孔和未来的伊斯兰政权……因为所有这些原因，我们在1988 年对中国的访问是我们夺权准备的一部分。"[4] 可见，苏丹伊斯兰主义者在上台以前就预见到了未来与西方的对抗，把争取中国的支持和援助作为应对的策略。苏丹经济委员会主席和能源部前部长萨拉赫·基拉尔说："我们预计到在控制能源业之后，中国由于其和苏丹的传统友谊和她基于和平共处和不干涉内政的对外政策，将成为苏丹能源领域潜在的伙伴国家。"[5]

巴希尔政府刚一上台，就通过多种渠道劝说中国参与苏丹的石油工业。根据苏丹经济委员会主席和能源部前部长萨拉赫·基拉尔的回忆，苏丹经济

① مقابلة جعفر كرار مع حسن الترابي، د. جعفر كرار، العلاقات الصينية-السودانية --صناعة النفط نموذجا، مركز الدراسات السودانية، ص22.

② مقابلة جعفر كرار مع حسن الترابي، د. جعفر كرار، العلاقات الصينية-السودانية --صناعة النفط نموذجا، مركز الدراسات السودانية، ص23.

③ د. جعفر كرار، العلاقات الصينية-السودانية --صناعة النفط نموذجا، مركز الدراسات السودانية، الطبعة الأولى، ص23.

④ مقابلة جعفر كرار مع حسن الترابي، د. جعفر كرار، العلاقات الصينية-السودانية --صناعة النفط نموذجا، مركز الدراسات السودانية، ص22.

⑤ د. جعفر كرار، العلاقات الصينية-السودانية --صناعة النفط نموذجا، مركز الدراسات السودانية، الطبعة الأولى، ص25.

委员会早在 1990 年就通过时任苏丹驻中国大使安瓦尔·哈迪·阿卜杜·拉赫曼博士向中国传达了和中国在能源领域进行合作的明确建议，并要求他探明两国在这一领域进行合作的可能性。① 同时，苏丹经济委员会主席与时任中国驻苏丹大使惠震在 1989 年到 1990 年间数次会面以促使中国考虑与苏丹在石油领域进行合作的可能性。②

1990 年，苏丹总统巴希尔访华，石油合作是其此行最重要的事项。据时任苏丹驻中国大使安瓦尔·哈迪·阿卜杜·拉赫曼回忆，总统在他和与其会面的每一位中国领导人，特别是中国国家主席会面时都强调：对遭遇经济困难的政府来说，石油项目十分重要。而中国领导人答应总统研究这一问题。③并且巴希尔总统指示大使将此事作为大使馆工作的最优先事项来推动。④ 随后，苏丹驻中国大使馆在 1990～1991 年频繁地与中国石油领域的负责人进行接触以说服中国对苏丹石油业进行投资。

与此同时，苏丹政府也在为中国公司进入苏丹石油业扫清障碍。一方面，苏丹政府与雪佛龙公司谈判收回相关油田的特许权；另一方面，苏丹政府军试图从南方反叛武装手中夺取油田所在地区的控制权，为石油的开采创造一个安全的环境。

由此可见，吸引中国投资苏丹石油业，与中国在石油领域开展合作是苏丹新政府实现其经济发展战略、改善其国际生存环境的重要决策。面对严峻的经济形势，苏丹政府不得不开辟新的财源。开采石油资源能为苏丹带来巨额财富，发展石油产业成为苏丹政府的首选。而在各大国中，苏丹之所以选择中国来帮助其发展石油产业，则是出于政治上的考量：首先，由于西方国家敌视苏丹的伊斯兰主义政权，苏丹需要借重中国的力量摆脱被孤立的困境、改善自己的国际生存环境；其次，中国作为一个发展中大国，向来坚持和平共处五项原则，不干涉别国内政，在此基础上与世界各国发展平等互利的合作关系，向包括苏丹在内的广大发展中国家提供了大量无偿援助，赢得了苏丹的信任。

---

① د. جعفر كرار، العلاقات الصينية-السودانية -صناعة النفط نموذجا، مركز الدراسات السودانية، الطبعة الأولى، ص25.

② د. جعفر كرار، العلاقات الصينية-السودانية -صناعة النفط نموذجا، مركز الدراسات السودانية، الطبعة الأولى، ص25.

③ د. جعفر كرار، العلاقات الصينية-السودانية -صناعة النفط نموذجا، مركز الدراسات السودانية، الطبعة الأولى، ص26.

④ د. جعفر كرار، العلاقات الصينية-السودانية -صناعة النفط نموذجا، مركز الدراسات السودانية، الطبعة الأولى، ص27.

三 投资苏丹：符合能源战略与外交战略的选择

中国起初对苏丹关于开展石油合作的建议并没有给予积极的回应。1991～1992 年，数个中国代表团对苏丹进行了考察性访问，苏丹经济委员会负责人组织他们到苏丹已开发的油田参观，希望使他们相信对苏丹石油业进行投资是有前景的。但是在考察结束后，中国方面并没有表达进行投资的意愿。据时任苏丹驻中国大使安瓦尔·哈迪·阿卜杜·拉赫曼在其任期总结报告中的说法，中国企业当时缺乏帮助苏丹进行石油开发的合适技术，他们建议大使寻找其他拥有更好技术的国家开采苏丹的原油。[①]

当时中国态度并不积极主要出于两个方面的考虑。第一，当时苏丹国内的安全局势并不乐观，苏丹的大部分油田位于南部交战地区，这使得在这一地区开展石油勘探和开采面临巨大的安全风险；第二，中国当时仍然是石油出口国，并不需要海外石油资源以弥补国内需求的不足。

然而，中国石油净出口国的地位很快就有了变化。随着中国国民经济的迅速发展，国内能源需求直线上升。1993 年，中国从海外进口了 991 万吨原油和精炼石油制品，[②] 标志着中国从石油净出口国变为石油净进口国。1994 年和 1995 年，由于中国采取了调控措施，中国的石油进口量并没有快速上升。而从 1995 年开始，中国的石油进口量直线上升。2000 年，中国的石油进口量为 7000 多万吨，几乎占总消费量 2.2 亿吨的 1/3。2013 年，中国石油对外依存度已经达到 57.4%。[③]

急剧上升的能源需求和使用煤炭造成的严重污染迫使中国对能源政策和能源开发战略进行了一系列调整，包括：调整能源结构，减少煤在能源消费中的比例，增加石油、天然气等其他能源的比例；积极开发周边海域和国外能源，努力实现多渠道进口油气，这便是所谓的外向型能源战略。[④] 其中，开发国外能源特别是石油、天然气是这一能源战略的重要组成部分。

---

① د. جعفر كرار، العلاقات الصينية-السودانية --صناعة النفط نموذجا، مركز الدراسات السودانية، الطبعة الأولى، ص.28.

② 潘光：《改革开放 30 年来的中国能源外交》，《国际问题研究》2008 年第 6 期，第 29 页。

③ 参见维基百科，http://zh.wikipedia.org/wiki/% E4% B8% AD% E5% 8D% 8E% E4% BA% BA% E6% B0% 91% E5% 85% B1% E5% 92% 8C% E5% 9B% BD% E6% 88% 98% E7% 95% A5% E7% 9F% B3% E6% B2% B9% E5% 82% A8% E5% A4% 87，2015 年 1 月 17 日。

④ 潘光：《改革开放 30 年来的中国能源外交》，《国际问题研究》2008 年第 6 期，第 30～31 页。

正是在这一战略的指导下，中国国有能源公司开始投资国外的油气产业。而就在苏丹积极开展外交活动以试图说服中国参与苏丹石油开发的时候，中国石油部门和企业开始对苏丹石油业的相关资料进行研究，包括苏丹方面和中国考察团提供的地图和信息，以及苏丹政府和外国公司签署的协议。这一研究到 1993 年初基本完成。

与此同时，苏丹政府在 1993 年完成了对油区的军事控制，为外国公司进驻油区开展作业扫清了安全上的障碍。此前，苏丹已从雪佛龙公司手中收回了特许权。至此，中国对苏丹石油业进行投资的所有障碍都已消除。

中国最后决定投资苏丹石油业，除了能源利益因素，还有对国家政治安全的考量。以邓小平为核心的党和国家领导集体冷静观察当时的国际形势，提出了"韬光养晦，有所作为"的外交战略方针。这一战略包括以下要点："中国不干涉别国内政，不利用别国，但也不怕制裁，不接受别国干涉我国内政"；"中国谁也不得罪，同谁都可以交朋友，同谁都可以打交道，但又坚持原则，不失尊严，胸中有数，趋利避害"；"中国坚持社会主义制度，坚定不移地走中国特色社会主义道路，但又不以社会制度为标准来处理国家关系，也不搞意识形态的争论"。[①]

本着这样的原则，中国在与包括苏丹在内的广大发展中国家发展关系时，始终坚持和平共处五项原则，不干涉别国内政，不以意识形态划线，尊重对方选择的社会制度和发展道路，追求合作共赢。当时，西方势力因苏丹新政权的意识形态对其施加压力和制裁，中国则尊重苏丹的社会制度和发展道路，继续发展与苏丹的友好关系和互利合作，苏丹也支持中国维护独立自主与核心利益的努力。

综上所述，中国与苏丹之间的能源合作不仅具有经济意义，也具有政治意义。投资苏丹石油业既是实施中国能源开发"走出去"战略的重要举措，也是中国广交朋友、打破西方封锁的外交策略。中国通过参与苏丹石油资源的开发，拓展了海外石油进口渠道，进一步保障了石油安全。同时，中国通过帮助苏丹开发石油资源，增强了苏丹自主发展经济的能力，继而加强了苏丹维护独立和领土完整的能力。在对外政策上不屈服于强权压力的苏丹是中国在国际社会的坚定伙伴。

1994 年 1 月，中国外交部长钱其琛率领代表团访问苏丹。当时苏丹已被

---

① 宫力、王红续：《新时期中国外交战略》，中共中央党校出版社，2014，第 94 页。

美国当局列为支持恐怖主义的国家，此访在政治上具有重大意义。访问期间，钱其琛外长向苏方传达了中国参与苏丹石油开发的决定。1995 年 6 月，苏丹能源部长萨拉赫·基拉尔访问北京，双方签署了第一份正式的中苏石油合作协议。1995 年 9 月 24 日至 29 日，苏丹总统巴希尔访华期间达成了建立苏丹 - 中国采掘公司的协议，并签署了产品分成协议。中国从提供给苏丹的总额为 1.5 亿元人民币的优惠贷款中拨出 1 亿元人民币（约合 1250 万美元）用以支持苏丹的石油工业。同时，中国国家石油公司拨出 1 亿元人民币用以发展六号区块的生产。从此，中苏石油合作进入了实施阶段，中石油开始在苏丹开展作业。

结　语

中国与苏丹的石油合作是两国从各自的战略利益出发达成的一项互利共赢的合作。苏丹为了摆脱经济困境、实现经济的快速发展，将开发石油资源作为国家经济发展战略的重中之重。西方石油公司撤出苏丹后，苏丹急需其他国家的资金和技术帮助其开发石油。同时，苏丹还面临着西方国家的制裁，需要联合世界上反对霸权主义的其他国家特别是发展中大国应对西方的压力。中国一贯奉行和平共处五项原则，不干涉他国内政，中苏两国之间有着传统友谊。在此基础上，苏丹政府做出了与中国在石油领域开展合作的战略选择。

中国自从 1993 年成为石油净进口国以后，对海外石油的需求不断增长。在这样的背景下，中国将开发海外石油资源作为石油开发战略的一部分。苏丹石油资源丰富，参与开发苏丹的石油资源能使中国的石油进口来源更加多元化，有助于维护中国的石油安全。同时，帮助苏丹发展石油产业是对苏丹维护独立自主和领土完整的重要支持。这有助于中国拓展自己的战略空间，突破西方国家的制裁和封锁。

中苏在石油领域的合作是两国在面对西方国家干涉、制裁时共同采取的发展两国关系的战略选择，是服务于两国能源战略利益的互利合作，也是对中苏传统友谊的发展和深化。

On the Motivation of China-Sudan Oil Cooperation

Zhang Jin

Abstract: The oil cooperation between China and Sudan is a mutually beneficial and win-win cooperation between the two countries from their respective strategic interests. In order to get rid of the economic dilemma, Sudan has regarded developing oil resources as the top priority of the national economic development strategy. After the withdrawal of Western oil companies from Sudan, Sudan urgently needs funds and technology from other countries to help them develop oil. At the same time, Sudan is also facing sanctions from Western countries and needs to unite with the developing countries that oppose to hegemonism in the world to cope with Western pressures. The demand for overseas oil has continued to grow since China became a net importer of oil in 1993. While Sudan is rich in oil resources, China can participate in the development of Sudan's oil resources to make China's oil import sources more diverse and help maintain China's oil security. In addition, it can help Sudan to enhance Sudan's ability to develop its own economy, thereby strengthen Sudan's ability to maintain independence and territorial integrity. Sudan that does not succumb to the pressure of power is China's firm partner in the international community, which will help China expand its strategic space and break through the sanctions and blockades of Western countries.

Keywords: Oil Cooperation; Strategic Interests; China; Sudan

中国对伊拉克石油投资的风险分析

戚　凯[*]

摘要： 随着伊拉克马利基政府向全球能源企业开放国内石油领域的投资，中国三大国有石油企业积极推进对伊拉克的石油投资，并取得了实质性进展。与此同时，中国对伊拉克的石油投资仍面临中美在伊拉克的利益冲突、伊拉克国内安全局势恶化、当地投资与经营环境不佳、国际油气市场动荡等一系列潜在风险。为切实保障中资油企在伊拉克的投资利益，中方需通过加强中美战略对话、夯实双方战略共识，恪守不干涉内政原则、保证对外投资中立性，提升政府公共外交能力、塑造良好企业形象，建立投资风险评估与应急机制等手段来应对和管控中国对伊拉克石油投资的风险。

关键词： 石油投资　伊拉克　中资油企　投资风险

随着伊拉克政府着手实施和推进石油产业复兴计划，并向国际能源企业提供准入机会，[①] 中国三大国有石油公司[②]牢牢抓住了伊拉克战后石油工业重建的历史机遇。经过努力，中国公司在油田占有面积、出产量等指标上均远超在伊投资的欧美跨国石油公司。在认可中国对伊拉克石油投资成功的同时，也需要清醒地认识到其中存在的风险。本文在考察伊拉克石油产业特点和中国在伊拉克石油投资状况的基础上，分析了中国对伊拉克石油投资面临的挑战与风险，并尝试提出应对方案。

---

[*] 戚凯，博士，北京市社会科学院外国问题研究所助理研究员。

① Iraq Ministry of Oil，"Petroleum Contracts and Licensing Directorate"，http：//iraqenergy. org/home/downloader. php？ file = 8. pdf，最后访问日期：2016 年 10 月 10 日。

② 中国三大国有石油公司即中国石油天然气集团公司（CNPC，以下简称"中石油"）、中国石油化工股份有限公司（SINOPEC，以下简称"中石化"）和中国海洋石油有限公司（CNOOC，以下简称"中海油"）。

一　伊拉克石油开发的基本情况

一般来说，储藏量、开采量、炼化能力与运输能力是衡量石油工业发展情况的四项主要指标。目前，伊拉克国内石油开发呈现出开发能力与储量大国地位不相称、炼化与运输能力严重不足两大特点。

（一）开发能力与储量大国地位不相称

伊拉克是世界上石油探明储量较丰富的国家之一。截至 2015 年 1 月，伊拉克已探明的石油储量约为 1440 亿桶，在全球排名第五，分别占中东地区和全世界石油探明储量的 18% 与 9%。① 伊拉克石油部在其国内划分了 18 个石油产区，其中已探明的超大型油田有 9 个，单个储量均超过 50 亿桶；大型油田有 22 个，单个储量均超过 10 亿桶。伊拉克 70% ~ 80% 的石油资源分布于南部与东南部地区，其余的 20% 分布于北部地区，即库尔德自治区政府控制区。②

虽然伊拉克石油资源丰富，但由于长期战乱与国际制裁，其石油开采能力一直处于超低水平。20 世纪 80 年代爆发的两伊战争更是使伊拉克石油出口量锐减，③ 20 世纪 90 年代初的海湾战争和 21 世纪初的伊拉克战争又对伊拉克石油生产与出口造成了毁灭性打击。

---

① 不同机构发布的世界各主要产油大国的储量估测与排名数据各有不同。美国中央情报局与能源信息署均认为伊拉克石油储量位居全球第五，位于委内瑞拉、沙特阿拉伯、加拿大与伊朗之后；2010 年伊拉克石油部则认为其石油储量位居全球第二，仅次于沙特阿拉伯；中国外交部网站有关数据显示，伊拉克石油探明储量为 220 亿吨。尽管有分歧，但国际社会普遍认为伊拉克的石油探明储量超过 1400 亿桶，且还有大量的未探明储量，这足以证明伊拉克作为主要石油储藏大国的地位。参见："World Factbook-Iraq", U. S. Central Intelligence Agency, https：//www. cia. gov/library/publications/the - world　factbook/geos/iz. html，最后访问日期：2016 年 10 月 12 日；"Country Analysis Brief：Iraq", U. S. Energy Information Administration, https：//www. eia. gov/beta/international/analysis. cfm? iso = IRQ，最后访问日期：2016 年 10 月 12 日；《伊拉克国家概况》，中国外交部网站，http：//www. fmprc. gov. cn/web/gjhdq_ 676201/gj_ 676203/yz_ 676205/1206_ 677148/1206x0_ 677150/，最后访问日期：2016 年 10 月 13 日；宋聃、徐俨俨：《伊拉克已探明石油储量上升至 1431 亿桶跃居全球第二》，新华网，http：//news. xinhuanet. com/world/2010 - 10/05/c_ 12630277. htm，最后访问日期：2016 年 10 月 13 日。

② 伊拉克石油部：《伊拉克石油分布概况》（阿拉伯文），https：//www. oil. gov. iq，最后访问日期：2016 年 10 月 13 日。

③ Issam Chalabi, "Iraq's Uncertain Oil and Political Prospects, MEES Report", Vol. 50, No. 49, December 3, 2007, pp. 6 - 16.

在战后重建时期，伊拉克新政府始终致力于恢复和提升石油开采能力，但增产工作并不顺利。目前，伊拉克具备开采条件的油田主要包括：位于南部的鲁迈拉（Rumaila）、西古尔纳一区（West Qurna - 1）、西古尔纳二区（West Qurna - 2）、祖拜尔（Zubair）、马吉努（Majnoon）、加拉夫（Garraf）、米桑油田群（Missan fields）等大型油田及其他若干小型油田，产能共计约为332 万桶/日；[①] 位于中部的阿赫代布（Al-Ahdab）、巴德拉（Badra）油田及其他小油田，产能共计约为 18 万桶/日；位于北部的基尔库克（Kirkuk）、拜哈桑（Bai Hasan）、卡巴兹（Khabbaz）和坚布尔（Jambur）油田及其他小型油田，产能共计约为 52.5 万桶/日；库尔德自治区另有陶克（Tawke）、塔克塔克（Taq Taq）、赛坎（Shaikan）等大型油田及其他小型油田，产能共计约为 42.7 万桶/日。[②] 显然，伊拉克当前实际产能远低于已探明油田的可开采量，尤其是整个中部地区的油田至今少人问津，其余正在作业的油田生产能力也严重不足。

据统计，从 1986 年至 2016 年，伊拉克的石油产量起伏不定，呈现出三个重要特征：第一，产量波动幅度剧烈；第二，战后的产量虽有明显提升，但产能依然与其自身的资源禀赋地位严重不相称；第三，横向对比来看，伊拉克的石油产量远逊于沙特等国的同期产量。1986～2016 年伊拉克与沙特年度日均石油产量对比如图 1 所示。

（二）炼化与运输能力严重不足

伊拉克的石油冶炼设施主要分布于巴格达（Baghdad）、巴士拉（Basra）、哈迪赛（Al-Hadithah）、哈那根（Khanaqin）、基尔库克与卡亚拉（Qayyarah）地区，其中大部分相关设施在历次战乱中均遭到不同程度的损坏。目前，在伊拉克北部、中部和南部地区仅有 15 座炼化厂，总处理能力为 108.6 万桶/日，不足其目前原油产量的 1/3。其中，北部炼化厂无论在数量上（7 座）还是在炼化能力上（41.2 万桶/日）均处于最高水平。[③] 尽管伊拉克政府正设法

---

① 2015 年 12 月 13 日，伊拉克负责石油合同与许可证发放事务的官员阿卜杜·马哈迪·阿米迪（Abdul Mahdy Al-Ameedi）就伊拉克石油开发现状向国会进行了汇报，其中详细介绍了伊拉克各大油田的基本情况及开发现状，参见《伊拉克石油开发合同总览》（阿拉伯文），伊拉克石油部致国会报告，2015 年 12 月 13 日。

② "Country Analysis Brief: Iraq", U. S. Energy Information Administration, https://www.eia.gov/beta/international/analysis.cfm? iso = IRQ，最后访问日期：2016 年 10 月 12 日。

③ "Industry in Iraq", Middle East Arab, April 20, 2010, http://middleeastarab.com/iq/industry - iraq.html，最后访问日期：2016 年 10 月 20 日。

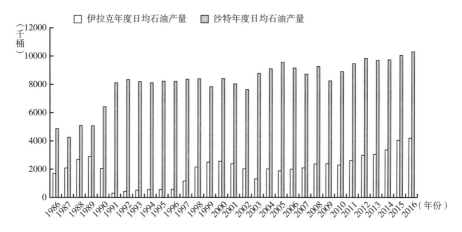

图 1　伊拉克与沙特年度日均石油产量对比（1986～2016 年）

注：统计内容包括原油与伴生气凝析油。

资料来源：U. S. Energy Information Administration，http：//www. eia. gov/beta/international/，最后访问日期：2017 年 3 月 29 日。

鼓励外资积极投资石油炼化产业，但由于政府要求炼化所得的大部分成品油必须在伊拉克境内以政府指导的低价销售，因此外资的投资动力明显不足。

　　除了炼化能力不足外，伊拉克的原油管道运输能力也严重不足。目前，伊拉克境内共有 7 条石油运输管线（包含跨国管线），其中完全正常运行的为库尔德自治区管线（KRG Pipeline）和挪威德诺石油公司土耳其至库尔德管线（DNO-KRG Pipeline），均处于库尔德自治区内，并连接土耳其的输油管线；部分正常运行的为土耳其杰伊汉管线（Turkey Ceyhan Pipeline），其中有一条 40 英寸口径的管道可用，这条管线也位于库尔德人控制范围内；另外三条分别通往土耳其、海湾与叙利亚的管线，即伊拉克至土耳其管线巴格达段（Baghdad Section of Iraq to Turkey Pipeline）、基尔库克至巴尼亚斯管线（Kirkuk-Banias Pipeline）、战略管线（Strategic Pipeline），均处于停运或损毁状态；还有一条伊拉克至沙特的跨国管线（Iraq Pipeline to Saudi Arabia），从伊拉克南部的油田通往位于沙特境内的石油港口，但伊拉克境内的部分处于停运状态。① 库尔德自治区政府对区域内石油产业的控制完全独立于伊拉克中央政府，伊拉克境内四条正常运营或部分正常运营的管道也都处于库尔德人控制之下，基本上只用于输送库尔德区域内油田出产的石油。

---

　　① "Country Analysis Brief：Iraq"．

因此，当前伊拉克石油部管理下的广大油田尚不具备任何通过管道输送石油的途径。

近年来，尽管伊拉克中央政府提出了新的管道建设规划，如从巴士拉到基尔库克、从哈迪赛到约旦亚喀巴港（Al-Aqabah）的战略管线，但这些规划至今仍处在筹备阶段，短期内看不到任何启动的迹象。因此，伊拉克石油部的石油出口基本上只能依赖港口，而这些港口全部位于南部地区，其中最大的为巴士拉港，其日出口能力约为 130 万桶，另外还有若干中小型港口可供出口。然而，港口出口方式也存在脆弱性，一旦遭遇港口工人罢工或其他突发情况，石油出口将遭受严重影响。

由此可见，尽管伊拉克是一个石油资源极为丰富的国家，但受到长期战乱、重建缓慢、恐怖主义、少数民族分离主义等复杂因素的影响，其开采、炼化与运输能力均严重不足，与其石油储藏大国的地位形成鲜明对比。当然，这从另一个角度表明伊拉克的石油产业仍具有难以估量的潜力。当前，伊拉克仍未进入全面和平与稳定的状态，主要的发达国家能源企业对在伊拉克投资仍然抱有很强的警惕心理，因此伊拉克政府很难从西方国家吸引到足够的投资。相比之下，中国的国有石油企业与投资者既拥有雄厚的资本，又对伊拉克的石油潜力充满了兴趣，已逐步成为伊拉克石油开发领域的主要力量。

二　中国在伊拉克石油投资的现状与特点

2009 年 4 月，伊拉克石油部向国际社会公布了第一轮石油开发招标的最后方案，最终有 35 家跨国石油企业获得了参与投标的资格，其中包括中国的中石油、中石化、中海油与中国中化集团（Sinochem，以下简称"中化"）。[①] 截至 2016 年 11 月，伊拉克石油部总共举行了五轮针对跨国石油公司的招标工作，中石油、中石化与中海油均获得了投资机会。

（一）中石油在伊石油投资的现状

2008 年 8 月，中石油与中国北方工业集团（Norinco）合资的下属企业绿洲石油公司与伊拉克国有北方石油公司（North Oil Company）重新签署了价值 30 亿美元的合同，开始对阿赫代布油田进行开发，成为伊拉克新政府在战后

---

① John Lee, "Petroleum Contracts and Licensing Directorate", *Iraq Business News*, April 23, 2009, http：//www. iraq – businessnews. com/tag/petroleum – contracts – and – licensing – directorate/，最后访问日期：2016 年 11 月 3 日。

启动的第一个大型对外石油合作项目。① 不过，与当年的产品分成合同不同，新的合同为技术服务合同，绿洲石油公司向伊拉克提供技术咨询、石油工人与开采设备，但不能参与开采石油所得利润的分成，只能按开采桶数以现金或原油形式获得"服务费"。②

2009 年 6 月 30 日，伊拉克石油部拿出 8 块油气田进行首轮招标，中石油与英国 BP 集团联合组成的财团拍得了鲁迈拉油田的技术服务合同，③ 合同有效期为 20 年。其中，BP 集团占股 38%，中石油占股 37%，其余股份由伊拉克国有石油营销组织（State Organization for Marketing of Oil）持有。④ 2014 年 9 月，联合财团又更新了合同，BP 集团占股提升至 47.6%，中石油占股提升为 46.4%，有效期延长 5 年，目标产量降至 210 万桶。⑤ 2009 年 12 月 11 日，伊拉克举行第二轮对外公开油田招标，由中石油、法国道达尔（Total）以及马来西亚国家石油公司（Petronas）组成的财团以每桶 1.4 美元的服务费报价中标哈法亚油田，中石油在财团中占股 50%，其余两家公司各占 25%。2010 年 1 月 27 日，各方共同签署了技术服务合同，中石油占股 37.5%，马来西亚国家石油公司与道达尔各占股 18.75%，其余股份由伊拉克国有南方石油公司（South Oil Company）占有。⑥ 另外，2013 年底，中石油通过下属全资子公司收购了埃克森美孚（Exxon Mobil）持有的伊拉克西古尔纳一区油田技术服务合同 25% 的权益，但埃克森美孚仍然拥有对该油田的操作权。⑦

---

① Amit R. Paley, "Iraq and China Sign ＄3 Billion Oil Contract", *Washington Post*, August 29, 2008, http://www. washingtonpost. com/wp－dyn/content/article/2008/08/28/AR2008082802200. html, 最后访问日期：2016 年 11 月 5 日。

② Erica Goode and Riyadh Mohammed, "Iraq Signs Oil Deal with China Worth up to ＄3 Billion", *New York Times*, August 28, 2008, http://www. nytimes. com/2008/08/29/world/middleeast/29iraq. html, 最后访问日期：2016 年 11 月 5 日。

③ 粟振清：《热点聚焦：伊拉克石油招标引人注目》，《中国石油报》2009 年 7 月 14 日，第 6 版。

④ "CNPC and BP to Rejuvenate Iraq's Rumaila Oilfield", CNPC, http://www. cnpc. com. cn/en/CNPCandBPtorejuvenateIraqsRumailaOilfield/CNPC_ and_ BP_ to_ rejuvenate_ Iraqs_ Rumaila_ Oilfield. shtml, 最后访问日期：2016 年 11 月 5 日。

⑤ "BP, CNPC Raise Shares in Iraq's Rumaila Oilfield-Iraqi Official", Reuters, September 7, 2014, http://uk. reuters. com/article/iraq－oil－Rumaila－idUKL5N0R80AZ20140907, 最后访问日期：2016 年 11 月 5 日。

⑥ "Iraq: Total and Partners PetroChina and Petronas to Develop the Halfaya Oil Field", Total, January 28, 2010, http://www. total. com/en/media/news/press－releases/iraq－total－and－partners－petrochina－and－petronas－develop－halfaya－oil－field, 最后访问日期：2016 年 11 月 5 日。

⑦ "Exxon to Sell Stakes in Iraq Field to PetroChina, Pertamina", *Wall Street Journal*, November 28, 2013, http://www. wsj. com/articles/SB10001424052702304017204579225492213548538, 最后访问日期：2016 年 11 月 9 日。

（二）中石化与中海油在伊石油投资的现状

2009 年 6 月 25 日，中石化宣布以 72 亿美元的价格收购瑞士艾达克斯（Addax）石油公司，后者是最早进入伊拉克北部库尔德自治区开展业务的外国石油公司，这桩收购业务使中石化得以顺利进入伊拉克库尔德自治区，并获得塔克塔克油田的开采权及相应的炼化设备。① 塔克塔克油田的产能约为 13 万桶/日，中石化与库尔德自治区政府签订了传统的产品分成合同。② 但考虑到库尔德自治区的特殊政治地位，中石化在伊拉克的运营范围也被牢牢限制在这一地区，伊拉克石油部对中石化在库尔德地区的投资曾多次表达过不满，并限制中石化在库尔德自治区以外的任何投资。③

2010 年 5 月，中海油与土耳其国家石油公司联手，与伊拉克政府达成协议，得到米桑油田群的技术服务合同。④ 中海油官方通告称："米桑油田群技术服务合同为期 20 年，中海油承诺在 6 年内将该油田群的产量提高到 45 万桶/日。根据合同规定，如能在目前基础上将油田群的日产量提高 10%，公司即可获得最高每桶 2.3 美元的酬金，并通过成本回收机制回收公司的投入。根据合同，中海油将担任该油田群的作业者并拥有 63.75% 的工作权益，土耳其国家石油公司拥有 11.25% 的权益，伊拉克当地公司——伊拉克钻井公司则拥有其余 25% 的权益。"⑤

（三）中资石油公司在伊石油投资的特点

伊拉克石油部又先后于 2010 年 10 月与 2012 年 5 月举行了第三轮和第四轮油气田开采招标，但中石油、中石化、中海油与中化均未参与。2016 年 11 月 10 日，伊拉克石油部临时宣布，原计划于 11 月 30 日举行的新一轮中小型

① "Addax Takeover to Take Sinopec into Iraq", *Financial Times*, June 25, 2009, http://www.ft.com/cms/s/0/290095b6 - 60a9 - 11de - aa12 - 00144feabdc0.html#axzz45a7mJiSL，最后访问日期：2016 年 11 月 9 日。

② "Country Analysis Brief: Iraq", U. S. Energy Information Administration, https://www.eia.gov/beta/international/analysis.cfm? iso = IRQ，最后访问日期：2016 年 10 月 12 日。

③ "UPDATE 1 - Iraq Could Blacklist Sinopec After Addax Deal", Reuters, August 24, 2009, http://www.reuters.com/article/uk - sinopec - iraq - addax - idUKTRE57P3M020090826，最后访问日期：2017 年 1 月 5 日。

④ 陈竹：《中海油财团获得伊拉克米桑油田群技术服务合同》，财新网，http://companies.caixin.com/2010 - 05 - 17/100144628.html，最后访问日期：2016 年 11 月 9 日。

⑤ 《中海油宣布中标伊拉克 Missan 油田群技术服务合同》，中海油网站，http://www.cnoocltd.com/art/2010/5/17/art_ 6601_ 1650601.html，最后访问日期：2016 年 11 月 28 日。

油田招标活动将被延迟至 2017 年年中以后。①

当前，中石油、中海油与中石化均成功开展了在伊拉克的石油业务，并且成果较为显著（见表 1）。

表 1 中石油、中海油与中石化在伊拉克石油投资情况

单位：千桶/日

公司	合作开始日期	开发油田名称	开发类型	产量统计
中石油	2008 年 8 月	阿赫代布	独资,开采方,技术服务合同	135
	2009 年 6 月	鲁迈拉	合资,开采方,技术服务合同	1360
	2009 年 12 月	哈法亚	合资,开采方,技术服务合同	200
	2013 年 12 月	西古尔纳一区	合资,参股方,技术服务合同	不明
中石化	2009 年 6 月	塔克塔克	合资,开采或参股方式不明,产品分成合同	不明
中海油	2010 年 5 月	米桑油田群	合资,开采方,技术服务合同	不明

资料来源：中石油网站，http://www.cnpc.com；中石化网站，http://www.sinopec.com；中海油网站，http://www.cnoocltd.com；美国能源信息署网站，https://www.eia.gov/beta/international/。最后访问日期：2016 年 12 月 8 日。

总体来看，中国三大国有石油公司在伊拉克石油投资的现状具有以下几个特点。

第一，投资成果突出，远超其他国家同行业竞争者。在 2009 年伊拉克石油部招标之前，中石油与伊拉克国有石油公司在阿赫代布油田的合作是伊拉克石油产业在战后的第一个双边合作项目，具有里程碑意义，也为中资油企进入伊拉克打下了良好的基础。迄今为止，从招标所获得的油田面积、油田储量、投产成果等各方面指标来看，中石油、中海油中标或二次收购所涉及的油田都属于超大或特大型油田，如鲁迈拉油田是世界上第二大单体油田，

---

① 《伊拉克石油部将 12 个中小油田招标时间推迟到明年年中》，国际石油网，http://oil.in-en.com/html/oil-2573145.shtml，最后访问日期：2017 年 1 月 9 日。

BP 集团估测其剩余可采量为 200 亿桶;[①] 哈法亚油田地块面积为 300 平方千米，估测储量为 41 亿桶，几乎处于未开发的状态;[②] 西古尔纳一区油田是世界上单块储量最大的油田之一，埃克森美孚曾预估其日产量可达 60 万桶。[③] 相关数据显示，中资油企目前在伊拉克投资项目产量占伊拉克石油总产量的 60%，中国企业是伊拉克目前最大的石油买家，伊拉克是中国第五大石油进口来源地。[④]

第二，服务型合同大幅降低了中资油企的投资回报。中石油与中海油的投资情况比较类似，它们通过与伊拉克石油部合作，获得了面积广大、储量丰富的油田。这些油田基本位于伊拉克的南部与东南部地区，靠近巴士拉等原油出口港口，在地理位置上远离北部及西北部等动荡地区。中石油、中海油投资的主要劣势在于伊拉克石油部强制要求它们只能签署技术服务合同，即中资油企虽然投入人力、物力和财力，但对开采区的油气并不具有所有权，只能按桶收取服务费，并通过协议获得回收投资成本的机会。与此同时，伊拉克石油部在招标过程中刻意压低服务费标准，许多西方国家的跨国油企根本无法接受这样低廉的报价，但中资油企为开拓市场只能接受，因而收益十分有限。

第三，中石化意外卷入了伊拉克国内的民族矛盾和政治冲突。如前所述，中石化在伊拉克的石油投资情况比较特殊，由于受到伊拉克国内政治现实的掣肘，中石化实际上只能与库尔德自治区政府打交道，其投资活动范围也仅限于库尔德自治区。通过收购艾达克斯石油公司，中石化完全继承了在基尔库克地区塔克塔克油田的"产品分成合同"权益。与中石油、中海油的技术服务合同相比，中石化完全拥有油田扣除投资成本和矿区使用费后 36% 的"利润油气"，因而其合同收益明显更高。然而，由于库尔德自治区政府一向反对伊拉克中央政府干涉当地的石油事务，2010 年底前伊拉克政府坚决不承认库尔德自治区政府与外国石油公司已签订的"产品分成合同"。在得知中石化不愿放弃塔克塔克油田权益后，伊拉克石油部将中石化列入了黑名单，禁

---

① "BP in Iraq"，BP，http：//www. bp. com/en/global/corporate/about - bp/bp - worldwide/bp - in - iraq. html，最后访问日期：2016 年 12 月 4 日。

② "Iraq：Total and Partners Petrochina and Petronas to Develop the Halfaya Oil Field"．

③ "PetroChina Buys Iraq Oilfield Stake from Exxon"，*Financial Times*，November 28，2013，http：// www. ft. com/intl/cms/s/0/19c128a2 - 5818 - 11e3 - a2ed - 00144feabdc0. html # axzz45a7mJiSL，最后访问日期：2016 年 12 月 9 日。

④ 赵双：《创造中伊合作典范：对话中国驻伊拉克大使馆经商参赞李壮松》，《中国石油报》2015 年 6 月 10 日，第 1 版。

止其参加当时举行的第二轮油田招标。这一禁令至今都未正式解除，由此导致中石化进一步投资伊拉克石油产业的道路面临被封堵的困境。

三　中国在伊拉克石油投资面临的风险

虽然中国政府与主流媒体对中国国有油企在伊拉克的石油投资予以高度评价，但国际上对此有不同意见。[①]　当前，中国在伊拉克的石油投资仍面临潜在的风险，突出体现在四个方面：第一，中美两国在伊拉克存在利益冲突的可能；第二，伊拉克国内局势动荡并存在恶化可能；第三，伊拉克国内投资与经商环境不佳；第四，国际经济大环境与油价跌宕起伏带来的冲击。

（一）中美两国在伊拉克存在利益冲突的可能

海湾战争和伊拉克战争使美国在伊拉克的影响力空前提升，但战后一段时期内，美国在伊拉克的战略诉求主要集中于政治与军事层面，并不寻求垄断伊拉克的石油资源。在此背景下，美国对中国油企进入伊拉克持欢迎态度。同时，基于稳定伊拉克国内局势与发展当地经济的考量，美国迫切需要中国对伊拉克石油行业的投资，因而中美双方在伊拉克石油开发问题上呈现"各取所需"的特点。发展石油产业对解决伊拉克战后重建问题至为关键，没有

---

① 这些观点主要包括：中国国有石油公司只是中国政府纯粹的政策性工具，这些公司的海外运作缺乏透明度和有效的股权制度监管，中国很可能无力保护在伊拉克的石油投资等。参见 Monique Taylor, *The Chinese State, Oil and Energy Security*, New York: Palgrave Macmillan, 2014; Trevor Houser, "The Roots of Chinese Oil Investment Abroad", *Asia Policy*, No. 5, 2008, pp. 141 – 166; Julia Jiang and Jonathan Sinton, *Overseas Investments by Chinese National Oil Companies*, Paris: International Energy Agency Report, February 2011; Julia Jiang and Chen Ding, *Update on Overseas Investments by Chinese National Oil Companies*, Paris: International Energy Agency Report, June 2014; Taylor Butch, "Why China Will Intervene in Iraq", *Asia Times*, September 9, 2015, http://www.atimes.com/article/why – china – will – intervene – in – iraq/, 最后访问日期：2016 年 12 月 15 日; Peter Ford, "Why China Stays Quiet on Iraq, Despite Being No. 1 Oil Investor", *Christian Science Monitor*, June 27, 2014, http://www.csmonitor.com/World/Asia – Pacific/2014/0627/Why – China – stays – quiet – on – Iraq – despite – being – no. – 1 – oil – investor – video, 最后访问日期：2016 年 12 月 15 日; "Iraq Crisis Threaten Chinese Oil Investments", *Bloomberg*, June 18, 2014, https://www.bloomberg.com/news/articles/2014 – 06 – 17/iraq – crisis – threatens – chinese – oil – investments, 最后访问日期：2016 年 12 月 15 日; "1300 Chinese Workers Evacuated to Baghdad from Samarra Construction Site", *South China Morning Post*, June 28, 2014, http://www.scmp.com/news/china/article/1541558/over – 50 – chinese – workers – evacuated – helicopter – amid – iraq – turmoil – state, 最后访问日期：2016 年 12 月 15 日。

高额的石油收益，美国所支持的巴格达政府就难以为继。然而，由于伊拉克国内局势复杂，欧美日等传统跨国石油巨头不愿意过多牵涉其中，同时美国也缺乏对这些国家提出强制要求的能力和手段。因此，中国国有石油企业对伊拉克石油资源的浓厚兴趣与美国和伊拉克政府重建当地石油财政的需求基本契合。

然而，美国对此又抱有强烈的埋怨情绪与担忧心理。一方面，中国在伊拉克的石油投资令美国一些政界与学术界人士深感不快。他们认为，美国为伊拉克战争及战后治安付出了巨大的代价，而中国却从中获益，垄断了伊拉克的石油生产。[1] 美国国内一直有声音要求中国在伊拉克承担起军事方面的责任，但中国政府并未接受这样的提议。[2] 另一方面，中国对伊拉克的大量投资带动了中伊两国政府特别是高层间的政治往来，[3] 石油工程所及之处也带来了地缘政治上的影响力，这些并非美国所乐见。

美国对于中国在伊拉克石油投资的多重利益考量并不完全一致。美国既需要中国的投资来推动伊拉克的经济增长和社会稳定，同时又担心经济投资会增加中国在当地的政治影响力，进而威胁到其对伊拉克及地区事务的主导地位。因此，这种表面上的和平共处背后其实蕴藏着战略利益冲突的潜在风险。美国新政府上台后，特朗普总统与多位内阁要员的政策取向使中美两国在伊拉克石油投资问题上产生冲突的可能性显著上升。一方面，特朗普的政治理念具有强烈的战略收缩色彩，他反复强调美国承担了过多的全球保护责任，而有关国家却没有为此支付必要的费用。[4] 按照这一思路，特朗普很可能会针对中国的海外投资问题大做文章，攻击中国逃避承担国际责任。另一方面，新任国务卿雷克斯·蒂勒森（Rex Tillerson）在南海问题上已经表露出了

---

[1] Tim Arango and Clifford Krauss, "China Is Reaping Biggest Benefits of Iraq Oil Boom", *New York Times*, June 3, 2013, http://www.nytimes.com/2013/06/03/world/middleeast/china - reaps - biggest - benefits - of - iraq - oil - boom. html, 最后访问日期：2016 年 12 月 15 日。

[2] Taylor Butch, "Why China will Intervene in Iraq".

[3] 伊拉克时任总理努里·马利基（Nouri al-Maliki）曾访问中国，并借机深化中伊两国的石油开发合作。更引起外界关注的是，2015 年 9 月海德尔·阿巴迪（Haider al-Abadi）就任伊拉克总理后不久就宣布将访问中国，并在接受媒体采访时批评美国主导的国际联盟打击"伊斯兰国"组织不力，希望中伊两国能够扩大军事与反恐合作。参见陈序《伊拉克总理：伊拉克期待与中国进一步拓展双边关系》，新华网，http://news.xinhuanet.com/world/2015 - 12/21/c_1117527330. htm, 最后访问日期：2016 年 12 月 20 日。

[4] Stephen Collinson, "Donald Trump Delivers First Speech to Congress", CNN, March 1, 2017, http://www.cnn.com/2017/02/28/politics/donald - trump - congress - speech/, 最后访问日期：2017 年 3 月 2 日。

对中国极不友好的态度，他本人在履新前长期从事石油行业，曾担任埃克森美孚公司的首席执行官，因此他不太可能坐视中国油企在伊拉克坐大而无动于衷。由此，特朗普新政府中的鹰派、右翼和反华势力极有可能无法容忍中国在伊拉克的石油开发领域占据优势地位，更不可能接受中国借此扩展在中东地区的地缘政治影响力。一旦美国政府确定了遏制中国在伊投资的政策框架，中国三大油企在伊拉克当地的石油投资将不可避免地遭受政治冲击和国际压力。

（二）伊拉克国内局势动荡并存在恶化可能

目前来看，伊拉克境内的自杀式恐怖袭击与"伊斯兰国"组织的崛起尚未对中国三大油企在伊运营产生致命性影响，这主要得益于中国投资油田项目的地理位置优势。中石油与中海油项目均处于伊拉克南部与东南部地区，这里的油田资源是伊拉克政府的财政命脉所在，因而军事保障力度相对较强；中石化的项目位于库尔德自治区政府控制区内，当地治安一向良好，[①] 且中石化公开表示塔克塔克油田项目没有中国籍员工参与。[②] 然而，这并不意味着中国在伊拉克的石油投资没有任何安全风险。当前伊拉克日益复杂的政治、宗教与族群冲突使得当地的局势仍处于一种极不稳定的状态，未来随时都有可能爆发新的冲突，继而对中国的石油投资产生严重的负面影响。总体来说，伊拉克在国内安全问题上面临三个严重的风险爆发点。

第一，伊拉克国内的教派冲突存在愈演愈烈的趋势。伊拉克与其他阿拉伯国家不同，逊尼派属于少数族群，当年的萨达姆政权依靠逊尼派对占国内人口大多数的什叶派进行了残酷的压制，由此埋下了教派冲突的隐患。萨达姆政权倒台后，美国在当地推行选举政治，什叶派借助人口优势迅速成为伊拉克国内最大的政治势力，全面掌握了中央政权。新政府对逊尼派进行压制并采取报复性政策，进一步激化了教派与族群间冲突。[③] 双方在短期内几乎没有和解的可能，教派冲突也随时有可能导致局势的动荡。

第一，库尔德分离主义长期威胁伊拉克国内的稳定。伊拉克境内的库尔

---

① 《库尔德地区简介》（阿拉伯文），库尔德自治区政府网站，http：//cabinet. gov. krd/p/page. aspx？l = 14&s = 050000&r = 355&p = 250&h = 1，最后访问日期：2016 年 12 月 20 日。

② 王心馨：《解盘中国油企伊拉克投资：中石油部分员工开始撤离》，澎湃网，http：//www. thepaper. cn/newsDetail_ forward_ 1251843，最后访问日期：2016 年 12 月 22 日。

③ Dylan O'Driscoll，" Autonomy Impaired：Centralisation，Authoritarianism and the Failing Iraqi State"，*Ethnopolitics*，September 18，2015，pp. 11 – 18.

德人大多分布于北部地区，历史上库尔德人对萨达姆政权怀有很深的仇恨，因为后者一直残酷镇压库尔德人的分离主义运动。伊拉克战争后，库尔德人与中央政府达成了一定和解，依据宪法建立了库尔德地区自治政府。① 然而，库尔德人与伊拉克中央政府的几个关键矛盾尚未解决，而且随时可能引发冲突。首先，"阿拉伯之春"发生后，库尔德自治区爆发了反对派运动，新成立的政党"变革运动"（Movement of Change）不仅抗议当地政府的执政效率低，还提出更高程度自治的要求，分裂倾向比较明显。② 其次，伊拉克中央政府与库尔德自治区政府在石油开采权益分配的问题上一直存在分歧，中央政府始终坚持库尔德地区的石油开采事业必须划归中央政府石油部统一管辖，而库尔德自治区政府则坚持把开采权完全掌控在自己手中。③ 最后，自"伊斯兰国"组织崛起以来，库尔德地方武装借抗击"伊斯兰国"组织之机，进一步扩充实力，甚至从中央政府手中夺取了北部石油重镇基尔库克，导致双方矛盾进一步加深。

第三，各种极端主义势力严重威胁伊拉克国内安全。经过十余年的动荡，伊拉克国内环境极为复杂，域外大国干预、国内教派冲突、中央政府与地方少数族群对抗、地区局势紧张使得伊拉克成为极端主义的温床，"伊斯兰国"组织就是其中的典型代表。该组织的崛起表明，一旦遇到合适的环境与时机，各种分裂主义、极端主义势力就会伺机抬头与扩张。这些势力的扩张不仅威胁中国在伊石油投资的设施安全，甚至可能威胁中国企业员工的生命安全。

（三）伊拉克国内投资与经商环境不佳

对于跨国石油公司而言，东道国投资环境的健康与否非常重要，因为石油开发投资的金额极其庞大，一旦因投资环境而受到影响，其损失往往难以承受。自 2009 年开放投资以来，伊拉克国内的投资与经商环境一直处于"亚健康"状态，④ 主要体现在以下三个方面。

---

① 《库尔德地区简介》（阿拉伯文）。

② 王佳尼：《中东社会转型与库尔德问题》，《阿拉伯世界研究》2016 年第 1 期，第 38~39 页。

③ Nelli Sharushkina, "Lukoil Aims to Expand in China, Can't Work with Sinopec in Iraq", *Energy Intelligence*, October 15, 2013, http://www3. energyintel. com/WebUploads/gei-moscow/media-files/iod-story-1. html, 最后访问日期：2016 年 12 月 22 日。

④ 世界银行每年例行发布《营商环境报告》，对全球 190 个国家的企业营商环境进行指数化评估及排名，从 2013 年至 2016 年，伊拉克分别排第 165、151、156 和 165 名，属于营商环境极为不佳的国家行列。参见"Doing Business Rankings", The World Bank, http://www.doingbusiness.org/data, 最后访问日期：2017 年 3 月 30 日。

第一，法律与税务制度不健全。2005 年伊拉克国会通过战后首部新宪法后，就着手制定《石油法》［《伊拉克碳氢化合物法》（*Iraq Hydrocarbon Law*）］，2007 年法律草案开始在国民议会与政府部门之间流转征求意见。[1] 然而，库尔德人、什叶派与逊尼派均以法律草案损害自身利益为由进行抗议，中央政府石油部与地方政府也为石油事务管理中的权力分配问题争执不断。[2]《石油法》的立法进程由此进入了旷日持久的僵持阶段，历时十年都未能通过，甚至有消息称伊拉克政府早已对《石油法》立法失去了兴趣，任由其无限期搁置。[3] 从严格的法律意义上来说，中国在伊拉克当地的石油投资都只是与伊拉克石油部签署的合作协议，并没有相应的法律条款可供遵循，一旦发生纠纷，也无法寻求当地法律对自身权益的保护。此外，伊拉克政府关于跨国石油公司的税务与审计制度极为紊乱，除缺乏完备的税法外，税务体制中还存在大量管理方面的弊病。例如，伊拉克政府要求跨国石油公司只能使用伊拉克国有银行的支票，但这些银行基本上还处于手工操作的阶段，根本无法满足各家跨国石油公司的业务需求；伊拉克税务总局严重缺乏人力，根本无法及时处理跨国石油公司的报税与审计工作。更严重的是，伊拉克石油部向跨国石油公司批准的许多免税许可，均不被伊拉克财政部所认可。[4]

第二，伊拉克新政府腐败问题严重。伊拉克政府在 2015 年透明国际各国清廉指数（Corruption Perceptions Index, Transparency International）排名中位居第 161 名（共列出了 168 个国家和地区），仅得 16 分（满分为 100 分），属于世界上腐败程度最严重的国家之一。同时，伊拉克政府反腐败能力低下，2012 年在透明国际的排名中得 - 1.321503845 分，位居最末端的 5% 行列。[5]伊拉克政府的腐败对中资油企的投资产生了严重的负面影响，不仅直接影响企业的正常运转，还给企业的发展带来不可预知的风险。2014 年 1 月，媒体

---

[1] Keith Mayer, "Breaking Iraq's Oil-law Stalemate", *Petroleum Economist*, 2011, p. 12.

[2] Lionel Beehner and Greg Bruno, "Why Iraqis Cannot Agree on An Oil Law", *Council on Foreign Relations*, February 22, 2008, http://www.cfr.org/iraq/why - iraqis - cannot - agree - oil - law/p13298#p1, 最后访问日期：2017 年 1 月 2 日。

[3] John Lee, "Iraq 'Has Little Interest in Oil Law'", *Iraq Business News*, February 13, 2013, http://www.iraq - businessnews.com/2013/02/13/iraq - has - little - interest - in - oil - law/, 最后访问日期：2017 年 1 月 2 日。

[4] Imtiaz Ahmad, "Iraq's Evolving Tax Landscape", *Iraq Business News*, May 11, 2015, http://www.iraq - businessnews.com/2015/05/11/iraqs - evolving - tax - landscape/, 最后访问日期：2017 年 1 月 2 日。

[5] "Corruption by Country: Iraq", Transparency, https://www.transparency.org/country/# IRQ _ DataResearch, 最后访问日期：2017 年 1 月 5 日。

曾揭露一家与中石油有关联的企业涉嫌贪腐与招标文件造假，因而遭到伊拉克国有石油公司内部人员的调查，并被暂停其在伊拉克的全部工程。① 除中央政府外，库尔德自治区政府同样如此，有学者指出，库尔德自治区的石油管理部门充斥着腐败与裙带关系。②

第三，伊拉克各类官方部门难以解决的管理冲突也给中资油企造成了严重干扰。除石油部、财政部与税务总局在征税问题上相互抵牾和拖延外，伊拉克政府体制中还存在党派斗争、中央政府与地方政府交恶等一系列问题。由于伊拉克现行的政府体制强调总理作为国会多数党党首的优势地位，使国会在很大程度上只能屈从总理的个人意志，并不能有效发挥权力制衡作用。另外，库尔德自治区政府与中央政府间的矛盾也直接影响到中国在伊拉克的石油投资利益与安全，中石化声称在库尔德自治区的收购行动得到了伊拉克中央政府的批准，③ 但不久后伊拉克石油部就宣布将中石化列入招标黑名单，④ 这种中央政府与地方自治政府相互矛盾的态度和行为严重影响了中国油企在当地的正常发展和投资利益。

（四）国际经济大环境与油价跌宕起伏带来的冲击

尽管西方政府、跨国石油公司与学术界常认为，中国国有石油公司拓展全球业务的目的在于不惜一切经济代价确保中国的能源供应安全，⑤ 但这种观点正受到越来越多的质疑。新的研究指出，三大国有石油企业并非只简单地

① Huang Kaixi et al. , "Chinese Firm Linked to CNPC Suspected of Fraud in Iraq", Caixin, January 3, 2014, http://english. caixin. com/2014 – 01 – 03/100624994. html，最后访问日期：2017 年 1 月 5 日。

② Keith Mayer, "Breaking Iraq's Oil-law Stalemate", p. 12.

③ "Sinopec Says ADDAX Deal Got Iraqi Approval", Reuters, August 26, 2009, http://www. reuters. com/article/uk – sinopec – iraq – addax – idUKTRE57P3M020090826，最后访问日期：2017 年 1 月 5 日。

④ "UPDATE 1 – Iraq Could Blacklist Sinopec after Addax Deal", Reuters, August 24, 2009, http://www. reuters. com/article/uk – sinopec – iraq – addax – idUKTRE57P3M020090826，最后访问日期：2017 年 1 月 5 日。

⑤ 蒂姆·阿朗戈（Tim Arango）与克利福德·克劳斯（Clifford Krauss）在《纽约时报》所发表的评论代表性地体现了这类传统看法，他们声称："与埃克森美孚等西方石油巨头不同，中国企业欣然接受伊拉克石油合同的苛刻条款，这些合同把它们的利润压到了最低限度。中国更感兴趣的是获得能源，推动它的经济增长。"参见 Tim Arango and Clifford Krauss, "China Is Reaping Biggest Benefits of Iraq Oil Boom", *New York Times*, June 3, 2013, http://www. nytimes. com/2013/06/03/world/middleeast/china – reaps – biggest – benefits – of – iraq – oil – boom. html，最后访问日期：2016 年 12 月 15 日。

受命于中国政府，也并非在伊拉克不计成本地进行战略投资，而且越来越严格的国企问责、财务公开、股权回报制度也使中国国有石油企业在伊拉克的投资必须考虑成本收益问题。[①]

自 2009 年伊拉克石油部公开招标以来，其坚持的"技术服务合同"合作模式引发了跨国石油公司的普遍不满，后者期待能够以产出直接分成的方式进行合作，这样可以极大地激励投资者及其股东，但这一方案却遭到伊拉克政府的否决。同时，伊拉克石油部给出的服务费单价甚至低至 1 美元/桶，与各大公司期望的报价相差近二十倍，这也成为伊拉克多轮招标流标率始终居高不下的重要原因。目前，中国油企在伊拉克当地的投资活动处于利润极度微薄的状态，且中国油企在伊拉克开采获得的石油大多被直接运往国际市场出售获利，这意味着中国在伊拉克的石油投资与整个国际能源市场存在紧密联系，具有高度的敏感性与脆弱性，极易受到国际油价波动的冲击。

近年来，国际油气市场剧烈震荡，油价的跌宕起伏给中国在伊拉克石油投资的收益带来了更大的挑战。从 2014 年至 2016 年中期，国际原油市场出现了严重的供应过剩，受此影响，包括中国三大石油公司在内的全球跨国石油公司都出现了严重的利润下滑。[②] 2016 年下半年至今，随着欧佩克成员国及其他重要产油国相继达成减产协议，国际油价有所回升。然而，特朗普政府发誓要大力发展碳氢能源产业，又对国际油价造成了新的下行压力。这种市场现状令中国在伊拉克的石油投资面临更加严峻的挑战：中国油企在当地的投资本身就处于利润率极低的水平，油价震荡又给伊拉克政府造成了严重的财政压力，中国油企的投资回报不可避免地受到影响。相比政治、安全等领域的风险，投资亏损的压力最为直接，其负面影响的显露也最为迅速。因此，整体业绩已经出现严重下滑的中国三大石油公司很难继续漠视在伊拉克的投资长期处于利润微薄甚至入不敷出的状态，如何从投资收益层度过这段困难期，将是中国在伊石油投资企业所面临的最直接挑战。

四　中国应对在伊投资风险的主要路径

从长期来看，中国在伊拉克石油投资的有利政治环境可能会因为中美之间的利益冲突而突然恶化，未来开展更深层次和更广范围的能源合作将面临

[①]　Julia Jiang and Jonathan Sinton, *Overseas Investments by Chinese National Oil Companies*, pp. 25 – 27.

[②]　吴莉：《"三桶油"2015 年业绩大幅下滑》，《中国能源报》2016 年 4 月 7 日，第 3 版。

更多困难。从短期来看，一些石油投资项目意外卷入了各种政治斗争和冲突，使中国在伊拉克石油投资所面临的不确定性和风险逐步走高。为有效管控上述投资风险，中国应重点从以下四个方面采取应对措施。

（一）加强中美战略沟通，凝聚两国战略共识

对于中国在伊拉克的能源投资利益而言，美国的态度十分关键，一旦美国对中国在伊投资产生战略疑虑，中国投资将面临巨大的政治风险。当前，美国在伊拉克的核心战略诉求在于遏制恐怖主义，中国可以借此推动和巩固两国在此问题上的战略共识。特朗普执政后，其中东政策主要强调两个重点：既要确保"美国优先"并实行战略收缩，又要打击恐怖主义。美国政府想要二者兼顾，就不太可能让军队大规模重返伊拉克，同时美国也将更加注重提升伊拉克政府的实力，使其成为遏制恐怖主义势力的先锋与中坚力量。提升伊拉克政府实力的关键在于充分利用石油财富，只有伊拉克的石油工业获得稳定的外来投资与开发，伊拉克政府才能维持正常的运转，进而开展必要的军事训练与行动，为切实遏制和打击境内恐怖主义势力提供保障。中国要充分利用美国的这一战略需求，加强与美国政府高层的沟通，促使美国认识到中国在伊拉克的石油投资将有助于加速伊拉克的石油开发进程，也有利于伊拉克国内的政治稳定和反恐行动。

（二）坚持不干涉内政原则，恪守投资中立

过去十几年来，美国、俄罗斯等世界大国在中东地区所遭遇的挫折深刻反映了中东地区的复杂性。伊拉克地处中东核心地区，其国内逊尼派与什叶派的历史仇恨和政治对抗难以化解，库尔德人与中央政府之间又存在严重对抗，周边遍布极端主义势力，域外又有美、俄等地缘政治力量的干预，令伊拉克国内外形势极为复杂。中国需吸取有关国家的深刻教训，要以一个中立者的身份在伊拉克开展经济活动，避免主动介入当地各类政治和军事冲突。从历史上看，中国历来奉行不干涉他国内政的原则，与伊拉克新政府没有任何历史纠葛。近年来由于对伊石油投资，中伊政府高层政治往来日益密切，国际上也出现了一些声音，希望中国利用在当地的经济影响力介入伊拉克国内事务，中国要避免掉入这种话语陷阱。中国对伊石油投资宜限于经济合作与商业投资领域，以中立、合作、互利、共赢为原则处理各项事务，绝不能将石油投资建立在政治或军事盟友的基础之上，更要防止陷入伊拉克国内教派冲突和民族纠纷的旋涡。

（三）　加强公共外交，塑造企业正面形象

中国的海外利益事实上已经遍布全球各地，政府部门固然负有海外领事保护的责任，但海外利益遭遇安全威胁具有突发性、紧急性等特点，政府的保护往往难以迅速而直接地延伸至当地。因此，在伊中资油企应积极开展社会交往，通过提升公共外交能力，塑造企业的正面形象。在开展投资前，要特别注重程序的规范性，积极关注当地的民生问题，尊重当地民众的知情权。同时，要重视公关活动，积极参与支持当地社区发展的慈善活动，邀请媒体精英造访公司或项目所在地，通过开展良好的对话与互动塑造企业的正面形象。要积极打造自身保护环境、关爱生态的公益形象，确保媒体和民众及时了解中资油企的责任感，以有效避免当地民众和极端势力的敌视，从而降低遭遇袭击的可能性。伊拉克作为伊斯兰国家，其社会结构具有浓厚的宗教与部落色彩，因此应进一步提升中国的文化软实力，在日常交往中加强与部族民众、长老及宗教领袖的沟通，拓展社会网络，积累人脉资源，力求在危机发生前能够通过多渠道及时获取信息，在危机发生后能够动员多方力量进行援救。

（四）　建立能源投资的风险评估与应急机制

囿于多方面的因素制约，风险评估与应急机制一直是中资油企海外投资运营流程中的薄弱环节。随着中国在伊拉克石油开发领域逐步站稳脚跟，中资油企已经度过了急于获得合约的起步阶段，确保稳定运营及寻求扩大投资权益成为当下的主要任务。在此背景下，伊拉克的中资油企应当考虑建立能源投资风险评估与应急机制，要从政治风险、商务环境风险、安全风险、市场稳定风险、重大意外风险等多个层次出发，全面分析中国在伊石油投资与运营的现状，通过建立模型、实地考察等多种方法对风险和损失进行动态评估，并针对不同损失制定出一整套应对之策。在研究队伍建设问题上，既要充分利用中资油企内部现有的研究力量，充分发挥其身处一线的优势，积累翔实丰富的政治、经济与安保情报；又要与外交部、商务部、国家安全部、国防部等政府部门积极合作，做好应急预案与部署，同时还要与国际问题研究界保持密切沟通，学习西方跨国能源巨头的有益经验，针对一些宏观或具体的投资案例设立学术研究项目，充分利用好学术界和智库的作用。

总之，自伊拉克马利基政府对外开放石油投资以来，中国对伊拉克的石油投资成效显著。与此同时，中国在伊拉克的石油投资也面临政治、经济与

安全领域的多重风险。中美战略利益冲突的潜在风险、伊拉克国内局势不稳与投资经营环境欠佳，以及国际油气市场的动荡都将对中国在伊拉克的石油投资安全构成挑战。当前的中东局势错综复杂，伊拉克作为中东地区的重要国家，承受着大国博弈、极端主义、分裂主义、地区冲突等多重压力，使未来中国在伊拉克的石油投资仍面临各种挑战。对此，强化地缘战略背景下的大国协调与经济合作、基于中立原则加强与伊拉克政府的政治沟通，以及建立健全投资风险评估与应急机制应是中国油企应对和管控上述风险的主要路径。

结　语

在全球化时代，确保能源稳定供应是国家安全的核心内容之一，中国在此问题上面临的挑战尤为严峻。在此背景下，中国政府积极引导国有石油企业以国际化运营为导向，积极走出国门，在世界各地开发石油资源，对伊拉克的石油投资就是中资石油公司海外拓展的典型代表。以 2008 年阿赫代布油田项目顺利启动为标志，中国对伊拉克的石油投资进入了一个新时期，中国已经成为伊拉克石油开发事业不可或缺的投资来源地与合作伙伴。在这一过程中，中伊两国实现了互利共赢的合作目标，但也出现了一系列的安全风险与现实挑战。

从战略层面来看，中伊石油合作缘于经济互利的需求，只有解决好当前面临的主要困难，积极做好风险防范工作，中国对伊拉克的石油投资才能得到进一步的深化与发展。"一带一路"倡议可以成为中伊两国深化石油开发合作的重要平台，伊拉克是与中国有着长期友好往来的中东地区大国，也是共建"一带一路"的重点国家。在"一带一路"框架下，中伊两国在石油开发领域的合作将会迎来一个新的发展阶段。两国政府、石油企业与相关参与方都应该立足于以往合作的坚实基础，总结经验教训，努力消除潜在风险，积极谋求深化合作，谱写中伊两国石油合作、互利共赢的新篇章。

The Risks of China's Oil Investment in Iraq

Qi Kai

Abstract：With the Iraq's Maliki government began its historic global tendering for transnational oil companies, CNPC, SINOPEC and CNOOC, China's three major state-own oil companies firmly seized the opportunities to invest in oil production in Iraq and made substantial progress. However, the Chinese oil investments are under threats from some significant risks potentially produced by Sino-US interests conflicts in Iraq, deterioration of Iraqi security situation, unhealthy investment, operation environment and unstable international energy market. To effectively protect Chinese oil enterprises' investment in Iraq, Sino-US strategic dialogue should be strengthened, bilateral strategic consensus should be enhanced, the principle of noninterference should be insisted on, the neutrality of foreign investment should be guaranteed, government's public diplomacy should be improved, and enterprises' images should be well shaped. Meanwhile, means, such as establishing investment risk assessment and emergency response mechanisms, should be taken to deal with and control the risks of China's oil investments in Iraq.

Keywords: Oil Investment; Iraq; Chinese Oil Enterprises; Investment Risks

（原文发表于《阿拉伯世界研究》2017 年第 3 期）

三

经贸投资与产能合作研究

中国与海合会国家经贸合作的
现状、挑战与对策

刘欣路[*]

摘要：海合会国家是中国开展"一带一路"建设的重点地区，经过几十年的发展，中海经贸合作水平不断提升。但近几年来，受金融危机、油价低迷等因素的影响，海合会国家经济面临较大压力，这也直接影响到中国与海合会国家贸易、投资、基础设施建设等领域的合作。同时，中国在改善对海传统合作格局、创新合作机制方面也面临着考验。对此，应深入研究海合会市场的特点，推动对海经贸合作的"供给侧"改革，尽快在中海自贸区谈判中取得突破，并加大开发第三方市场的力度。

关键词：中国　海合会　经贸合作　"一带一路"

海湾阿拉伯国家合作委员会，简称"海合会"，正式成员国包括沙特、阿联酋、阿曼、卡塔尔、科威特、巴林六国，是中东海湾地区最具影响力的区域经济合作组织，其 GDP 占 22 个阿拉伯国家 GDP 总额的近 60%，已探明石油储量占世界总储量的比重达到 33.2%。海合会国家是"一带一路"建设的重点地区，我国从海合会国家进口的原油占原油进口总量的比例多年维持在 30%以上，同时，海合会国家已成为中国第七大货物贸易伙伴、第六大出口目的地和第一大建筑工程承包市场。当前，中国与海合会国家均有进一步强化各领域友好合作的强烈愿望，中国的"一带一路"倡议与海合会国家的发展战略具有较高契合度和互补性。当然，随着国际政治、经济形势发生深刻变化，中海经贸合作也面临着诸多困难和挑战，因此有必要进行深入的分析研判，以促进中海经贸合作持续健康发展。

---

* 刘欣路，博士生导师，教授，北京外国语大学阿拉伯学院。

一　中海经贸合作的现状

自 1981 年海合会成立，中国便与海合会建立起了合作关系。经过 30 多年的发展，中海经贸关系不断巩固、深化，逐渐由以能源贸易和小商品贸易为主，延伸到了基础设施建设、金融、投资等各个领域。除了贸易额、投资额等数值上的变化，中国与海合会国家在各项机制建设方面也有了较大进展，从而为加强双方经贸合作提供了保障。

（一）货物贸易

中国与海合会国家在资源禀赋和产业结构上有较大差异，经济互补性较高，因此双边贸易活跃，主要形式是以工业制成品换原油。中国向海合会国家出口的商品以低技术含量、资源密集型的工业制成品为主，2015 年这两类产品在中国对海货物贸易总额中所占比例分别为 41.2% 和 9.9%，而高科技工业制成品仅占 17.4%。相对而言，中国从海合会国家进口的商品比较单一，主要集中于能源产品，尤其是原油。2015 年，受国际油价下跌影响，原油在中国对海货物进口贸易中所占比例有所下降，但仍然达到了 66.3%。[①]

近年来，由于中国工业制成品生产和出口能力的提高以及国内能源需求的不断增长，中海货物贸易的规模迅速扩大。根据联合国贸易与发展会议数据库的数据，2006~2015 年中国对海合会国家出口贸易总额由 183.8 亿美元增加到 679.4 亿美元，进口贸易总额由 256.6 亿美元增长到 689.5 亿美元。其间，受 2008 年全球金融危机的影响，2008~2009 年双方贸易额有所下降。另外，受 2014 年国际油价下跌影响，2014~2015 年双方进出口贸易额也出现下降趋势，尤其是中国向海合会国家货物进口贸易额同比下降 35.3%。[②] 尽管如此，中国仍然是海合会第二大出口目的国、第二大进口来源国、第一大非石油产品贸易进口来源国，同时海合会是中国第七大货物贸易伙伴和第六大出口目的地。

（二）工程承包

对外工程承包是中国实施"走出去"战略的重要渠道，也是"一带一

[①] 国务院发展研究中心：《中国—海湾国家经济合作智库峰会背景报告》，2016。

[②] "International Trade in Goods and Service", UNCTADSTAT, http：//unctadstat. unctad. org/wds/ReportFolders/reportFolders. aspx.

路"建设的重要内容。根据中国商务部的数据，仅 2017 年 1~4 月，中国企业与共建"一带一路"国家新签对外承包项目就达到 1862 项，合同金额达 318.5 亿美元。① 而在共建"一带一路"国家中，海合会国家无疑属于最大的工程承包市场。进入 21 世纪以来，中国对海合会国家工程承包项目量增长迅速，2006 年中国对海承包工程完成营业额为 24.3 亿美元，2015 年已增长到了 116.7 亿美元，占中国对外承包工程完成营业额总量的 7.6%，年均增长率达到 19%，2006~2009 年的年均增长率高达 49.6%。2009 年之后，受金融危机的影响，中国对海承包工程业务增速放缓，完成营业额年均增长率仅为 6.2%。沙特是中国在海合会国家中最大的工程承包市场，2015 年，中国对沙特承包工程完成营业额达到 70.2 亿美元，占中国对海承包工程完成营业额的 60.1%，阿联酋、卡塔尔、科威特所占份额接近，为 10%~13%。②

除了数量上的增长，中国对海承包工程项目结构也有所优化，逐步从以劳动密集型为主转变为劳动、技术、资金密集型相结合的模式，业务范围从普通的房屋建设、路桥建设扩展到工业、能源、通信、石化等领域。2015 年，中国企业在沙特新签承包合同 116 份，金额达 60.1 亿美元，其中包括山东电建与沙特阿美 MGS 二期 EPC 项目、中石油 BGP 项目、中国通信服务沙特公司通信工程项目等。③ 同年，中国在阿联酋新签包括华为技术有限公司承建阿联酋电信项目在内的 51 份合同，在阿曼新签山东电力建设第三工程公司承建阿曼萨拉拉二期联合循环电站项目、华为技术有限公司承建阿曼电信项目等大型工程承包项目。

（三）直接投资

直接投资是中海双方经贸合作的重要内容，近年来，中国与海合会之间的双向投资均呈上升趋势。

中国对海合会国家的直接投资发展迅速，2007~2015 年，中国对海直接投资流量由 1.7 亿美元上升到 19.6 亿美元，存量由 7.2 亿美元上升到 82.3 亿

---

① 《中企对外承包工程新签合同额一半来自"一带一路"》，http://www.chinanews.com//jingwei/05-17/41808.shtml。

② 《2015 年中国对外投资同比增长 14.7%》，http://news.xinhuanet.com/fortune/2016-01/21/c_128652668.htm。

③ 《对外投资合作国别（地区）指南——沙特阿拉伯》（2016 年版），http://fec.mofcom.gov.cn/article/gbdqzn/。

美元。不过尽管如此，中国对海直接投资规模仍相对有限，截至 2015 年，中国对海直接投资存量仅占中国对外直接投资存量总额的 0.8%。从国别来看，中国对海直接投资主要集中在沙特和阿联酋，其中阿联酋是中国对海直接投资的第一大对象国。2015 年，中国对阿联酋直接投资流量占中国对海直接投资总量的 64.41%，存量占比为 55.89%。从投资流向来看，中国在海合会国家投资的主要领域为能源、钢铁、建材、建筑机械、五金、化工等，主要的大型投资项目包括：2004 年，中石化集团与沙特阿美公司组建中沙天然气公司；2014 年，阿布扎比国家石油公司（ADNOC）与中石油国际（香港）有限公司合资成立 Al Yasat 石油作业有限责任公司，其中中方占股 40%；2015 年，中国和阿联酋宣布建立 100 亿美元的共同投资基金等。①

在海合会国家对中国直接投资方面，与海合会国家在欧美国家的巨额投资相比，其在中国的直接投资规模很小。2015 年，中国实际利用海合会国家直接投资金额为 3.2 亿美元，仅为同年中国对海直接投资流量的 16.2%。中国所吸引的海合会国家直接投资同样主要来自阿联酋和沙特两国，2015 年中国实际利用沙特和阿联酋直接投资金额共 3.16 亿美元，占当年中国实际利用海合会国家直接投资总金额的 99%。海合会国家对中国的投资主要流向石化和金融领域，投资方式主要是主权财富基金和合资，主要项目包括：2008 年，阿联酋博禄公司投资 2980 万美元在上海建立工程塑料生产基地；2009 年，沙特基础工业公司和中国石化集团合作兴建天津炼油化工一体化项目；阿曼石油公司与韩国 GS 集团签订协议，购买了青岛丽东化工有限公司 30% 的股份；卡塔尔投资局收购中信资本控股有限公司超过 20% 的股权等。

（四）机制建设

总体而言，中国和海合会建立合作关系 30 多年来，中海关系日臻成熟，目前中国已经和沙特建立全面战略伙伴关系，与阿联酋、卡塔尔建立战略伙伴关系。2016 年 1 月，习近平主席在利雅得会见海合会秘书长扎耶尼期间，扎耶尼表示海合会各成员国都主张将海中关系提升为特殊战略伙伴关系。② 除此之外，中国与海合会分别在 2010 年、2011 年和 2014 年开展了三轮战略对话，这种对话机制为促进"一带一路"建设、加强中海各领域合作提供了良

---

① 国务院发展研究中心：《中国—海湾国家经济合作智库峰会背景报告》，2016。
② 《习近平：中方愿成为海合会国家长期、稳定、可靠的能源供应市场》，http://www.chinanews.com/gn/2016/01 - 20/7723771.shtml。

好的平台。

目前，中国与海合会国家在投资、贸易、金融等各领域已签订了一系列协议。例如，在经贸合作机制方面，中国与所有海合会国家均签署了避免双重征税协议，与除阿曼之外的五个海合会国家签署了双边投资保护协定；在原油贸易机制方面，中国对海原油进口以一年一签的长期供油协议为主，其中中国与科威特于 2014 年签署了为期十年的 30 万桶/日的长期石油合同；在金融合作机制方面，沙特、科威特、卡塔尔、阿曼四个海合会成员国已经加入了中国提出建立的亚洲基础设施投资银行，同时海合会六国均已在事实上建立了人民币与其国内货币互换的网络基础设施。

二　中国发展对海经贸合作面临的主要挑战

尽管中海经贸合作在过去的 30 多年中，特别是 21 世纪以来发展较为顺利，但值得注意的是，受多种主客观因素的影响，中国与海合会国家经贸合作也面临着诸多困难和挑战。

（一）海合会国家经济面临较大下行压力

近年来，受金融危机、油价低迷等因素的影响，以石油产业为经济支柱的海合会国家受到较大冲击，经济增长总体放缓，对外贸易、基础设施建设等方面都受到影响。尽管海合会各成员国相继提出了以经济转型为主要目标的发展战略，并实施了一系列促进实现经济结构多元化的措施，但短期内效果并不明显。

第一，收入减少，增长放缓。海合会六国传统上依靠石油财富来保持国内的稳定和经济增长，因此 2014 年 6 月开始的油价暴跌，导致海合会国家石油收入锐减。国际货币基金组织统计数据显示，2015 年，中东和北非地区石油出口国损失了 3400 多亿美元的石油收入，占其国内生产总值的 20%。沙特作为海合会国家中最大的产油国，受油价下跌影响较大，2016 年沙特石油收入比上一年减少了约 51%，外汇储备则从 2014 年的 7300 亿美元迅速下降到5200 亿美元。其他海合会国家的石油收入同样大幅度减少，仅 2014~2015年，科威特石油收入就减少了 44%，阿曼减少了 41%，卡塔尔减少了 38%，阿联酋减少了 37%。[①] 由于非石油产业尚无法对经济起到足够的支撑作用，

---

① 《2013~2016 阿拉伯经济发展》，http://www.uabonline.org/en/research/economic。

海合会国家经济增长率普遍下降，2012 年前，海合会各成员国的 GDP 增长率为 5%~9%，而 2015 年以来，则基本保持在 3% 以下，科威特甚至出现了负增长。

第二，进出口贸易额下降。国际油价下跌对于海合会以能源为主的出口贸易结构造成较大影响。2014 年油价暴跌之后，海合会国家的出口贸易额锐减，2016 年海合会国家出口贸易额为 6552 亿美元，仅为 2014 年的 56.7%。值得注意的是，阿联酋凭借世界第三大转口贸易中心的地位，比其他海合会国家对石油收入的依赖度低，因此其出口贸易额降幅相对较小，而沙特、卡塔尔、科威特等严重依赖能源出口的国家出口贸易额出现断崖式下跌。

在进口贸易方面，海合会国家的进口货物中制成品所占比重最大，其次是农产品、燃料及矿产品。根据世界贸易组织发布的数据，2015 年，阿联酋、阿曼、卡塔尔、科威特、沙特的进口贸易中制成品所占比重均为 70% 以上，其中科威特的比例最高，达到了 78.8%。巴林因油气资源相对贫乏，燃料及矿产品占进口货物的比重较高，制成品占进口货物的比重低于其他海合会成员国，为 52.0%。低油价所带来的财政收入下滑虽然也在一定程度上影响了海合会国家的进口贸易，但得益于以往的财政积累和民间财富聚集，所以跌幅较小，2016 年海合会国家进口贸易总额比 2014 年顶峰时下降了 13%。[1]

第三，基础设施建设减速。在国际油价下跌的背景下，海合会国家为了维持财政平衡，一方面举借外债，另一方面开始减少财政支出，因此海合会国家基础设施建设明显减速，部分海合会国家工程项目的发包额大幅降低。据报道，2015 年海湾国家工程发包额为 1970 亿美元，2016 年减少 300 亿美元，为 1670 亿美元。[2] 沙特在 2016 年一季度工程项目发包总金额为 279 亿里亚尔，约合 74.4 亿美元，同比下降 51%，环比下降 39%，为 2009 年以来单季最大降幅。其中本地建筑和交通项目的合同额降幅最大，同比下滑 2/3。[3]

---

① Statistics Database World International Organization，http：//stat. wto. org/StatisticalProgram/WSDBV iewData. aspx？Language = E.

② 《2016 年海湾国家工程发包额将大幅减少》，http：//w. huanqiu. com/r/MV8wXzg3MDUyNjBfMT IwNF8xNDU3OTQ0NTAw。

③ 《沙特一季度工程项目发包额 74.4 亿美元，同比大降 51%》，http：//sa. mofcom. gov. cn/ article/sqfb/201605/20160501325169. shtml。

总之，海合会国家受国际油价下跌的影响，经济出现明显波动，特别是在贸易、基础设施建设等方面的市场需求出现较大幅度下滑，这在客观需求上对进一步扩大中国对海合会国家经贸合作形成了制约，对高铁、核能、卫星等高投入项目的推进造成较大的负面影响。

（二）国际竞争日益激烈

长期以来，海湾地区一直是各大国竞争的战略要地，因此中国加强对海经贸合作面临着来自许多国家的竞争压力，其中既有传统大国，也有新兴国家。相比其他大国，中国在海湾地区的发展根基较浅。尽管海合会一成立，中国便抓住机遇，与其建立了合作关系，但进入海湾市场的历史和经验还是远不及美、日、韩等发达国家。欧美国家始终是海合会在选择非阿拉伯国家经济合作伙伴时的优先考虑对象，而中国等新兴国家则处于相对次要的位置。

早在 2009 年，海合会便与欧洲自由贸易联盟（EFTA）在挪威签署了自由贸易协定，内容包括货物贸易、服务贸易、保护知识产权、政府采购、电子贸易和争端解决等事宜，并于 2011 年 10 月由海合会部长理事会批准通过。[①] 而作为在中东地区影响最大的国家，美国也十分重视发展与海合会各成员国在军事、能源、经贸等领域的合作，其中军火贸易是双方经贸合作的重要内容。2017 年 5 月，正在沙特阿拉伯访问的美国总统特朗普与沙特国王萨勒曼签署了高达 1100 亿美元的军售大单，而且该协议总金额据称有望在未来 10 年内扩充至 3500 亿美元。[②] 大规模的军火贸易极大地促进了美国与海合会国家之间战略合作的深入发展，并加强了海合会国家对美国的依赖。

日本、韩国等经济腾飞较早的发达国家，也早于中国开拓海湾市场，具有极强的竞争力。其中日本是沙特的第二大贸易伙伴和主要投资者，仅次于美国，并且在高新技术、核能等领域与沙特等国有了紧密的合作。同时，资源匮乏的日本对油气资源需求巨大，与中国同属买方市场，是中国在该地区的重要竞争对手之一。而韩国在电子、机械、工程承包领域有着传统优势，在海合会国家已经深耕细作了数十年，有着良好的口碑和广泛的合作关系，近几年来，韩国在核能方面也实现了突破。

---

① 《海合会部长理事会批准与欧洲自由贸易联盟签署的自贸区协定》，http：//www. mofcom. gov. cn/aarticle/i/jyjl/k/201110/20111007769236. html。

② 《千亿军火美国向沙特卖了什么？针对伊朗意味很浓》，http：//mil. huanqiu. com/world/2017 – 05/10709028. html。

除了上述发达国家之外，与中国同处新兴国家行列的印度在海湾地区的影响力也不容小觑，尤其是在纺织、信息技术领域，印度是中国强有力的竞争对手。海合会数据中心统计显示，2015 年印度是海合会国家最大的出口贸易伙伴和第四大进口贸易伙伴。而且，印度也在积极推进与海合会的自由贸易区谈判。土耳其与海合会国家在基础设施建设领域的合作对中国也构成挑战，例如，2015 年底，沙特政府命令各省支持土耳其企业大规模承建规模达2000 亿美元的房屋建设项目，从而挤压了中国工程承包企业在沙特的市场份额。

面对激烈的国际竞争，中国与海合会国家经贸合作的内容还较为单一且不够深入，主要集中在油气资源领域，较少涉及高铁、核能、航空航天、军工等高新技术领域和战略性项目。中国必须尽快在 "1 + 2 + 3" 的合作格局中有所突破，并强化比较优势，否则现有的合作模式和结构对中方是不利的。

（三）经贸合作机制建设滞后

机制建设是发展双边经贸关系的重要推动力，但中国与海合会国家之间的经贸合作机制建设明显滞后于双方的经贸关系发展速度，因此在很大程度上制约了双方经贸关系的进一步巩固和拓展。

首先，中海能源贸易机制建设有待深化。中国对油气资源需求巨大，是世界上最大的石油进口国之一，能源贸易是中海经贸合作的核心。然而，作为拥有最大能源需求的国家，中国在国际能源市场的话语权却十分有限。与其他国家相比，中海能源贸易机制建设明显滞后。早在 2010 年，日本就与沙特达成了原油储备协议，在冲绳储备 380 万桶原油，为期 3 年。此外，日本还通过投资以及技术合作等措施，获得了沙特的石油优先购买权、阿联酋的长期石油供应协议以及科威特的能源稳定供应承诺。而中国与海合会国家的供油协议却仍旧停留在 "一年一议" 的模式，这不利于双方经贸关系的长期稳定发展。事实上，与日本相比，中国具有多元化的能源采购渠道，同时拥有丰富的煤炭和页岩气、页岩油资源，中国应当利用自身的市场优势和能源优势提升在国际能源市场上的话语权，与海合会国家建立长期、稳定的关系。

其次，中海自贸区建设进展缓慢。推进中国与海合会国家自贸区建设是促进 "一带一路" 在海湾地区落地的重要举措，但中海自贸区谈判自 2004 年启动以来，仍未达成协议，甚至在第五轮谈判之后一度中止，直到 2016 年才重启谈判。利益让渡是中海自贸区谈判争议的焦点。石化产业是海合会国家的核心竞争产业，海方在谈判中坚持免除石化产品关税，但我国相关企业和部门坚决反对海方这一要求。因为海合会国家油气资源丰富，开采成本低廉，海合会国家的石化产品相对于中国国内的同类产品拥有极大的价格优势。[①]一旦开放中国国内能源市场，海合会国家的石化产品大量涌入，势必会对国内石化产业造成较大冲击。就减免石化产品关税问题，中海双方恐怕很难在短期内达成一致。但与此同时，欧盟、日本、印度等均在积极推动与海合会的自由贸易谈判，因此促进中海自贸区建设刻不容缓，否则就难以在该地区赢得战略主动权。

三　关于加强与海合会国家经贸合作的几点思考

海合会国家是海湾地区最具活力的市场，是中国推进"一带一路"建设的重要地区。尽管海湾国家经济目前遇到一定困难，但各国已经开始采取多种措施促进经济多样化，减少油价下跌对经济所产生的负面影响。此外，海合会国家一直致力于经济一体化建设，并制定了中长期发展战略。随着海湾国家经济结构的改善以及未来国际经济上行周期的到来，海合会国家的经济发展仍然具有极大的潜力。对此，我们应积极思考和谋划中海经贸合作的新特点、新形势，在内容、机制等方面实现突破。本文谨提出以下几点思考。

第一，推动对海经贸合作的供给侧改革。目前，中国对海经贸合作仍然以能源、低技术含量和资源密集型的工业制成品、传统领域的基础设施建设为主，这也是我国同世界上很多国家经贸合作的主要形式。但值得注意的是，海合会国家与其他发展中国家相比有其自身显著的特点，其在高铁、通信、电力、航天、核能、可再生能源等方面的需求十分旺盛，开展国际合作的意愿十分强烈，而这些领域亦是我国的优势所在。因此，除继续深化对海能源领域上下游产业链的合作，扩大道路、桥梁、房屋等一般建设领域的参与程度外，还应当着力在上述高技术、高附加值领域有所突破，提高中国制造的声誉和影响力。一旦成功占领海湾市场，将对中国制造进入共建"一带一路"其他国家起到很好的示范和辐射作用。此外，值得强调的是，近几年来，我国在智慧城市建设方面已经走在了世界前列，而海合会国家，特别是阿联酋、沙特、卡塔尔也提出建设智慧城市的发展战略，这为中国抢占海合会国家市场高端业态提供了重要机遇，相关政府部门和企业应有意识地主动与海合会

---

① 赵锋：《中国与海合会自贸区谈判回顾与展望》，《国际研究参考》2015 年第 7 期，第 12 页。

国家进行对接。

第二，在机制建设上实现突破。推动中海自贸区建设是中国和海合会国家在全球经济增长乏力、贸易保护主义抬头的背景下，为坚持开放共赢的经济发展方向和捍卫世界自由贸易体系而共同做出的选择。但由于我国从中海自贸区获益主要来自国内油气价格的下降，而在海合会油气产量零增长的前提下，建立中海自贸区给我国带来的收益要明显小于经济调整成本，中海自由贸易协定很大程度上成为单方面惠及海合会的自由贸易安排。对此，中方一方面应当加快国内石化产业改革，提高石化产业竞争力；另一方面，可在谈判中将海合会对华油气出口定价问题纳入自贸区谈判框架，以提高我方收益和国际油价定价话语权。

第三，加大第三方市场开发力度。近年来，合作开发第三方市场成为中国对外经贸合作的新亮点。例如，中国与欧洲发达国家在开拓第三方市场方面的合作模式已经较为成熟，将欧洲发达国家的高端技术与中国的制造能力及高端技术市场化能力结合在一起，在第三方市场开展国际产能合作，从而产生"1 + 1 + 1 > 3"的效果。鉴于海合会国家在中东、阿拉伯 – 伊斯兰世界的经济引领地位，中国可以通过与海合会国家合资的方式开发中东、非洲市场，推动中国与相关国家的国际产能合作和技术转移。在这一过程中，可充分发挥中国 – 阿联酋投资合作基金、《中沙贸易融资和信保领域合作谅解备忘录》等的作用，为中国企业走出去创造条件。

第四，深入研究海合会国家市场特点。海合会国家在法律体系、投资环境、质量标准、文化氛围等方面都有鲜明的特色，只有研究好海合会市场特点才能更好地推动双边合作，实现互利双赢。但目前我国在这方面的研究还十分匮乏，很多企业在缺乏充分市场调研的情况下便进入海合会市场，导致项目进展不顺利，这种情况在工程承包企业中尤为突出，沙特轻轨项目、200所学校项目就是典型的案例。因此，相关部门应大力推动国内智库深入开展区域国别研究，实现智库与企业的深度对接和融合，让数量庞大的智库真正为"一带一路"建设提供智力支持。

The Status Quo, Challenges and Countermeasures of Economic and Trade Cooperation Between China and the GCC Countries

Liu Xinlu

Abstract：The GCC countries are the key areas for China to carry out "the Belt and Road" After decades of development, the level of China-GCC economic and trade cooperation has been continuously improved. However, in recent years, the GCC countries' economies are facing greater pressure due to factors such as the financial crisis and low oil prices, which directly affects cooperation between China and the GCC countries in trade, investment and infrastructure construction. At the same time, China is also facing challenges in improving the traditional cooperation pattern and innovative cooperation mechanism. In this regard, we should thoroughly study the characteristics of the GCC market, promote the "supply side" reform of sea-trade cooperation, make breakthroughs in the China- GCC Free Trade Area negotiations as soon as possible and increase the efforts to develop third-party markets.

Keywords：China；GCC；Economic and Trade Cooperation；"the Belt and Road"

中国跨境电商进入沙特
市场前景分析

徐丽云　曹笑笑[*]

摘要：近年来，沙特阿拉伯电商市场显示的巨大潜力吸引了众多国内电商的关注。在"一带一路"的背景下，沙特作为"一带一路"上连接中欧的中枢，中沙间的贸易往来将进一步深入。本文将以浙江执御信息技术有限公司为案例，分析当下中国跨境电商进入沙特阿拉伯市场的优势和挑战并提出相关建议，为中国跨境电商提供理论指导。

关键词：跨境电商　沙特市场　"一带一路"　执御

近年来，我国电子商务迅猛发展，取得了令人瞩目的成就，具备了一定的竞争优势。目前，中国市场的互联网人口和流量红利正在走向终结，我国电商企业在国内的市场面临饱和。当下"一带一路"合作的推进，为我国的电商市场注入了新的活力，为企业"走出去"提供了良好的发展机遇。共建"一带一路"国家和地区蕴含着巨大的经济发展潜力，且多属于"互联网发展中国家"，电子商务发展潜力大。

沙特作为"一带一路"连接亚欧的中枢，虽电子商务起步晚，但却是阿拉伯国家中电子商务发展最快的一个，其电子商务领域年增长率达20%，增长速度快，消费潜力大。其境内移动电话拥有率于2013年居于世界首位，且互联网普及率高、人均收入高、消费者购买力强。电商前景为业界所看好。

因此，本文选择沙特阿拉伯电子商务市场作为研究对象，以浙江执御信息技术有限公司（简称"执御"）为案例，为当下要进入沙特阿拉伯市场的中国跨境电商提供经验。

---

* 徐丽云，浙江外国语学院阿拉伯语系；曹笑笑，博士，副教授，浙江外国语学院阿拉伯语系。

一　执御发展分析报告

（一）企业概况

执御是一家综合型、创新型、技术型的跨境出海电商企业。成立于2012年底，拥有海内外员工近2000人。公司总部位于浙江杭州。已在上海、广州、香港等城市，以及约旦、沙特、阿联酋及美国等国家开设了分公司。

JollyChic作为执御旗下的移动端购物APP，专注于全球时尚生活消费品，经营产品包括服装配饰、鞋包家具、母婴童玩、美体护肤与3C电子等。其在中东地区购物类APP下载量排名中位列第一。[①]

（二）发展路径

2013年3月获华睿2000万元天使投资，从成立初期到2013年7月都是在做PC网站的搭建，7月PC网站开始上线。最初，执御卖的商品以女性服装为主，在2013年确定的市场方向主要是美国和澳大利亚。

2014年，在选品上，确定以欧美风格的产品为主。2014年销售额达到1亿元。

2015年6月，家纺企业富安娜公布入股执御。在这次入股中，富安娜以自有资金2250万元溢价认购执御5%的股份。获得投资之后，执御开始调整策略并转型。基于对以往销售数据的分析和对未来市场的判断，执御加大了在中东市场的投入力度。2015年，销售额上升到10亿元，是2014年的10倍。

2016年，执御对商品做了品类扩充，增加了男性商品，如服装、鞋包、配饰，还有3C电子、女性美妆类。2016年销售额为20亿元。

2017年，执御收购MarkaVIP，在中东市场上除了JollyChic，又增加了一个新的销售渠道。2017年，销售额超过50亿元。[②]

---

① 《浙江执御信息技术有限公司企业介绍》，浙江执御信息技术有限公司官网，http：//www.jollycorp.com/category/about。

② 赵亚婷：《2018年中东电商发展报告》，"ePanda出海中东"微信公众号，2018年1月。

（三）经营模式

目前主要是自营模式，与供应商合作，供应商供应商品，执御在海外市场进行定价销售。其经营模式如图 1 所示。

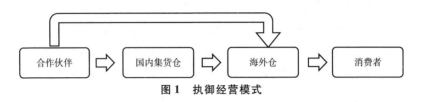

图 1　执御经营模式

（四）取得成就的原因

1. 人才的汇聚，专业的资深团队

执御的团队有着丰富的技术、运营、营销经验，商品团队中不少人是设计师和原创设计领域较有影响力的人物，技术和营销中不少是业内资深专家，且有来自 Google 和 Facebook 的工程师和科学家。此外，其团队自主研发了一套拥有 20 多项知识产权的大数据智能系统，除了能分析时尚趋势，也使得公司在营销推广上非常精准。

2. 与时俱进，瞄准前沿，挖掘差异

初期，分析中东市场的差异性，选择市场上稀缺品类为切入口。后期利用大数据分析，根据市场需求及时上架符合当下流行趋势的产品，不断挖掘新卖点、扩充产品品类。

3. 打造本土化团队

执御在约旦建立了呼叫中心，在沙特建立了综合运营中心，在阿联酋迪拜拥有本地化运营与市场营销团队，海外总员工数有上千人，进一步促进了平台的本地化。

本土团队与消费者处于同一时区，没有时差；没有语言障碍，熟知当地文化风俗，更熟悉当地的市场环境，有利于提升选品促销方面的工作效率，优化客服及售后服务。且本土团队有利于开展线下活动，增强与当地用户的互动，提高品牌知名度和用户的信赖度。①

---

① 该部分内容参见《中东的在线衣柜丨卖衣服，他们卖了 1 个亿美金》，迪拜人传媒"中国力量 @ 中东互联网"系列专题，https：//mp. weixin. qq. com/s？＿＿biz＝MzA5MjA5MTEwNg＝＝&mid＝2656211587&idx＝1&sn＝48ba394e0edc9fbee8abf063464bb290&scene＝21#wechat＿redirect。

二　中国跨境电商进入沙特市场的优势

（一）中国环境支持

1. 政策法律支持

近年来中国政府和社会各界高度重视跨境电商的发展，将其视为新时期中国经济发展的新引擎、产业转型的新业态和对外开放的新窗口。政府自2012年起颁布了一系列关于跨境电商的政策，完善对其相应的税收和监管制度，并设立了多个跨境电子商务综合试验区（见图2）。①

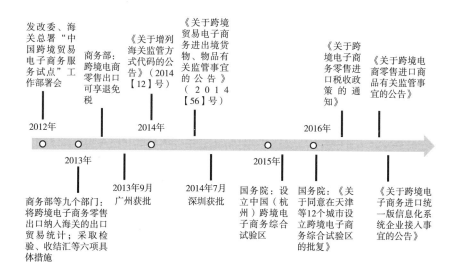

发改委、海关总署"中国跨境贸易电子商务服务试点"工作部署会

商务部：跨境电商零售出口可享退免税

《关于增列海关监管方式代码的公告》（2014【12】号）

《关于跨境贸易电子商务进出境货物、物品有关监管事宜的公告》（2014【56】号）

《关于跨境电子商务零售进口税收政策的通知》

《关于跨境电商零售进口商品有关监管事宜的公告》

2012年　　　　　2014年　　　　　　　2016年

2013年　　　　　　　　　2015年

商务部等九个部门：将跨境电子商务零售出口纳入海关的出口贸易统计；采取检验、收结汇等六项具体措施

2013年9月广州获批

2014年7月深圳获批

国务院：设立中国（杭州）跨境电子商务综合试验区

国务院：《关于同意在天津等12个城市设立跨境电子商务综合试验区的批复》

《关于跨境电子商务进口统一版信息化系统企业接入事宜的公告》

图 2　2012～2016 年跨境电商所获政策法律支持

2. 中国产品优势

中国俨然已成为世界的制造工厂，有着充足的货源和完备的供应链优势，此外随着中国经济的快速发展和青年独立设计师的不断涌现，中国制造正在

---

① 《跨境电子商务》，中国海关总署网站，http：//www. customs. gov. cn/eportal/ui？pageId = 696401&currentPage = 1&moduleId = 803a199eac704a97a8ea1f0a18cb3a0e；《跨境电子商务政策》，中国政府网，http：//sousuo. gov. cn/s. htm？t = paper&advance = true&title = 跨境电子商 &content = &pcodeJiguan = &pcodeYear = &pcodeNum = &filetype = &mintime = &timetype = timeqb&maxtime = 。

向中国创造转型，优质新奇的产品层出不穷，为中国产品摆脱"廉价低质"标签，走向高端优质提供了可能。

3. 时代机遇

2015 年中国已经成为沙特石油出口的第一大市场和第一大贸易伙伴，中国在沙特经济中的地位不断上升。[①] 在当下"走出去"及"一带一路"的推动下，中沙双方必将迎来两国更频繁的贸易往来。

（二）沙特环境支持

1. 人口年轻化，消费能力高

从人口总数来看，沙特阿拉伯有 3255 多万人口，是中东最大的消费市场。

从人口结构看，沙特阿拉伯 20～34 岁人口占总人口的 26%，人口年轻化，这个年龄段的年轻人，更乐于体验新鲜事物，对于时尚和生活有着更高的需求。在沙特，相比年长者，小于 30 岁的大部分网购用户网购更加频繁，每两周至少网购一次。

由于当地电商起步较晚，截至 2017 年，仅 35.2% 的沙特用户了解在线购物的实用性，但沙特的电商行业正在飞速发展，预计到 2022 年，沙特电商用户普及率将达到 53.5%，用户数将达到 1930 万人。[②]

此外，在沙特，68.9 万多个家庭年收入超过 5 万美元，中产阶级（年收入 2.5 万～5 万美元）家庭数量占比从 2017 年的 27.7% 增长至 2021 年的 32.4%，整体家庭的纯收入从 2017 年的 3.3 万美元增至 2021 年的 4.2 万美元。

2. 数字化进程加速

2016 年沙特境内 4G 普及率达到 63%，同年第二季度底移动通信覆盖率为 152%。[③] 至 2017 年第二季度，沙特互联网普及率已达 76%，远超中东地

---

① 《2015 年沙特对外贸易额达 3733 亿美元　中国成为沙特最大贸易伙伴》，中国商务部网站，http://www.mofcom.gov.cn/article/i/jyjl/k/201606/20160601341516.shtml。

② 《沙特电子商务数据分析》，Statista，https://www.statista.com/outlook/243/110/ecommerce/saudi-arabia#。

③ 《通信机构：截至 2016 年第二季度末，移动通信服务订阅量达 4800 万》，沙特通信和信息技术委员会网站，http://www.mcit.gov.sa/ar/media-center/news/92840。

区的 59%。① 沙方政府对此给予高度重视，在"2030 愿景"中承诺要在人口密集的城市将宽带普及率提至 90%，其他城市地区提至 66%。② 沙特数字化进程的加速为跨境电商提供了契机。

3. 市场需求大

（1）宗教因素

沙特社会恪守伊斯兰教法，因而一直存在"性别隔离"的戒律，女性需有丈夫或者有亲属关系的成年男性监护人陪伴才可以出入公共场所办理相关事务。沙特气候炎热，外出购物又涉及商品品类不足等问题，因此电商的出现满足了女性的购物需求，为她们提供了诸多便利。

由于宗教的原因，沙特公共娱乐场所少，因而网上消费成为沙特人主要的娱乐方式。

（2）经济因素

沙特经济结构单一，石油工业产值约占沙特国内生产总值的 35%，为各行业之首，日用品、服饰等对外依存度高。网上琳琅满目的产品为当地消费者提供了更多选择。③

（3）消费群体特点

根据沙特通信和信息技术委员会所做的问卷调查（有 783 人参与），58%的参与者表示其至少网购过一次。在对 404 名网购者进行的问卷调查中，大多数人（接近 87%）表示在过去一年中网购过，这凸显出沙特人民正从传统购物转向网购的趋势。

可将沙特网购者分为三类，即高频网购者（每两周至少网购一次）、中频网购者（每三个月至少网购一次）、低频网购者（每四个月或更久网购一次），其中高、低频网购者各占 1/5，中频网购者占 3/5。人均每年网购花费约 6707 元。④

沙特高频网购用户多为女性，沙特女性乐于追求时尚，对新奇产品接受度高。因此时尚单品、别具一格的家居用品都有可能成为爆款。并且女性作为家庭消费的主力，购买力强，需求量大。

---

① 《通信与信息科技报告——沙特阿拉伯的电子商务》，沙特通信和信息技术委员会网站，http：//www. citc. gov. sa/ar/reportsandstudies/Reports/Documents/CITC_ ECOMMERCE_ 2017_ ARABIC. PDF#search = حجم%20حجم%20سوق%20الكتروني。

② "Vision 2030's Commitments"，http：//vision2030. gov. sa/en/commitments，December 20，2017.

③ 艾林：《当代沙特阿拉伯王国的社会不稳定因素研究》，北京外国语大学博士学位论文，2013。

④ 《通信与信息科技报告——沙特阿拉伯的电子商务》。

（4）时代机遇推动

2014 年下半年开始的国际油价下跌对沙特的经济造成严重冲击，沙特政府开始着手调整经济结构，鼓励自由经济和自由竞争，支持私人及合资企业经营发展项目，以降低对石油产业的依赖程度，实现经济多元化。同样，沙特政府也充分认识到电子商务发展对其实现国家预期发展目标的重要性，出台了一系列政策以加强电子商务市场的薄弱环节，在其"2030 愿景"中，表示将努力方便货物流转，简化海关手续，创造一个对当地和外国投资者都具有吸引力的经商环境，赢得其他国家、企业对其经济实力与潜力的信心。同时将努力促进本地和地区性货物流通，并出台必要的行业规定，放宽所有权和外国投资限制，吸引当地和国际零售投资商，希望将现代贸易和电子商务对零售业的贡献率提高至 80%。[1] 这对中国跨境电商企业来说是良好机遇，有利于其在沙特投资或与当地企业合作。

2017 年，沙特发布了若干决策，新任的王储已经显示了他对国内改革的决心。曾经封闭的沙特市场一旦打开，潜力无穷。沙特通信和信息技术委员会预计当地 2016 年 B2C 电子商务成交额为 80 亿美元，是中东及北非地区最大的电子商务市场。[2]

三　中国跨境电商进入沙特市场面临的挑战

（一）支付体系不完善

跟我国不同，沙特没有完善的支付解决方案和信用体系，80% 的网络零售通过货到付款完成，[3] 而且经常发生客户不接电话，甚至拒收包裹的情况，潜在高退货率的风险会对企业造成非常大的压力。

（二）物流障碍

与国内物流相比，跨境物流涉及更多的运输、存储等问题，加上沙特境

---

① "Vision 2030's Commitments", http：//vision2030. gov. sa/en/commitments, December 20, 2017.

② "Vision 2030's Commitments", http：//vision2030. gov. sa/en/commitments, December 20, 2017.

③ Dr. Shouvik Sanyal, Dr. Mohammed Wamique Hisam, "Opportunities and Challenges for E-commerce in the MENA Region", https：//www. researchgate. net/profile/Shouvik＿Sanyal/publication/293756228＿Opportunities＿and＿Challenges＿for＿E－Commerce＿in＿the＿MENA＿region/links/56bb055808ae3af6847db182/Opportunities－and－Challenges－for－E－Commerce－in－the－MENA－region, March, 2016.

内基础设施体系建设不完善，导致跨境物流成本高、速度慢，不能到达偏远地区。而且如果收到有问题或者不合适的商品，退货或换货将耗损更多的时间与精力。此外，从中国寄往沙特物流费用较高，以中东快递 Aramex 为例，首重 0.5kg 为 97.89 元。

（三）跨境电子商务人才短缺

电子商务在国际贸易中的应用，意味着需要电子商务和国际贸易方面的复合型人才，需要一大批懂技术、懂语言、懂商务的人才，而且还需要有国际贸易背景。然而，目前人才的需求与培养不平衡，造成跨境电商人才短缺。

（四）行业竞争激烈

当下沙特的市场竞争逐渐形成三巨头格局，分别为亚马逊旗下的 Souq、穆罕默德·阿拉巴尔旗下的电商联盟、中国电商力量。[①]

1. 亚马逊旗下的 Souq

Souq 作为中东最成功的电商平台，被称为"中东亚马逊"。Souq 上的卖家数量预计达 75000 个，销售 31 个产品种类 840 万种产品。其创始人是土生土长的中东人，深谙阿拉伯文化和消费者习性，将西方的电商模式嫁接到中东并进行了本地化改造。Souq 为了打造自己的电商文化，比照美国黑色星期五大促销活动，推出中东的白色星期五大促活动，取得了良好的成效。

此外，在物流上，Souq 拥有自建物流公司 Q Express，有效提高了派送效率及安全性。在支付方面，Souq 拥有中东最知名的支付网关 PayFort。PayFort 使用广泛，目前，Dubizzle.com、Landmark、BEIN Sports、Etihad Airways、Ticketmaster、Air Arabia、Talabat.com 等中东主流服务平台都在使用 Payfort 的付款服务。[②]

2017 年 3 月，亚马逊宣布以 6.5 亿美元收购 Souq。此后两家公司宣布它们已经完成了初步的整合，2017 年双十二当天，Souq 上线了一个新的频道：亚马逊全球商店（Amazon Global Store），通过这个入口，阿联酋的用户可以直接从美国亚马逊网站的产品中进行选择，并以迪拉姆支付。

对于 Souq 来说，在亚马逊的帮助下，Souq 能够最大限度地提升其物流配

---

①　赵亚婷：《2018 年中东电商发展报告》。

②　"Special Report：Ronaldo Mouchawar and the Story of Souq.com"，*Arabian Business*，April 6，2014.

送方面的能力，优化用户选择，实现更进一步的发展。

对于亚马逊来说，收购 Souq 后，亚马逊将在中东这个快速成长且竞争激烈的新兴电商市场占有一席之地。①

2. 穆罕默德·阿拉巴尔旗下的电商联盟

穆罕默德·阿拉巴尔是阿联酋的最大房地产开发商，Emaar Malls 旗下的 Dubai Mall，是全球最大的线下零售商场，吸引了大量的游客去购物。有资金、有线下资源是阿拉巴尔的优势。

Noon 是阿拉巴尔联合沙特阿拉伯主权财富基金投资 10 亿美元重金打造的全品类电商平台，于 2017 年 9 月底在阿联酋上线，12 月在沙特阿拉伯上线，总部位于沙特首都利雅得。

为了给 Noon 提供物流支持，2016 年，阿拉巴尔收购了中东物流行业老大 Aramex 16.45% 的股份。此外，在 2017 年，阿拉巴尔领导的一个技术基金收购了迪拜电商 JadoPado，Emaar Malls 收购了 Namshi 51% 的股权，这些平台都将成为 Noon 的供应商来源。

Noon 虽然上线时间不长，但已广为熟知。2017 年底 Noon 刚上线不久就宣布与沙特电器零售公司 United Electronics Company（eXtra）签署合作协议。根据该协议，eXtra 将成为 Noon 在电器方面的独家合作伙伴，销售三星、LG、索尼、博朗、Kenwood 等电器品牌。②

3. 中国电商力量

近年来，沙特这片蓝海市场显示出的巨大发展潜力吸引着中国跨境电商的入驻，其中以执御、环球易购为主要代表，逐渐形成一股新兴势力。

（1）执御

执御成立于 2012 年底，一开始的定位是全球跨境电商，2016～2017 年，执御重点发展沙特市场，其销售额从 20 多亿元增至 50 亿元，成为沙特市场中一股强有力的中国电商力量。③

（2）环球易购

环球易购创建于 2007 年，是专注于跨境出口零售的垂直电子商务平台。环球易购的数据显示：2017 年黑色星期五当天环球易购总销售额比上年同期

---

① 《亚马逊公司收购 Souq》，Souq 官网，http：//pr. Souq. com/147416 - 。

② 《沙特投资阿拉伯最大电商平台》，《阿拉比亚报》，http：//www. alarabiya. net/ar/mob/aswaq/economy/2016/11/13/جديدة-الكترونية-تسوق-وجهة-عن-اليوم-يكشف-العبار. html。

③ 详见 Jolly Chic 报告。

增长 116%，中东地区的销售成为最亮眼的增长点，其中沙特销售额暴涨1229.3%。①

四　对中国跨境电商进入沙特市场的建议

由以上分析可以得出，沙特电商市场还有待充分开发，市场潜力巨大，尽管支付、物流上略滞后，但随着近年来一些电商涌入沙特市场，其各方面基础设施都在不断得到完善。随着全品类巨头的出现，中国跨境电商要在沙特市场分一杯羹还需找准定位，在这片蓝海市场中占据一席之地。以下是相关建议。

（一）明确产品定位

产品定位涉及顾客群体、全品类电商 & 垂直类电商、定价关系等。借鉴执御的发展经验，明确市场、产品定位在初期发展中十分重要。

1. 顾客群体

确立顾客群体可从沙特消费人群特点及用户群体细分两方面来考虑。

（1）沙特消费人群特点

消费特点包括节日购买习惯、女性地位、家庭支出、日常消费习惯、支付习惯等。

节日购买习惯：朝圣季节及斋月是购物高峰期，在朝圣季节，阿拉伯国家居民前往麦加朝拜时会购买家庭用品及衣服等。斋月期间，食品、服装及家电则成为畅销商品。Souq 推出的中东白色星期五狂欢购物活动也逐渐成为风尚。

女性地位：前文提到，由于宗教原因及沙特年轻女性对时尚的追求，款式新颖且优质的服装、化妆品、鞋包具有高热度。

家庭支出：阿拉伯家庭生育率高，母婴类产品需求量大。家庭纽带强，所以穿亲子装或为儿童准备生日聚会更是普遍。

日常消费习惯：沙特地区人民富裕，多数人购买豪车、金表等能体现其地位与身份的产品。男士市场有待开发，品牌表类产品受追捧度高。

支付习惯：沙特用户更倾向于使用 COD 支付。尽管沙特用户使用信用卡

---

① 《环球易购黑五战报！总销售额同比增长 116%》，环球易购官网，http：//www.globalegrow.com/news/detail/240/。

支付的比例有所上升，但是 COD 仍然是主要付款方式。

（2）用户群体细分

主要可分为"张扬""旅行""情侣""家庭"四个品类，可以此为基点，探索产品种类定位。

2. 全品类电商 & 垂直类电商

明确 APP 是全品类电商平台，还是垂直类电商平台。

就全品类电商平台来说，沙特电商的消费主力为年轻女性，她们对新奇事物的接受度强、购买力度大，所以在选品时，以"新""独特"为重点挖掘可卖点。此外，Souq 进一步同亚马逊美国的融合说明中东客户渴望优质商品，客户淘美国、欧洲商品的需求非常强烈。因此在初期定位中，专注于品牌化、高质量的产品有助于迎合当地的高端需求，为中国跨境电商带来商机。

在后期运营中可增加专题模式进行活动，根据当下沙特热点事件选择专题。如近期沙特女性可以开车事件，可开设女性赋权汽车专题；或者结合女性兴趣点选择专题，如温馨家居系列、手帐 DIY 系列等具有特色又吸引人的专题。此外，沙特外籍劳工数量比重大，可针对这类群体推出系列专题，比如暖冬系列，虽然沙特气候炎热，但当这些外籍劳工假期回国时，家乡温度较低，这就急需一些冬日装备。与此同时，尽管女性的购买力占据着主要地位，但是也应注重男性消费者的购买需求，如上架新潮电子产品、开通送礼专题等。

图 3 是 2017 年 9 月 Statista 发布的跨境电商销售额及未来预期。可见最大的两个细分市场为时尚单品和电子产品 & 媒体。

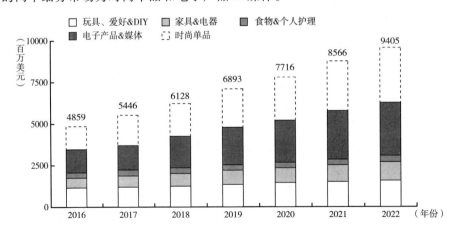

图 3　2017 年 9 月 Statista 发布的沙特跨境电商销售额及未来预期

资料来源：《沙特电子商务数据分析》。

就垂直类电商平台来说，在沙特市场发展较好的有 The Luxury Closet、Mumzwold、Awol、Joi、Zaful 等，在全品类电商平台竞争激烈的背景下，找准切入点，打造垂直类电商平台值得考虑。

3. 定价关系

要明确产品是走低端价格路线还是中高端品质路线。产品的定价关系企业产品能否在沙特市场上适销对路，能否取得良好的经济效益，关系到企业在沙特的竞争地位，应当做好市场调查与分析。

（二）构建本土化团队

本土化团队能够加快选品、翻译进度，寻找推广的最优途径，增进用户的亲切感等。因此要重视本土化团队的建设与布局，招聘本土员工，逐步增加营销、物流、仓储、售后、运营等职能。

（三）拓宽营销渠道

1. 社交媒体营销

沙特拥有世界最高的 Twitter 用户渗透率，世界第二高的 Snapchat 用户渗透率及世界上最高的 YouTube 人均用户浏览率，可见沙特国民使用社交媒体频率十分高。

建议社交媒体在进行推广营销之前，先完善自己的相关社交媒体账户，如 Facebook、Instagram、YouTube、Twitter 等。对于 Facebook 的主页建议采取动图，具有更强视觉冲击力。

2016 年 10 月所统计的沙特人最喜爱的十大网站如表 1 所示。

表 1　沙特人最喜爱的十大网站（2016 年 10 月）

排名	网站	排名	网站
1	Google. com. sa	6	Instagram. com
2	YouTube. com	7	Yahoo. com
3	Facebook. com	8	Haraj. com. sa
4	Twitter. com	9	Souq. com
5	Live. com	10	Moi. gov. sa

资料来源：Ecommerce in Saudi Arabia, listzada, http://istizada. com/ecommerce - in - saudi - arabia - the - complete - guide/, December 6, 2016。

沙特是 YouTube 使用频率最高的国家，沙特国民每天在 YouTube 上的观看量达 9000 万次。可以 YouTube 为切入口，与沙特网红合作，进行品牌推广。

此外，要充分利用社交营销渠道获取流量，在合适的时间发动态以获取最大的浏览量，如午饭、晚饭、晚上睡觉前等时间节点为流量高峰。

2. 硬广营销

在谷歌和 Facebook、YouTube 等沙特网民经常浏览的页面上投放广告，重视广告的精致度和范围广度，增强自身品牌的知名度和用户信任度，在潜移默化中影响消费者的选择。

3. 移动端营销

建立自有的 APP 销售平台，企业通过打造移动客户端，打通社会化营销渠道，成为企业产品展示、活动推广、产品销售的平台，与传统的营销方式相比更能提高品牌宣传的渗透率，为用户提供方便快捷的消费方式。同时有利于建立强大的用户数据库，实现数据互通，构建通信供应链。

（四）充分利用大数据，实现精准营销

执御在营销推广上非常精准，尤其是广告投放，数据显示，有近 30% 的用户看到广告后会下载其 APP，这得益于大数据智能系统。因此要把大数据分析作为市场营销的重要手段。借助大数据的力量和信息优势来强化基于数据挖掘的精准营销，从而实现个性化的销售模式。根据大数据，聘请全国各地的资深买手，抓取世界各地的流行趋势进行分析，然后与合作厂家进行数据分享，创造独特的销售风格，提升竞争力。

（五）提升综合服务水平

1. 优化客服服务

聘请精通阿语的员工或者沙特人，进行培训，深化他们对公司的了解和对平台购物流程的认知。如果沙特客户在购物中产生问题进行电话或者邮件咨询时，客服可以及时回复。

2. 增强产品体验

重视网页及 APP UI 设计，设置多语言选择，因阿拉伯语的特殊性，UI 设计要迎合本土客户的阅读习惯。提升加载速度，简化购物流程。产品说明细致化，尤其是一些需要拼装或者多功能的产品，以提升用户产品使用感。使用精准广告系统，对客户进行精确细分。

3. 完善售后服务

积极解决用户使用产品时出现的问题及使用方法上的困惑，进行有关方面的技术指导。在用户生日时送上祝福，以维持顾客的忠诚度。处理用户来

信，解答用户的咨询，同时用各种方式征集用户对产品质量的意见，并根据情况及时改进。

（六）完善信用体系

跨境电商交易是通过互联网完成的，买家在下单前根本无法知道商品实际情况及质量，若由于质量或运输问题，消费者对商品不满意，又因为跨国交易的各种限制而无法及时维护自身的利益，许多消费者就会对跨境电商企业产生不信任。为此，跨境电商要重视信用体系的建设。

首先，重视产品质量，精选产品，用物美价廉的商品、优质和诚信的服务去获取消费者好评，赢得信誉和口碑，提升营业额和市场占有率。

其次，不断优化服务，丰富产品种类，注重产品的创新升级。拓展销售渠道（社交网络、网站、APP），保持好的销售记录，完善售后，积极解决消费者的困惑，重视消费者的反馈与意见，打造品牌信任度。

（七）注重人才培养

1. 人才选拔

以执御为例，团队中要有相应的人才，程序开发、产品挑选、营销推广、客户服务等环节都需要有对应的人才。如选拔阿拉伯语专业应届毕业生及来自阿拉伯国家的在华留学生，组建翻译团队，做好平台信息编辑及客户服务工作；聘请有时尚敏锐度的资深买手，紧跟时尚潮流；挖掘高新技术人才等。

2. 员工进修

企业定期派员工去沙特学习与考察，使其更加深入了解当地文化习俗，并提升其语言表达能力、翻译能力；通过实地考察、调研、问卷调查，了解当地居民需求，"对症下药"，打造爆款；了解当地居民的生活方式、娱乐方式，开阔眼界，提升认知，以更好地服务于企业，促进企业长远发展。

3. 政产学研结合

在大众创业、万众创新的热潮下，国家正致力于加强政产学研协同能力，激发创新驱动。在此大背景下，企业可根据自身人才缺口与相关高校合作，建立合作实践基地，通过校内校外相结合，促进校企深度合作，提高人才培养质量。

Analysis of the Prospect of China's Cross-Border E-Commerce Entering the Saudi Market

Xu Liyun   Cao Xiaoxiao

Abstract: In recent years, the great potential shown by the Saudi Arabian e-commerce market has attracted the attention of many domestic e-commerce companies. Against "the Belt and Road" backdrop, the trade between China and Saudi Arabia will develop further because Saudi Arabia serves as the hub of the China-European Union in "the Belt and Road". This paper takes example of Zhejiang Jollychic Information Technology Co., Ltd. to analyze the advantages and challenges of China's cross-border e-commerce entering the Saudi Arabian market at present, and put forward relevant suggestions to provide theoretical guidance for China's cross-border e-commerce.

Keywords: Cross-Border E-Commerce; Saudi Market; "the Belt and Road"; JollyChic

摩洛哥开发中国旅游客源市场
现状及现存问题分析

王 幸　沈翊清[*]

摘要：中国旅游正与世界旅游建立起更加紧密的联系。随着中国出境旅游人数不断增长，以及交通便利等因素的影响，赴欧洲、非洲等地区旅游的中国人越来越多，而摩洛哥作为一匹"黑马"引起了中国游客的广泛关注。本文根据摩洛哥开发中国旅游客源市场的现状，分析中国公民赴摩洛哥旅游人数增长迅速的原因，以及摩洛哥开发中国旅游客源市场存在的问题，并提出相应的解决思路和建议。摩洛哥开发中国旅游客源市场，不仅能给摩洛哥旅游业的发展增添新的活力，促进摩洛哥旅游业的繁荣发展，推动"2020旅游愿景"的实现，也能增加当地的旅游收益，进一步刺激当地经济的发展。

关键词：摩洛哥　旅游免签　中国旅游客源市场

一　中国出境旅游发展的基本情况

随着国民经济的增长、居民生活水平的提升，以及人民币的持续升值，出境旅游正成为中国人消费升级的显著需求，中国游客在旅游目的地上的选择更趋向国际化，中国公民出境旅游人数也在逐年上升。

中国公民的出国旅游在1997年正式起步，其发展之快引起了全世界的关注。自2012年起，中国就一直保持着世界最大出境旅游市场的地位。截至2017年10月，中国正式开展组团业务的出境旅游目的地国家（地区）已达127个。[①] 世界旅游及旅行理事会的数据显示，尽管目前只有5%的中国公民持有护照，但中

---

[*]　王幸，浙江外国语学院；沈翊清，助教，浙江外国语学院。

①　《已正式开展组团业务的出境旅游目的地国家（地区）》，中国文化和旅游部网站，http：//cjyzl. cnta. gov. cn/gltl/201507/t20150708_ 723265. shtml。

国旅客的消费额却占到全球出境旅客总消费额的 1/5。[①]

随着中国游客的足迹遍布世界各国，以及签证、交通更加便利等因素的影响，赴欧洲、非洲等地区旅游的中国人越来越多，甚至南极也成为中国人出境旅游的"新宠"。中国游客因人口基数大、消费力强而成为世界各国争抢的"香饽饽"。各国为吸引中国游客前来旅游，加强基础设施建设，不断开发新的、更具特色的旅游目的地。

由此可见，中国旅游正与世界旅游建立起更加紧密的联系。在这个过程中，中国游客不仅以强大的消费能力推动了世界旅游业的发展，也为其带来了强劲的动力，且在一定程度上提升了中国的国际话语权和影响力，进一步提升了中国的软实力。

二 摩洛哥开发中国旅游客源市场现状

近年来，随着国人出境旅游群体的壮大，前往摩洛哥旅游的中国游客数量也在不断增加。据 UNWTO 统计，2010～2015 年，中国公民赴摩洛哥旅游人次呈现不断增长态势，且增长速度基本一致。从 2016 年开始进入高速增长时期，2016 年中国公民赴摩洛哥旅游人数已达 42844 人次；2017 年，中国公民赴摩洛哥旅游人数已达 11.8 万人次，[②] 对比前 7 年的数据，这一年中国赴摩洛哥旅游人次呈现爆炸式增长（见图 1）。

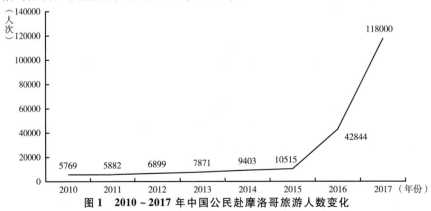

图 1　2010～2017 年中国公民赴摩洛哥旅游人数变化

资料来源："China，Country-specific：Outbound Tourism 1995－2016"，UNWTO，2017。

[①] 《中国走向世界旅游大舞台中心》，《中国日报》，http：//caijing. chinadaily. com. cn/finance/2018－02/26/content_ 35738767. htm。

[②] 《摩洛哥 2017 年吸引中国游客近 12 万人次》，新华网，http：//www. xinhuanet. com/world/2018－03/01/c_ 1122471679. htm。

三　中国公民赴摩洛哥旅游人数快速增长的原因

（一）摩洛哥的政治局势

旅游目的国的政治局势是影响旅游业发展的重要因素。2010 年末 2011 年初爆发了"阿拉伯之春"运动，北非遭遇了政治风暴。但相比于突尼斯与埃及所发生的政治动荡所导致的旅游业客源水平的明显下降，摩洛哥以其国内政治和社会的稳定局势，保持了旅游业的稳步发展。

据世界旅游组织统计，"阿拉伯之春"使埃及、突尼斯等阿拉伯国家旅游业受损严重：2011 年，作为当时北非旅游第一大国的埃及，入境游客人数从 2010 年的 1400 万人次下降至 950 万人次；① 突尼斯 2011 年国际游客数量下降约 1/3。但与之相反的是，摩洛哥因其局势较为稳定，受邻国入境游客挤出效应影响，入境游客人数出现了逆势上涨。例如，部分原本计划去埃及和突尼斯的国际游客，因考虑到两国受"阿拉伯之春"的影响所出现的动荡局势，转而去了摩洛哥。其中，在 2011 年，中国赴摩洛哥旅游的人数较 2010 年出现了小幅上涨。

世界经济论坛发布的《2017 年旅游业竞争力报告》显示，摩洛哥的安全与保障指数位居北非第一，远超埃及和突尼斯。所以地区政治安全局势的稳定对于旅游业而言非常重要，在很大程度上，政治局势会直接影响该地区旅游业的发展。

（二）摩洛哥对中国实施的旅游政策

旅游业作为摩洛哥国民支柱产业之一，也是摩洛哥社会和文化发展的主要推动力之一，其政府对旅游业的发展给予了高度重视。为推动旅游业的发展，摩洛哥当时进行了第二个旅游发展规划，计划到 2020 年，实现吸引游客 2000 万人次，旅游收入达到 1400 亿迪拉姆，使摩洛哥成为最具吸引力的 20 个世界旅游目的地之一。②

为实现上述目标，保障旅游业可持续发展，近年来，摩洛哥政府十分重

---

① "Tourism in Egypt, Arab Spring Break", The Economist, http：//www. economist. com/news/business/21577089turmoil – hasscared – allrugged – andrussians – arabspring – break，2013.

② رؤية 2020 بالمغرب، وزارة السياحة والنقل الجوي والصناعة التقليدية والاقتصاد الاجتماعي للمملكة المغربية،الموقع

http：//www. tourisme. gov. ma/ar.

视旅游新区和传统旅游市场潜力的开发。中国作为一个新兴的旅游客源市场，以及目前世界第一大出境旅游市场和出境消费市场，具有巨大发展潜力，引起了摩洛哥政府的关注与重视，摩洛哥国家旅游局把开发中国客源市场作为重要的发展战略。为改善摩洛哥的旅游服务，吸引更多中国游客赴摩旅游，使摩洛哥经济更加繁荣，摩洛哥官方对华实施了一些旅游政策。

2010 年，摩洛哥国家旅游局在北京开设了办事处，举办了在中国各大城市和各大旅行社推介摩洛哥旅游业的宣传活动，并积极参加中国各地的旅游相关会议。摩洛哥希望通过与中国旅游业界的交流与战略合作，进一步发展旅游业，活跃摩洛哥当地的经济。

虽然摩洛哥政府一直在为开发中国旅游客源市场做出努力，但是 2010 年至 2015 年，中国公民赴摩洛哥旅游人数增长速度趋于平缓，并没有较大的增长。摩洛哥国家旅游局负责数字和技术信息的 Noureddine 和新闻发言人拉比娅称，2015 年，摩洛哥国家旅游局在拉巴特举办世界旅游城市大会，邀请350 位中国旅行社等与旅游相关的部门人员前来参加，但可惜的是，其中一些人因为办不下来摩洛哥签证而无法成行。①

由此可见，由于签证的限制，一些中国公民赴摩洛哥旅游计划难以实现。为进一步打开中国旅游客源市场，解决制约中国公民赴摩旅游的最大问题，2016 年 5 月 11 日，中国和摩洛哥签署了《中华人民共和国国家旅游局和摩洛哥王国旅游部关于加强旅游合作的谅解备忘录》，并宣布于 2016 年 6 月 1 日，摩洛哥正式对中国赴摩旅客实施免签政策。

这一政策的实施，打开了一直制约中国公民赴摩旅游的锁扣。由于少了签证环节、节省了办理签证所需时间及费用，中国游客可以更加自由地安排自己赴摩洛哥的出游计划。这不仅使得以组团的方式赴摩洛哥旅游的中国公民人数越来越多，也让爱好个人游的中国游客数量逐渐增加。

截至 2017 年底，中国游客赴摩旅游人数已达 11.8 万人次，同比增长175％，② 摩洛哥成为非洲地区中国游客数量增长最快的国家。除了人数的暴增，中国游客也为摩洛哥的旅游经济做出了贡献。仅 2017 年上半年，中国游

---

① 《摩洛哥旅游局官员：2018 年前实现每年 10 万中国游客的目标》，中国经济网，http：//intl. ce. cn/specials/zxgjzh/201610/21/t20161021_ 17031301. shtml。

② "Morocco Experts to Receive More Than 500000 Chinese Tourists by 2020"，Morocco World News，https：//www. moroccoworldnews. com/2018/02/239893/morocco - expects - receive - 500000 - chinese - tourists - 2020/.

客以银联卡支付的消费金额增长了900%，人均刷卡支付额居各国游客之首。①

由此看来，2016～2017年中国公民赴摩洛哥旅游人次大幅度增长的主要原因是摩洛哥对华免签政策的实施。这一政策的实施，不仅为摩洛哥打开了中国旅游客源市场，使得赴摩洛哥旅游的中国人数量不断增加，给摩洛哥旅游业的发展增添了新的活力，促进了摩洛哥旅游业的繁荣发展，也增加了当地的旅游收益，进一步刺激了当地经济的发展。

（三） 中摩之间的旅游文化交流

1. 中摩举办的旅游会议及论坛

除了在政策上的支持，摩洛哥政府以及民间组织也积极举行、参与和中国相关的旅游会议论坛与交流活动。

如2015年，摩洛哥拉巴特市和非斯市举办了拉巴特－非斯香山旅游峰会，国旅、港中旅、康辉等大型旅行社，OTA的总裁、CEO、其他高层，以及300多家媒体参加了此次峰会。② 这次峰会的举办，在很大程度上增加了摩洛哥在中国的曝光率，使摩洛哥成为一个被人热议和向往的旅游目的地，而在摩洛哥免签政策实施后，中国组团赴摩洛哥旅游人数激增。此后，在世界旅游城市联合会举办的各项活动中，联合会都会向旅游业界积极宣传和推广摩洛哥，这也使得中国公民对摩洛哥的认知度不断提升。

除此以外，还有2017年6月6日摩洛哥成功举办的以"探秘日落之地、畅游浪漫之都"为主题的"2017中国－摩洛哥旅游峰会"、2018年2月1日，世界旅游城市联合会和摩洛哥王国旅游部、卡萨布兰卡市联合主办的"中国－摩洛哥旅游城市合作论坛"等。

这些大型会议的召开，促进了中摩双方民间交往。各大媒体的报道以及各大旅行社的宣传，使得更多的中国人了解了摩洛哥，并喜欢上了摩洛哥。摩洛哥官方也表示，摩洛哥会热情相待，希望中国游客在摩洛哥留下非常美好的回忆。

由此看来，摩洛哥在旅游方面积极参与和中国相关的会议、论坛以及交流活动这一举动，使得更多的中国公民了解了摩洛哥的历史文化以及旅游资

---

① "Chinese Tourists Biggest Spenders in Morocco"，Morocco World News，https：//www.moroccoworldnews.com/2017/08/225535/chinese－tourists－biggest－spenders－in－morocco/.

② 《世界旅游城市联合会2015拉巴特－非斯香山旅游峰会》，世界旅游城市联合会网站，http：//cn.wtcf.org.cn/events/morocco2015/。

源，提升了中国公民对摩洛哥的认知度，为中国公民赴摩洛哥旅游打下了良好的基础。

2. 中摩之间的旅游文化传播

虽然中国与摩洛哥远隔千山万水，但两国友好交往历史悠久。

早在唐朝，中国就有关于摩洛哥的记载。14世纪时，中国的旅行家汪大渊和摩洛哥的伊本·白图泰几乎在同一时期"访问对方国"。自从2007年10月摩洛哥成为中国公民组团出国旅游目的国后，两国之间的文化互访不断增加。2010年6月，摩洛哥文化大臣来中国出席"2010年第二届阿拉伯艺术节"；中国的青年代表团、国家体育总局、卫生部、文化部以及新闻代表团等部门或团体曾访问摩洛哥；中国在穆罕默德五世大学、哈桑二世大学以及阿卜杜·马立克·萨阿迪大学都建立了孔子学院。① 这不仅进一步加速并扩大了中摩两国在体育、教育、文化、艺术等方面的交流与合作，更加深了中摩两国人民的文化认知度以及感情和友谊。

除了双方政府间的文化交流，与摩洛哥相关的电影、书籍的传入与出版，也引起了中国公民对赴摩旅游的兴趣。获得了奥斯卡最佳影片奖的电影《卡萨布兰卡》中的爱情故事，就发生在卡萨布兰卡。电影的拍摄场景都是按照卡萨布兰卡原景仿制而成，使得当地的一些景点也成为影迷的朝圣之地。尽管如此，中国人对于摩洛哥的了解还是支离破碎的。随着三毛的《撒哈拉的故事》、邓嘉的《北非花园摩洛哥》、旅游指南《孤独星球：摩洛哥》等书籍在中国的畅销，中国人对摩洛哥的印象不断加深，并燃起了赴摩洛哥旅游的热情。

除了经典电影、畅销书籍等的传播，媒体的影响力也不容忽视。

2013年12月12日至22日，在摩洛哥进行的世界俱乐部杯足球赛中，广州恒大队作为亚洲冠军联赛的冠军，首度代表亚洲俱乐部参加该项世界级赛事，不仅引来上千名中国球迷随队征战，更是吸引了中国媒体和亿万国人聚焦摩洛哥。中国人通过新闻媒体的报道，间接地领略了摩洛哥美丽迷人的自然风光。

2017年6月3日，综艺节目《旅途的花样》将取景地选为摩洛哥，它通过记录明星旅途生活的形式，向中国人介绍并展示了非洲的另一面，使得神秘而又美丽的摩洛哥直接展现在了观众面前，并使得摩洛哥许多的旅游景点

---

① 《中国同摩洛哥的关系》，中国外交部网站，http://www.fmprc.gov.cn/web/gjhdq_ 676201/gj_ 676203/fz_ 677316/1206_ 678212/sbgx_ 678216/t359843.shtml。

出现了"明星同款"。中国旅游研究院同马蜂窝旅行网发布的《2017 全球旅游目的地分析报告》显示，该节目首播结束后第一天，中国公民对赴摩洛哥旅游的热情度增长了 149%。[①]

两国政府与民间的文化交流与合作，在很大程度上提高了双方民族之间的文化认同感，使得很多中国公民把目光集中在摩洛哥，为中国公民赴摩洛哥旅游打下了一定的基础。

（四）摩洛哥的旅游资源

摩洛哥是有着"欧洲后花园""北非花园"美誉的国家，从 2014 年起，它就一直保持着北非第一旅游目的国的地位。摩洛哥位于非洲大陆西北部，北隔直布罗陀海峡与西班牙相望，南部是著名的撒哈拉沙漠，西邻浩瀚的大西洋，东与阿尔及利亚接壤，中部有海拔 2000 米的阿特拉斯山斜穿全境。

"色彩"是摩洛哥特有的旅游文化之一，大部分城市和地区都有自己独特的颜色，如"纯白的"卡萨布兰卡、"火红"的马拉喀什、"蔚蓝"的舍夫沙万等，都为摩洛哥增添了一层文艺气息。

不仅如此，摩洛哥还是一个拥有千年历史的文明古国，多元的文化在摩洛哥孕育开花，土著柏柏尔人的游牧文化与阿拉伯人带来的伊斯兰文化在这里共存。摩洛哥拥有 9 处世界文化遗产以及 5 处世界非物质文化遗产，数量排在阿拉伯国家首位。[②] 摩洛哥拥有北部的非斯古城，中部的马拉喀什古城、拉巴特城以及南部的阿伊特·本·哈杜宫殿等遗迹。

除了旅游景点，游客在选择度假目的地时，气候条件是首要考虑的因素之一。得益于地中海气候，摩洛哥的很多海滨城市四季常青，鲜艳多彩的花朵点缀着街道，这让城市如花园一般美丽。即使在冬季，马拉喀什或阿加迪尔的气候依然温和，南部阳光明媚，这可以减轻严冬对旅游的影响。而在夏季，由于中部的阿特拉斯山斜穿全境，再加上大西洋海岸的辅助，有效地为摩洛哥阻挡了南部撒哈拉沙漠热浪的侵袭，这不仅让游客免于夏季过度的炎热，也使摩洛哥赢得了"烈日下的清凉王国"的美誉。

摩洛哥常年气候温和，在一定程度上降低了严寒酷暑对旅游业的影响。

---

① 《2017 全球旅游目的地分析报告》，中国旅游研究院、马蜂窝旅行网，http://www.ctaweb.org/html/2017 - 10/2017 - 10 - 26 - 10 - 30 - 07616. html。

② 刘晖：《摩洛哥旅游业的发展与中摩旅游合作》，《阿拉伯研究论丛》2015 年第 1 期，第 187 ~ 195 页。

其适宜的气候条件也能减轻游客旅途的疲劳，使游客的体力和精力能较快地恢复，为游客提供了良好的出行环境。

（五）摩洛哥的消费水平

除了摩洛哥对华旅游政策的实施之外，摩洛哥的消费水平对于赴摩旅游的中国公民来说也是一个重要的参考因素。据世界银行统计，2010～2016 年，中国和摩洛哥的购买力平价（PPP）均呈不断上升态势，但摩洛哥在这方面始终低于中国（见图 2）。此外，NUMBEO 的统计数据也表明，摩洛哥的生活成本比中国低 18.04%（所有城市的总体数据，不考虑租金）。①

图 2　2010～2016 年摩洛哥与中国购买力平价对比

资料来源：The World Bank。

所以从整体来看，摩洛哥的消费水平低于中国，这也是中国公民赴摩洛哥出境旅游增长迅速的原因之一。

四　摩洛哥开发中国旅游客源市场现存问题及相关建议

（一）摩洛哥开发中国旅游客源市场存在的问题

自从摩洛哥对中国公民开放免签政策后，中国游客赴摩旅游人数增长迅

---

① "Cost of Living Comparison Between Morocco and China", NUMBEO, https：//www.numbeo.com/cost‐of‐living/compare_ countries_ result.jsp? country1 = Morocco&country2 = China.

猛。截至 2017 年底，中国公民到摩洛哥旅游人数已经超过 10 万人次，摩洛哥已经成为非洲地区接待中国游客数量增长最快的国家。虽然这促进了摩洛哥旅游业与当地旅游经济的发展，但同时摩洛哥所遇到的挑战也不小，如面对如此巨大的蛋糕，摩洛哥的"消化能力"还没那么强，摩洛哥在开发中国旅游客源市场的过程中，依然有许多重要的问题还没有得到解决。

1. 中摩之间没有开通直达航班

开通摩洛哥与中国间的空中客运直航对摩洛哥开发中国客源市场十分重要。虽然摩洛哥已经对中国公民免签了，但是目前，摩洛哥与中国之间依然没有开通直达航班，所以如果中国公民要飞往摩洛哥旅游，一般要途经第三国进行中转，比如阿联酋的迪拜和阿布扎比、卡塔尔的多哈、土耳其的伊斯坦布尔等。若游客选择中转一次，从中国到摩洛哥的时长通常在 20 小时左右；而如果选择中转两至三次，虽然价格相对便宜，但是全程需要花费 30 ~ 40 个小时，极大地增加了游客旅途中的疲劳，也进一步限制了考虑赴摩旅游的游客人群（家庭游、老年人游客等受限），使得一些想要去摩洛哥旅游的中国游客望而却步。

摩洛哥国家旅游局中东及亚洲地区总裁表示，如果摩洛哥皇家航空公司开通了直飞北京的航班，仅需 11 个小时就能将中国游客送往摩洛哥。①

若中摩之间开通了直达航班，将大大方便中国游客到摩洛哥旅游，除了青壮年，老年人、上班族、家庭组赴摩洛哥的人数也会相应增加，这将会进一步促进摩洛哥对中国客源市场的开发。

2. 摩洛哥中文导游以及中文旅游标识较少

摩洛哥的免签政策使其国内一下子涌入了大批的中国游客。但由于当地优质导游极度缺乏，不可避免地出现许多滥竽充数、没有受过正式培训的导游。有游客称，有的导游只会说法语，而有些会说中文的摩洛哥本地导游也只是个向导或翻译，完全没有关于当地景点的历史文化知识储备。

此外，摩洛哥大部分旅游景点只有英语和法语旅游手册，这使得赴摩旅游的中国游客在了解景点历史与文化的过程中，受到了一定的阻碍。2017 年9 月 15 日，中国国家旅游局局长李金早在成都会见摩洛哥旅游国务秘书拉米娅·布塔勒布时，拉米娅·布塔勒布表示，摩洛哥已经在培训中文导游、加强中文旅游标识设置等。但是由于中国游客赴摩洛哥旅游人数的爆炸式增长，

---

① 《摩洛哥拟实施中国旅游客源市场开发战略》，环球旅讯网，http：//www. traveldaily. cn/ article/41906。

摩洛哥导游依然供不应求，且据游客反映，摩洛哥旅游景点的中文标识依然很少。

3. 摩洛哥旅游基础设施不完善

在旅游旺季，尤其是 7 月、8 月的时候，摩洛哥的一些宾馆、酒店会出现房间短缺问题，使得一些游客不得不推迟行程、改变旅游目的地或是取消行程。

4. 摩洛哥社会治安较差

摩洛哥社会长期稳定，治安状况总体较好，但偷盗、抢劫的事情也时有发生。

OSAC 发布的报告显示，摩洛哥的犯罪主要集中于城市和旅游地区。罪犯往往把目标定为对周围环境不熟悉、穿着显眼，或者引起他们注意的人，扒手和抢劫者可能会将目标锁定在行人身上。如果乘坐公共交通工具或在交通繁忙的旅游区，游客就有被偷盗的风险。[①]

除此之外，摩洛哥还存在着出租车不按照标准收费、小商贩收费不合理等不良现象，严重影响了游客的旅游体验。

5. 摩洛哥旅游部门在中国宣传较少

相比于北非国家埃及、突尼斯的先进宣传手段，摩洛哥宣传方式较为落后。

埃及、突尼斯不仅在其国家旅游局官网上设有中文网页，还在微博上设有宣传国内旅游资源的官方账号，同时两国也在微信上注册并管理其官方旅游公众号，进行旅游方面的宣传。通过互联网、新媒体进行宣传的方式更贴近民众的生活，使中国公民能够及时了解埃及和突尼斯的旅游信息，如旅游景点、宗教法规、安全形势、文化习俗、酒店及餐饮等信息，实时掌握当地旅游新动态，提升对两国旅游、文化等的认识度，提高赴两国旅游的兴趣。

与之相反的是，摩洛哥没有利用互联网、新媒体等传播范围广而且传播速度快的宣传手段，而是选择以在中国举办论坛、会议等方式进行宣传。再加上国内存在关于阿拉伯国家的各类负面新闻，使得中国公民对其旅游形象的认知存在偏差。大多数中国游客在赴摩洛哥旅游前，对摩洛哥有着"恐怖分子多""卫生状况堪忧""天气干燥炎热"等负面认知。

（二）对摩洛哥开发中国旅游客源市场的建议

1. 尽快联合中方开通两国直达航班，提升摩洛哥在中国的旅游知名度

提升中国公民对摩洛哥旅游市场的认知度是非常重要的一项任务。

---

① OSAC, *Morocco 2017 Crime & Safety Report*, 2017.

摩洛哥政府官方应加强在中国的旅游推广，利用互联网以及中国本土化的社交媒体进行推广。此外，摩洛哥的各大旅游城市可以拍摄城市旅游主题宣传片，然后在中国各大主流媒体上进行播放，或是制作高质量的旅游纪录片、联合中方制作一些旅游方面的综艺节目等，从而扭转中国公民对摩洛哥的错误认知，提高中国公民对摩洛哥在文化、历史、民族风俗、旅游资源等方面的认知度。

2. 完善在线旅游信息

摩洛哥应在其国家旅游局官网设置中文网页，供中国游客查阅；同时，热门旅游城市旅游官网也应使用中阿双语，除了关于当地旅游景点的介绍外，还应及时更新当地旅游信息，例如旅游住房情况、城市交通、节庆赛事等详细信息。此外，旅行社网站和旅游在线预订网站也应使用中阿双语进行标注，方便中国游客通过网络预订行程。[①]

3. 联合中国进行旅游人才培养

针对摩洛哥缺乏双语旅游人才这一问题，摩洛哥可以联合中国进行旅游人才的培养。短期内，摩洛哥旅游官方可以面向两国招收懂得中阿双语的人才，然后统一进行旅游专题培养，使他们快速了解旅游目的地的旅游资源和社会文化，掌握相应旅游营销技巧，快速填补中文导游的空缺。从长期来看，旅游业是摩洛哥国民支柱产业之一，摩洛哥可以建立旅游专科学校，面向两国各地招收生源，培养高素质旅游管理人才。[②]

结　语

随着国民经济的增长和居民生活水平的提升，以及人们可自由支配的收入和闲暇时间的不断增多，中国人旅游的足迹已从周边邻国慢慢延伸到欧洲、非洲，甚至南极等，旅游方式也在随之改变。除传统的组团旅游外，越来越多的中国公民选择以个人游或私人订制旅行的方式进行观光游览，以提高旅游舒适性和满意程度。

在面对中国这个巨大的客源市场时，摩洛哥在开发过程中还要注重跟上互联网时代的步伐，广泛运用以大数据、云计算和移动通信为代表的信息技

---

① 曹笑笑：《丝绸之路经济带建设背景下的中阿旅游合作策略研究》，《回族研究》2016 年第 2 期，第 126～132 页。

② 曹笑笑：《"一带一路"视角下中阿旅游合作研究》，《阿拉伯世界研究》2016 年第 2 期，第 44～57 页。

术在线上组织旅游，为中国游客提供信息化、智能化的旅游服务，实现旅游的智慧化。

Analysis of the Status Quo and Existing Problems of Developing China's Tourist Source Market in Morocco

Wang Xing   Shen Yiqing

Abstract：China's tourism is building closer ties with the world tourism. With the in creasing number of Chinese outbound tourists and the convenience of transportation, there are more and more Chinese tourists visiting Europe, Africa and other regions. Morocco has attracted attention of Chinese tourists as the " dark horse". Based on the current situation of Morocco's development of China's tourist source market, this paper analyzes the reasons for the rapid growth of Chinese citizens' travel to Morocco, and then analyzes the problems existing in Morocco's development of China's tourist source market and proposes relevant solutions and suggestions. Morocco's development of China's tourist source market will add vitality to the development of Morocco's tourism industry, promote the prosperity and development of Morocco's tourism industry, advance the realization of the " tourism vision 2020", and increase local tourism revenue and further stimulate the development of local economy.

Keywords：Moroccan；Tourism Visa Waiver；China's Tourist Source Market

埃及制造业发展战略与中埃产能合作[*]

刘 冬[**]

摘要：以推出"2030愿景"为标志，埃及近年来高度重视制造业发展并以竞争优势理论为基础，制定了颇具科学性、系统性的制造业发展战略。这给中国和埃及的产能合作带来了新机遇。然而，埃及制造业发展战略的推进未能在实质上改善有利于提升制造业竞争优势的要素条件，加之中埃相距较远，双方产能合作的推进并非易事。结合埃及制造业发展比较优势、竞争优势，中国企业应以埃及相对成熟的工业园区为依托、以借助埃及有利的国际贸易条件为重点、以短链产业为先导、以融入当地产业链为方向，稳步有序推进同埃及制造业领域的产能合作。而在政府层面，中国应在技术上加强对埃及制造业发展战略的支持，借助技术交流发掘合作机遇，并通过为埃及企业提供适度支持，借助市场力量拉近双方产业链关系。

关键词："一带一路" 产能合作 埃及 制造业 "2030愿景"

国际发展经验表明，除少数体量较小的资源型国家外，绝大多数国家想要取得经济的高速发展、提升国民生活水平、实现经济现代化，都需要增强制造业的生产和出口能力。[①] 而恰恰是认识到制造业发展之于经济增长的重大促进作用，塞西在担任埃及总统之后，高度重视制造业的发展。2016年，埃及推出的"2030愿景"明确设定了制造业发展目标，即到2030年，将埃及制造业增加值增长率由当时的5%提升至10%，将制造业

---

* 本文系中国社会科学院"登峰战略"优势学科"当代中东研究"项目及中国社会科学院西亚非洲研究所创新项目"中东国家与中国经贸及能源关系研究"的阶段性研究成果，并获中阿博览会秘书处"对接埃及工业发展战略，拉动宁夏对埃投资贸易优化升级"课题资助。

** 刘冬，中国社会科学院西亚非洲研究所（中国非洲研究院）经济研究室副主任、副研究员。

① 参见 Adam Szirmai，"Industrialization as An Engine of Growth in Developing Countries, 1950 – 2005"，*Structural Change and Economic Dynamics*，Vol. 23，No. 4，2012，pp. 406 – 420。

增加值在国内生产总值中所占比重由当时的 12.5% 提高至 18%。① 此外，为推动 "2030 愿景" 所定制造业发展目标的落实，同年，埃及出台的《2016～2020 年工业和贸易发展战略》进一步细化了制造业发展的具体推进措施。在共建 "一带一路" 下，支持非洲国家、阿拉伯国家的工业化进程又是中国对外经济合作的重要内容，而埃及既是非洲大国，也是阿拉伯大国，双方在制造业部门开展产能合作具有巨大的发展空间。然而，对于中国与埃及在制造业部门开展国际产能合作的问题，国外学者关注不够，国内也仅有少数研究成果论及更大范围的中国与阿拉伯国家产能合作，或在谈到中埃经济合作时有所涉及。② 此外，还有一些专门论述中埃苏伊士经贸合作区的研究提及中埃制造业产能合作的情况。③ 因此，为配合 "一带一路" 在非洲、阿拉伯地区的推进，本文尝试在学理上对这一问题做出专门论述。

一　埃及制造业发展战略的经济理性

尽管比较优势是制造业发展的重要基础，然而，很多国家工业发展的经验表明：一国工业发展只有形成产业集群效应，才能将潜在的比较优势转换成现实竞争力，进而带动国家的工业化进程和工业制成品生产、出口能力的增强。④ 学界由此认同国家可以通过提升生产要素水平、改善营商环境、培育产业集群、降低贸易成本等方式，助力竞争优势的形成。20 世纪 90 年代，以空间经济学为基础，逐渐兴起的竞争优势理论成为很多国家用于制定制造业发展战略的理论依据。受此理念影响，埃及出台了 "2030 愿景" 及《2016～2020 年工业和贸易发展战略》等相关政策文件，埃及政府并依此采取了实际行动。总体来看，埃及制造业发展战略主要是以竞争优势

---

① 参见 Cabinet of Ministers of Egypt，"2030 Egypt Vision"，http：//www. cabinet. gov. eg/Style% 20 Library/Cabinet/pdf/sds2030_ summary_ arabic. pdf，2019 - 05 - 25。

② 刘冬：《境外工业园建设与中阿产能合作》，《西亚非洲》2017 年第 6 期，第 114～136 页；魏敏：《中国与中东国际产能合作的理论与政策分析》，《阿拉伯世界研究》2016 年第 6 期，第 3～20 页；赵军：《埃及发展战略与 "一带一路" 建设》，《阿拉伯世界研究》2016 年第 3 期，第 50～55 页。

③ 马霞、宋彩岑：《中国埃及苏伊士经贸合作区："一带一路" 上的新绿洲》，《西亚非洲》2016 年第 2 期，第 109～126 页。

④ 〔美〕迈克尔·波特：《国家竞争优势》（上），李明轩、邱如美译，中信出版社，2012，第 133、138 页。

理论为指导，致力于借助国家的投入和制度的革新，创造有利于制造业发展的"外部性"条件。

（一）大力发展制造业所需基础设施

依据竞争优势理论，与以资源禀赋形式呈现的初级生产要素相比，高级生产要素和专业化生产要素对于制造业的发展与产业竞争力的提升更为重要。而有利于制造业发展的通用基础设施以及专门服务于特定产业的专业化基础设施，便是高级生产要素和专业化生产要素的重要组成部分。[①] 因此，在制定制造业发展战略时，埃及高度重视基础设施的建设，这主要表现在以下几个方面。

第一，发展交通基础设施。由物流网络改善所带来的制造业企业运输成本的降低，对于提高制造业企业的竞争力具有非常重要的作用。[②] 而有助于降低制造业企业运输成本的物流网络的改善，也离不开交通基础设施的建设。因此，埃及交通部制定的《埃及交通运输建设总体规划（2012～2027 年）》的核心便是打造以大开罗为中心，连接地中海－红海的国际物流带，并以此带动埃及整个物流业的发展。以该计划为基础，塞西政府上台后，在交通基础设施领域推出一系列重大项目，涉及铁路、公路建设项目，港口改扩建项目，并计划新建 7 个物流中心和干散货码头。[③]

第二，升级电力基础设施。制造业的发展离不开充足的电力供给，而具有国际竞争力的电力供给价格也可在一定程度上降低制造业企业的经营成本。鉴于电力供给对制造业发展具有重要的支撑作用，塞西总统多次强调，埃及需提高电力供给水平以满足国内投资和发展需求。为提升电力供给水平，埃及政府高度重视电力部门初级能源供给的多元化，大力发展燃煤电站以及光伏、风能等新能源发电设备，并在相关领域投入巨大。此外，埃及还将建立与西亚、非洲其他国家相连的跨国电网；[④] 提高能源使用效率，特别是化肥、水泥等高耗能制造业部门的能源使用效率，作为升级国家电力基础设施的重

---

① 〔美〕迈克尔·波特：《国家竞争优势》（上），第 70～72 页。

② 参见 J. Cohen and C. Morrison, "Public Infrastructure Investment, Interstate Spatial Spillovers, and Manufacturing Costs", *Review of Economics and Statistics*, Vol. 83, No. 3, 2004, pp. 551–560。

③ 中国商务部：《对外投资合作国别（地区）指南：埃及》（2018 年版），第 43～44 页，中国商务部网站，http://fec. mofcom. gov. cn/article/gbdqzn/upload/aiji. pdf, 2019–06–08。

④ 参见 EIA, "Country Analysis Brief：Egypt", https://www. eia. gov/beta/international/analysis_includes/countries_long/Egypt/egypt. pdf, 2019–06–08。

要组成部分。①

第三，建设工业园区及配套设施。除大力发展通用基础设施外，埃及还高度重视发展与制造业密切相关的专业化基础设施，主要体现在大力发展工业园区及其配套基础设施方面。埃及《2016～2020 年工业和贸易发展战略》明确提出，要在 5 年内开发 6000 万平方米封闭式的工业投资用地，②并会根据国内生产和出口需求，重点发展冷库、仓储、展览、交通等配套基础设施。③

（二）以市场供求为基础提升人力资源储备

竞争优势理论认为，技术工人、专业人才、科研实力等"软性"基础设施也是制造业发展不可或缺的高级生产要素和专业化生产要素。④为给制造业发展创造更为有利的条件，埃及主要是从以下两方面着力建设制造业发展所需的"软性"基础设施。

第一，发展职业技术教育。为解决国内产业工人技术水平低、无法满足企业用工需求的问题，埃及政府高度重视发展职业技术教育，并将其上升至基本法的高度。埃及 2014 年《宪法》第 20 条明确提出："国家要根据劳动力市场需求，依照全球标准，鼓励和发展各种形式的技术教育和职业培训。"⑤2015 年，埃及专门设立了技术培训和教育部，全面负责国家技术教育和职业培训工作。随后，该部与教育部合并，共同组成教育与技术教育部。

根据"2030 愿景"，埃及职业技术教育的发展目标主要包括：到 2030 年，埃及接受职业技术教育的学生比例从 4% 提升到 20%；职业技术教育毕业生从事专业工作的比例由 30% 提升至 80%；职业教育学生中接受职业培训的学生占比由 4% 提升到 30%；与社会力量联合兴办的技术和职业培训机构的占比由 3% 提高至 20%。⑥

根据《2016～2020 年工业和贸易发展战略》，埃及发展职业技术教育的

---

① 参见 Ministry of Trade and Industry of Egypt，"Industry and Trade Development Strategy"，http：//www. mti. gov. eg，2019 – 05 – 25。

② 参见 Ministry of Trade and Industry of Egypt，"Industry and Trade Development Strategy"，p. 42。

③ 参见 Ministry of Trade and Industry of Egypt，"Industry and Trade Development Strategy"，p. 66。

④ 〔美〕迈克尔·波特：《国家竞争优势》（上），第 70～72 页。

⑤ "Egypt's Constitution of 2014"，https：//www. constituteproject. org/constitution/Egypt_ 2014. pdf，2019 – 06 – 09.

⑥ 参见 Cabinet of Ministers of Egypt，"2030 Egypt Vision"，http：//www. cabinet. gov. eg/Style% 20 Library/Cabinet/pdf/sds2030_ summary_ arabic. pdf，2019 – 05 – 25。

主要任务包括：以市场需求为导向，借助校企联动，提升职业培训教育的社会适用性；通过设定职业技术教育认证和评估体系、加强职业技术教育从业者培训等手段，提升职业技术教育的教学质量；加大职业技术教育宣传力度，改变国民重学位教育、轻职业技术教育的社会心态。[①]

第二，支持创新和科研活动。为实现制造业发展的可持续性、提升制造业发展的增加值率，埃及《2016～2020 年工业和贸易发展战略》强调支持创新和科研活动，主要包括以下内容：以产业发展现实需求为基础，在教育机构、中小微企业、企业家中间培育创新精神和塑造重视科研的文化氛围；在私人部门和政府相关部门，建立有助于解决工业生产问题、升级供给链和价值链的综合创新支持系统；由政府和私人企业共同出资设立创新鼓励基金，用于支持实践性强的科学研究和教育活动；建立交互式电子信息交流平台，即通过为工业创新项目提供信息支持、传播成功案例，推动工业部门的创新和研究活动；建立独立或依附于工厂的国际技术中心和研发中心，帮助企业借助培训和能力建设获取前沿创新技术。[②]

（三）改善制造业发展的国内外环境

根据竞争优势理论，与政府服务相关的环境因素也是重要的生产条件，良好的营商环境更有益于竞争优势的提升。[③] 而在国际层面，贸易成本的降低能够进一步凸显要素禀赋的重要性，经济一体化将有助于推动产业集群的区域转移。[④] 据此，埃及在制定工业发展战略时，积极改善国际贸易环境，为制造业发展拓展外层空间。[⑤]

第一，着力改善国内营商环境。国际投资实践表明，营商环境是跨国企

---

①　参见 Ministry of Trade and Industry of Egypt, "Industry and Trade Development Strategy", pp. 71 – 76。

②　参见 Ministry of Trade and Industry of Egypt, "Industry and Trade Development Strategy", pp. 46 – 47。

③　参见 Brian Uzzi, "The Sources and Consequences of Embeddedness for the Economic Performance of Organizations: The Network Effect", *American Sociological Review*, Vol. 61, No. 4, 1996, pp. 674 – 698; David Dollar, Mary Hallward-Driemeier, and Taya Mengistae, "Investment Climate and Firm Performance in Developing Economies", *Economic Development and Cultural Change*, Vol. 54, No. 1, 2005, pp. 1 – 31。

④　参见 Marius Brülhart, "Evolving Geographical Concentration of European Manufacturing Industries", *Review of World Economics*, Vol. 37, No. 2, 2011, pp. 215 – 243; Rikard Forslid, Jan I. Haaland and Karen Helene Midelfar Knarvik, "A U-shaped Europe? A Simulation Study of Industrial Location", *Journal of International Economics*, Vol. 57, No. 2, 1999, pp. 273 – 297。

⑤　参见 Ministry of Trade and Industry of Egypt, "Industry and Trade Development Strategy", p. 67。

业选择投资目的国的重要参考因素。① 面对 2010 年底"阿拉伯之春"以来国内营商环境持续恶化的状况，埃及高度重视优化国内营商环境。埃及"2030愿景"明确提出，将埃及的营商环境全球排名由第 131 位提升至 2020 年的第100 位，2030 年进一步提升至第 30 位。② 为达到这一目标，2016 年以来，埃及主要采取了以下几方面举措：禁止子公司从母公司获取发行的股票，明晰产权和所有权结构，增进股东参与公司重大决策的权利和影响力，保护中小投资者权益；通过简化办事流程、建立一站式窗口服务平台，以及取消开办企业提交银行信用凭证等方式，降低开办企业的难度；对制造业企业的资本投资实施增值税退税，以降低企业的税收负担；取消获取单一类别动产非转移占有权提交抵押物具体描述的规定，授予有担保债权人破产处置绝对优先求偿权，以此降低企业获取信贷的难度；允许债务人发起债务重组程序并参与债务重组，降低企业破产处理的难度。③

第二，创造优质的制造业发展外部环境。埃及主要是借助签署有利的贸易协议为国内商品出口提供便利。为实现这一目标，埃及主要采取了以下行动：积极推进与南方共同市场（已于 2017 年签署自由贸易协定）、欧亚经济共同体以及其他经济体的贸易谈判，借助优惠贸易协定改善埃及的贸易环境；定期确认贸易出口的关税、非关税壁垒，通过协商消除埃及货物出口的现实阻碍；向出口商介绍已生效的优惠贸易协定，帮助出口商降低产品出口的贸易成本。④

（四）提升本土供给能力以助力形成产业集群

竞争优势理论认为，产业集群是产业发达国家的核心特征。⑤ 而产业集群的形成又需依托国内供给能力的支持，也就是原材料和零部件、机械和服务，以及相关产业的本土供应商支持。⑥ 而国际投资的实践表明，跨国公司境外生产基地所需的服务和商品，平均均有 50% 多是从东道国境内获得，东道国本土供应能力也是跨国企业选择投资目的国的重要参考因素。⑦ 在培育产业集群方

① The World Bank, *2017/2018 Global Investment Competitiveness Report*, Washington D. C. , 2018, pp. 25，27.

② 参见 Cabinet of Ministers of Egypt, "2030 Egypt Vision", p. 16。

③ The World Bank, *Doing Business 2016 - 2019*, Washing D. C.

④ 参见 Ministry of Trade and Industry of Egypt, "Industry and Trade Development Strategy", pp. 71 - 76。

⑤ 〔美〕迈克尔·波特：《国家竞争优势》（上），第 133、138 页。

⑥ 王缉慈等：《创新的空间：企业集群与区域发展》，北京大学出版社，2001，第 142 ~ 152 页。

⑦ The World Bank, *2017/2018 Global Investment Competitiveness Report*, p. 32.

面，埃及《2016~2020 年工业和贸易发展战略》设定的目标是在 5 年内建设 22 个产业集群。[①] 为此，埃及主要采取两方面举措，提升国内供给能力。

第一，整合国内工业信息。信息渠道不畅通、市场参与者无法获得相关信息是本土供应能力不足的重要原因。[②] 为应对和解决这一问题，埃及《2016~2020 年工业和贸易发展战略》提出了整合国内信息网络的具体策略，即建设覆盖全国 27 个省的工业投资地图，其内容涵盖各省土地、地质、矿产、交通、物流基础设施、工业园区、人力资源等与制造业发展密切相关的数据信息，以及包括中小微项目在内的各类投资项目信息；[③] 设立专门面向中小微企业的"供给和决策支持电子交互平台"，为用户推送各类投资项目信息，以及提供申领执照、办理信贷、获取非金融服务所需的各项信息。[④]

第二，提升本土企业实力。产业内大量本土企业的存在以及本土企业能力的提升是产业集群形成和发展的重要依托。与之前过度保护本土企业的策略不同，塞西政府鼓励企业通过参与市场竞争提升自身实力，为鼓励国内企业参与市场竞争，埃及统一了内销市场、补贴市场和出口市场的质量标准，并进一步加强了质量监督和管理体系，提出国内企业产品生产、产品包装的技术标准和工艺流程也要与国际标准接轨。[⑤]

在减少对本土企业保护的同时，埃及在主要技术和融资两方面给予了本土企业，特别是本土中小微企业适度支持。在技术支持方面，埃及制定专项行动帮助企业改进生产工艺，实现技术升级。而在资金支持方面，埃及通过施行根据企业投资生产活动和企业生命周期提供信贷支持的策略，降低融资难度。同时，埃及还设立专项资金，用于为生产和出口陷入困难的企业提供支持。[⑥]

从国际投资实践来看，东道国基础设施水平、教育培训能力、国内营商

---

① 参见 Ministry of Trade and Industry of Egypt，"Industry and Trade Development Strategy"，pp. 43 - 44。

② R. Monge-González and J. A. Rodríguez-álvarez，"Impact Evaluation of Innovation and Linkage Development Programs in Costa Rica: The Cases of PROPYME and CR Provee"，*IDB Working Paper Series IDB - WP - 461*，Inter - American Development Bank，Washington D. C.

③ 参见 Ministry of Trade and Industry of Egypt，"Industry and Trade Development Strategy"，pp. 44 - 45；Map of Industrial Investment in Egypt，http：//invegypt. com/login. aspx？ReturnUrl = % 2ffe% 2fegypt. aspx% 3flang% 3den&lang = en，2019 - 06 - 18。

④ 参见 Ministry of Trade and Industry of Egypt，"Industry and Trade Development Strategy"，pp. 54 - 55。

⑤ 参见 Ministry of Trade and Industry of Egypt，"Industry and Trade Development Strategy"，p. 46。

⑥ 参见 Ministry of Trade and Industry of Egypt，"Industry and Trade Development Strategy"，pp. 45 - 46，28。

环境、国际贸易条件以及高水平的国内供给能力都是跨国企业选择投资目的国的重要参考因素。① 埃及以竞争优势理论为基础制定的制造业发展战略，不但有利于提升埃制造业发展所需的"外部性"条件，也有助于提升埃及的外资吸引力，为中埃制造业产能合作的开展创造更为有利的环境。

二 中埃制造业产能合作的现实基础

中国和埃及政府推动落实产能合作的政治意愿、双方开展合作的政策基础，以及埃及在劳动力资源和贸易环境等方面所具备的有利于制造业发展的潜在比较优势，都为双方产能合作的开展提供了现实基础。

（一）埃及具有发展制造业的潜在比较优势

第一，埃及人口年龄结构十分年轻，在发展劳动密集型产业部门方面具有巨大的"人口红利"。根据世界银行数据，2017 年，埃及人口年龄中位数介于 20 岁到 24 岁，以青壮年劳动力为主。而且，埃及 14 岁以下人口在总人口中占比也较高，2018 年为 33.3%，远高于全球 25.8% 的平均水平，也略高于阿拉伯国家 32.8% 的平均水平。而与全球儿童占比呈现下滑趋势相比，埃及 14 岁以下人口占比从 2010 年的 32.1% 上升至 2018 年的 33.3%。② 埃及儿童在总人口中占比较高且呈现缓慢增长特点，这表明埃及具有十分充足且可持续的劳动力供给，在发展劳动密集型制造业上具有十分巨大的"人口红利"。

第二，埃及通过与其他区域组织或国家签订一系列双边和多边贸易协定，为工业制成品出口创造了极为有利的贸易条件。目前，埃及已经生效的优惠贸易协定主要有七个：一是《埃及－欧盟合作伙伴协议》，根据该协议，埃及工业制成品进入欧盟市场可免征关税，且不受配额限制；二是《埃及－欧洲自由贸易联盟自贸协定》，据此，埃及生产的工业制成品进入冰岛、列支敦士登、挪威和瑞士四国市场时可免征关税；三是《埃及－土耳其自由贸易区协议》，这意味着埃及工业制成品进入土耳其时可享受免征关税待遇；四是《埃及与南方共同市场自贸区》，在该协议下，埃及生产工业制成品进入阿根廷、巴西、巴拉圭、乌拉圭等国免征关税；五是《以色列合格工业区协议》，根据该协议，埃及合格

① The World Bank, *2017/2018 Global Investment Competitiveness Report*, pp. 19 – 50.

② The World bank, "WDI Database", https：//databank. worldbank. org/reports. aspx? source = world – development – indicators, 2019 – 04 – 24.

工业区所产含有 10.5% 以色列成分的输美产品免征关税；六是《阿加迪尔自由贸易协定》，据此，埃及向突尼斯、约旦、摩洛哥三国出口的工业制成品免征关税；七是东南非共同市场，埃及作为成员国之一，向东南非共同市场其他 20 个成员国出口工业制成品时，可享受免税或优惠关税待遇。[1]

通过签署上述双边或多边贸易协定，埃及有效扩展了制造业发展的外层空间，在发展建材、石化等频繁遭受贸易救济调查的制造业方面，具有其独特优势。这就意味着中国在埃及境内投资生产的商品，可借助上述有利的双边、多边或区域贸易安排，有效辐射相关国际市场，降低产品出口的关税税率，绕过上述国家设定的非关税壁垒。

（二）中埃制造业产能合作具有政策对接性

加强制造业领域的产能合作是"一带一路"倡议下中国与非洲国家、阿拉伯国家开展经济合作的重要内容。从中方来看，制造业领域产能合作是中国对非经济合作的重要内容。2015 年中国政府发布的《中国对非洲政策文件》明确提出"将优先支持非洲工业化进程作为新时期中国对非合作的突破口和着力点"[2]。2018 年 9 月，中非合作论坛北京峰会暨第七届部长级会议召开期间，习近平主席提出对非合作的"八大行动计划"，其中第一条便是实施产业促进行动，而其很多内容都涉及中国与非洲国家的制造业产能合作，包括鼓励中国企业加强对非洲制造业部门产业投资，支持中国企业在非洲国家新建或升级经贸合作区等内容。[3] 与此同时，在这次会议上通过的《关于构建更加紧密的中非命运共同体的北京宣言》和《中非合作论坛——北京行动计划（2019—2021 年）》两个重要成果文件，也都高度关注中国与非洲国家的制造业产能合作。其中，《关于构建更加紧密的中非命运共同体的北京宣言》明确提出要促进"双方'一带一路'产能合作，加强双方在非洲工业化发展领域的规划合作"[4]。《中非合作论坛——北京行动计划（2019—2021 年）》则

---

① 参见中国商务部《对外投资合作国别（地区）指南：埃及》（2018 年版），第 45～46 页。
② 《中国对非洲政策文件》，中国外交部网站，http：//www. fmprc. gov. cn/web/zyxw/t1321556. shtm，2015 - 12 - 05。
③ 《中非合作论坛北京峰会"八大行动"内容解读》，中国商务部网站，http：//www. mofcom. gov. cn/article/ae/ai/201809/20180902788421. shtml，2018 - 09 - 19。
④ 《关于构建更加紧密的中非命运共同体的北京宣言》，2018 年中非合作论坛北京峰会网站，https：//focacsummit. mfa. gov. cn/chn/hyqk/t1591944. htm，2018 - 09 - 05。

将包括制造业在内的"产业对接与产能合作"作为中非经济合作的重要内容。[①] 同时，制造业产能合作也是中国对阿拉伯国家开展经济合作的重要内容。2016 年 1 月，中国政府出台的《中国对阿拉伯国家政策文件》明确提出要"对接中国产能优势和阿拉伯国家需求，与阿拉伯国家开展先进、适用、有效、有利于就业、绿色环保的产能合作，支持阿拉伯国家工业化进程"[②]。而 2018 年发布的《中国和阿拉伯国家合作共建"一带一路"行动宣言》，再次重申"产能对接"是中阿合作的四大行动计划之一。[③]

从埃及方面来看，近年来埃及高度重视制造业发展，并将其看作提供充分劳动力就业、拉动国民经济发展和提高人民生活水平的重要举措。因此，对接埃及发展需求，与埃及开展制造业产能合作自然成为中埃共建"一带一路"的重要落脚点。塞西担任埃及总统之后，产能合作也得到中埃双方政府的高度重视。2015 年 9 月，在塞西访华期间，中埃两国四部委正式签署了《中埃产能合作框架协议》，协议的签署表明中埃产能合作机制正式确立。在该机制下，中埃分别在 2016 年 6 月、2017 年 9 月和 2019 年 1 月，召开了三次部长级会议，协商确定产能合作的重点项目清单。[④] 由此可见，双方在制造业部门开展国际产能合作具有很强的政策对接性。

（三）中埃制造业产能合作处于起步阶段

对外直接投资是制造业产能合作的重要载体，而从以对外直接投资形式呈现的中国对埃及资金流动来看，中国与埃及在产能合作方面仍处于较低水平。第一，从投资规模看，中国对埃及直接投资总额较小。2017 年，中国对埃及直接投资流量为 9276 万美元，仅为当年埃及吸引外国直接投资总量的 1.3%；至 2017 年末，中国对埃及直接投资存量为 8.3 亿美元，经调整后较 2017 年减少 5407 万美元，仅占埃及吸引外国直接投资存量总额

① 《中非合作论坛——北京行动计划（2019—2021 年）》，中国外交部网站，https://www.fmprc.gov.cn/web/zyxw/t1592067.shtml，2018 - 09 - 05。
② 《中国对阿拉伯国家政策文件》（全文），中国外交部网站，http://www.fmprc.gov.cn/web/zyxw/t1331327.shtml，2016 - 01 - 13。
③ 《中国和阿拉伯国家合作共建"一带一路"行动宣言》，中非合作论坛网站，http://www.chinaarabcf.org/chn/zagx/gjydyl/t1577010.htm，2018 - 07 - 10。
④ 参见中国商务部《对外投资合作国别（地区）指南：埃及》（2018 年版），第 52～53 页；《中埃产能合作第三次部长级会议在埃及开罗召开》，中国国家发改委网站，http://www.ndrc.gov.cn/fzgggz/wzly/zhdt/201901/t20190117_925794.html，2019 - 01 - 17。

的 0.7%。[1]

第二，从投资流向看，制造业在中国对埃及直接投资中占比偏低。根据中国商务部资料，截至 2016 年底，中国对埃及直接投资存量中，仅有 12% 流向埃及制造业部门，投资金额累计仅为 1.1 亿美元。[2]

根据中国驻埃及大使馆经济商务处统计（在经济商务处备案），在埃及正式注册的中资企业有 80 余家，包括巨石、西电电气、安琪酵母、新希望六和等国内知名度较高的制造业企业。[3] 然而，从对外投资规模来看，在埃及注册的中资企业生产活动极为有限，以苏伊士经贸合作区为代表的中国在埃及的境外工业园区也未能充分发挥投资孵化平台的作用，中埃两国在制造业部门开展的国际产能合作实际上处于较低水平。

三 中埃制造业产能合作面临的困境

尽管埃及具有发展制造业的潜在比较优势，产能合作也得到中埃双方政府的高度重视，双方政策也有一定的对接性，然而，中埃在制造业部门开展的国际产能合作仍处于较低水平，主要缘于以下因素。

（一）埃及总体营商投资环境欠佳

尽管塞西政府致力于改善国内营商环境，但埃及营商环境仍处于全球较低水平。2019 年，在全球 190 个经济体中，仅处于第 120 位。[4] 相对较差的营商环境意味着，包括中国企业在内的外国企业在埃及投资仍有很多领域难以按照国际通用规则开展生产、经营活动，而是需因地制宜，这无疑增加了中国企业在埃及经营的风险与成本。

当前，制约埃及制造业发展以及中埃产能合作开展的营商环境因素主要在于以下几方面。第一，埃及的跨境贸易便利度有待提高。根据世界银行跨境贸易评分体系，埃及跨境贸易便利度在参加评比的 190 个国家中，

①　中国对埃直接投资数据源自中国商务部、国家统计局、国家外汇管理局《2017 年度中国对外直接投资统计公报》，中国统计出版社，2018，第 46、51 页；UNCTAD, UNCTADSTAT Database, https：//unctadstat. unctad. org/wds/ReportFolders/reportFolders. aspx? sCS ＿ ChosenLang ＝ en, 2019 － 08 － 16。

②　中国商务部：《对外投资合作国别（地区）指南：埃及》（2017 年版），中国商务部网站，http：//fec. mofcom. gov. cn/article/gbdqzn/upload/aiji. pdf，第 56 ~ 57 页。

③　中国商务部：《对外投资合作国别（地区）指南：埃及》（2018 年版），第 54 页。

④　The World Bank, *Doing Business 2019*, The World Bank：Washing D. C. , p. 5.

处于第 170 位，属于跨境贸易便利性极差的国家。而埃及跨境贸易便利度的阻碍主要来自货物进口方面，其中埃及货物进口单证合规时间，即从出口国和埃及获取将商品进口至埃及所需各种批文所需的时间，高达 265 个小时，是西亚北非地区的 3.5 倍，是撒哈拉以南非洲的 2.7 倍。而埃及货物进口的边界合规时间，也就是货物通过埃及边境所耗费的时间，高达 240 小时，是西亚北非地区的 2.3 倍，是撒哈拉以南非洲的 1.9 倍（见表 1）。以上数据表明，进口货物到埃及境内是一个漫长的过程，而漫长的商品进口周期，一方面降低了企业应对市场变化做出反应的敏捷度，另一方面则占用了企业大量资金，在一定程度上提高了企业的经营风险和成本。

表 1　埃及与其他地区跨境贸易便利程度对比

单位：小时，美元

地区和国家	出口时间：边界合规	出口成本：边界合规	出口时间：单证合规	出口成本：单证合规	进口时间：边界合规	进口成本：边界合规	进口时间：单证合规	进口成本：单证合规
东亚和太平洋	54.7	382.2	57.6	109.4	69.2	415.8	57	109.5
欧洲和中亚	22.1	157.5	24.3	97.9	21.1	162.3	24.7	93.9
拉美和加勒比	61.9	529.8	52.5	110.4	62.6	647.2	79.1	116.3
西亚北非	58	442.4	67.9	244.6	105.4	536	75.5	269
经合组织高收入国家	12.5	139.1	2.4	35.2	8.5	100.2	3.4	24.9
南亚	62.9	347.2	74.1	160.3	95.8	504.6	100.8	276.7
撒哈拉以南非洲	97.3	605.8	72.8	168.8	126.3	684.3	97.7	283.5
埃及	48	258	88	100	240	554	265	1000

资料来源：The World Bank，*Doing Business Data*，https://www.doingbusiness.org/en/data/exploretopics/trading-across-borders，May 2018，2019-09-04。

第二，埃及的合同执行①力度有待提升。根据世界银行统计，在参评的190个国家中，埃及得分处于全球第160位，属于执行合同力度最差的国家之一。在埃及，通过法院解决商业纠纷平均耗时1010天，是西亚北非的1.6倍。而在用于衡量司法系统审理商业案件公正性和便利性的司法程序质量指数方面，埃及得分仅为5.5，也低于西亚北非、撒哈拉以南非洲的平均水平（见表2）。合同执行力度差表明，在埃及经营的企业通过司法途径解决商业纠纷的透明度和公正性都有待提高。而且，司法流程耗时极长，在埃投资企业与其他企业，特别是埃及本土企业签订的合同缺乏有效法律保护，存在一定违约风险。

表2　埃及与其他地区执行合同力度对比

单位：天，%

地区和国家	得分	排名	时间	成本（索赔额百分比）	司法程序质量指数（0~18）
东亚和太平洋	52.75	104	581.1	47.2	7.9
欧洲和中亚	65.65	51	496.3	26.3	10.3
拉美和加勒比	53.39	108	768.5	31.4	8.5
西亚北非	55.04	105	622	24.7	6.1
经合组织高收入国家	67.65	45	582.4	21.2	11.5
南亚	43.44	145	1101.6	29.8	7
撒哈拉以南非洲	48.87	128	655.1	42.3	6.7
埃及	42.75	160	1010	26.2	5.5

资料来源：The World Bank, *Doing Business Data*。

第三，埃及土地产权不够清晰。土地管理质量指数是影响营商环境的重要指标，该项目用于评估有关土地产权和边界的信息可靠性、土地所有权信息透明度、土地所有权登记和地籍测绘的地理覆盖面、对土地争议实施的保护力度等方面的内容。埃及该项指标得分在全球参评的187个国家中，仅排在第131位，处于全球下游水平。土地管理质量指数得分不高，意味着外国企业在埃投资很可能在获取土地和土地产权确认的问题上陷入纠纷、蒙受损失。

第四，埃及的电力供应便利性有待提高。稳定的电力供应是制造业发展的必

---

① 主要指通过司法系统解决商业纠纷的时间、成本与质量等方面。

要保障，而可预期的电价也有助于企业准确评估生产经营成本。世界银行采用供电稳定性和收费透明度指标来评估电力供应的便利性，该项指标得分介于 0 ~ 8 分，而埃及该项目得分仅为 3 分，在参评的 186 个国家中，与 14 个国家并列第 119 位，处于全球下游水平。因此，从电力供应角度来看，潜在的停电风险以及用电成本的不可预期性，都不利于制造业企业在埃及开展生产与经营活动。

第五，埃及存在较高的利润汇出及汇率波动风险。尽管埃及 1994 年第 38 号《外汇法》以及 2017 年发布的新版《投资法》明确规定，外国公司在埃投资可以在银行设立美元账户并保留美元利润，而且利润的汇出不受限制。[①] 然而，在实践中，换汇环节存在诸多不便，给外国企业带来实质性的利润汇出及汇率波动风险。由于外汇短缺，埃及外汇管理十分严格，埃及各商业银行对外汇存款、取款、兑换等业务仍有一定的额度限制，额度大小取决于该银行外汇的充裕情况，并受埃及央行"窗口指导"，对于非优先清单上的用汇需排队等待换汇额度，完成换汇需耗费较长时间。[②] 对于外国投资企业而言，产品销往埃及国内赚取的是埃镑利润，埃镑兑换成其他货币的不便实际上造成了企业利润汇出的困难，而埃镑利润长期无法汇兑，企业利润还要承受埃镑利率波动风险。因此，如果外国公司在埃及生产的产品以销往埃及国内市场为主，换汇环节存在的不便意味着企业需承受较高的利润汇出及汇率波动风险，进而不利于制造业企业在埃及投资。

（二）埃及国内产业供给能力较低

高质量的国内供给对于制造业发展以及吸引外国直接投资都具有非常大的促进作用。然而，以联合国贸易和发展会议发布的贸易数据为基础，计算埃及货物商品的贸易竞争力指数（Trade Competitiveness，TC）就可以发现，埃及工业基础比较薄弱，国内供给能力处于较低水平。

贸易竞争力指数是用来测度特定商品国际竞争力及其相关产业发达程度的常用指标，该值介于 - 1 ~ 1，取值越高，则表明商品的国际竞争力越强。一般而言，该指标介于 0.3 ~ 0.6，表明商品具有较强的竞争优势，高于 0.6 则表明具有极强的竞争优势。2017 年，在 256 组货物商品中，埃及出口贸易

[①] "Foreign Currency Law No. 38 of 1994", *Egypt's Government Services Portal*, https://www.egypt.gov.eg/，2019 - 08 - 27；《2017 年 72 号〈投资法〉实施条例中文参考译本》，中国驻埃及大使馆经济商务处网站，http://eg.mofcom.gov.cn/article/ddfg/201904/20190402859327.shtml，2019 - 04 - 30。

[②] 参见中国商务部《对外投资合作国别（地区）指南：埃及》（2018 年版），第 117 ~ 118 页。

额超过 1 亿美元，且贸易竞争力指数大于等于 0.6 的货物商品仅有 13 组，其中 4 组为农产品或资源类商品，而工业制成品仅有 9 组，分别是：肥料（TC＝0.78，出口额：11.0 亿美元）；未另列明的纺织制服装（TC＝0.61，出口额：6.1 亿美元）；纺织物非针织或钩编而制成的男装（TC＝0.68，出口额：4.6 亿美元）；电视接收设备（TC＝0.76，出口额：4.5 亿美元）；室内铺地用品等（TC＝0.74，出口额：3.1 亿美元）；石灰、水泥及人造建筑材料（玻璃及黏土材料除外）（TC＝0.79，出口额：2.3 亿美元）；未另列明的全部或基本上以纺织原料制成的制品（TC＝0.64，出口额：2.2 亿美元）；纺织物针织或钩编而制成的男装（TC＝0.62，出口额：1.3 亿美元）；皮革（TC＝0.95，出口额：1.1 亿美元）。[①]

同年，在出口贸易额超过 1 亿美元的货物商品中，埃及还有 10 组货物展现出较强的竞争优势，其中，6 组货物是农产品或资源类商品，而工业制成品仅有 4 组，分别是：纸和纸板及其制品（TC＝0.31，出口额：3.6 亿美元）；醇、酚、酚醇及其卤化、磺化、硝化或亚硝化的衍生物（TC＝0.42，出口额：2.7 亿美元）；无机化学元素、氧化物及卤盐（TC＝0.51，出口额＝2.3 亿美元）；奶酪和凝乳（TC＝0.36，出口额：2.0 亿美元）、玻璃（TC＝0.54，出口额：1.6 亿美元）。[②]

以上数据表明，埃及具有竞争优势的工业制成品以未经加工的初级产品，以及与资源禀赋联系紧密、产业链短的少数中间形态工业制成品为主。尽管埃及在纺织服装以及电视机生产上也展现出较强的国际竞争力，但在纺织纱、电子元件等上游产品的生产上存在竞争劣势，需大量依赖进口。这也表明埃及国内供给能力整体上处于较低水平，产业链不完整会在很大程度上抵消"人口红利"带来的劳动力成本优势。

（三）　中埃产业链相距较远

中国是世界上工业制成品生产大国，也是埃及重要的贸易伙伴。2011 年以来，中国始终都是埃及仅次于欧盟的第二大货物进口贸易伙伴。然而，中国对埃及出口的货物商品以工业制成品为主。例如，未另列明的电信设备及其零件是埃及从中国进口贸易额最大的货物商品，2017 年，该组商品占埃及从中国进口贸易总额的 9.3%。其中，95% 以上是以手机、固定电话等通信设备成品的形

---

① UNCTAD, "UNCTADSTAT Database", https：//unctadstat. unctad. org/wds/ReportFolders/report Folders. aspx？sCS_ ChosenLang ＝en, 2019 – 07 – 24.

② UNCTAD, "UNCTADSTAT Database".

式进入埃及市场。① 除电信设备外，服装和机电产品也是埃及从中国进口的主要工业制成品，但也主要是以最终形态工业制成品的形式进入埃及市场。

与最终形态工业制成品相比，中国生产的中间形态工业制成品在埃及市场竞争力并不强，埃及与欧洲、西亚国家的产业链联系要更为紧密。例如，东欧国家所产粗钢，沙特、阿联酋等中东国家所产石化产品，欧盟所产精钢产品、工业元件，在埃及市场具有较强的国际竞争力。而在中国对埃及出口的中间形态工业制成品中，仅有纺织纱在埃及市场具有较强的竞争力。纺织纱在埃及建立竞争优势，主要得益于中国作为全球最大产棉国形成的资源禀赋优势，以及纺织纱自身低廉的国际运输成本。与中国相似，世界第二大产棉国印度所产纺织纱在埃及市场也占有较大份额（见表 3）。

表 3　埃及主要中间形态工业制成品的贸易伙伴构成

单位：%

品类	国家（占比）				
锭状和其他初级形状的铁或钢；铁或钢的半成品	乌克兰 (43.7)	俄罗斯 (38.6)	利比亚 (5.5)	巴西 (3.8)	阿联酋 (3.5)
纺织纱	中国 (44.3)	印度 (20.2)	印度尼西亚 (9.0)	土耳其 (7.6)	约旦 (5.2)
非初级形态的其他塑料	沙特阿拉伯 (33.1)	欧盟 (24.2)	阿联酋 (18.2)	韩国 (5.6)	中国 (4.6)
未另列明的贱金属制品	欧盟 (37.3)	中国 (19.8)	阿联酋 (11.6)	美国 (11.4)	土耳其 (4.1)
纸和纸板	欧盟 (59.3)	中国 (7.4)	土耳其 (7.2)	美国 (4.1)	俄罗斯 (3.5)
铁或钢制的管子和中空型材及管子配件	欧盟 (37.6)	中国 (12.6)	阿联酋 (10.7)	土耳其 (8.1)	日本 (7.7)
初级形态乙烯聚合物	沙特阿拉伯 (42.5)	阿联酋 (30.5)	欧盟 (8.3)	新加坡 (4.7)	卡塔尔 (3.2)
未包覆、未镀或未涂其他材料的铁或非合金钢压延产品	欧盟 (57.8)	中国 (15.7)	美国 (6.2)	马来西亚 (3.4)	土耳其 (3.4)
汽车的零件及附件	欧盟 (23.4)	中国 (15.8)	泰国 (12.3)	韩国 (12.2)	印度 (8.8)
电路装置、设备、板、盘、台、桌、柜和其他基座	欧盟 (58.6)	中国 (18.3)	美国 (3.7)	土耳其 (3.4)	韩国 (2.9)

资料来源：UNCTAD，UNCTADSTAT Database。

---

① UNCOMTRADE，UNCOMTRADE Database，https：//comtrade. un. org/data，2019 - 08 - 24.

以上信息也表明，受运费、市场因素的影响，埃及制造业发展与欧洲、西亚地区的联系更为紧密，而与中国产业链联系相距较远。相对分离的产业链体系意味着中国企业在埃及投资需离开熟悉的产业环境，如无法根据埃及产业链特点整合上游供给，将很难借助埃及的"人口红利"和优越的贸易条件降低企业生产成本。

综上，中国与埃及制造业产能合作处于较低水平，其原因既有普遍性要素，也有特殊性要素。普遍性要素主要是埃及国内存在的很多不利于企业竞争力提升的制度性阻碍。实际上，无论是中国制造业企业，还是其他国家制造业企业，对埃及投资热情都不高。只是近年来在全球制造业布局深度调整的大背景下，韩国三星等制造业巨头才开始在埃及大规模投资。中埃产能合作推进困难的特殊性要素，则主要是地理位置因素导致的中埃产业链相距较远的现实。由于中国制造业企业国际化程度普遍不高，产业链相距较远决定了中国制造业企业借助埃及有利的资源条件组织生产并不容易。

四　中埃制造业产能合作的推进路径

中国制造业企业欲破解对埃及投资面临的现实困境，需要从政府和企业两个层面着手，找准中国对非产能合作与埃及制造业发展战略的契合点，科学规划对埃及产业转移的步骤，扬长避短，稳步推进中埃制造业产能合作。

（一）支持埃及制造业发展战略

由于中国对开拓埃及市场相对还不熟悉，在推动落实中埃产能合作方面，政府发挥的作用应当是从牵头对埃及输出大项目向深入参与埃及制造业发展战略转变。

第一，支持埃及工业园区的设计。在推动落实制造业发展方面，为在有限地理范围内创造有利于企业竞争力提升的"软""硬"基础设施，埃及政府高度重视工业园区以及配套基础设施的建设。而中国依托工业园区在制造业方面取得的成绩有目共睹，在园区规划设计方面也已积累了很多成熟经验。因此，中国相关部门可考虑为埃及工业园区建设提供设计援助，通过与埃方合作设计工业园区，获取更多关于埃及制造业发展的相关信息，在与埃方合作中发现适合在相关园区落户的制造业企业，并将其推荐给埃方。

第二，支持埃及职业技术教育发展。职业技术教育发展滞后，国民对接受职业技术教育热情不高是埃及"人口红利"难以转变成现实生产力的重要原因。① 面对上述困境，埃及将发展职业技术教育作为促进制造业发展的重要一环。而伴随制造业的快速发展，中国在职业技术教育的规划和教学方面都已积累了十分丰富的经验。中国相关部门应加强对埃及职业技术教育的技术支持力度，积极为埃及职业技术教育的规划设计提供援助。借助与埃及相关部门的合作，中国亦可加深对埃及劳动力市场和劳动力素质的了解，并根据掌握的信息，推介国内产业发展与埃及劳动力市场特点较为匹配的制造业部门作为双方合作的重点产业部门。

第三，支持埃及本土企业能力建设。本土供给能力的提升是产业发展的重要依托，为增强国内企业实力，埃及高度重视从技术和信贷两个方面支持国内企业的发展。而产业链相距较远是制约中埃产能合作实现突破的重要因素，据此，中国相关部门可通过援助埃及落实本土企业能力提升计划，借助市场力量，拉近双方产业链的联系。一方面，中国相关部门可考虑与埃及政府联合设立以埃及国内企业为服务对象的技术援助项目，在为埃及国内企业提供技术指导的过程中，通过向埃及推广中国具有优势的生产技术和生产工艺以及帮助埃及企业熟悉中国在装备制造业方面取得的技术优势，引导埃及企业向中国产业供给系统靠近。另一方面，中国相关部门也可考虑与埃及金融部门合作，设立工业发展专项基金，为埃及本土企业进口中国设备和产品提供专项贷款，借助埃及本土企业对市场的把握，发掘埃及与中国产业链的联系，从中选择在埃及投资更易得到上下游支持的制造业部门作为对埃及产业投资的重点。

（二）科学规划产业布局

结合埃及工业发展基础设施、营商环境、国际贸易环境的特点，推动落实中埃制造业产能合作，在产业选择和产业推进方面，中企可采取以下策略。

第一，以成熟工业园区为产业投资的依托。埃及制造业发展的主要瓶颈在于缺乏必要的"软""硬"基础设施的支撑。其中，硬件基础设施短板主要存在于电力供应系统。而"软性"基础设施不足主要与政府服务水平低有关，包括货物进出口便利程度低、土地管理水平较低等问题。而鉴于埃及在制造业发展上存在的上述"软""硬"基础设施不足问题，中国企业在埃及投资应当选择电力供给有保障、进出口手续和通关便利、土地产权清晰、综

---

① A. El-AShmawi, "Reviewing Work-based Learning Programs for Young People: Republic of Egypt", http://www.unesco.org/new/fileadmin/MULTIMEDIA/FIELD/Beirut/images/Education/Egypt.pdf, Beirut: UNESCO, 2017.

合发展相对成熟的工业园区作为对埃及投资的主要依托，借助工业园区在有限地理范围内提供的有利条件开展生产、经营活动。

在进驻园区的选择上，尽管成立于 2008 年的中埃苏伊士经贸合作区已成为中国企业对埃及投资的重要孵化载体，且园区运营主体为国内企业在埃及投资提供了很多便利，但受埃及国内法律以及园区地理位置限制，苏伊士经贸合作区能够承载的制造业部门还十分有限。首先，根据埃及 2002 年《经济特区法》，对于经济特区内企业生产的产品，只有在经济特区管委会认为符合埃及利益的情况下，才允许销售至埃及国内，而且管委会将对产品的范围、数量比例、执行时间做出明确规定。[①] 其次，园区地理位置偏僻，很难享受埃及的"人口红利"。园区所在的苏伊士省 2015 年总人口仅有 62.3 万，2014年，该省居住区人口密度为 68.3 人/平方千米，是埃及平均人口密度的6.2%，人口分布极为稀疏。[②] 地理位置和人口结构也导致苏伊士省远离埃及现有的产业集聚区。[③] 也恰恰是基于上述两个原因，苏伊士经贸合作区对于入驻企业实力的要求极高，只有那些拥有较强技术实力、优质产品的中企，才能在欧洲、中东等埃及周边市场具有较强竞争力；唯有资金密集型的制造业企业，才有可能在园区投资成功。

鉴于企业在苏伊士经贸合作区投资存在的上述缺陷，对于那些看中埃及近 1 亿人口带来的巨大市场，以及希望借助埃及"人口红利"或是利用埃及纺织服装等少数部门已然形成的产业集群组织生产的企业，选择在埃及人口相对稠密、具有一定产业基础的地区进行投资更为有利。例如，韩国三星集团选择在埃及贝尼苏韦夫省投资建设电视机生产项目，该省居住区人口密度为2053.4 人/平方千米，是埃及居住区平均人口密度的两倍，[④] 并且该省北部毗邻工业基础强、人口稠密的开罗省。[⑤] 同时，相对较好的腹地条件也为三星在埃及发展奠定了良好基础。中国曼凯集团在埃及建设的中埃（曼凯）纺织产业园也选择在埃及国家级工业园——萨达特工业园进行投资，该园区依托的姆努夫省居住区人口密度为 1596.9 人/平方千米，是埃及居住区平均人口

---

① 参见 Suez Canal Economic Zone, "Law of Economic Zone of A Special Nature", https：//www. sczone. eg/English/Documents/BookofLaw%2083 - 2002 - English. pdf, 2019 - 06 - 27。

② 参见 Central Agency for Public Mobilization and Statistics, "Egypt in Figures 2015", http：//www. msrintranet. capmas. gov. eg, 2019 - 02 - 27。

③ Fatma Abdelaziz et al. , "Clusters as Drivers of Local Industrial Development in Egypt", *IFPRI Working Paper 10*, June 2018.

④ 参见 Central Agency for Public Mobilization and Statistics, "Egypt in Figures 2015"。

⑤ 参见 Central Agency for Public Mobilization and Statistics, "Egypt in Figures 2015"。

密度的 1.4 倍,[①] 该省在纺织品生产方面也已初步形成产业集聚效应。[②]

第二，以优越国际贸易条件为产业发展的重点。获取新市场或新客户是跨境产业投资的重要目的。[③] 尽管埃及近 1 亿的人口规模带来了巨大市场，但埃及享受税收政策优惠、"软""硬"基础设施相对完备的工业园区都对产品内销做出了严格限制。尽管自由区的规定较经济特区要宽松一些，但根据 2017 年《投资法》，公共自由区企业的产品内销比例也不能超过50%。[④] 考虑到埃及对中间产品征收的高关税税率、进口便利程度极低、土地产权不明晰、合同违约风险大等现实，企业在自由区、经济特区以外的区域进行投资存在巨大困难，再加上产品内销存在较大换汇风险，国内企业在埃及投资很难将东道国作为重点开拓市场。因此，中企对埃及投资也应当以利用埃及优越的贸易条件为重点，在埃及进行商品生产，最终将产品打入欧洲和中东市场。例如，巨石集团在埃及投资设厂取得成功，便是利用埃及相对优越的贸易条件和原材料供给优势，将产品打入对其设置较高贸易壁垒的欧盟和土耳其市场。

第三，以短链产业为优先引进的产业部门。埃及工业基础十分薄弱，国内供给处于较低水平，中企与当地企业的商业纠纷也很难通过法律途径得到解决，加之埃及与中国相距较远。对于国内企业而言，脱离国内熟悉的供应链体系落实对埃及投资，很可能会因产业链供给成本的上升，导致企业难以借助埃及"人口红利"和优越贸易条件提升企业竞争力。而且，产业链越复杂的企业，在埃投资的难度也就越大。因此，中国企业对埃及投资也应当优先选择以初级原料为主要供给、产业链短的制造业部门作为对埃及优先引进的产业部门。目前，国内在埃及取得成功的制造业投资项目，包括巨石玻璃纤维、安琪酵母、新希望饲料都具有高度依赖初级原料供给、产业链短的特点。

第四，以融入区域产业链为发展方向。除开拓新市场外，降低生产成本、整合企业价值链，也是企业实施对外投资战略的重要目的。[⑤] 而从埃及进出口

[①] 参见 Central Agency for Public Mobilization and Statistics, "Egypt in Figures 2015"。

[②] Fatma Abdelaziz et al., "Clusters as Drivers of Local Industrial Development in Egypt".

[③] 参见 Peter Kusek and Andrea Silva, *What Investors Want: Perceptions and Experiences of Multinational Corporations in Developing Countries*, Washington D.C.: The World Bank Policy Research Working Paper NO. WPS8386, March 2018, p. 7。

[④] 《2017 年 72 号〈投资法〉实施条例中文参考译本》。

[⑤] 参见 Peter Kusek and Andrea Silva, *What Investors Want: Perceptions and Experiences of Multinational Corporations in Developing Countries*, p. 7。

贸易结构来看，由于在地理位置上毗邻欧洲和海湾地区，埃及与上述两个地区的产业链联系十分紧密，制造业发展所需中间形态工业制成品也主要是从上述两个地区进口。因此，产品生产严重依赖欧洲、海湾国家上游供给的企业，可以选择埃及作为境外生产基地，利用埃及地理位置所带来的优势，进一步整合企业生产的价值链。而在该类企业中，如果企业用工需求也较大，更可借助劳动力价格优势，进一步降低企业的生产成本。

结　语

埃及人口结构十分年轻，在制造业发展上拥有十分巨大的"人口红利"潜力，而它与欧、亚、非、美等洲的国家签订的优惠贸易协定，也有效为其发展制造业拓展了外部空间。埃及由于在基础设施、政府管理、营商环境等方面存在很多制约因素，始终未能将国内制造业发展的潜在比较优势转变成为现实生产力。塞西担任埃总统后，高度重视制造业发展，将培育有利于制造业竞争优势形成的要素条件作为促进制造业发展的主要手段，并以竞争优势理论为基础，制定了具有高度综合性和科学性的制造业发展战略。而与阿拉伯国家开展制造业产能合作又是中国与其共建"一带一路"的重要抓手，因此，与埃及制造业发展战略对接也就成为中埃共建"一带一路"的重要内容。

然而，中埃在制造业部门推动落实产能合作的步伐与两国政府的意愿形成巨大反差。由于中国制造业企业对埃及投资规模十分有限，双方产能合作至今仍处于较低水平。中埃产能合作发展滞后，不仅与埃及缺乏将制造业发展潜在比较优势转变成为现实生产力的竞争优势要素有关，同时也与地理位置以及全球制造业产业布局导致中埃双方产业链相距较远有关。以上不利因素决定了中埃产能合作欲落到实处，需要中埃双方共同努力。就中方而言，在政府层面，与推动建设境外工业园、引导大型项目在埃及投资相比，中方应当更为深入地融入埃及制造业发展战略中，通过为埃及提供技术援助和信贷支持，更为全面地了解埃及制造业发展的资源禀赋与发展阻碍，借助市场力量发掘双方产业链交集，从中寻找双方合作的落脚点。在企业层面，中企应在客观认知埃及制造业发展现状的基础上，根据埃及资源禀赋、营商环境、产业链体系做出科学规划，以期推动中埃在制造业领域的产能合作实现突破。虽然当前支撑埃及制造业建立竞争优势的要素条件还很薄弱，但从埃及政府制定的制造业发展战略来看，该国已经充分认识到自身在制造业发展上存在的问题，并已从源头上对制造业发展战略做出调整。培育有利于竞争优势形成的要素条件虽需很长时间，但可以预见，在全球制造业进行深度调整的大背景下，埃及制约制造业发展的阻碍将会逐一打破，埃及也将会在全球工业制成品供应体系中扮演更重要的角色。深度参与埃及以及其他制造业欠发达国家的工业化进程，对于中国传统制造业部门继续保持活力、中高技术制造业部门实现优化升级都十分重要。在埃及以及其他发展中国家"再工业化"阶段，中国政府和企业需以双方发展战略为切入点，充分认识制造业产能合作的有利条件和不利因素，扬长避短，稳步推进对东道国的投资，实现合作共赢。

Manufacturing Industry Development Strategy of Egypt and China-Egypt Capacity Cooperation

Liu Dong

Abstract：Marked by "Vision 2030", Egypt has attached great importance to the development of manufacturing industry in recent years, and has formulated a highly scientific and systematic strategy for manufacturing industry on the basis of theory of competitive advantage. This brings new opportunities for capacity cooperation between China and Egypt. However, the promotion of Egypt's manufacturing development strategy has not substantially elevated the elements conducive to fostering competitive advantage of the manufacturing industry yet, and China and Egypt are far apart. So, it is not easy to promote the capacity cooperation between China and Egypt in the manufacturing industry. According to the current situation of Egypt's comparative and competitive advantages, China-Egypt manufacturing capacity cooperation should rely on Egypt's relatively mature industrial parks, focus on Egypt's favorable international trade environment, take manufacturing sectors with shorter industry chains as priority, and integrate into the local industry chain as the development direction. At the government level, China should strengthen technical support to Egypt for its endeavor in promoting manufacturing development, and explore cooperation opportunities through technical exchange. China also can provide appropriate credit support for Egypt's local manufacturing enterprises in order to find connections in the industry chains between China and Egypt through market forces.

Keywords："the Belt and Road"；Capacity Cooperation；Egypt；Manufacturing Industry；"Vision 2030"

（原文发表于《西亚非洲》2020 年第 3 期）

四

共建 "一带一路" 研究

中国在沙特推进"一带一路"建设的现状、风险及应对策略[*]

包澄章[**]

摘要：沙特是中国在中东地区推进"一带一路"建设的重要合作伙伴。近年来，沙特内政与外交政策的重大调整使其面临的潜在风险上升，主要包括：国内权力结构变动和政治集权化趋势使沙特政局走向存在不确定性；经济结构性矛盾和制度不畅制约国内经济转型与改革；本土恐怖主义和胡塞武装越境袭击加重国内安全压力；宗教保守势力反弹和宗教极端主义泛滥增加社会不稳定因素。在此背景下，中国在沙特推进"一带一路"建设需要进一步确保中沙合作的政策延续性和平衡中国与沙特及伊朗的关系，适应沙特国内经济转型阵痛并最大限度地实现中沙发展战略对接，同时防范恐怖主义和胡塞武装越境袭击对在沙中国公民和企业的威胁。

关键词：沙特　"一带一路"　政治风险　经济风险　安全风险

沙特作为伊斯兰世界的核心国家之一[①]和二十国集团（G20）成员国中唯一的阿拉伯国家，是中国在中东地区推进"一带一路"建设的重要合作伙伴，[②] 也是中国发展与伊斯兰国家战略关系的重要支点国家。近年来，沙特内

---

* 本文系 2014 年国家社科基金青年项目（14CZJ010）和上海市 I 类高峰学科（外国语言文学）建设项目的阶段性成果，并受到上海外国语大学"青年英才海外研修计划"和 2015 年度上海外国语大学校级重大科研项目"当代中国中东外交战略研究"的资助。

** 包澄章，博士，上海外国语大学中东研究所副研究员。

① 沙特官方在"2030 愿景"中将"沙特作为阿拉伯和伊斯兰世界核心国家的重要地位"作为该愿景的首要支柱。参见"Vision 2030：Kingdom of Saudi Arabia，"*Saudi Vision 2030*，p. 6，http：//vision2030. gov. sa/sites/default/files/report/Saudi_ Vision2030_ EN_ 2017. pdf，最后访问日期：2018 年 3 月 1 日。

② 郝亚琳：《习近平会见沙特王储继承人穆罕默德》，新华网，2016 年 8 月 31 日，http：//www. xinhuanet. com/politics/2016 – 08/31/c_ 1119488925. htm，最后访问日期：2017 年 10 月 7 日。

政与外交政策经历重大调整，评估和研判新形势下沙特国内面临的潜在风险，对中国在沙特推进"一带一路"建设具有重要的现实意义。

一 中国在沙特推进"一带一路"建设的现状

2008 年 6 月，中国和沙特建立了战略性友好关系。2012 年 1 月，中沙两国决定在战略框架内进一步提升双边关系。2016 年 1 月，两国将双边关系提升为全面战略伙伴关系。[①] 在中国推进"一带一路"建设和沙特加快国家转型的背景下，中沙经济结构的互补、对外经济战略的契合、政治互信的增强、合作机制的健全，为两国深化各领域合作奠定了坚实基础。

（一）合作机制建设

当前，中国和沙特依托中阿合作论坛框架下的多边合作机制、中国－海合会战略对话机制、中国文化部下设的"一带一路"文化交流合作机制以及中沙高级别联合委员会框架下的双边合作机制等开展各领域合作。

第一，中阿合作论坛框架下的一系列合作机制[②]为中国同包括沙特在内的阿拉伯国家加强对话与开展集体合作确立了方向。自 2004 年中阿合作论坛成立以来，中国与阿拉伯国家迄今已举办了 7 届部长级会议[③]、14 次高官会和 3 次高官级战略政治对话会[④]，深化了中国与阿拉伯国家的政治互信和务实合作。2016 年 1 月，中国政府发布《中国对阿拉伯国家政策文件》，[⑤] 为中国与阿拉伯国家关系的整体发展进行了全面规划和系统设计，也为未来中国与沙

---

① 相关声明包括：《中华人民共和国和沙特阿拉伯王国关于加强合作与战略性友好关系的联合声明》（2008 年 6 月 21 日）、《中华人民共和国和沙特阿拉伯王国联合声明》（2012 年 1 月 16 日）和《中华人民共和国和沙特阿拉伯王国关于建立全面战略伙伴关系的联合声明》（2016 年 1 月 19 日）。

② 中阿合作论坛框架下的合作机制包括：部长级会议、高官委员会会议、中阿企业家大会暨投资研讨会、中阿关系暨中阿文明对话研讨会、中阿友好大会、中阿能源合作大会、中阿新闻合作论坛、中阿互办艺术节、中阿卫生高官会议、中阿北斗合作论坛等。

③ 中阿合作论坛第八届部长级会议于 2018 年 7 月 10 日在中国北京召开。

④ 2015 年 6 月，中国外交部与阿盟秘书处建立了高官级战略政治对话机制。参见上海外国语大学中东研究所、中国－阿拉伯国家合作论坛研究中心《共建"一带一路"，推动中阿集体合作站上新起点："中国－阿拉伯国家合作论坛"成就与展望》（2018 年 5 月），中阿合作论坛网站，第 8 页，http://www.cascf.org/chn/ltdt/P020180614580301500634.pdf，最后访问日期：2018 年 6 月 17 日。

⑤ 参见《中国对阿拉伯国家政策文件》，新华网，2016 年 1 月 13 日，http://www.xinhuanet.com/world/2016 -01/13/c_ 1117766388.htm，最后访问日期：2018 年 3 月 7 日。

特关系的发展指明了方向。

第二，中国文化部下设的文化交流合作机制推动中国和沙特在"一带一路"框架下深化人文交流与合作。2016 年 12 月，中国文化部发布《文化部"一带一路"文化发展行动计划（2016—2020 年）》，从合作机制、合作平台、品牌效应、文化产业及对外文化贸易等领域，全面规划了中国与外部世界构建"文化交融的命运共同体"的目标，① 对加强中国与沙特的文明互鉴与民心相通，推动两国文化交流、文化传播、文化贸易创新发展提供了机制与平台。

第三，中国 - 海合会战略对话机制为中国同沙特等海合会成员国之间增强战略互信、深化经贸合作、密切人文交流确立了合作机制，为加快中海自由贸易区谈判奠定了战略基础。② 自 20 世纪 90 年代以来，中国对海湾国家的政策经历了从"以伊朗为中心"（1990～2001 年）向"以沙特和伊朗为中心"（2001 年至今）的转向，③ 作为海湾地区大国的沙特在中国中东外交中的地位不断上升。2010 年 6 月、2011 年 5 月和 2014 年 1 月，中国同海合会成员国先后举行了三轮战略对话。

第四，中沙高级别联合委员会为加强"一带一路"与沙特"2030 愿景"对接、统筹和促进双方各领域合作提供了制度保障。2016 年 8 月，两国成立中沙高级别联合委员会（以下简称"中沙高委会"）。中沙高委会下设六个分委会，即政治外交分委会，"一带一路"重大投资合作项目和能源分委会，贸易和投资分委会，文化、科技和旅游分委会，安全合作分委会和军事合作分委会，覆盖政治、外交、经贸、能源、文化、安全、军事等多个领域。自中沙高委会成立以来，两国已联合召开了多次高委会和分委会会议。

海合会国家是引领阿拉伯地区经济发展的引擎，近年来海合会国家加速工业化进程和实现经济多元化发展的需求日益提升。中国提出中阿构建以能源合作为主轴，以基础设施建设和贸易投资便利化为两翼，以核能、航天卫星、新能源三大高新领域为突破口的"1 + 2 + 3"合作格局，推动建立中国 -

---

① 参见《文化部"一带一路"文化发展行动计划（2016—2020 年）》（2016 年 12 月 28 日），文外发〔2016〕40 号，中国文化和旅游部网站，http://zwgk.mct.gov.cn/zfxxgkml/ghjh/202012/t20201204_ 906371.html，最后访问日期：2021 年 4 月 27 日。

② 参见郝亚琳《习近平会见海湾阿拉伯国家合作委员会代表团》，新华网，2014 年 1 月 17 日，http://www.xinhuanet.com/politics/2014 - 01/17/c_ 119021511.htm，最后访问日期：2017 年 10 月 18 日。

③ 吴冰冰：《从中国与海湾八国关系的发展看"中阿合作论坛"》，《阿拉伯世界研究》2011 年第 1 期，第 13～14 页。

海合会战略对话机制和成立中沙高委会，体现了中国依循区域合作、次区域合作、双边合作的多层次路径，通过深化与以沙特为首的海合会国家的合作关系，带动中阿关系整体发展的政策考量。这种多层次合作结构有利于促进中沙多边合作与双边合作的互动。区域合作机制旨在加强中国与阿拉伯国家的多边合作以及对中东地区事务的集体磋商，次区域合作机制有利于深化中国与海合会国家的战略性合作和推动海湾地区经济一体化，双边合作机制有利于直接促进中沙两国发展战略对接和"打造全方位立体合作的新格局"。①

（二）合作特点

自 2000 年至 2015 年，沙特连续 16 年成为中国最大原油供应国，② 连续多年成为中国在西亚地区第一大贸易伙伴。③ 2012 年中沙双边贸易额达到创纪录的 734 亿美元。④ 2013 年中国首次成为沙特第一大贸易伙伴。2016 年 9 月 26 日，中国开通人民币对沙特货币里亚尔的直接交易，为两国货币流通打下了坚实基础。2016 年，中国对沙特直接投资额达 1.2 亿美元，同比增长 46%；中资企业在沙特当地注册的合资、合作、独资企业及分支机构超过 160 家。⑤ 2017 年中沙双边贸易额达 500 亿美元，同比增长 18.3%，其中，中国从沙特进口额达 318 亿美元，较上一年增长 34.4%；中国向沙特出口额达 182 亿美元，较上一年下降 2.3%。⑥ 2017 年中国对沙投资 8879 万美元，沙特对华投资 1.5 亿美元；中国对沙特新签承包工程合同 124 份，新签合同额 29.28

---

① 侯丽军：《张高丽和沙特王储继承人兼第二副首相、国防大臣穆罕默德主持中沙高级别联合委员会首次会议》，新华网，2016 年 8 月 30 日，http：//www.xinhuanet.com/politics/2016 – 08/30/c_ 1119480612.htm，最后访问日期：2018 年 3 月 19 日。

② 《王毅外长接受沙特〈中东报〉书面采访稿》，中国外交部网站，2017 年 3 月 15 日，http：//www.fmprc.gov.cn/web/wjbzhd/t1445880.shtml，最后访问日期：2017 年 9 月 20 日。

③ 周辋、宦翔：《沙中全面战略伙伴关系前景广阔——访沙特驻华大使图尔基·阿尔马迪》，《人民日报》2017 年 3 月 16 日，第 21 版。

④ 《沙特阿拉伯与中国的经贸合作》，商务历史网站，http：//history.mofcom.gov.cn/? bandr = stalbyzgdjmhz，最后访问日期：2018 年 3 月 20 日。

⑤ 商务部国际贸易经济合作研究院、中国驻沙特阿拉伯大使馆经济商务参赞处、商务部对外投资和经济合作司：《对外投资合作国别（地区）指南：沙特阿拉伯》（2017 年版），商务部走出去公共服务平台，http：//fec.mofcom.gov.cn/article/gbdqzn/upload/shatealabo.pdf，最后访问日期：2018 年 4 月 10 日。

⑥ 《中国同沙特阿拉伯的关系》，中国外交部网站，http：//www.fmprc.gov.cn/web/gjhdq_ 676201/gj_ 676203/yz_ 676205/1206_ 676860/sbgx_ 676864/，最后访问日期：2018 年 5 月 7 日。

亿美元，完成营业额 63.44 亿美元。① 截至 2017 年，140 多家大型中资企业在沙特承揽合作项目，涵盖能源、矿产、港口、路桥、通信等领域。② 当前，中国和沙特的合作呈现出以下特点。

第一，中沙高层互动频繁。2016 年 1 月，中国国家主席习近平访问沙特，两国建立全面战略伙伴关系，标志着新形势下两国已将对方置于自己对外关系发展的重要方向；同年 8 月底，时任沙特副王储穆罕默德·本·萨勒曼访华，与中国国务院副总理张高丽共同主持中沙高委会首次会议，并出席 9 月初召开的 G20 杭州峰会。2017 年 3 月，沙特国王萨勒曼访华，并同习近平主席举行会谈。同年 8 月，张高丽访问沙特吉达，并与穆罕默德·本·萨勒曼在沙特共同主持了中沙高委会第二次会议。中沙高层之间的频繁互动，为两国加强战略合作、增强政治互信、深化发展战略对接、推进各领域务实合作奠定了基础。

第二，能源贸易引领中沙经贸。从贸易结构来看，中国从沙特进口的主要商品为原油和石化产品，中国向沙特出口的主要商品为机电产品、纺织品、日用品等，两国经济具有高度的互补性。当前，国际能源市场格局深入调整，调整趋势表现为能源结构多元化、能源供需多元化和能源定价多元化。③ 受此影响，中国从沙特进口的原油量在中国原油进口量中的比重呈现下降趋势。自 2016 年以来，俄罗斯取代沙特连续两年成为中国最大的原油供应国。2017 年，中国从沙特进口原油 5218.12 万吨，占中国原油进口总量的 12.44%，④ 较 2016 年的 13.4% 下降 0.96 个百分点。⑤ 国际能源格局的变动和新兴大国的崛起，使得沙特稳固与新兴大国尤其是中国、印度等亚洲国家在能源领域相互依赖关系的需求进一步凸显。萨勒曼国王上台后延续了自阿卜杜拉国王时期以来沙特外交"向东看"⑥ 的政策路线，积极发展与中国等亚洲新兴大国的合作关系。与此同时，新能源和可再生能源替代传统能源进程的加快，使

---

① 义月：《2017 年中国对外劳务合作发展述评》，《国际工程与劳务》2018 年第 3 期，第 42 页。

② 王波：《财经观察：沙特经济多元化举措初见成效》，新华网，2018 年 3 月 15 日，http://www.xinhuanet.com/fortune/2018－03/15/c＿1122543958.htm，最后访问日期：2018 年 3 月 19 日。

③ 韩立群：《国际能源格局转型重塑进入关键期》，《瞭望》2017 年第 19 期，第 64 页。

④ Ibrahim Al-Othaimin，"Win-win Cooperation Usher in New Type of International Ties"，*Saudi Gazette*，May 5，2018，http://saudigazette.com.sa/article/534190/SAUDI－ARABIA/Win－win－cooperation－usher－in－new－type－of－international－ties，最后访问日期：2018 年 5 月 15 日。

⑤ 《沙特阿拉伯与中国的经贸合作》。

⑥ Makio Yamada，"Saudi Arabia's Look-East Diplomacy：Ten Years On"，*Middle East Policy*，Vol. 22，No. 4，2015，p. 121.

得中沙能源合作正从传统的石油领域向可再生能源领域拓展。

第三，中沙基础设施建设合作持续推进。沙特的国际建筑工程承包市场庞大，国内绝大多数大型建筑工程项目均由外国企业承包。而中国企业在海外工程承包领域处于全球领先水平，在成本控制、按时交付、工程质量、运营管理等方面的突出能力受到普遍认可，在高铁等领域拥有自主创新专利技术。2015 年，沙特加入亚洲基础设施投资银行（简称"亚投行"）。截至 2017年，中沙双方已确定第一批产能与投资合作重点项目 30 个，总金额约 550 亿美元，其中的 8 个项目已开工建设，22 个项目正在开展前期工作。① 近年来，两国正在探索引入第三国参与基建项目的"三方合作"模式。例如，2016 年1 月习近平主席访问沙特期间，丝路基金与沙特国际电力和水务公司签署了关于共同开发阿联酋及埃及电站的谅解备忘录。

第四，中沙深入拓展合作领域。自中沙建立全面战略伙伴关系以来，两国关系进入全面发展的新阶段。两国合作超越了经贸、能源等传统领域，正在向航天、科技等领域拓展。2017 年 3 月沙特国王萨勒曼访华期间，两国签订了《沙特参与中国"嫦娥四号"的合作备忘录》《无人机制造合作协议》《和平利用核能事务的谅解备忘录》《高温气冷堆项目联合可行性研究合作协议》《铀钍矿资源合作谅解备忘录》等一系列文件，标志着中沙合作正从传统的经贸、石油领域向航天、科技、核能等领域拓展。在人文交流领域，2016年 12 月沙特首次在中国举办"阿拉伯之路——沙特出土文物展"，2017 年 2月中沙两国首次联合制作的动画片《孔小西与哈基姆》在沙特首映，同年 3月沙特阿卜杜勒·阿齐兹国王公共图书馆北京大学分馆正式开馆，体现了"一带一路"背景下中沙人文交流深度和广度的进一步拓展。

二　当前沙特国内主要风险评估

近年来，沙特内政外交出现重大转向，引发了国内和地区局势的一系列连锁反应。当前，沙特国内风险主要集中在政治、经济、社会、宗教四大领域，这些风险或对中国在沙特推进"一带一路"建设产生影响。

---

① 《中沙产能与投资合作论坛在沙特阿拉伯吉达举行》，中国国家发展和改革委员会网站，2017年 8 月 24 日，http://www.ndrc.gov.cn/gzdt/201708/t20170824_ 858708.html，最后访问日期：2017 年 11 月 4 日。

（一）政治风险

经过两轮废黜与重立王储的政治运作，萨勒曼国王实现了指定未来接班人的目标。继承制度的更改打破了沙特王室内部既有的权力结构，而萨勒曼父子一系列集权措施进一步增加了沙特国内的政治风险。

第一，权力结构变动引发王室内部争端。2015 年 1 月沙特国王萨勒曼登基后，一改"兄终弟及"的继承制度，先后两次废黜王储，最终立其子穆罕默德·本·萨勒曼为王储，完成了王位继承从第二代亲王向第三代亲王的过渡。为扫除潜在的政治竞争对手，穆罕默德王储于 2017 年 11 月发动自上而下的反腐运动，更换国民卫队、王室办公厅、情报总局、内政部、经济和计划部、石油部等关键部门负责人，将军事、政治和经济大权集中到自己手中。这一强化集权的过程在打压政治对手和异己势力的同时，也改变了长期以来沙特王室内部各派系通过执掌不同部门形成的权力平衡结构。自萨勒曼国王上台以来，沙特王室已经挫败了数起政变企图，① 穆罕默德王储在日渐全方位掌控国家权力的同时，也不得不面对大规模整肃运动导致王室成员不满的现实，沙特王室内部权力结构剧烈变动引发的潜在风险或将成为未来萨勒曼父子统治的重要挑战。

第二，王储的个人因素为沙特国内决策注入不确定性。穆罕默德王储的年轻形象及其领导的大规模经济和社会改革迎合了青年对国家进行现代化改革的期望。但穆罕默德的个性和行事风格，亦增加了沙特国内决策的风险。2015 年 3 月，在外汇储备萎缩、军队作战能力有限的情况下，沙特国防大臣穆罕默德做出出兵也门的决定。2017 年 6 月和 11 月，沙特与卡塔尔断交、鼓动黎巴嫩总理哈里里辞职等外交决策，导致沙特与伊朗地区代理人竞争的战线不断拉长。沙特政府计划斥资 5000 亿美元打造"尼尤姆"高科技新城，面临执行和融资方面的难题，配套法律和投资环境的不完善也可能使国际投资者望而却步。与此同时，沙特国内劳动力结构失衡、年轻人失业率居高不下、外汇储备不足等社会经济问题未得到根本性解决，穆罕默德王储关于"'尼尤姆'新城的职责并不是

---

① Dipanjan Roy Chaudhury, "How Saudi Princes' Arrest Averts Coup in Oil-rich Kingdom", *The Economic Times*, November 13, 2017, https：//economictimes. indiatimes. com/news/international/world – news/how – saudi – princes – arrest – averts – coup – in – oil – rich – kingdom/articleshow/61620734. cms，最后访问日期：2017 年 12 月 8 日。

为沙特人创造就业"① 的言论更是引发了国际社会的批评。

第三，沙特和伊朗的地区代理人竞争加剧。自"阿拉伯之春"以来，巴林危机、叙利亚内战、也门乱局、沙特和伊朗断交、卡塔尔断交危机、黎巴嫩总理哈里里辞职风波等地区热点问题，都反映了沙特和伊朗围绕地区领导权的斗争持续升级的现实。在沙特看来，伊朗领导的什叶派阵营不断在巴林、也门、黎巴嫩、伊拉克等沙特邻国及沙特东部省什叶派聚居区煽风点火，使得近年来沙特周边和国内什叶派聚居区的安全环境不断恶化。特朗普上台后，重新巩固同盟友沙特的关系，奉行遏制伊朗的敌对政策。在此背景下，沙特为扭转颓势，以进攻性外交与伊朗开展多线代理人斗争的趋势凸显，进一步加剧了沙伊关系恶化的态势。

（二）经济风险

2016 年 4 月，沙特政府推出"2030 愿景"，着力推行经济改革、打造多元经济、提升社会活力、促进对外开放和吸引国际投资。两年多来，沙特在经济领域取得了一系列标志性成果，包括首次向外国投资者开放股市，放宽外国公司对工程服务、批发和零售行业的所有权限制，对香烟、饮料开征特殊商品税等。② 目前，沙特计划将全球第一大石油生产商——沙特阿拉伯国家石油公司（简称"沙特阿美"，Saudi Aramco）上市，并出售 5% 的股份。然而，经济结构性矛盾、转型动力不足、制度障碍和地缘局势紧张使得沙特经济前景并不乐观。

第一，沙特短期内难以扭转经济颓势。首先，沙特经济持续低迷。2014 年 6 月以来，国际油价呈现下行走势，导致沙特石油收入锐减，经济增长持续放缓，2015 年 3 月沙特介入也门战事更是使其深陷巨额财政赤字。在石油减产政策和经济改革措施的作用下，2017 年上半年沙特财政赤字从 2016 年的 790 亿美元缩减至 193.8 亿美元，但同期流入的外国资本不升反降。沙特统计局数据显示，2017 年第一季度沙特 GDP 同比下降 0.5%，自 2009 年金融危机以来首次出现负增长，全年 GDP 增速呈负增长。其次，经济弊病制约沙特可

---

① Glen Carey, Vivian Nereim and Christopher Cannon, "Sun, Sea and Robots: Saudi Arabia's Sci-Fi City in the Desert", *Bloomberg*, October 26, 2017, https://www.bloomberg.com/graphics/2017 - neom - saudi - mega - city/，最后访问日期：2017 年 10 月 29 日。

② 王自励：《内外隐忧倒逼沙特"戒石油瘾"转型 中国企业机遇何在》，财新网，2017 年 8 月 17 日，http://international.caixin.com/2017 - 08 - 17/101131785.html，最后访问日期：2017 年 11 月 6 日。

持续发展。近年来沙特推行大规模、激进式的经济改革，但经济结构单一、巨额财政补贴、青年群体高失业率等长期困扰沙特政府的经济沉疴仍未得到根本性解决，制约了沙特经济的可持续发展。萨勒曼国王上台后，沙特政府多次缩减或取消政府补贴、提高税费、叫停"阿卜杜拉国王经济城"等一批大型基础建设项目，使得沙特民众的实际收入大幅缩水。与此同时，沙特国内 15 ~ 24 岁青年失业率长期处于 30% 左右的高位（见表 1），而沙特政府增加就业的政策效果不彰。一方面，沙特公共部门处于职位饱和状态。美林银行报告称，如果沙特政府不能创造更多就业岗位，到 2030 年沙特青年失业率可能攀升至 42%；[1] 另一方面，沙特私营部门工作环境欠佳、工资普遍较低、雇主随意裁员，使得沙特青年不愿去私营部门就业，2016 年沙特私营部门就业率较上一年下降了 37%。[2] 再次，经济改革成效短期内难以显现。尽管沙特"2030 愿景"提出了经济多元化的政策设想，但沙特单一的经济结构、能源行业收入缩水使得经济颓势短期内难以在根本上得到扭转，经济改革政策效果不彰。最后，国际社会对沙特的经济预期和信用评级持续走低。2017 年 7 月，国际货币基金组织（IMF）将 2017 年沙特 GDP 增长率预期从 0.4% 下调至 0.1%，将沙特非石油行业的增长预期从 2.1% 下调至 1.7%，2016 年相关行业的实际增长率只有 0.2%。[3] 2016 年 4 月，全球知名评级机构惠誉将沙特主权信用评级从 AA 降至 AA －，成为惠誉自 2004 年以来首次下调沙特评级；2017 年 3 月，惠誉再次下调沙特主权信用评级至 A ＋。

表 1　沙特主要经济指标（2015 ~ 2017）

主要经济指标	2015 年	2016 年	2017 年
人口（万人）	3102	3174	3238
GDP（按购买力平均计算,万亿国际元）	1. 552	1. 578	1. 566
人均 GDP（美元）	21095	20318	21120
GDP 增长率（%）	4. 16	1. 68	－ 0. 76

---

[1] "Saudi Youth Unemployment Forecast to Exceed 42% by 2030", *Arabian Business*, November 26, 2016, http：//www. arabianbusiness. com/saudi - youth - unemployment - forecast - exceed - 42 - by - 2030 - 653770. html，最后访问日期：2018 年 2 月 4 日。

[2] Ali al-Shreami, "Work Environment in the Private Sector", *Saudi Gazette*, January 17, 2018, http：//saudigazette. com. sa/article/526328/Opinion/Local - Viewpoint/Work - environment - in - the - private - sector，最后访问日期：2018 年 4 月 8 日。

[3] 宋博奇：《沙特 GDP 八年来首现负增长》，中国经济网，2017 年 7 月 2 日，http：//intl. ce. cn/specials/zxgjzh/201707/02/t20170702_ 23975100. shtml，最后访问日期：2017 年 11 月 6 日。

续表

主要经济指标	2015 年	2016 年	2017 年
通胀率(%)	2.2	3.5	3
失业率(%)	5.6	5.7	5.5
15～24 岁青年失业率(%)	29.1	30.8	32.6
出口额(亿美元)	2035	1835	2133
出口增长率(%)	-40.6	-9.8	16.2
进口额(亿美元)	1746	1401	1368
进口增长率(%)	0.5	-19.8	-2.4

资料来源："Saudi Arabia"，IMF，http：//www.imf.org/en/Countries/SAU#countrydata；"World Bank Open Data"，World Bank，https：//data.worldbank.org/；"Population"，General Authority for Statistics，https：//www.stats.gov.sa/en/854-0；"Saudi Arabia"，Statista，https：//www.statista.com/markets/422/topic/1033/saudi-arabia/，最后访问日期：2018 年 5 月 20 日。

第二，沙特经济转型和营商环境缺乏有效的制度保障。《2017～2018 年全球竞争力报告》指出，沙特从事商业活动面临的主要问题包括：限制性劳动法规、融资渠道有限、劳动力受教育程度不足和职业道德欠佳、政策不稳定、税率问题、政府机构效率低下、税务法规不完善、创新能力不足、外汇法规不健全、腐败等。[1] 首先，官僚特权阶层固化导致沙特政府效率低下。尽管近年来沙特王储穆罕默德已着手对政府部门进行改革，但由于国内缺乏现代化管理人才，经济改革计划的执行面临困难和不确定性，特别是沙特建立在亲缘关系基础之上的传统经济模式短期内无法改变，官僚特权阶层固化的局面难以得到根本性扭转。其次，沙特经济缺乏透明度。国内腐败问题严重[2]、制度保障匮乏

---

[1] Klaus Schwab，*The Global Competitiveness Report 2017-2018*，World Economic Forum，p.252，http：//www3.weforum.org/docs/GCR2017-2018/05FullReport/TheGlobalCompetitivenessReport2017%E2%80%932018.pdf，最后访问日期：2017 年 11 月 9 日。

[2] 2017 年 11 月，沙特国王萨勒曼发布国王令，成立最高反腐委员会，随即发起大规模反腐行动，以涉嫌腐败和洗钱等犯罪行为为由，逮捕了包括沙特首富瓦利德·本·塔拉勒在内的 11 名王子、4 名现任大臣和 38 名前政府官员，抓捕人数共计 200 余人。沙特总检察长在反腐行动声明中称，过去几十年间，因系统性腐败被滥用的国有资金高达 1000 亿美元。参见韩晓明《沙特反复七天抓了两百余人》，《环球时报》2017 年 11 月 11 日，第 8 版。沙特官员称，沙特每年8%～10%的预算因腐败而被贪污，参见 Robert Satloff et al.，"The Middle East through Gulf Eyes：Trip Report from Riyadh，Muscat，and Abu Dhabi"，*The Washington Institute for Near East Policy*，December 18，2017，http：//www.washingtoninstitute.org/policy-analysis/view/the-middle-east-through-gulf-eyes-trip-report-from-riyadh-muscat-and-abu-dh，最后访问日期：2018 年 2 月 2 日。

和长期以来形成的经济传统等因素导致沙特政府决策透明度列全球第 48 位，政府透明度在海合会成员国中位列倒数第二。① 根据"透明国际"公布的"2017 年清廉指数"（Corruption Perceptions Index 2017），沙特政府清廉指数在全球 180 个国家中排第 57 位。② 最后，法律制度不完善。沙特国内实行以《古兰经》和"圣训"为法源的伊斯兰教法，不设宪法。在伊斯兰教法原则的具体适用上，沙特法院享有极大的自由裁量权。驻沙外国企业通过法律手段解决商业纠纷，面临诉讼程序烦琐、周期长、执行难等困难，诉讼程序的拖延会使胜诉的一方"虽胜尤败"。③ 法律制度的不完善使得外国投资者在沙特境内开展投资时难以获得有效的法律保护，极大地降低了营商便利度。根据《2018 年全球营商环境报告》，沙特的营商环境便利度在全球 190 个国家中仅列第 92 位，在海合会六国中位居倒数第二。④ 为实现经济可持续发展、鼓励企业家赴沙投资和增强沙特国际竞争力，沙特于 2016 年颁布了新《公司法》，赋予股东大会和董事会在职责界定和公司发展战略决策等方面更大的权力，⑤ 但沙特企业董事会效率在全球仅列第 62 位。⑥

第三，沙特军费开支持续高涨加重经济压力。近年来伊朗的地区扩张增加了沙特对周边安全的担忧，导致沙特军费猛增。首先，伊朗的崛起加剧了沙伊地区竞争。制裁解禁后的伊朗积极发展对外贸易、吸引投资、开展经济合作、增加石油产量，引发了海湾产油国尤其是沙特的担忧。沙特和伊朗围绕地区领导权的争夺不断升级，两国关系持续恶化。其次，沙特深陷地区冲

---

① 海合会成员国的政府透明度国际排名依次为：阿联酋（10）、卡塔尔（15）、巴林（26）、阿曼（37）、沙特（48）、科威特（104）。参见 Klaus Schwab, *The Global Competitiveness Report 2017 – 2018*, pp. 252 – 253。

② *Corruption Perceptions Index 2017*, Transparency International, February 21, 2018, https：//www. transparency. cz/wp – content/uploads/Corruption – Perceptions – Index – 2017. pdf, 最后访问日期：2018 年 3 月 1 日。

③ 商务部国际贸易经济合作研究院、中国驻沙特阿拉伯大使馆经济商务参赞处、商务部对外投资和经济合作司：《对外投资合作国别（地区）指南：沙特阿拉伯》（2017 年版），商务部走出去公共服务平台，第 56 ~ 57 页，http：//fec. mofcom. gov. cn/article/gbdqzn/upload/shatealabo. pdf, 最后访问日期：2018 年 2 月 3 日。

④ 海合会成员国营商环境国际排名依次为：阿联酋（21）、巴林（66）、阿曼（69）、卡塔尔（83）、沙特（92）和科威特（96）。参见 World Bank, *Doing Business 2018：Reforming to Create Jobs*, October 31, 2017, p. 4, http：//www. doingbusiness. org/ ~ /media/WBG/DoingBusiness/Documents/Annual – Reports/English/DB2018 – Full – Report. pdf, 最后访问日期：2017 年 11 月 8 日。

⑤ 《沙特政府颁布新〈公司法〉》，中国驻吉达总领馆经商室网站，http：//jedda. mofcom. gov. cn/article/jmxw/201605/20160501316817. shtml, 最后访问日期：2017 年 11 月 8 日。

⑥ World Bank, *Doing Business 2018：Reforming to Create Jobs*, p. 4.

突难以脱身。自 2015 年 3 月沙特领导多国对也门胡塞武装进行军事打击以来，沙特军费开支持续上升。2018 年沙特国防预算高达 2100 亿里亚尔（约合 560 亿美元），较 2017 年增长了 10.03%（见表 2）；2017 年沙特的实际军费开支高达 2240 亿里亚尔（约合 597 亿美元），比预算超支 17.3%。[①] 沙特因在地区热点问题上"四面出击"而支出的巨额军费，不仅增加了沙特经济的压力，而且为伊朗在地区的进一步扩张提供了空间。最后，特朗普政府中东政策的调整进一步恶化了地区安全环境。特朗普上台后，将遏制伊朗、巩固与盟友关系作为美国中东政策的总基调，加剧了沙伊之间的矛盾。受上述因素的影响，地区冲突和地缘政治紧张局势使得近年来沙特军费预算持续高企，进一步加重了沙特经济的压力。

表 2　2010～2018 年沙特国防预算

单位：亿美元，%

年份	2010	2011	2012	2013	2014	2015	2016	2017	2018
国防预算	271.47	291.19	351.69	425.58	484.57	491.16	477.60	508.95	560.00
年增长率	9.64	7.26	20.78	21.01	13.86	1.36	-2.76	6.56	10.03

资料来源：Craig Caffrey，"Saudi Arabia Increases Defence Budget"，*Jane's 360*，December 21，2017，http：//www.janes.com/article/76607/saudi – arabia – increases – defence – budget，最后访问日期：2018 年 1 月 8 日。

（三）安全风险

在安全方面，近年来沙特本土恐怖主义、境外恐怖分子"回流"、胡塞武装越境袭击对该国国内安全构成的威胁呈现上升趋势。

第一，本土恐怖主义威胁。据《2017 年全球恐怖主义指数》，在全球受恐怖主义影响最严重国家的评级中，2017 年沙特恐怖主义指数为 5.808，受恐袭影响程度为中等偏上。[②] 在地区层面，沙特受恐怖主义威胁的指数居伊拉

[①] Craig Caffrey，"Saudi Arabia Increases Defence Budget"，*Jane's 360*，December 21，2017，http：//www.janes.com/article/76607/saudi – arabia – increases – defence – budget，最后访问日期：2018 年 1 月 8 日。

[②] Institute for Economics and Peace，*Global Terrorism Index 2017*，November 2017，p.10，http：//visionofhumanity.org/app/uploads/2017/11/Global – Terrorism – Index – 2017.pdf；Institute for Economics and Peace，*Global Terrorism Index 2016*，November 2016，p.10，http：//visionofhumanity.org/app/uploads/2017/02/Global – Terrorism – Index – 2016.pdf，最后访问日期：2017 年 12 月 10 日。

克（10）、叙利亚（8.621）、也门（7.877）、土耳其（7.519）、利比亚（7.256）、埃及（7.17）、苏丹（6.453）之后，在中东国家中位列第八；在海合会国家中位列第一；在全球层面，沙特在受调查的136个国家中列第26位，较2016年上升了6位。受恐怖主义、地区冲突、教派政治等因素的影响，沙特国内遭受暴力恐袭的频率和受袭遇难人数呈现上升趋势，尤其是2015年以来，沙特国内恐袭导致的死亡人数急剧上升（见表3）。

表3　2009～2016年沙特国内恐怖袭击事件死亡人数

单位：人

年份	2009	2010	2011	2012	2013	2014	2015	2016
死亡人数	5	—	3	3	1	18	107	106

资料来源：Institute for Economics and Peace, *Global Terrorism Index 2017*, p. 39。因对恐怖袭击的定义不同，经济与和平研究所的报告未统计胡塞武装越境袭击导致的死亡人数。

　　第二，境外恐怖分子"回流"风险。近年来，西亚地区恐怖组织的"去中心化"趋势凸显，恐怖组织借助分支力量壮大和扩张，突出表现为过去数年间"伊斯兰国"在利比亚、埃及西奈半岛、沙特、也门、阿尔及利亚、阿富汗、巴基斯坦、尼日利亚、北高加索等国家和地区建立了37个以"省"（wilayat）[①]为单位的分支机构。恐怖分子在不同恐怖组织和地区间的流动呈加剧态势，尤其在"伊斯兰国"实体被剿灭后，盘踞在叙利亚和伊拉克的该组织恐怖分子正加速"回流"至母国或加入当地其他恐怖组织。据统计，2015年至2017年7月，全球50个国家的2.8万余名武装分子加入了"伊斯兰国"，突尼斯、沙特、俄罗斯、土耳其和约旦五国加入该组织的人员数量占其外籍武装人员总数的60%以上。[②] 其中，有3244名沙特籍武装人员加入了"伊斯兰国"，截至2016年11月已有760人返回了沙特。[③] 2017年底"伊斯兰国"实体被剿灭后，该组织残余力量大规模集体"回流"的风险加剧，或将对沙特社会安全构成严重威胁。

[①]　Robin Wright et al., *The Jihadi Threat：ISIS, Al Qaeda and Beyond*, Washington：United States Institute of Peace, Wilson Center, p. 16.

[②]　Institute for Economics and Peace, *Global Terrorism Index 2017*, p. 64.

[③]　Richard Barrett, *Beyond the Caliphate：Foreign Fighters and the Threat of Returnees*, October 2017, The Soufan Center, p. 13, http：//thesoufancenter. org/wp - content/uploads/2017/11/Beyond - the - Caliphate - Foreign - Fighters - and - the - Threat - of - Returnees - TSC - Report - October - 2017 - v3. pdf, 最后访问日期：2018年2月9日。

第三，胡塞武装越境袭击。自 2015 年 3 月沙特领导多国联军军事介入也门危机以来，也门胡塞武装通过频繁向沙特境内发射导弹和炮弹予以回击。2017 年 11 月 4 日，胡塞武装首次向沙特首都利雅得国际机场方向发射弹道导弹，被沙特防空部队拦截并摧毁；同月 7 日，胡塞武装扬言将向沙特和阿联酋的机场、港口及其他重要区域发起更多导弹袭击。沙特担忧，叙利亚境内"伊斯兰国"实体力量被击溃后，经过叙利亚战场洗礼的黎巴嫩真主党武装可能回到国内，部分已经南下进入也门境内同胡塞武装联合作战。早在 2016 年 2 月，沙特军队发言人便敦促黎巴嫩阻止真主党向也门和叙利亚派遣雇佣军，但真主党领导人哈桑·纳斯鲁拉对此多次予以否认。① 在此背景下，近年来频繁对沙特进行越境炮击的胡塞武装，对沙特境内重要基础设施、安全部队和平民构成的安全威胁或将继续上升。

（四）宗教风险

宗教本身不是风险，但宗教因素在与政治、经济和安全领域不稳定因素互动的过程中，可能转化为宗教风险。当前，沙特面临的宗教风险主要包括以下几种形式。

第一，教派冲突。西亚伊斯兰国家间的教派冲突本质上是教派认同被高度政治化后成为地区大国进行决策和动员的工具，服务于他们争夺地区领导权所引发的政治冲突。自"阿拉伯之春"爆发以来，沙特和伊朗利用教派政治在巴林、叙利亚、伊拉克、也门、黎巴嫩等国家开展代理人竞争。沙特国内的什叶派穆斯林数量占总人口的 10% ~ 15%，东部省是沙特什叶派穆斯林主要的聚居区，该省盖提夫市历来是沙特国内教派冲突和什叶派族群抗争最严重的地区。2011 年"阿拉伯之春"爆发、2016 年什叶派教士尼米尔被处决、2017 年什叶派教士穆罕默德·哈比卜被沙特当局逮捕等事件，都在盖提夫引发了大量什叶派民众以反对教派歧视为由进行的大规模抗议。与此同时，沙特当局对什叶派的高压政策也造成什叶派武装不时发动针对沙特安全部队的暴力袭击，包括采用自杀式炸弹或简易爆炸装置等手段的恐怖袭击。

---

① "Lebanon Must Act on Hezbollah in Yemen, Says Saudi", Al Arabiya, February 24, 2016, http：//english. alarabiya. net/en/News/middle - east/2016/02/24/Yemeni - govt - says - have - evidence - Hezbollah - is - involved - in - backing - the - Houthis. html；Ellen Francis and Laila Bassam, "Lebanon's Hezbollah Denies Sending Weapons to Yemen", Reuters, November 20, 2017, https：//www. reuters. com/article/us - mideast - crisis - syria - nasrallah/lebanons - hezbollah - denies - sending - weapons - to - yemen - idUSKBN1DK22D，最后访问日期：2017 年 12 月 19 日。

　　第二，宗教保守势力反弹。沙特近年来推出的"2030 愿景"、整顿宗教警察①、兴建"尼尤姆"新城、赋予妇女驾车权利、推动伊斯兰教温和化、成立娱乐总局等现代化改革举措，遭到了国内极端保守的宗教势力的抵制。②沙特的宗教警察一度拥有逮捕权、审讯权、起诉权等诸多权力。2016 年 4 月，沙特政府颁布政令，撤销宗教警察的执法权，限制其以宗教名义干涉社会事务的权力。2017 年 1 月，沙特大穆夫提阿卜杜·阿齐兹·阿勒谢赫（Abdul-Aziz Al al-Sheikh）公开批评政府成立娱乐总局的举措，声称电影院可能播放"无耻的、不道德的、无神论或腐朽的电影"，音乐会"没有什么好处"，只是为"男女接触"创造机会。③阿瓦德·卡尔尼（Awad al-Qarni）、萨勒曼·奥达（Salman Oudah）等具有广泛社会影响力的宗教学者，都试图通过社交媒体动员民众反对萨勒曼父子的改革计划。沙特政府采取了限制法特瓦（宗教法令）的颁布、大规模逮捕批评改革的宗教人士和学者、关闭异见人士社交媒体账号等措施，来抵制社会中宗教保守势力反对改革的声音。随着大规模改革和整肃运动的推进，作为沙特政治结构三大支柱的王室、宗教精英和石油部门之间的力量对比正在发生根本性变化，萨勒曼父子的进一步集权为王室和保守宗教势力之间爆发冲突埋下了隐患。④宗教保守势力的反弹正在挑战穆罕默德王储领导的大规模改革计划。有评论指出："极端保守的宗教势力正日益感到自己远离'新沙特'，他们变得恼火，终将转向彻底的叛乱。"⑤

　　第三，宗教极端主义。宗教极端主义泛滥是当前沙特面临的最突出的宗教风险之一，其不仅威胁该国国内社会安全，而且对沙特与他国关系造成压力。沙特历来保守的宗教环境为宗教激进主义和宗教极端主义的滋生提供了

---

① 宗教警察（mutawwi‘）是沙特等伊斯兰国家境内以抵制西方文化为目标的群体。沙特的宗教警察隶属于该国"劝善惩恶协会"，其主要职责是在沙特社会督促民众按照保守教义进行着装、在公共场合严格分离两性、督促穆斯林做礼拜等。

② James Dorsey, "Saudi Ultra-Conservatives Take Anti-Reform Stand on Women's Sports", *International Policy Digest*, April 30, 2017, https：//intpolicydigest.org/2017/04/30/saudi-ultra-conservatives-take-anti-reform-stand-women-s-sports/, 最后访问日期：2017 年 12 月 20 日。

③ "Saudi Arabia's Religious Authority Says Cinemas, Song Concerts Harmful", Reuters, January 17, 2017, https：//www.reuters.com/article/uk-saudi-entertainment/saudi-arabias-religious-authority-says-cinemas-song-concerts-harmful-idUSKBN1511LL, 最后访问日期：2018 年 3 月 7 日。

④ David Ottaway, "Will Saudi Arabia's Social Revolution Provoke a Wahhabi Backlash?" *Viewpoints*, No. 126, May 2018, Wilson Center, p. 3.

⑤ David Ottaway, "Will Saudi Arabia's Social Revolution Provoke a Wahhabi Backlash?" *Viewpoints*, No. 126, May 2018, Wilson Center, p. 4.

土壤。宗教极端势力利用沙特国内的权力斗争、发展失调、治理赤字和宗教保守势力宣传的反西方思潮，逐渐发展出一套强调暴力抗争的政治话语，试图通过对穆斯林进行所谓的"正统性"改造来"净化伊斯兰教"。近年来，沙特国内受宗教极端思潮蛊惑加入极端组织或从事暴恐活动的人员呈现低龄化趋势，这使得沙特政府不断加强在教育系统和宗教机构推进去极端化工作的力度。2017 年 10 月，沙特王储穆罕默德誓言摧毁极端主义意识形态，提出回归"温和伊斯兰"的主张；同月，沙特成立"萨勒曼国王圣训学会"①，力图通过正本清源来消除各类与伊斯兰教教义相抵触和为犯罪、谋杀和恐怖主义行为提供正当理由的极端主义内容；11 月，穆罕默德王储在"伊斯兰反恐军事联盟"（IMCTC）首次防长会议上强调该联盟将加强军事、政治、金融和安全合作，共同打击极端主义和恐怖主义，应对"后伊斯兰国"时代宗教极端主义煽动的暴力运动对沙特社会构成的安全威胁。

三 中国在沙特推进"一带一路"建设的挑战及应对策略

沙特近年来内政和外交政策的重大调整，使该国在政治、经济、安全等领域面临的风险上升，上述风险对中国在沙特推进"一带一路"建设构成了现实挑战。

在政治领域，中国在沙特推进"一带一路"建设面临的挑战主要在于如何确保中沙合作的政策延续性以及平衡中国与沙特和伊朗的关系。首先，沙特未来的政局走向取决于"穆罕默德王储能否比他的政治对手更快地建立起新的政治基础"，包括王室内部老一代亲王、利益集团在内的政治对手，仍有可能"重新集结和动用各种力量反对萨勒曼父子"。② 其次，西亚是丝绸之路经济带与 21 世纪海上丝绸之路的交汇地带，同为地区大国的沙特和伊朗是中国重要的能源进口国和贸易伙伴。海合会国家担忧，伊朗一旦从"一带一路"中获得重大收益，沙特主导地区秩序的角色将受到削弱，在沙特看来，"一个

---

① "Saudi Arabia to Vet Use of Prophet's Sayings to Counter Extremism", Reuters, October 18, 2017, https：//www. reuters. com/article/us – saudi – islam/saudi – arabia – to – vet – use – of – prophets – sayings – to – counter – extremism – idUSKBN1CN1SZ, 最后访问日期：2018 年 1 月 18 日。

② Shai Feldman and Tamara Cofman Wittes, "Saudi Arabia and Kuwait：A Trip Report", Brandeis University, March 2018, p. 3, https：//www. brandeis. edu/crown/publications/specialreport/Gulf%20Trip%20Report_final. pdf, 最后访问日期：2018 年 4 月 7 日。

更繁荣的伊朗会威胁其周边的阿拉伯国家"。① 因此，完善与作为中沙高委会沙方牵头人的穆罕默德王储之间的政策沟通渠道，同时最大限度地避免卷入沙特和伊朗之间的地缘博弈和代理人竞争，是中国在沙特推进"一带一路"建设的关键。在应对方面，首先，中国要推进落实中沙高委会会议和分委会会议达成的各项协议，确保政策延续性；其次，中国可考虑拓展对沙特王储私人办公室主任兼 MISK 基金会②董事长巴德尔·阿赛卡尔（Bader al-Asaker）等穆罕默德王储身边人士的公共外交；最后，中国应加强对海湾地区危机，尤其是沙特与伊朗关系走向的研判。

在经济领域，中国在沙特推进"一带一路"建设面临的挑战主要在于如何在应对沙特国内经济转型阵痛的同时最大限度地实现中沙发展战略对接。沙特经济转型的主要方向可以概括为：资源配置从依靠政府干预向依靠市场调节的方向转变；政府财政收入从依靠石油收入向扩大非石油收入的方向转变；产业结构从过度依赖石油经济向新能源和矿业等多样化领域拓展；企业所有制结构从国有化向加快私有化的方向转变；投资来源从基本依靠国内资本向重视吸引外资的方向转变；劳动就业从依靠外籍劳工向"沙特化"③ 的方向转变。④ 在应对方面，首先，中国要将能源合作领域拓展至原油存储、炼油、零售、油气设备制造、油服和研发⑤等各个环节，夯实中沙能源合作的根基；其次，可考虑在中沙高委会下设立"中沙战略与经济对话论坛"，邀请双方政界、学界、商界人士共同探讨事关两国关系发展的战略性、长期性、全

①　Giorgio Cafiero and Daniel Wagner, "What the Gulf States Think of 'One Belt, One Road'", The Diplomat, May 24, 2017, https://thediplomat.com/2017/05/what-the-gulf-states-think-of-one-belt-one-road/, 最后访问日期：2017 年 9 月 20 日。

②　MISK 基金会成立于 2011 年，是一个由沙特王储穆罕默德·本·萨勒曼资助成立的旨在培养沙特青年领袖、鼓励青年创新和帮助青年就业的非营利组织。

③　"沙特化"计划是由沙特劳工部实施的旨在增加私营部门沙特籍员工比例、提升沙特公民就业率的政策，该比例近年来逐年递增，导致大量外籍劳工离开了沙特。2017 年中国向沙特派出人数明显下降。2014～2017 年中国向沙特派出人数分别为：19337 人（2014 年）、25417 人（2015 年）、29423 人（2016 年）和 18065 人（2017 年）。参见文月《2017 年中国对外劳务合作发展述评》，《国际工程与劳务》2018 年第 3 期，第 42 页；文月《2016 年中国对外劳务合作发展述评》，《国际工程与劳务》2017 年第 3 期，第 42 页；文月《2015 年中国对外劳务合作发展述评》，《国际工程与劳务》2016 年第 3 期，第 44 页；文月《2014 年中国对外劳务合作发展述评》，《国际工程与劳务》2015 年第 3 期，第 45 页。

④　参见陈沫《"一带一路"倡议：加强中国与沙特经济合作的契机》，《宁夏社会科学》2017 年第 5 期，第 98～100 页。

⑤　仝晓波、卢奇秀：《能源局副局长李凡荣：中阿能源合作的 3 点建议》，《中国能源报》2016 年 10 月 26 日。

局性问题和双方发展战略对接的具体领域；最后，在沙特沿海城市试点中沙职业教育项目，通过短期制职业教育和技术培训，培养契合沙特市场需求和劳动就业的技术工种，帮助提升沙特国内就业率。①

在安全领域，中国在沙特推进"一带一路"建设面临的挑战主要在于如何防范恐怖主义袭击和胡塞武装的越境袭击对在沙中国公民和企业造成的威胁。在恐袭方式上，简易爆炸装置、枪击和越境炮弹与导弹袭击是近年来沙特国内恐袭的主要类型。在地区分布上，沙特东部省盖提夫是简易爆炸装置、枪击的高发地区；沙特西南边境三省（吉赞省、纳季兰省和阿西尔省）和首都利雅得是胡塞武装越境袭击的主要对象。这些地区均有中国企业驻扎。自 2015 年以来，中国驻沙特大使馆多次发布安全提示，提醒上述地区的中国公民和企业注意胡塞武装袭击引发的安全风险。在应对方面，首先，中国要加强对沙特境内恐袭高发地区地形、气候和环境的研究，可探索智库学者入驻中国驻沙使馆和当地企业进行实地调研的"旋转门"新机制，依托沙特智库和调研机构等联合开展研究项目，逐步建立起政府、企业、智库三位一体安全评级体系，分级、分批确立中国在沙特推进"一带一路"建设的重点省市和重大项目；其次，中国要加快中东小语种反恐人员、专业反恐情报搜集员、反恐情报搜集分析员等与反恐情报体系建设配套的人才建设；再次，中国要加强对中东地区恐怖组织和极端组织涉华言论的系统分析和研究，掌握地区恐怖主义和极端主义的发展动向；最后，在中阿合作论坛、中国 – 海合会战略对话、中沙高委会等框架机制下，开展中国与沙特围绕去极端化工作的经验交流。

结　语

中沙关系对中国发展同海合会国家、阿拉伯国家、伊斯兰国家间的合作关系具有重要的引领作用。沙特在政治、经济、安全和宗教领域面临的风险，既有其历史和制度根源，同时也是沙特近年来国内大规模改革阵痛的表现。当前，中国正在全面深化改革，沙特也启动了全方位改革计划，推动"一带一路"与"2030 愿景"对接，不仅惠及两国人民，也是深化中沙全面战略伙伴关系和打造两国全方位立体合作新格局的重要内容。沙特国内各领域风险的特征表现及发展趋势，决定了中国在沙特推进"一带一路"建设时，需要

---

① 据统计，沙特每年约有 60 万名青年进入就业市场。参见 P. K. Abdul Ghafour, "600000 Saudis Flood Job Market Yearly", *Arab News*, March 27, 2014, http://www.arabnews.com/news/546496，最后访问日期：2018 年 1 月 8 日。

进一步重视确保中沙合作的政策延续性，平衡中国与沙特和伊朗的关系，适应沙特国内经济转型带来的阵痛，寻找更多中沙发展战略对接的利益契合点，以最大限度地实现中沙发展战略对接，同时防范恐怖主义和胡塞武装越境袭击对在沙中国公民和企业造成的威胁。

"the Belt and Road" Construction in Saudi Arabia: Developments, Risks and China's Countermeasures

Bao Chengzhang

Abstract: Saudi Arabia is considered as one of China's key partners in promoting "the Belt and Road" in the Middle East. In recent years, the dramatic shifts in Saudi's internal and external policies have increased potential risks to the Kingdom: political uncertainty mounts given the reshuffling of inner internal power structure and political centralization of King Salman and Crown Prince Mohammed bin Salman; its economic transformations and reforms are hindered by structural challenges and institutional blockages; indigenous terrorism and Houthi militias-led cross-border rocket attacks have aggravated its domestic security; backlash of religious conservative forces and the spread of religious extremists are increasing social instability and security pressure inside the Kingdom. In this context, to promote "the Belt and Road" construction in Saudi Arabia, China needs further efforts to ensure policy continuity in bilateral cooperation, balance its relations with both Saudi Arabia and its regional rival Iran. Meanwhile, China has to make adaptation to Saudi's radical economic transformation while better synergize development strategies between the two states, and to prevent terrorism and Houthis-led attacks from threatening Chinese citizens and companies in Saudi Arabia.

Keywords: Saudi Arabia; "the Belt and Road"; Political Risks; Economic Risks; Security Risks

（原文发表于《阿拉伯世界研究》2018 年第 4 期）

中东国家基础设施建设
与"一带一路"合作前景[*]

姜英梅[**]

摘要: 第二次世界大战后, 中东国家纷纷摆脱殖民统治获得独立, 各国基础设施建设逐渐取得较大发展, 为国内和地区经济增长发挥了重要作用。然而, 中东国家基础设施发展很不均衡, 有些国家建立了相对现代化的基础设施, 有力地促进了经济增长; 有些国家基础设施建设仍很滞后, 成为经济增长的瓶颈; 还有些国家的基础设施建设受到战乱和冲突破坏, 亟待重建。由于中东地区很多国家正处在工业化、城市化的起步或加速阶段, 加上年轻化的人口结构, 对交通、通信、电力等基础设施的需求量巨大, 中国与中东国家共建"一带一路"、实现基础设施领域互联互通和互利共赢出现重要契机。

关键词: 基础设施 经济发展 中东 "一带一路"

基础设施是国民经济和社会发展的基础, 与社会经济发展互相影响。这是因为基础设施的最终目的是为经济社会发展提供服务, 但反过来又需要经济发展提供市场需求、资金保障和技术支持。国内外学者普遍认为, 很多欠发达地区正是因为基础设施匮乏才出现经济增长乏力, 但随着未来基础设施的不断完善, 这些地区的经济增长潜力必将大大激发。为促进经济发展, 中东国家重视基础设施建设, 并进行了大规模政府投资。时至今日, 中东地区的海合会国家依靠巨额石油美元建立了现代化的基础设施; 土耳其良好的基础设施是其成为新兴工业化国家的先决条件之一; 以色列相对完善的基础设施对其创新经济同样功不可没。然而, 不少中东国家却因为经济乏力和投资不足, 基础设施建设相对滞后, 例如埃及、伊朗和阿尔及利亚; 还有的国家

---

[*] 本文受中国社会科学院登峰战略优势学科资助。

[**] 姜英梅, 博士, 中国社会科学院西亚非洲研究所副研究员。

饱受战乱冲突，基础设施遭到破坏，经济发展严重受阻，例如也门、伊拉克、利比亚和叙利亚。近年来，中东各国政府大都制定了大规模的基础设施发展规划，为中国与中东国家合作推进"一带一路"框架下的基础设施互联互通创造了良好机遇。

一　中东国家基础设施建设总体滞后

中东国家大都曾是欧洲国家的殖民地或半殖民地，欧洲殖民者留下的有用遗产之一就是基础设施。然而，中东国家独立之初的基础设施仍然非常落后，交通运输条件极差，除大中城市和重要石油基地有比较像样的交通设施外，一般城镇和广大农村地区主要以牲畜为交通工具，民用航空和电信设施几乎为零。进入 20 世纪 70 年代后，中东国家经济实力逐步增强，尤其是产油国经济崛起，政府出资兴建能源、运输、通信、水利、电力等基础设施，为经济腾飞创造了条件。到八九十年代大多数国家已经拥有比较完整的地面交通运输系统，财力雄厚的产油国已经向陆、海、空立体化方向迈进。[①] 然而，也有的国家对基础设施建设重视不足，盲目上马许多大型项目，结果基础设施成了经济发展的薄弱环节，使国家为此付出了沉重的代价。[②] 进入 21 世纪以来，全球石油、天然气和矿产品的需求高涨，人口和经济的快速增长带动了投资的增加，政府和私营领域的大量石油美元都在寻求回报，而基础设施领域的投资机会为这些资金提供了绝好的出路。[③] 然而，无论从人均公路密度、人均铁路密度、人均电力消费还是网络基础设施等领域来看，中东国家很多指标都远低于发达国家，甚至低于其他发展中国家。

（一）交通运输业

独立后，为促进经济发展，中东国家的基础设施（主要是交通运输业）获得了飞速发展。中东国家交通运输业包括公路、铁路、港口航运、机场航运等。

1. 大量投资公路网建设

中东地区沙漠广袤，山丘遍布，发展铁路困难较大，地面交通运输主要依靠公路。自 20 世纪 70 年代起，中东国家投入大量人力物力用于公路建设。

---

① 钟卿：《前进中的阿拉伯交通运输业》，《阿拉伯世界研究》1983 年第 4 期，第 27 页。
② 刘竞：《中东手册》，宁夏人民出版社，1989，第 611 页。
③ 于洪淼：《海湾地区基础设施建设展望》，《国际工程与劳务》2007 年第 9 期，第 20 页。

目前，在中东国家公路网中，已铺路面比例在 80% 以上。① 海合会国家陆路运输非常发达，尤其是公路运输比较完善。然而，与世界其他地区相比，中东国家公路建设仍存在很多问题。公路密度是指每百平方千米或每万人所拥有的公路总里程数，它是区域公路发展水平的重要标志，也是衡量公路作为社会经济发展中重要基础设施而满足交通需求的直观指标。中东国家公路密度总体较低，仅有黎巴嫩、土耳其和叙利亚公路密度超过中国，这说明中东公路发展仍未能满足经济社会发展的需求。②

2. 铁路建设总体滞后

中东地区最早的铁路是 19 世纪末 20 世纪前半期西方殖民国家修建的，其中的大部分至今仍然是该地区的主干线路。中东地跨西亚和北非，面积辽阔，铁路运输具有成本低、节约能源和环境友好等优势，因此，在长途运输方面，铁路效率比公路更高。这决定了铁路更适合于中东国家之间的贸易往来。③ 中东国家尤其是海合会国家制订了大规模的铁路建设计划。但是，中东国家铁路密度总体很低，土耳其和叙利亚虽然拥有较高的铁路密度，但在铁路质量、火车舒适度、火车速度等方面却比较落后，维护和更新严重不足。④

3. 航空领域方兴未艾

中东地区航空运输业兴起于石油大开发的 20 世纪五六十年代，许多中东国家相继成立国营航空公司。七八十年代，中东地区凭借丰富的石油资源、飞速发展的旅游业以及绝佳的地理位置，成为全球重要的枢纽机场地之一。同时，作为连接欧亚的中转站，中东地区已经成为全球货运的重要枢纽，阿联酋已经成为仅次于美国和中国的第三大航空货运国。无论是航空货运量还是航空乘客增长率，中东都远高于同期世界平均水平（见表1），为其赢得了"全球空中交通十字路口"的美誉，也使其成为全球航空市场的重要增长引擎。⑤

---

① 世界银行：《2011 年世界发展报告：冲突、安全与发展》，胡光宇、赵冰译，清华大学出版社，2012，第 302～304 页。

② "World Development Indicators"，World Bank，http：//wdi. worldbank. org/table/5. 10，最后访问日期：2018 年 5 月 2 日。

③ 冯康、周潼潼：《铁路网上的"阿拉伯梦想"》，《国际商报》2011 年 2 月 1 日，第 7 版。

④ "World Development Indicators"，World Bank，http：//wdi. worldbank. org/table/5. 10，最后访问日期：2019 年 1 月 28 日。

⑤ 根据世界银行数据计算而来，World Bank，"World Development Indicators"，World Bank，https：//data. worldbank. org/indicator/IS. AIR. DPRT？view = chart，最后访问日期：2019 年 1 月 28 日。

表 1 中东航空业指标 (2010～2017)

单位：%

地区	航空货运量增长率	航空乘客增长率	国际航空乘客增长率
中东	87.20	66.30	36.80
世界	17.30	51.40	20.90

资料来源：根据世界银行"世界发展指标"（World Development Indicators）的相关数据计算而成，https：//data. worldbank. org/indicator/IS. AIR. DPRT？ view = chart，最后访问日期：2019 年 1 月 28 日。

4. 港口建设获得长足发展

中东大多数国家是沿海国，海上运输条件十分优越。但是在独立初期，中东国家进出口商品的运输几乎全部由外国商船垄断。随着中东产油国新建炼油厂、石油化工企业和冶金企业陆续投产，进出口商品货物日益增加，发展自己的船队可以节省运输费用。20 世纪 70 年代以来，中东国家远洋船队逐步崛起。沙特等产油国在发展远洋船队方面发挥了先锋作用，远洋船队与港口建设相伴而生。进入 21 世纪以来，经济快速发展、国际贸易和能源需求增长迅速，促使中东国家大兴港口建设。据世界航运协会统计，2007～2017 年中东港口集装箱吞吐量增长了 79.2%，此间全球港口的集装箱吞吐量增长53.7%。[①] 未来，中东地区港口集装箱吞吐量仍处于一个大幅上升的时期，其吞吐能力占世界集装箱吞吐能力的 8.6%，阿联酋高居地区榜首。[②]

出口成本（美元/港口集装箱）是衡量国际贸易中海洋运输成本的重要指标，中东地区国家出口成本低于世界平均水平，摩洛哥、以色列、埃及和阿联酋出口成本都比较低。

（二）电力基础设施仍存在较大缺口

人口迅速增长、经济持续强劲增长、工业化和城市化进程使整个阿拉伯地区的电力需求迅速增长，电力项目将逐渐成为该地区工程承包的热点。海合会国家人均消费电量非常高，巴林、卡塔尔、科威特分别高达 19592、

[①] 根据世界银行数据计算而来，"World Development Indicators"，World Bank，https：//data. worldbank. org/indicator/IS. SHP. GOOD. TU？ view = chart，最后访问日期：2019 年 1 月 28 日。

[②] 根据世界银行数据计算而来，"World Development Indicators"，World Bank，https：//data. worldbank. org/indicator/IS. SHP. GOOD. TU？ view = chart，最后访问日期：2019 年 1 月 28 日。

15309 和 15213 千瓦时。① 然而，中东国家电力供应仍存在较大缺口，尤其是在非产油国。2014 年中东人均消费电量 2875 千瓦时，低于世界平均水平（3126 千瓦时）（见图 1）；根据世界银行数据，2020 年中东地区电力需求将增长 84%，年均增长 8% 以上，需要再增加 135GW 的发电量和 4500 亿美元的投资。②

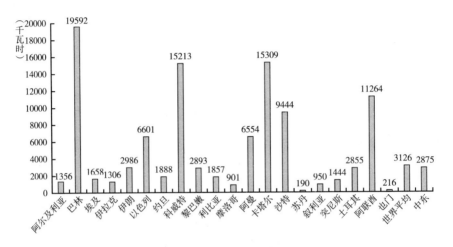

图 1 中东地区人均消费电量

资料来源："World Development Indicators"，World Bank，https：//data. worldbank. org/indicator/EG. USE. ELEC. KH. PC？view = chart，最后访问日期：2019 年 1 月 28 日。

（三）信息通信业（ICT 产业）增长迅速

进入 21 世纪以来，中东国家信息通信技术发展迅猛，一些国家甚至将发展信息产业视为国民经济现代化的重要举措。电信和通信业还是中东国家结构改革最为成功、最为开放的部门，建立了较为公平有效的竞争机制。

中东信息通信业呈不均衡发展态势，且竞争激烈。海合会国家居于前列，伊朗、黎巴嫩、摩洛哥、突尼斯等国次之，埃及、约旦、利比亚、阿尔及利亚、苏丹、也门、伊拉克等国发展水平最低。此外，中东一些国家

---

① "World Development Indicators"，World Bank，https：//data. worldbank. org/indicator/EG. USE. ELEC. KH. PC？view = chart，最后访问日期：2019 年 1 月 28 日。

② "Tunisia and Italy Shine Light on How Regional Electricity Trade Can Help Stabilize the Region"，World Bank，April 21，2016，http：//blogs. worldbank. org/arabvoices/tunisia – and – italy – shine – light，最后访问日期：2019 年 2 月 14 日。

通过开放或计划开放电信市场，引入竞争机制为电信和通信行业提供新机遇。世界银行的报告指出，对中东地区而言，宽带互联网的普及是中东经济增长、创造就业和促进社会包容的关键因素，公开竞争政策、监管改革将使中东地区成为全球互联网行业的领跑者。[①] 2017 年世界各地区 ICT 指标如表 2 所示。

表 2　世界各地区 ICT 指标（2017）

单位：个

地区	安全的互联网服务器（每百万人）	固定电话用户（每百人）	移动手机用户（每百人）	固定宽带用户（每百人）
世界平均	6194	13	104	13
北美	62067	37	118	34
欧元区	30500	45	123	36
亚太	2001	15	118	21
拉美	1216	16	107	12
撒哈拉以南非洲	760	0.9	74	0.6
中东	420	15	112	8
南亚	172	1	86	1

资料来源："World Development Indicators"，World Bank，https：//data. worldbank. org/indicator/ IT. NET. BBND. P2？locations = YE&view = chart，最后访问日期：2019 年 1 月 28 日。

二　中东国家基础设施建设对经济发展的作用

"基础设施"的概念是在 20 世纪 50 年代初才被提出来的，但事实上，从最初的重商主义到新结构主义，几乎每个经济学派都曾关注过基础设施建设对经济发展的重大作用。从 20 世纪 80 年代末期开始，一些学者开始把基础设施投资作为一个单独变量来考察其对经济增长的影响。林毅夫认为，基础设施作为经济禀赋的一部分，影响每个企业的交易成本和投资的边际收益，只要基础设施同比较优势未来的演化方向一致，它就应该随着经济

① World Bank, *Broadband Networks in the Middle East and North Africa*：*Accelerating High-Speed Internet Access*，Washington D. C. ：World Bank Publications，2014，p. 10.

增长而升级。[①] 由于基础设施对发展中国家来说是一个紧约束，政府必须在改善基础设施方面起到有效的引导作用。[②]

（一）突破"瓶颈"成为经济多元化的重要一环

中东国家的基础设施已经从独立初期经济发展的"瓶颈"演变成经济多元化的重要一环，并成为阿拉伯国家经济一体化进程的关键领域。从第二次世界大战结束到 20 世纪 80 年代末，随着当地石油生产的发展和石油收入的增加，海合会国家将交通运输业列为优先发展部门，建立了现代化的公路体系、通信体系。大力发展电力生产和海水淡化，电力实现自给自足，淡水供应满足了经济发展和人民生活的需要。中东地区其他石油出口国和进口国也建设了相应的基础设施项目，使基础设施不再成为当地经济发展的"瓶颈"。[③] 进入 90 年代，随着中东地区经济开始向多元化转变，基础设施得到进一步完善，其经济效益已从一般意义上的便利交通、提高人民生活水平转变成当地经济发展的增长点之一。"海合会国家过去 30 年的工业发展主要归功于海湾国家在基础设施领域实现的巨大进步，未来基础设施建设还将对该地区经济和工业发展产生举足轻重的影响。"[④] 例如阿联酋建立了现代化的基础设施，为阿联酋成为地区金融中心、贸易中心、物流中心和旅游休闲中心打下了坚实的物质基础，其产值占 GDP 的 9.7%。[⑤] 基础设施建设还有力地促进了海合会国家和阿拉伯国家的经济一体化进程。2009 年阿拉伯经济、社会和发展峰会提出，为实现区域经济一体化、增强整体竞争力，必须发展区域经济合作。为此，在整个地区建立铁路、海运、输电和通信等基础设施的联网被视作一体化的重中之重。2005 年开工的海湾统一电网工程将成为海合会与其他国家电力联网的平台，通过使用智能电网，到 2020 年海合会国家可节省高达 100 亿美元的基础设施投资。2011 年开工的海湾铁路网工程项目全长 2117 千米，将连接海湾六国形成一个区域交通走廊，降低海合会成员国间贸易和物流成本，提高运输效率，加强各国间的经贸往来，进一步深化海合会国家的经济一体化。而在北非地区，以基础设施联网为主的经济一体化进程也在稳步推进。

①　林毅夫：《新结构经济学：反思经济发展与政策的理论框架》，苏剑译，北京大学出版社，2014，第 24、38 页。
②　林毅夫：《新结构经济学：反思经济发展与政策的理论框架》，第 24 页。
③　钱学文：《海湾国家经济贸易发展研究》，上海外语教育出版社，2000，第 113 页。
④　于洪淼：《海湾地区基础设施建设展望》，《国际工程与劳务》2007 年第 9 期，第 20 页。
⑤　MEED Business Review, *Transportation*, MEED Middle East Business Intelligence, Yearbook 2017, p. 135.

（二）基础设施竞争力与经济竞争力指数呈正相关

广泛有效的基础设施对确保经济运行至关重要，有效的运输方式，包括高品质的公路、铁路、港口和航空，能够让企业的商品和服务安全及时地到达市场，并促进劳动力流向最合适的部门和企业。经济发展同样依赖电力供应，持续无间断的电力供应可以确保工厂正常运转。稳定广泛的电信网络能够促进信息自由快速流动，帮助企业做出正确决策，从而增加整体经济效益。根据世界经济论坛《2018 年全球竞争力报告》，中东国家经济竞争力与基础设施竞争力基本呈正相关关系，基础设施竞争力排名越高的国家，经济竞争力指数越高。[①] 以色列和阿联酋是中东地区最具经济竞争力的国家，在 140 个经济体中分别排在第 20 位和第 27 位，基础设施竞争力全球排名分别为第 20 位和第 15 位。也门无论是基础设施竞争力排名还是经济竞争力排名，都是中东地区最靠后的国家。处于经济竞争力全球排名前 50 位的国家，基础设施竞争力全球排名也在前 50 位（见表 3）。根据《中东经济文摘》（*Middle East Economic Digest*，MEED）报告，2016 年中东企业 100 强中，电信业企业占17.2%，公共设施企业占 3.6%，交通物流企业占 3.3%。[②]

表 3　中东国家经济和基础设施竞争力排名

国家	基础设施竞争力全球排名	经济竞争力全球排名
以色列	20	20
阿联酋	15	27
卡塔尔	26	30
沙特	40	39
阿曼	24	47
巴林	30	50
科威特	61	54
土耳其	50	61
约旦	73	73
摩洛哥	53	75

---

① "The Global Competitiveness Report 2018", World Economic Forum, p. 35, http: //120. 52. 51. 14/www3. weforum. org/docs/GCR2018/05FullReport/TheGlobalCompetitivenessReport2018.pdf, 最后访问日期：2019 年 1 月 2 日。

② MEED Business Review, "Shrinking Valuations Dent the MEED 100", MEED Middle East Business Intelligence, October 2016, p. 45.

国家	基础设施竞争力全球排名	经济竞争力全球排名
黎巴嫩	95	80
突尼斯	84	87
伊朗	76	89
阿尔及利亚	88	92
埃及	56	94
也门	138	139

资料来源："The Global Competitiveness Report 2018", World Economic Forum, pp. 59 - 603, http://120.52.51.14/www3.weforum.org/docs/GCR2018/05FullReport/TheGlobalCompetitivenessReport2018.pdf，最后访问日期：2019 年 1 月 2 日。

（三） 基础设施投资有助于经济增长和就业

根据凯恩斯的理论，投资基础设施对经济增长的乘数效应所产生的需求会导致其他部门产出成倍增加。因此，世界上许多国家在经济欠景气的时候，通常把大型基础设施建设与维护所花费的公共支出作为刺激经济的政策工具，既可以大大缓解国内就业和生产过剩的压力，又能刺激国内投资需求，对私人投资下降起到缓冲作用。

1990～2010 年，中东地区公共部门投资（包括基础设施投资）在刺激经济增长、就业方面发挥了很大作用。中东基础设施部门包括建筑业和基础设施服务业，吸收就业人员 1820 万人（占地区劳动力的 20%），其中大约 1100万人供职于建筑业，剩下的 720 万人供职于基础设施服务业。在基础设施服务业中，交通和通信部门是就业主力部门，就业人员占总就业人员的 7%，电力和水利部门就业人员约占 1%。当然，中东国家基础设施就业人员也呈现差异化，例如，伊朗建筑业和基础设施部门雇用了全国劳动力的 40% 以上，埃及和也门则仅雇用了 11%。根据世界银行的报告，基建项目的投资回报率为 5%～25%，在海合会国家，每 10 亿美元的基建投资将创造 2.6 万个工作岗位，而在伊拉克等发展中的产油国与约旦等石油进口国，10 亿美元的基建投资带来的工作机会则将分别达到 4 万个和 10 万个。[①] 从短期来看，石油进口国每投资 10 亿美元用于基础设施建设就会产生 11 万个与基础设施相关的

---

① 《世界经济论坛：中东地区应加大基础设施建设投入》，中国驻阿拉伯联合酋长国大使馆经济商务处网站，2015 年 5 月 28 日，http://ae.mofcom.gov.cn/article/ztdy/201505/20150500989856.shtml，最后访问日期：2019 年 2 月 27 日。

岗位，发展中石油出口国会产生 4.9 万个岗位，海合会国家则会产生 2.6 万个岗位。即便如此，这些岗位吸纳的就业人员占地区劳动力的比例仍不足 2%。因此，基础设施投资能迅速创造就业，但是仅仅依靠基础设施投资无法解决中东就业问题。整个 21 世纪头十年，基础设施投资每年创造 100 万个就业岗位，就能提高 1% 的经济增长率。根据基础设施相关增长弹性，中东经济增长率每提高一个百分点，就需要增加 8.7% 的基础设施投资。[①]

(四) 基础设施建设的溢出效应：以阿联酋为例

基础设施建设具有区域溢出效应。由于资源禀赋与交通条件等方面的影响，经济发展过程中不可避免出现产业集聚和区域集聚，而基础设施具有网络特征，能将各区域的经济活动连成一个整体。基础设施建设的空间溢出效应对经济增长的影响在一定程度上并非仅仅依赖自身的直接拉动作用。事实上，自身条件的改善引发的区域知识、技术、资本、市场、劳动力、商品、物流等方面的便利交流，才是基础设施建设空间溢出效应和对区域经济发展最为关键的推动力量。[②] 它们不仅可以改善物流网络的质量、降低企业的交易成本、促进区域就业水平的提升、影响企业集聚进而影响产业布局，而且对城市和区域社会经济的可持续发展具有重要意义。

阿联酋就是中东地区将基础设施空间溢出效应最大化的代表性国家。阿联酋自然资源丰富，政局长期稳定，地理位置优越，基础设施发达，商业环境宽松，社会治安良好，是海湾和中东地区最具投资吸引力的国家之一。其投资吸引力主要表现为三个方面：一是低税率；二是港口物流便利，配套设施完善；三是一站式服务，网络化管理，服务快捷高效。2001 年中东地区动荡以来，阿联酋已经成为地区资金流、物流的避风港，其地区性贸易、金融和物流枢纽的地位进一步加强。迪拜酋长国拥有世界上最繁忙的机场之一——迪拜国际机场和世界第九大集装箱港口——杰贝勒·阿里港，对迪拜成为中东乃至世界商务中心发挥了决定性作用。杰贝勒·阿里港在 2017 年全球前 20 名集装箱港口排名中名列第 9 位，吞吐量为 1544 万

---

① "Job Creation through Infrastructure Investment in the Middle East and North Africa", World Bank, August 2012, pp. 5 - 14, http://documents. shihang. org/curated/zh/974451468046133641/pdf/WPS6164. pdf, 最后访问日期：2017 年 8 月 18 日。

② 蒋满元：《交通基础设施建设对区域经济增长的影响与贡献研究》，中南大学出版社，2016，第 78、99 页。

标箱（TEU）。该港具有能够快速连接公路和机场的优越地理位置，迪拜政府在港口周围建立了杰贝勒·阿里自由贸易区，这是中东地区第一个自由贸易区，是地区重要的物流中心，也使得迪拜成为国际贸易的转运中心，对促进迪拜经济发展发挥了重要作用。杰贝勒·阿里自由港与自由贸易区的发展充分说明了港口基础设施建设的网络效应，以及对地区经济发展和国际贸易的促进作用。

（五）基础设施投资回报率低

在 21 世纪最初十年，随着国际油价持续上扬，中东石油出口国凭借源源不断的石油美元实施了大规模的基础设施项目，即便在国际金融危机期间，中东石油出口国仍保持了较高的资本支出，这也成为政府抵御金融危机的举措之一。因此，这一时期的公共投资水平（公共投资占 GDP 比例），几乎是其他新兴市场（不包括中国）的两倍。世界银行的报告通过分析 1971～2006 年中东地区电力、通信、交通与水利基础设施投资对经济增长的影响，发现中东地区较高的基础设施增长率并没有带来相应较高的经济增长率，基础设施投资回报率低于整个发展中国家。①

国际货币基金组织研究发现，中东国家公共投资效率比较低。例如中东地铁平均成本高于亚洲和拉丁美洲地区，与美国大致相同，但中东国家工资却要低得多。为了在公共投资项目上获得更大回报，中东国家需要节省基础设施成本，还需要强有力的机构严格评估项目成本效益、选择和执行基础设施项目。那么，在同等数量的投资基础上，中东国家可将基础设施质量提高18%。② 中东地区需要提高公共投资效率，一方面是因为中东仍存在大量基础设施需求，另一方面是因为在 2014 年以来国际石油价格持续低位的情况下，曾经财力雄厚的石油出口国也出现财政赤字，势必削减基础设施项目上的公共投资，导致一些基建项目被搁置。

<hr>

① "Infrastructure and Economic Growth in the Middle East and North Africa", World Bank, October 2009, p. 2, https://openknowledge.worldbank.org/bitstream/handle/10986/4296/WPS5105.pdf?sequence=1&isAllowed=y, 最后访问日期：2016 年 6 月 21 日。

② "Making the Most of Public Investment in MENA and CCA Oil-exporting Countries", IMF, November 2014, pp. 12-13, http://www.imf.org/external/ns/search.aspx? NewQuery = Making + the + most + of + public + investment + in + MENA + and + CCA + oil - exporting + countries%2C&submit =, 最后访问日期：2016 年 7 月 28 日。

（六）基础设施发展不均衡

自二战后独立以来，中东国家的基础设施建设取得了长足发展，并对地区经济发展起到了一定的促进作用，但是这种发展并不平衡。海湾产油国借助丰富的石油美元、稳定的政治局面，以色列凭借创新经济，建立了四通八达的交通运输网络和现代化的通信设施，成为经济发展和社会稳定的重要因素之一。伊朗、阿尔及利亚等中等规模石油出口国以及埃及等石油进口国资金不足、重视不够、政局不稳以及决策失误，导致基础设施老化，发展滞后，制约了经济发展。例如，埃及公路、铁路系统陈旧落后，亟待改造升级，特别是铁路货运能力不足，仅承担5%的货运。埃及发电能力在中东和非洲地区位居前列，电网已经基本覆盖全境，但工业用电依然无法足额供应，使水泥、钢铁和化肥等高耗能产业的正常生产受到影响。那些饱受战乱和冲突影响的国家，基础设施破坏严重。例如，伊拉克历经多年战乱、国际制裁、美伊战争以及针对"伊斯兰国"的战争，基础设施损毁严重，一些公路路况很差，轨道交通线路发展步履维艰，安全难以保障，沿线站点不全，延误问题非常普遍。航空业发展缓慢，港口设备老化，运力不足，通信业发展滞后，设备落后，电力严重缺乏，电网陈旧，等等，都成为制约伊拉克战后重建及经济发展的瓶颈。中东地区的物流表现仅比南亚和撒哈拉以南非洲地区好，即便在同一个国家内部，基础设施区域发展不均衡现象也比较突出。例如，土耳其、伊朗、叙利亚和伊拉克的库尔德人居住区，基础设施建设和投资严重不足，经济发展落后。曾经是北非经济最具活力的突尼斯，地区发展也极不均衡，中西部地区由于投资不足和政策失衡，基础设施建设滞后，经济发展非常落后，"茉莉花革命"爆发地就在这一地区。

世界银行关于中东可持续发展的研究报告指出，融资困难、制度缺失和结构调整不力限制了基础设施对经济发展的促进作用。完善制度、提高效率、调整结构以及拓宽融资渠道是未来基础设施建设和经济发展的主要议程。[1] 此外，政府和开发商必须减少短期行为，加强制度建设和结构改革，使基础设施建设更具效率。政府应鼓励私营部门和外资参与基础设施项目，从长期来看，政府提供相关担保以降低私营企业的投资风险比直接出资更加重要。与此同时，跨国基础设施项目有利于提升国家间依存度、降低个体风险、缩小

---

[1]　"Infrastructure and Economic Growth in the Middle East and North Africa", World Bank, October 2009, p. 23.

贫富差距并提高市场透明度，因此，中东国家应该充分重视地区间合作，重点发展水、电等直接关系民生的基础设施项目建设。

三　中东基础设施发展与"一带一路"合作前景

完善发达的基础设施是经济发展的先决条件之一。基础设施互联互通是中国"一带一路"倡议的重要组成部分，也是提高贸易便利化、推动产能合作、建设高标准自由贸易网络的重要依托。中东地区是中国重要的工程承包市场和中国基建企业"走出去"的重要目的地。随着"一带一路"倡议的推进和经贸合作不断深化，基础设施建设将成为中国与中东国家共建"一带一路"的重要内容。

（一）中东国家基础设施建设需求强劲但资金匮乏

中东地区是世界公认的基础设施需求最大的市场之一。2011 年"阿拉伯之春"爆发以来，中东各国政府均制定了大规模的基础设施建设规划。即便是基础设施比较完善的海合会国家，也存在转型升级的需求。2020 年前海合会国家基础设施建设投资规模将达到 5000 亿美元，[①] 以改善居民生活并促进就业。卡塔尔、沙特和阿联酋公共基础设施建设的庞大规划，将继续促进该地区旅游、交通、建筑、零售业及批发业的发展。除了人口增长等宏观因素外，2020 年卡塔尔世界杯、2020 年迪拜博览会、科威特《公私合作法》的颁布、沙特"2030 愿景"的发布、阿曼边远地区建设等，都是海合会国家基建市场发展的驱动因素。具体到每一个国家，项目重点不尽相同。阿联酋和卡塔尔更关注建筑市场，沙特关注电力项目和新能源项目建设，科威特关注电力项目，阿曼关注水电及污水处理项目。此外，铁路轨道建设在所有海合会国家的需求均日益增长。以色列的"高速以色列计划"，希望通过改善以色列边远地区的交通基础设施，提高当地居民生活水平，促使人口和经济活动分布更加均匀。土耳其、摩洛哥、突尼斯等基础设施相对完善的国家，也根据国内经济发展规划，制定了大规模的基础设施发展规划，力图通过提升基础设施水平促进经济增长。在伊拉克、利比亚和叙利亚的战后经济重建过程中，基础设施建设是一项重要内容。埃及正在成为北非地区最具吸引力的基建市

---

① 中国驻卡塔尔大使馆经济商务参赞处：《油价不会阻碍海湾国家 5000 亿美元基础设施投资计划》，中国商务部网站，http://www.mofcom.gov.cn/article/i/jyjl/k/201501/20150100875086.shtml，最后访问日期：2015 年 1 月 22 日。

场，塞西政府将大规模基础设施建设作为拉动经济增长的手段，力图通过推进新苏伊士运河项目以及在此基础上设立苏伊士运河经济区、大开罗物流中心，打造连接地中海和红海的国际物流带，将埃及建成亚欧货物运输大通道，构建由 11 个走廊组成的全国交通运输网。此外，埃及还计划建设新首都项目缓解开罗压力，打造未来的政治和财政中心。当前，中东许多国家正大力发展港口工业区，希望复制迪拜杰贝勒·阿里港口工业区的成功模式。到 2020 年，中东国家需要新增 150.9GW 的电力，以促进能源多元化和新能源的发展。[①] 中东航空业发展潜力巨大，2015 ~ 2040 年中东航空业年均增长率将达到 7.7%，此外，将成为继亚太航空业之后第二大航空业，对 GDP 的贡献率将达到 7.3%。[②]

项目市场规模反映出中东地区基础设施建设如火如荼。2012 ~ 2016 年，海合会国家项目市场总额为 7600 亿美元，其中阿联酋和沙特规模最大，同期北非五国项目市场总额为 1540 亿美元。2017 年海合会和北非国家的项目市场额分别为 1080 亿美元和 657 亿美元。截至 2017 年底，北非五国中计划和正在进行的项目市场额为 7390 亿美元，其中埃及占 62%，阿尔及利亚占 26%。从部门来看，电力市场份额最大，占 30%。未来随着北非国家人口快速增长和工业化需求增加，电力项目还将增加。此外，交通运输和建筑部门分别占项目市场总额的 21% 和 25%。[③] 2017 年中东国家交通建设项目额为 189 亿美元。[④] 展望未来，中东仍将是全世界建筑业和基建业增长最快的地区，其中，阿联酋、沙特、埃及、伊朗、土耳其等国项目市场规模位居前列。

中东国家基础设施建设虽然需求强劲，但面临资金缺口大、融资困难的挑战。根据世界银行的报告，整个中东地区用于基础设施建设的支出仅占其 GDP 的 5%，而中国的这一比例已达 15%，全球的平均水平也有 10%。[⑤] 与此同时，基础设施具有自然垄断属性，具有高额固定资本投资以及相对较低

---

① MEED Business Review, *Business Outlook*, MEED Middle East Business Intelligence, Vol. 2, No. 12, December 2017, p. 52.

② MEED Business Review, *Business Outlook*, MEED Middle East Business Intelligence, Vol. 3, No. 2, February 2018, p. 32.

③ MEED Business Review, *Business Outlook*, MEED Middle East Business Intelligence, Vol. 3, No. 1, January 2018, p. 78.

④ MEED Business Review, *Business Outlook*, MEED Middle East Business Intelligence, Vol. 3, No. 1, January 2018, p. 57.

⑤ 中国驻阿拉伯联合酋长国大使馆经济商务参赞处：《世界经济论坛：中东地区应加大基础设施建设投入》，中国商务部网站，2015 年 5 月 28 日，http://www.mofcom.gov.cn/article/i/dxfw/gzzd/201505/20150500989856.shtml，最后访问日期：2018 年 6 月 2 日。

的可变运营成本的特征。传统经济学理论认为基础设施建设作为一种公共产品，应该由政府来提供。但是随着技术进步和社会发展，很多基础设施建设已经不是纯粹的公共产品，不能完全依赖政府投资，这就需要选择合理的融资方式。北非国家有着较高的失业率和贫困率，政府又有大量公共债务，导致融资十分困难。这就要求政府破除商业发展的障碍，鼓励多边银行和私人投资者参与基础设施建设项目。中东地区基础设施建设的主要投资方是公共部门，但公共部门难以完成这一任务，而私营部门不愿介入周期较长的基础设施项目。因此，中东地区基础设施建设往往面临需求旺盛、资金匮乏和施工能力弱的局面。即便是富裕的海合会国家也因为油价持续低迷、财政吃紧而面临资金困难。2017 年，中东地区项目市场额下降6%，海合会国家下降了 9.2%。私营部门对周期较长的基础设施项目参与度仍很低，2011 ~ 2017年海合会国家 PPP① 项目仅占项目市场总量的5%，其中交通运输项目占比最高，达 47%，其次是住房项目（26%）、水电项目（16%）、旅游项目（4%）。② 从中东国家 PPP 项目来看，沙特以 453.4 亿美元高居榜首，其次是利比亚、科威特、摩洛哥、阿联酋和伊朗。

此外，中东基础设施建设还面临结构性的制约因素。比如，除了电信部门，中东大多数国家的政府仍主导基建领域投资和建设，政府垄断导致价格扭曲，限制了私营部门的投资热情。中东大多数国家的政府治理水平、管理模式、营商环境仍不理想。因此，构建良好的制度环境、改善营商环境和提升政府治理能力已经成为中东基础设施建设方面的主要任务。③

（二）"一带一路" 助推中东基础设施建设和经济发展

中东是中国最早进入的重要工程承包市场之一。长期以来，中国与中东国家的基础设施合作方式以承接工程、分包项目为主，合作领域主要集中在建筑行业的土建工程项目。随着中国与中东国家共建"一带一路"工作的推进，双边经贸合作迈上了一个新台阶。以 2016 年为例，中国企业该年在阿拉伯国家新签承包工程合同额 404 亿美元，同比增长 40.8%，完成营业额 336

---

① PPP（Public Private Partnership），政府和私人资本合作，是公共基础设施中的一种项目运作模式。

② MEED Business Review, *Business Outlook*, MEED Middle East Business Intelligence, Vol. 3, No. 2, February 2018, p. 32.

③ 魏敏：《"一带一路"框架下中国与中东基础设施互联互通问题研究》，《国际经济合作》2017年第 12 期，第 58 页。

亿美元，同比增长 10.6%。2016 年中国企业在土耳其新签承包工程合同额 6.55 亿美元，完成营业额 21.45 亿美元；在以色列新签承包工程合同额 8.51 亿美元，完成营业额 2.32 亿美元；在伊朗新签承包工程合同额 86.18 亿美元，完成营业额 22.47 亿美元。① 中国在中东国家承建和投资的大型基础设施项目日益增多，例如以色列阿什杜德南港口项目，中国进出口银行融资、中国企业承建的土耳其安卡拉 - 伊斯坦布尔高速铁路二期工程项目，中国水电建设集团国际工程有限公司承建的伊拉克鲁迈拉 730MW 联合循环电站项目，中国建筑工程总公司承建的埃及新首都建设项目，中国港湾工程有限责任公司承建的沙特吉赞城市商业港项目，中国机械进出口集团承建的伊朗德黑兰 - 马什哈德电气化高铁改造项目等，几乎涵盖所有基础设施领域。中国华为公司已经成为许多中东国家电信业设备主流供应商。承建这些工程项目，既体现了中国企业卓越的建筑能力和良好形象，也极大地促进了东道国的经济社会发展，为当地人民的生活提供了便利，真正实现了互利共赢、共同发展。

当前，中国基建企业海外布局正从拼市场向拼融资转变。中国与中东国家的基础设施合作多采用国际市场通行的交钥匙合同模式下的 BOT（建设—经营—转让）、BOOT（建设—拥有—经营—转让）、总承包（EPC）、PPP（公私合营）、PPI（Public Private Initiative）项目融资等多种合作方式。② 同时，中国基建企业也在转型升级，正从承包商向投资运营商等多种角色转变，实现价值链向高端转移。但是，投资风险也相应上升，加之中东一些国家现在不愿意通过主权贷款获得融资，这就要求中国基建企业选择可持续项目。因此，为解决中东国家资金匮乏问题，避免或减少中国的投融资风险，中国承包商应采取多元化的融资渠道。对于中长期项目以及资金需求巨大的项目，亚投行、丝路基金和其他金融机构（亚开行、世界银行以及伊斯兰开发银行）可以参与合作，以开发性金融、银团贷款、转让股权或者发行债券的方式，为这些项目提供融资支持。中东地区已有 10 国宣布加入亚投行，有助于解决中东地区基础设施落后以及融资难问题，有利于在低油价时代保持项目融资市场的发展和繁荣，促进中东地区的互联互通和一体化进程，进而促进地区经济发展。此外，中东国家拥有独特的伊斯兰金融体系，石油美元丰富，中东市场上还存在很多闲散资金和私人资本。基础设施建设非常适合伊斯兰债券融资模式，在当地发行伊斯兰债券，可以撬动更多的国际资本，减少对传

---

① 2016 年中国与阿拉伯国家经贸合作统计数据，中国商务部网站：http://xyf.mofcom.gov.cn/articbe/tj/zh/20170302540290.shtml，最后访问日期：2017 年 3 月 26 日。

② 魏敏：《"一带一路"框架下中国与中东基础设施互联互通问题研究》，第 58 ~ 59 页。

统银行贷款（包括政策性银行和商业银行贷款）的过度依赖，从而拓宽融资渠道。阿联酋、沙特是中东伊斯兰债券发行大国，经验丰富。伊朗、埃及等国也在研究通过伊斯兰债券解决投资不足问题。

国际基础设施合作与国际产能合作紧密相连、互相促进，是推进"一带一路"合作的有效抓手。中国承包商在广泛开展国际基础设施合作的同时，积极对接国际产能合作和装备制造合作，参与境外经贸合作区投资和建设，并注重与投资、设计、装备、运营等上下游产业链企业开展跨界合作，有利于实现优势互补、协同发展。中国对中东国家出口商品结构中，机电产品（包括优势装备）的比例越来越大。因此，参与中东国家基础设施建设不仅是中国企业"走出去"的重要方式，也有利于改善中东地区基础设施状况，有效增强地区各国自主发展能力，进而实现互利共赢。总之，中东基础设施建设既是本地区经济发展的关键点，也是国际资本和外国企业竞相投资的重要领域，市场潜力巨大。当然，中国与中东国家的基础设施互联互通也面临一些挑战，例如，中东基础设施建设保护主义抬头，市场准入标准差异大，技术标准和规范要求高；中国企业自身的以劳动密集型项目为主的竞争优势正在丧失，国际化经验不足，经营管理水平还有待提高，同时还面临激烈的国际竞争，例如来自土耳其、日本、韩国、俄罗斯以及欧盟的竞争。与此同时，中国企业还面临中东地区教派纷争不断、恐怖活动频发、政局长期动荡、西方国家制裁以及国家政治干预等潜在阻碍因素。中国企业需要做好相应的准备工作，提升自身能力，因地制宜、有的放矢地创新投融资模式，争取更大的市场份额，并做好风险的预警与防范工作。

Middle East Countries Infrastructure Construction and "the Belt and Road" Cooperation Prospects

Jiang Yingmei

Abstract：After World War II, Middle East countries steadily gained their independence. Since then, their infrastructure construction has made great progress, which has played an important role in the regional economic growth. However, the infrastructure development in the Middle East is unbalanced. Some countries have established relatively modern infrastructure and thus promoted economic growth effectively. While other countries' infrastructure constructions are still inadequate, which undermining their economic growth. The other countries' infrastructure is damaged by war and conflict, and need reconstruction. Considering that most countries in the Middle East are in the initial stages of industrialization and urbanization, with huge young population, those countries are in great demand of transportation, communication, electricity and other infrastructure development. This is a good opportunity for "the Belt and Road" initiative to accomplish interconnectivity and Win-Win result in infrastructure construction.

Keywords: Infrastructure; Economic Development; the Middle East; "the Belt and Road"

（原文发表于《阿拉伯世界研究》2019 年第 2 期）

丝绸之路旅游经济带建设背景下的
中阿旅游合作策略研究

曹笑笑[*]

摘要： 中阿旅游合作是新时期我国丝绸之路文化经济带建设的必然要求。目前中阿旅游双边客源市场正处在培育阶段，阿拉伯地区安全局势不稳定、双边签证壁垒突出、旅游市场双向认知度低、交通不便利、我国伊斯兰旅游产业基础薄弱是制约双边旅游市场开发的主要因素。建立"中阿旅游合作试验区"是现阶段促进双边旅游市场开发的最有效方式。

关键词： 中阿旅游合作　丝绸之路经济带　ADS 签证协议

中国的"一带一路"倡议与阿拉伯国家的"向东看"战略形成交会，双方是共建丝绸之路的天然伙伴。回顾中阿关系的发展历程，其始终是重经贸往来，轻文化交流。加强中阿双边旅游合作对今后开拓中阿关系新格局，夯实丝绸之路经济带建设的双边民意基础有重要意义。

一　新时期中阿旅游合作的意义

（一）阿拉伯国家地处丝绸之路旅游经济带建设核心位置

2015 年，国家旅游局将我国旅游主题确定为"美丽中国——2015 丝绸之路旅游年"。丝绸之路文化经济带建设的国际性和整体性决定了未来我国将在更大范围内开展与丝绸之路经济带上国家的国际旅游合作。阿拉伯国家地处"一带一路"旅游线路规划的核心地带，连接欧亚非三大洲，也是历史上陆上丝绸之路和海上丝绸之路的交会处，以阿拉伯国家和地区为交

＊ 曹笑笑，博士，副教授，浙江外国语学院阿拉伯语系。

通枢纽，向西可以推进与欧洲各国的旅游合作，向南可以开拓非洲新兴旅游市场。

（二）加强中阿旅游合作可助力我国开拓穆斯林旅游客源市场

阿拉伯国家在宗教文化上具有典型性，隶属伊斯兰文化范畴，宗教不仅是内化的个体信仰，更是群体习俗和社会制度。伊斯兰教对全体穆斯林的价值取向和思维方式产生重要影响，这体现在旅游方面就是穆斯林游客在旅游目的地选择、出行方式、消费习惯和审美情趣上表现出了鲜明的群体性特征。

中亚、东南亚、中东和北非地区集中了很多伊斯兰国家，其数量占到了这些地区国家总数的 80% 以上，其穆斯林人口占到了全球穆斯林人口总数的 82%。① 2014 年全球穆斯林游客达到 1.08 亿人次，市场规模超 1450 亿美元，占到了全球旅游市场份额的 10%。到 2020 年，全球穆斯林游客将达到 1.5 亿人次，市场规模超 2000 亿美元，占比超过全球旅游市场份额的 11%。② 未来 10 年，伊斯兰旅游市场是全球最具发展潜力的旅游市场。在全球伊斯兰旅游市场发展中，阿拉伯国家（尤其是海湾阿拉伯国家③）占据了主导地位。2014 年世界旅游组织统计数据显示，海湾阿拉伯国家出境游消费总额为 400 亿美元，占全球穆斯林旅游消费总额的 31%。④ 其游客出游时间长、人均消费水平高、旅游服务要求上乘等，成为全球争抢的优质旅游客源。此外，海湾阿拉伯国家还对全球伊斯兰旅游行业标准的制定享有主要话语权。因此，加强与阿拉伯国家的旅游合作，有助于我国开拓穆斯林客源市场。

（三）加强中阿旅游合作是新时期深化中阿经贸合作的突破口之一

中阿经贸关系日益密切，2004～2014 年双边贸易额从 367 亿美元增至 2512 亿美元，增长了 5.8 倍。⑤ 目前，中国已是包括沙特在内的 9 个阿拉伯国家的最大贸易伙伴。

---

① 数据来源：美国皮尤研究中心（Pew Research Center），http：//unitedcor. org/sites/default/files/edit - contentfile/butte_ county/International%20 - %20Pew%20Religious%20Study. pdf.
② 《GCC 国家的哈莱尔旅游业》，《卡塔尔商报》2015 年 5 月 1 日，http：//www. bqdoha. com/2015/05/halal - tourism - in - the - gcc.
③ 主要包括科威特、沙特阿拉伯、巴林、卡塔尔、阿拉伯联合酋长国和阿曼六个阿拉伯国家。
④ 《GCC 国家的哈莱尔旅游业》，《卡塔尔商报》2015 年 5 月 1 日。
⑤ 李伯牙：《"一带一路"助推中阿贸易　十年内有望达 6000 亿美元》，《21 世纪经济报道》2015 年 9 月 11 日，第 9 版。

尽管双边贸易体量不断增加，但中阿经贸涉及领域单一（主要集中在能源、进出口贸易、工程承包和劳务合作四大领域），合作水平较低，贸易结构性失衡现象长期存在，双向投资增长乏力。[1] 通过开展旅游合作，可以带动双方在运输、基础设施建设、餐饮、酒店、文化创意相关领域的产业合作，培育中阿经贸新增长点。中阿旅游合作除了能直接带动双边旅游相关产业发展外，还能为经贸活动创造良好的人文环境。当前中阿经贸交往中经常发生由中国企业和员工对阿拉伯国家文化和伊斯兰教基本知识缺乏了解而引发的贸易纠纷，造成直接经济损失，损害中国企业在阿拉伯国家和地区的形象。[2] 旅游的本质是文化交往，通过"旅游外交"可增进双方民众的文化与政治互信，消除宗教偏见，最终实现"民心相通"，这既是丝绸之路经济带建设的内在要求，也是检验其成功与否的最终标准。

（四）加强与中国的旅游合作是阿拉伯地区旅游业实现可持续发展的切实需要

近年来，阿拉伯地区旅游业的发展始终面临两大问题：一是地区政治安全局势不稳定；二是恐怖主义势力崛起导致阿拉伯国家与西方文化冲突不断升级。2001 年"9·11"事件之后，西方前往阿拉伯国家的游客数量骤减，突尼斯、摩洛哥、埃及等阿拉伯旅游强国经济受到重创，传统上以西方游客为主的入境游市场客源结构缺陷开始暴露。2011 年"阿拉伯之春"爆发后，西方游客数量继续下滑，使阿拉伯国家意识到只有构建多元化的入境客源结构才能确保地区旅游业持续健康发展。

在此背景下，阿拉伯各国纷纷将目光转向了东方。2000～2012 年，亚太地区前往阿拉伯国家旅游的人数增长了 2.4 倍，市场份额从 22.4% 增加到了26.9%，[3] 其中中国游客数量增长明显。2012 年，中国已成为迪拜第八大旅游客源国，预计到 2023 年，中国前往迪拜的游客将达到 54 万人次。[4] 随着丝绸之路旅游经济带建设的展开，国家旅游局预计"十三五"期间中国将向共

---

① 王猛：《中阿经贸的发展与问题》，《宁夏社会科学》2012 年第 5 期，第 74～80 页。

② 刘欣路：《中国在阿拉伯国家文化软实力的局限与不足》，《济南大学学报》（社会科学版）2012 年第 1 期，第 19～24 页。

③ "The Gulf Cooperation Coucil Source Market Report 2014", Obervatoire Valaisan du Tourisme, 2015.

④ 《过去 10 年中国游客涌入迪拜》，国际商报网，http：//www. thenational. ae/business/travel - tourism/chinese - tourists - to - stream - into - dubai - over - the - next - decade，2015 年 3 月 8 日。

建"一带一路"国家输送 1.5 亿人次游客、2000 亿美元旅游消费。① 积极开拓中国客源市场，对阿拉伯国家优化入境客源国结构、保持旅游业健康持续发展具有重要意义。

二　中阿旅游交往现状

（一）中国游客赴阿拉伯国家旅游现状

近年来，随着国人出境游群体整体壮大，前往阿拉伯国家旅游的中国游客数量也不断增多。世界旅游组织统计数据显示，2012 年中国前往阿拉伯国家的游客达到 43.8 万人次，2000～2012 年中国游客年均增幅达到了 19%。② 其中，接待中国游客人数最多的五个阿拉伯国家为阿联酋、埃及、沙特、约旦和摩洛哥（见表 1）。受"阿拉伯之春"影响，2011～2012 年中国前往部分阿拉伯国家旅游的人数下降明显。例如，2011 年前往埃及旅游的中国游客人数骤减 54%。

表 1　2008～2014 年中国（内地）前往阿拉伯国家旅游人数

单位：万人

国家	2008 年	2009 年	2010 年	2011 年	2012 年	2013 年	2014 年
总人数	29.8	28.6	37.8	37.2	43.8	—	—
阿联酋	9.63	10.75	15.21	19.38	24.84	27.56	34.17
埃及	6.77	8.09	10.62	4.86	6.12	6.74	7.03
沙特	5.54	1.83	2.04	2.44	1.94	—	—
约旦	1.30	1.26	1.39	1.21	1.24	1.55	1.97
摩洛哥	0.47	0.41	0.58	0.59	0.69	—	—

资料来源：笔者根据迪拜旅游统计局、约旦旅游与古迹部、沙特旅游与统计研究中心、WTO 等官网统计数据整理。

---

① 《一带一路的旅游愿景如何实现》，国家旅游局网，http://dj.cnta.gov.cn/html/2015 - 04/ 1824.shtml，2015 年 4 月 7 日。

② "Chinese Outbound Travel to the Middle East and North Africa"，UNWTO，Madrid，Spain：2014.

中国赴阿拉伯国家游客人口统计特征①显示：从性别来看，55% 为女性，45% 为男性；从年龄结构来看，26～35 岁人群占到了 44%，其次为 18～25 岁人群（21%）和 36～45 岁人群（20%）；从个人收入情况来看，月收入为5001～10000 元的人群占到了 40%，其次为 3001～5000 元（30%）和10001～20000 元（14%）；从职业来看，公司经理和职员占到了 43%，其次为专业技术人员（22%）和服务业从业人员（17%）（见图 1 至图 3）。

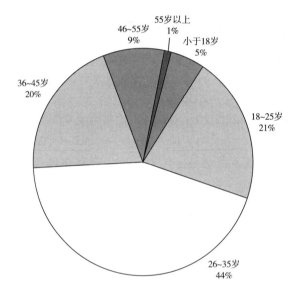

图 1　赴阿拉伯国家旅游中国游客年龄结构

资料来源：世界旅游组织 2015 年中国赴西亚北非旅游报告。

从目的地选择影响因素来看，中国游客前往阿拉伯国家旅游大多倾向于"欣赏美丽的自然风光"（62%）、"游览历史和文化古迹"（43%）、"购物"（43%）、"感受特色民俗"（42%），对当地旅游基础设施、旅游服务质量期望值不高。

从出行目的来看，前往阿联酋和埃及的中国游客多以观光游、休闲游为主，前往沙特的中国游客多以（宗教）朝觐游为主，前往其他阿拉伯国家的游客以商务和公务出差为主。

---

① 来自 WTO 针对中国赴阿拉伯国家游客所做的一项问卷调查，调查在 2012 年 3～5 月进行，选取北京、上海和广州三地的 15 家旅行社进行，共获得有效问卷 350 份，采取随机抽样方式。

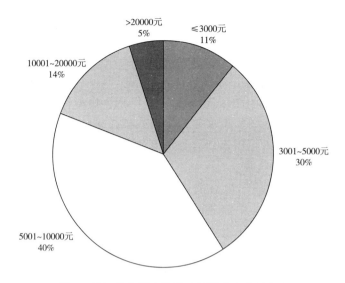

图2　赴阿拉伯国家旅游中国游客个人月收入

资料来源：世界旅游组织2015年中国赴西亚北非旅游报告。

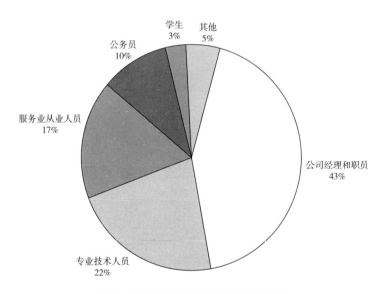

图3　赴阿拉伯国家旅游中国游客职业

资料来源：世界旅游组织2015年中国赴西亚北非旅游报告。

（二）阿拉伯国家游客来华旅游现状

《中国入境旅游发展年度报告 2014》显示，2013 年中国入境客源国仍以韩、日、俄、美四大国为主，其次为越南、马来西亚、蒙古、菲律宾、新加坡和澳大利亚，主要客源国构成相对稳定，以近程客源国为主，来自阿拉伯国家的游客数量占比较小。[①] 2014 年，中国共接待来自中东国家的游客 34 万人次，[②] 只占当年中国入境游客总人数的 0.3%，[③] 中国面向阿拉伯国家的旅游客源市场仍处于培育阶段。

沙特是阿拉伯国家中出境旅游第一大国，也是我国在阿拉伯国家的第一大贸易伙伴。以沙特赴中国旅游人数为例，2006~2011 年从 4148 人次增长至 92679 人次，但各年度增减幅度变化较大。从入境旅游目的来看，沙特游客赴中国旅游以"度假和购物"及"商务"目的为主（见表 2）。从 2011 年开始，中国成为沙特第二大商务出境旅游目的国，排名仅次于印度。

表 2　2006~2011 年沙特公民赴中国旅游人数（按旅游目的分）

单位：人次，%

年份	度假和购物	商务	走亲访友	其他目的	入境游客总人数	增幅
2006	2132	2016	0	0	4148	—
2007	15814	5321	0	3177	24312	486.1
2008	4400	8454	0	790	13644	-43.9
2009	8725	5976	5212	543	20456	49.9
2010	7713	8945	3301	2088	22047	7.8
2011	14931	77705	0	44	92680	320.4

资料来源：沙特旅游统计与研究中心（MAS）。

---

① 中国旅游研究院编《中国入境旅游发展年度报告 2015》，旅游教育出版社，2015，第 19 页。

② 李世宏：《在 2015 中国·阿拉伯国家旅行商大会开幕式上的致辞》，中国国家旅游局网站，http://cnta.gov.cn/jgjj/jldjs/lsh/lshzyjh/201509/t20150919_747469.shtml，2015 年 9 月 19 日。

③ 《中国入境旅游发展年度报告 2015》，中国社会科学网，http://www.cssn.cn/dybg/dyba_wh/201511/t20151117_2636809.shtml，2015 年 11 月 17 日。

三　中阿旅游合作制约因素

（一）阿拉伯地区安全局势不稳定

阿拉伯地区动荡的环境是影响地区旅游业发展的首要因素。2011 年"阿拉伯之春"运动，从北非的突尼斯先后波及埃及、利比亚、也门、巴林等国，导致阿拉伯地区旅游业整体客源水平下降明显。

据世界旅游组织统计，2011 年前往中东地区旅游的人数比 2010 年下降8.4%，仅为 5480 万人次。"阿拉伯之春"期间出现政局波动的埃及、黎巴嫩、突尼斯等国旅游业受损严重：2011 年埃及入境游客从 2010 年的 1400 万人次下降至 950 万人次；巴林 2011 年国内酒店入住率下降了 40 个百分点；约旦 2011 年旅游业收入减少了大约 10 亿美元；黎巴嫩 2011 年入境游客数量比前一年下降了约 25%；突尼斯 2011 年入境游客数量下降约 1/3。① 截至目前，部分阿拉伯国家（叙利亚、伊拉克）政治动乱尚未平息，部分阿拉伯国家（埃及、突尼斯）正积极采取各类安保和签证措施，恢复当地旅游业；而部分局势较为稳定的阿拉伯国家（阿联酋、摩洛哥、阿曼），受邻国入境游客挤出效应影响，入境游客人数出现了逆势上涨。未来阿拉伯地区旅游业发展将在很大程度上取决于地区政治安全局势的走向。

（二）中阿双边签证壁垒突出

根据规定，只有与我国签署了 ADS 签证协议的国家才能在中国境内开展旅游组团业务。截至 2015 年，22 个阿拉伯国家和地区中只有埃及、约旦、突尼斯、叙利亚、阿曼、摩洛哥、阿联酋和黎巴嫩 8 个阿拉伯国家与我国签订了 ADS 签证协议。其中，叙利亚和约旦对中国公民实行落地签政策，阿联酋、埃及和摩洛哥向中国开放了个人旅游签证，突尼斯于 2015 年推出对华游客 10人团队落地签政策。相比阿拉伯国家，中国旅游签证对外开放范围更加狭小，目前只对新加坡、日本和文莱三个国家实行落地签待遇。今后，加强中阿旅游合作，扩大双边签证范围、简化签证手续是首要任务。

---

① 《阿拉伯之春下的埃及旅游业》，经济学人网，http：//www.economist.com/news/business/21577089 - turmoil - has - scared - all - rugged - and - russians - arab - spring - break，2013 年 5月 4 日。

（三） 旅游市场双向认知度低

相比日韩、欧美等成熟出境旅游目的地而言，中国游客对阿拉伯国家和地区的认知十分有限。阿拉伯地区仅有少数国家政府官网有中文网页，即使英文网页也十分简陋。由于语言障碍，中国游客对阿拉伯国家旅游信息，如目的地签证政策、旅游景点、宗教法规、安全形势、文化习俗、酒店等信息知之甚少。不仅如此，国人对其旅游形象认知也存在偏差。大多数中国游客在出行前认为阿拉伯国家"社会治安差"、"卫生状况堪忧"、"基础设施不完善"和"天气炎热干燥"，但出行后持正面观点游客的比例上升了 20 个百分点。

（四） 交通通达性差

中阿地理位置距离较远，旅游目的地的可进入性对双方开拓远距离旅游入境客源市场具有直接影响。截至 2015 年，中国大陆仅和五个阿拉伯国家开通了直达航线，每周往返航班总次数为 150 次左右，分别从中国的北京、上海、广东、乌鲁木齐和成都五个城市飞往阿联酋的迪拜、阿布扎比，埃及的开罗，卡塔尔的多哈，沙特的吉达和阿尔及利亚的阿尔及尔。不论是航线的直达性还是航班的频次都无法满足日益增长的旅游需求，尤其在中国的"十一"、春节，以及阿拉伯国家的斋月期间，经常出现一票难求的情况。

（五） 我国伊斯兰旅游产业基础薄弱

2014 年全球伊斯兰经济发展报告从目的地交通便利度、伊斯兰旅游生态环境、伊斯兰旅游发展意识与社会影响四个维度，对全球各国伊斯兰旅游业发展潜力进行评估，结果如表 3 所示。该指标将一个地区伊斯兰旅游业发展潜力归结为两大因素：一是当地旅游业的发展基础，即是否为旅游经济优区①；二是该地区的伊斯兰旅游生态环境与发展意识。

表 3　全球各国伊斯兰旅游业发展指数排名

名次	国家	目的地交通便利度	伊斯兰旅游生态环境	伊斯兰旅游发展意识	社会影响	平均得分
1	马来西亚	130.6	100.0	250.2	24.7	101.4
2	阿联酋	88.7	100.0	55.7	15.5	65.0

---

① 旅游经济优区是指旅游经济较为发达、旅游业收入较高的特定区域。

名次	国家	目的地交通便利度	伊斯兰旅游生态环境	伊斯兰旅游发展意识	社会影响	平均得分
3	新加坡	101.2	100.0	7.8	15.9	56.2
4	土耳其	62.2	100.0	20.8	15.9	49.7
5	马尔代夫	8.0	0.0	24.6	164.4	49.2

注：目的地交通便利度是指为入境穆斯林游客提供司机服务；伊斯兰旅游生态环境是指为穆斯林游客提供清真食物等符合伊斯兰教法的旅游服务与设施建设；伊斯兰旅游发展意识是指与伊斯兰旅游相关的新闻报道、事件的数量等；社会影响是指旅游业为旅游目的地创造的就业岗位数量。

资料来源：State of Global Islamic Economy，2014-2015 Report。

参照该指标体系，我国北上广及其他东南沿海地区虽为旅游经济优区，但欠缺伊斯兰旅游发展意识，清真餐厅、伊斯兰酒店、宗教基础设施建设不足，缺少针对穆斯林游客的旅游线路设计与旅游营销策略；以宁夏为代表的西北区域虽具有发展伊斯兰旅游的强烈意识，但地区旅游总体发展水平较低，产业基础薄弱，基础设施建设不足。

四　中阿旅游双边市场开发策略

（一）阿拉伯国家针对中国旅游客源市场的开发策略

根据旅游目的国在华知名度和 ADS 签证状态，可将对华开展旅游业务的阿拉伯国家分为三类。第一类为阿联酋和埃及，它们在中国出境游市场具有相当大的知名度，占据主要市场份额；第二类为其他与中国签订了 ADS 签证协议的阿拉伯国家，其旅游资源丰富，但在中国旅游市场知名度不高，包括约旦、突尼斯、摩洛哥、阿曼、黎巴嫩和叙利亚；第三类为尚未与中国签订 ADS 签证协议的阿拉伯国家。

今后，针对中国旅游客源市场的开发，第一类国家应侧重中国客源市场精细化耕作。阿联酋（主要为迪拜）和埃及在中国一线旅游城市（北京、上海、广州）和地区（其他东南沿海省份）拥有较高知名度。国内赴阿拉伯旅游的近 200 条线路中，阿联酋和埃及旅游线路占到了 97%，但两者旅游特质有所不同：埃及主要以"神秘古老的文化""丰富的历史古迹""金字塔""漂亮的红海""友好的埃及人民""政局相对稳定"吸引中国游客，缺点是当前旅游产品和线路千篇一律，缺少个性化线路定制，无法满足中国游客日益增长的高端游和自助游需求。在旅游服务方面，缺乏懂中文的专业导游对当地文化和旅游景点进行讲解，影响旅游体验；阿联酋则以"舒适、奢华、高端、现代的旅游设施""七星级和八星级酒店""独一无二的人工棕榈岛""娱乐项目丰富""购物天堂"吸引中国游客，主要问题也是缺乏中文导游和懂中文的旅游管理人才。第二类国家应着力提升他们在中国一线旅游城市和地区的知名度，通过与中国旅行社合作，大力宣传高质量的旅游产品和线路，打造旅游目的地特色形象。第三类国家的首要任务是向中国政府申请 ADS 签证协议。

（二）中国针对阿拉伯地区旅游客源市场的开发策略

未来，中国针对阿拉伯地区旅游客源市场的开发应主要聚焦以沙特、阿联酋和卡塔尔为代表的海湾阿拉伯国家。海湾阿拉伯国家人均收入高，居民出境游消费需求旺盛，且与中国贸易往来密切。

2015 年海湾国家出境游报告显示，海湾阿拉伯国家游客数量占中东地区出境游总人数的 60%，境外消费占地区出境游总额的 75.5%，沙特、阿联酋和卡塔尔是出境游人数最多的三个国家。① 海湾居民出境游具有逗留时间长、人均消费水平高、旅游服务要求上乘的特点，这是由其旅游目的、出行规模和消费偏好决定的。海湾居民出境游时间集中在每年的 6~8 月，旅游目的以外出避暑为主，逗留时间为 21~56 天，出行规模以 6~12 人为主，因此很少采取"多地流转"的团队游模式，而是以休闲自助游为主。人均消费支出为3280~4100 美元，除住宿、机票外主要用于购物及娱乐消费。影响居民出行目的地选择的主要因素包括"当地语言"、"公共关系"（即对穆斯林态度是否友善）、"签证难度"、"购物体验"、"就餐和娱乐设施"和"当地天气"。

针对海湾居民出境游目的及消费特点，以北上广为代表的一线旅游城市及其周边地区，和以宁夏为代表的西北地区应根据地区旅游资源禀赋和特色开发不同类型旅游产品。

以北上广为代表的一线旅游城市及其周边地区经济发展水平高，城市基础设施完善，与阿拉伯国家经贸往来密切，但伊斯兰旅游氛围和发展意识薄弱，从扬长避短角度出发，其应着力聚焦开拓面向海湾商务人士的高端商务游，以商务游带动观光游和休闲游。未来应尽快完善城市阿拉伯语商务游网站，提供包括会议会展、签证政策、住宿餐饮、翻译服务等在内的详细商务

---

① "The Gulf Cooperation Coucil Source Market Report 2014", Obervatoire Valaisan du Tourisme, 2015.

旅游信息，制定针对阿拉伯商务人士的高端商务游线路。

宁夏是我国唯一的省级回族自治区，是我国向西开放的见证地和建设"一带一路"的支点，也是中阿博览会①的永久会址所在地，应致力于打造面向阿拉伯地区的旅游目的地。以宁夏为代表的西北地区具有丰富的伊斯兰旅游资源、良好的宗教文化氛围和发展伊斯兰旅游的强烈意愿，但地区旅游总体水平低，基础设施薄弱，交通通达性差。为体现后发优势，应着力打造面向海湾游客的高端休闲游，开发集家庭住宿、娱乐于一体的高端旅游度假村项目，并提供司机、导游和汽车租赁一体化的交通出行服务，完善旅游目的地信息网站建设，减少语言障碍，兴建各类大型购物体验中心。

（三）中阿旅游双边市场开发合作策略

中国和阿拉伯国家经济和旅游发展差异大，政治环境不同，短期内难以实现双边签证政策的全面放开。为加快旅游合作进程、提高合作效率，建立"中阿旅游合作试验区"是现阶段最为可行和有效的合作模式。试验区遵循"先行开发，重点推进"原则，通过选取一批旅游业基础较好、人均收入较高、具有前期合作基础的城市为试点，利用签证制度创新（如实施区域内城市免签或颁发一年多次往返签证），实现试点区域内的无障碍化旅行。首批试点城市或地区可包括：中国的北京、上海、广州及其周边地区和宁夏地区，阿拉伯国家的迪拜（阿联酋）、开罗（埃及）、利雅得（沙特）和多哈（卡塔尔）等。试点城市和地区间应就以下方面开展合作。

1. 开展旅游联合营销，提升双向旅游知名度

提升中阿旅游市场的双向知名度是现阶段中阿旅游合作的首要任务。试点城市旅游主管部门应互相增设驻当地旅游办事处，专门负责旅游联合推广事宜，包括联合拍摄城市旅游主题宣传片，在双方各大主流媒体上进行播放；联合制作和互推高质量的旅游纪录片，如《舌尖上的中国》等；互设旅游文化年，共同组织巡回路演、文化展览等文化推介活动；联合推出买家体验游（FAM trip）活动，推广精品旅游线路。

2. 完善在线旅游信息

试点城市旅游主管部门的官方网站均应使用中阿双语，提供包括签证政策、旅游景点、城市交通、节庆赛事在内的当地旅游详细信息；旅行社网站

---

① 由中国商务部、中国国际贸易促进委员会、宁夏回族自治区人民政府共同主办的国家级、国际性综合博览会，2010 年首次在宁夏举办。

和旅游在线预订网站也应使用中阿双语进行标注；中方旅行社和旅游在线预订网站可开设伊斯兰旅游专题版块，提供包括市内清真餐厅、伊斯兰酒店、伊斯兰旅游景点和宗教服务设施在内的一站式旅游信息检索和预订服务。

3. 整合区域内旅游资源

通过整合试点城市旅游资源，提升区域旅游线路综合竞争力。中国的北上广三大城市可面向阿拉伯商务人士联合推出"高端商务之旅"，北京及其周边地区可面向阿拉伯游客推出"中国文化之旅"，上海及江浙地区可合力推出"购物休闲之旅"，宁夏及其周边地区可合力推出"中国西北伊斯兰文化之旅"等；同样，海湾地区的迪拜、利雅得、多哈等城市也可合作面向中国游客推出"一站式中东文化体验之旅"。

4. 进行联合人才培养

中阿双方应针对双语旅游人才缺乏现状，进行联合人才培养。从短期来看，可采取对旅行社员工进行专题培训的方式，使旅游从业人员快速了解旅游目的地的旅游资源和社会文化，掌握相应旅游营销技巧。2010 年，埃及驻中国大使馆旅游办事处就曾推出过"埃及旅游专业人士培训和认证体系"，针对中国旅行社员工开展在线培训，凡合格者可获得"埃及旅游专家证书"。从长期来看，双方可合作建立旅游专科学校，实行"2 + 2"或"3 + 1"的联合人才培养模式，面向区域内各地招收生源，并在中阿间开展交叉教学和实践，培养高素质旅游管理人才。

5. 吸引阿拉伯跨国旅游企业对华直接投资

受宗教法规影响，穆斯林对旅游目的地住宿、餐饮有特殊要求，清真餐厅等需符合相关国际标准。目前，我国伊斯兰旅游业发展基础薄弱，行业标准缺失，没有具有市场知名度和品牌认可度的相关企业。吸引阿拉伯国家的跨国旅游企业来华直接投资，能快速提升我国伊斯兰旅游基础设施的建设水平和服务水平，提高我国作为伊斯兰旅游新兴目的地的知名度。

6. 旅游数据信息的共建与共享

在国家及地方各级政府牵头下，建立旅游数据联合统计体系和旅游舆情监测网站。通过硬件平台的搭建，对旅游统计数据进行多渠道更新和多模式应用，通过大数据助力双边旅游合作。

Research on Tourism Cooperation Strategy Between China and Arab Countries under the Silk Road Tourism Economic Belt Construction

Cao Xiaoxiao

Abstract：The cooperation between China and Arabic countries in tourism industry is inevitable for China's construction of Silk Road culture Economic Belt. At present，the tourism cooperation between China and Arabic countries has just started，political unstability in the Middle East，bilateral visa barriers，low awareness of tourism destination in both sides，traffic inconvenience，weak base of Islamic tourism industry in China are main factors that restrict the development of Sino-Arab cooperation in tourism industry. To establish "China-Arab Tourism Cooperation Experimental Area" is the most effective way to promote the development of tourism market in both sides at present.

Keywords：China-Arab Tourism Cooperation；Silk Road Economic Belt；ADS Visa Agreement

（原文发表于《回族研究》2016 年第 2 期）

"一带一路"背景下制度距离对我国向西亚北非出口贸易影响研究[*]

王晓宇^{**}

摘要： 西亚北非国家是我国"一带一路"建设的重要合作伙伴，该地区各国经济发展水平和制度环境迥异，且分别在经济制度和政治制度方面与我国存在较大差异。基于全球治理指数和经济自由度指数相关数据，本文分别计算出我国与西亚北非地区 24 国的政治制度距离和经济制度距离，并基于 2007～2016 年我国对该地区的出口贸易数据，借助引力模型实证分析双边制度距离对我国出口贸易的影响及我国的出口潜力情况。结果发现，我国与西亚北非国家的政治制度距离和经济制度距离均存在临界值；只有当制度距离超过临界值时才会对我国的出口贸易产生负向影响。通过贸易潜力测算发现，我国对西亚北非部分国家出口贸易潜力巨大。最后，本文就如何缩减双边制度差异提出了相关建议。

关键词： 制度距离　西亚北非　引力模型　货物贸易　出口潜力

　　"一带一路"共建的对象国家的自然环境条件迥异，政治、经济、文化等社会发展水平参差不齐，地缘差异、文化关系难以改变，但制度差异却可以通过行之有效的工作加以改善。^①"政策沟通"作为"一带一路"建设的"五通"之首，旨在通过构建中国与参与国之间的多层协商机制，破解双边开展贸易合作的制度壁垒。"一带一路"背景下，基于制度因素的互动与"政策沟通"内容相契合，通过降低制度摩擦成本释放中国对外合作的潜力，对实现"互联互通"大有裨益。

---

　* 基金项目：国家社科基金青年项目"金融市场发展、跨境资本流动与国家金融安全研究"（18CJL037）；浙江外国语学院国别和区域研究中心资助项目"'一带一路'建议下中国－阿拉伯国家贸易畅通文化因素研究"（2019GBA06）。
** 王晓宇，经济学博士，山东师范大学外国语学院讲师，研究方向为区域国别研究。
① 潘镇：《制度质量、制度距离与双边贸易》，《中国工业经济》2006 年第 7 期。

　　西亚北非地处亚、非、欧三大洲交会处，覆盖包括阿拉伯国家在内的 20 多个国家。随着"一带一路"建设推进，该地区国家"向东看"趋势明显，尤其在经贸合作方面，我国已成为西亚北非国家最大的商品贸易输出国。[①] 2007～2014 年我国对西亚北非地区商品出口额增长明显（见图 1），2007～2016 年我国对西亚北非地区商品出口年均增长率为 5.58%，对该地区中阿拉伯地区的年均增长率为 6.07%。目前，阿拉伯地区已成为中国的第六大出口地区，其中，中国对伊拉克、黎巴嫩、阿曼等国的出口贸易年均增长率均超过 10%。与经贸关系不断深入形成对比的是，双边地缘文化和制度环境差异明显，导致双边存在较大的制度距离，这体现在政治制度差异、经济制度差异等诸多方面。因此，研究双边制度差异对现阶段双边加强"政策沟通"、促进"贸易畅通"具有现实意义。

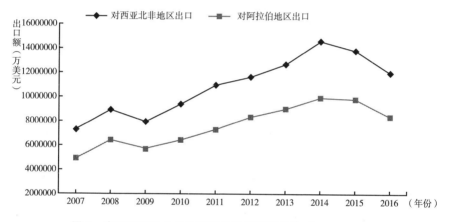

图 1　我国对西亚北非地区商品出口贸易趋势（2007～2016）

　　资料来源：2007～2016 年《中国统计年鉴》，根据中国历年居民消费价格指数 CPI（2010 = 100）换算成实际值。

一　制度距离对国际贸易的影响研究综述

　　制度是用来规范人类行为且人为制定的规则和限制，[②] 它对经济活动中的

---

① 牛新春：《"一带一路"下的中国中东战略》，《外交评论（外交学院学报）》2017 年第 4 期。
② D. C. North, *Institutions, Institutional Change, and Economic Performance*, New York：Cambridge University Press, 1990.

生产和交易成本，以及交易活动发生的可行性及其利润水平产生影响。20 世纪末，Kostova 基于新制度经济学理论并以国家为分析单位，首次提出"制度距离"概念，该概念代表不同国家之间的制度环境差距。制度距离越大，表明两国之间公众行为规范的相似度越小，相互适应彼此间制度环境所需成本越高。制度距离还会影响国家之间的相互信任程度，增加交易过程中的风险。随着新制度经济学与国际贸易问题的结合与发展，制度距离对国际贸易的影响逐渐成为国内外经济学研究的重要内容。

一般认为，制度距离对双边贸易产生阻碍作用，这一结论得到国内外多数文献的证实。国外研究中，De Groot 等通过研究制度同质性对国际贸易的影响发现，国家间制度框架的接近有助于减少贸易摩擦。Antràs 研究发现，跨国间制度不对等会在国际贸易中产生额外摩擦，进而导致贸易成本增加。Prabha 和 Chiu 在得出制度距离负向影响贸易规模结论的基础上进一步发现，不同类型的制度距离对贸易规模的影响存在一定差异。[①] 国内研究中，潘镇利用 153 个国家样本数据研究了制度距离对双边贸易的影响，发现货币政策、贸易政策等的差异制约了双边贸易的开展。魏浩等基于 31 个发展中国家样本数据，实证考察制度因素与对外贸易的影响关系，结果表明制度差异会增加贸易成本和抑制贸易往来。黄新飞等以全球 146 个国家为研究对象，通过样本间两两组合研究发现，制度距离是导致国家之间发展水平差异的根本因素，并且较大的制度距离会扩大双边经济发展的差距，进而阻碍双边贸易。在与中国贸易经验相关的研究中，胡超和王新哲通过研究中国与东盟 7 国之间的制度环境差异对双边贸易的影响发现，缩小制度距离会促进双边贸易，并推动双边区域经济一体化迈入更高阶段。万伦来和高翔通过研究 32 个国家和地区进出口贸易的影响因素发现，制度距离对中国的进出口贸易具有阻碍作用。然而，也有研究得出相反结论。谢孟军发现，跨国公司在选择制度质量较高对象国的基础上会倾向于发展与其制度距离较大的国家或地区的出口贸易。李文宇、刘洪铎以 62 个国家为样本，从经济距离、制度距离等多维视角研究发现，中国和与其制度差异较

---

① H. L. F. De Groot, et al., "The Institutional Determinants of Bilateral Trade Patterns," *Kyklos*, 2004, 57 (1); P. Antràs, "Incomplete Contracts and the Product Cycle," *The American Economic Review*, 2005, 95 (4); A. P. Prabha, E. M. P. Chiu, "Will Institutional Reform Enhance Bilateral Trade Flows? Analyses from Different Reform Aspects", *Journal of Economic Policy Reform*, 2011, 14 (3).

大国家之间的贸易规模更大。[1]

以上研究结论之所以不同，除了因为制度距离指标测度及数据上的差异，还因为样本选择上的差异。综上发现，国内已有研究多以世界贸易大国或我国重要贸易对象国为研究对象，很少以具有相似文化环境、地缘政治特征的地区或国家为研究样本，涉及西亚北非地区的研究更是少见，这跟我国与该地区日益密切的经贸交往现实严重不符。据此，本文选择西亚北非24国作为研究对象，包括叙利亚、黎巴嫩、约旦、伊拉克、巴勒斯坦、也门、沙特阿拉伯、科威特、阿拉伯联合酋长国、卡塔尔、阿曼、巴林、埃及、阿尔及利亚、突尼斯、利比亚、摩洛哥、毛里塔尼亚和苏丹等19个阿拉伯国家，以及以色列、土耳其、伊朗、塞浦路斯和阿富汗等5个非阿拉伯国家，借助引力模型实证分析制度距离对我国向西亚北非地区出口贸易和出口潜力的影响，为我国发展向该地区的贸易出口提供参考依据。

二 制度距离指标的构建与测度

（一） 制度距离的分类

学界对制度距离的测量有多种方法，尚未达成共识，其中最常见的有两种方法。第一种以 North 的制度分类方法"二分法"为基础，具体分为正式制度距离与非正式制度距离。[2] 正式制度指一个国家的政治、经济、法律等规章制度，而非正式制度的内涵则较为隐性，通常包括嵌入一国社会文化及意识形态中并被社会所认可的价值观和风俗习惯等内容。第二种以 Scott 的制度分类法"三支柱法"为基础，具体分为管制制度、规范制度、认知制度。[3]

---

[1] 潘镇：《制度质量、制度距离与双边贸易》，《中国工业经济》2006 年第 7 期；魏浩、何晓琳、赵春明：《制度水平、制度差距与发展中国家的对外贸易发展——来自全球 31 个发展中国家的国际经验》，《南开经济研究》2010 年第 5 期；黄新飞、舒元、徐裕敏：《制度距离与跨国收入差距》，《经济研究》2013 年第 9 期；胡超、王新哲：《中国－东盟区域经济深度一体化——制度环境与制度距离的视角》，《国际经贸探索》2012 年第 3 期；万伦来、高翔：《文化、地理与制度三重距离对中国进出口贸易的影响——来自32 个国家和地区进出口贸易的经验数据》，《国际经贸探索》2014 年第 5 期；谢孟军：《出口抑或对外投资——基于制度距离的视角》，《国际商务（对外经济贸易大学学报）》2015 年第 6 期；李文宇、刘洪铎：《多维距离视角下的"一带一路"构建——空间、经济、文化与制度》，《国际经贸探索》2016 年第 6 期。

[2] D. C. North, *Institutions, Institutional Change, and Economic Performance*, New York：Cambridge University Press, 1990.

[3] W. R. Scott, *Institutions and Organizations*, Thousand Oaks：Sage, 1995.

"三支柱法"中的管制制度与"二分法"中的正式制度类似，规范制度和认知制度又与非正式制度环境相对应，因此两种制度距离分类方法也存在对应性，但不管哪种分类，制度距离的每一个维度都表现出不同国家在制度轮廓相应维度上的差异。

　　大量研究为构建制度距离的具体测量指标做出了尝试。Xu 等、Gaur 和 Lu 分别采用世界经济论坛（www.weforum.org）每年发布的《全球竞争力报告》（Global Competitiveness Report）中的指标构建制度距离量表，用来衡量管制制度距离和规范制度距离。[1] Berry 等基于"三支柱法"从政治、经济、金融、管理、文化、知识、人口统计、地理距离和全球联通距离等九个方面构建制度距离指标。[2] Pogrebnyakov 和 Maitland 使用不同国家的语言差异和宗教信仰差异来衡量认知制度距离。[3] 郭苏文和黄汉民采用《全球竞争力报告》和美国传统基金会（www.heritage.org）每年发布的经济自由度指数（Economic Freedom Index），来构建基于法律制度、宏观经济制度、微观经济制度等制度距离指标。[4] 谢孟军依据经济自由度指数和全球治理指数（Worldwide Governance Indicators）构建基于政治制度、经济制度和法律制度的制度距离指标。实际上，Acemoglu 等对于经济学研究中的"制度"已给出定义，其范畴主要包括对物质资本、人力资本和技术水平等要素产生激励影响的规则、法律和政策，是相对于文化、价值观、语言等因素的正式制度。[5] 依据此标准，本文中的"制度距离"仅涵盖正式制度距离内容，具体分为政治制度距离和经济制度距离。本文借鉴谢孟军的测量方法，分别采用全球治理指数和经济自由度指数对制度距离进行测量。

---

[1]　D. Xu, Y. Pan, P. Beamish, "The Effect of Regulative and Normative Distances on MNE Ownership and Expatriate Strategies", *Management International Review*, 2004, 44（3）; A. S. Gaur, J. W. Lu, "Ownership Strategies and Survival of Foreign Subsidiaries: Impacts of Institutional Distance and Experience", *Journal of Management*, 2007, 33（1）.

[2]　H. Berry, M. F. Guillen, N. Zhou, "An Institutional Approach to Cross - national Distance", *Journal of International Business Studies*, 2010, 41（9）.

[3]　N. Pogrebnyakov, C. F. Maitland, "Institutional Distance and the Internationalization Process: The Case of Mobile Operators", *Journal of International Management*, 2011, 17（1）.

[4]　郭苏文、黄汉民：《制度距离对我国外向 FDI 的影响——基于动态面板模型的实证研究》，《国际经贸探索》2010 年第 11 期。

[5]　D. Acemoglu, J. A. Robinson, "Persistence of Power, Elites, and Institutions", *American Economic Review*, 2008, 98（1）.

（二） 制度距离指标的构建

一是政治制度距离指标的构建及含义。世界银行全球治理指数共包括 6 个指标，分别是政治民主度（Voice and Accountability）、政治稳定性（Political Stability）、政府效能（Government Effectiveness）、监管质量（Regulatory Quality）、腐败控制（Control Corruption）和法制水平（Rule of Law），各指标取值范围为 ［-2.5，2.5］。政治民主度主要衡量政府在履行管理职责过程中负责任的程度、公民参与选举的程度；政治稳定性主要衡量政局稳定程度、社会群体安定程度，同时反映政府掌控、平息意外暴乱和恐怖事件的能力；政府效能主要衡量政府机构职能履行、政策执行力、政策连续性的程度；监管质量主要衡量政府实施政策的质量、监管的程度以及对不友好市场的响应能力；腐败控制主要衡量政府和社会贪污腐败程度；法制水平主要衡量法律体系完善程度和法律执行程度。本文选取以上 6 个指标构建政治制度距离。

二是经济制度距离指标的构建及含义。美国传统基金会经济自由度指数共包含 12 个指标，包括政府开支（Government Spending）、税收负担（Tax Burden）、财政状况（Fiscal Health）、营商自由度（Business Freedom）、劳工自由度（Labor Freedom）、货币自由度（Monetary Freedom）、贸易自由度（Trade Freedom）、投资自由度（Investment Freedom）、金融自由度（Financial Freedom）、产权保障度（Property Rights）、政府健全度（Government Integrity）和司法效能（Judicial Effectiveness）。各指标含义明晰，取值范围为 ［0，100］。鉴于中国在财政状况和司法效能两项指标上暂无统计数据，本文选择其余 10 个指标构建经济制度距离。

（三） 制度距离的测算方法

Kogut 和 Singh 测算制度距离的方法是目前最为广泛接受和使用的方法，也被称为 KSI 法（Kogut and Singh Index）。[①] 制度是一个 N 维概念，其测量公式如下：

$$I_{ij} = \frac{1}{N} \sum_{k=1}^{N} \left[\frac{(I_{ki} - I_{kj})^2}{\sigma_k} \right] \qquad (公式 1)$$

其中，I_{ij} 是指地区 i 和 j 之间的制度距离，I_{ki} 是 i 国在制度维度 k 上的得

---

① B. Kogut, H. Singh, "The Effect of National Culture on the Choice of Entry Mode", *Journal of International Business Studies*, 1988, 19 (3).

分，I_{kj} 是 j 国在制度维度 k 上的得分。σ_k 是制度维度 k 的方差。在本文中，当测量政治制度距离时 N 取 6，当测量经济制度距离时 N 取 10。

三　模型构建、变量选取及数据来源

（一）引力模型的扩展与构建

传统的贸易引力模型源自牛顿的万有引力定律。在模型中，Tinbergen 和 Pöyhönen 通过解决两国间贸易流量问题，发现双边贸易流量与两国的经济规模成正比，与地理距离成反比。[①] 此后，众多学者基于贸易理论对引力模型进行更为扎实的推导，通过扩展和修正解释变量使模型的解释力不断提升。本文基于基础引力模型构建以下 4 个模型，除了双边经济体量、地理因素外，依次加入政治制度距离和经济制度距离两个主要解释变量。

为了研究政治制度距离、经济制度距离分别对出口贸易造成的影响，本文构建模型 1、模型 2；为了研究政治制度距离和经济制度距离对出口贸易的综合影响，构建模型 3；为了检验结果的稳健性，以 19 个阿拉伯国家为子样本，构建模型 4。

$$\mathrm{Ln}\, E_{At} = \beta_0 + \beta_1 \mathrm{Ln}\, WGI_{At} + \beta_2\, GDP_{At} + \beta_3 \mathrm{Ln}\, GDP\_CN_t + \beta_4\, LOC_A + \varepsilon_{At} \qquad (1)$$

$$\mathrm{Ln}\, E_{At} = \beta_0 + \beta_1 \mathrm{Ln}\, EFI_{At} + \beta_2\, GDP_{At} + \beta_3 \mathrm{Ln}\, GDP\_CN_t + \beta_4\, LOC_A + \varepsilon_{At} \qquad (2)$$

$$\mathrm{Ln}\, E_{At} = \beta_0 + \beta_1 \mathrm{Ln}\, WGI_{At} + \beta_2 \mathrm{Ln}\, EFI_{At} + \beta_3 \mathrm{Ln}\, GDP_{At} + \beta_4 \mathrm{Ln}\, GDP\_CN_t + \beta_5\, LOC_A + \varepsilon_{At} \qquad (3)$$

$$\mathrm{Ln}\, E_{at} = \beta_0 + \beta_1 \mathrm{Ln}\, WGI_{at} + \beta_2 \mathrm{Ln}\, EFI_{at} + \beta_3 \mathrm{Ln}\, GDP_{at} + \beta_4 \mathrm{Ln}\, GDP\_CN_t + \beta_5\, LOC_a + \varepsilon_{at} \qquad (4)$$

（二）变量选取、数据来源与处理

1. 变量来源与数据处理

模型中变量的理论含义和数据来源如表 1 所示。为消除通货膨胀的影响，本文将出口贸易数据根据历年的居民消费价格指数（CPI，2010 = 100）换算成实际值，将中国与西亚北非各国的国内生产总值采用 2010 年不变价美元（2010 constant ＄US）表示。

[①] J. Tinbergen, "Shaping the World Economy, Analysis of World Trade Flows", In Tinbergen（ed.）, *Shaping the World Economy*, New York: The Twentieth Century Fund, 1962; P. Pöyhönen, "A Tentative Model for the Volume of Trade between Countries," Weltwirtschaftliches Archiv, 1963.

表1 模型中变量的理论含义和数据来源

变量类型	变量	名称	说明	数据来源
数值型变量	被解释变量（因变量）	E_{At}/E_{at}	t 时期中国对西亚北非国家/阿拉伯国家出口额（万美元）	中国统计年鉴
	解释变量（自变量）	WGI_{At}/WGI_{at}	t 时期中国与西亚北非国家/阿拉伯国家的政治制度距离，反映双边的政治制度差异程度	世界银行全球治理指数
		EFI_{At}/EFI_{at}	t 时期中国与西亚北非国家/阿拉伯国家的经济制度距离，反映双边的经济制度差异程度	美国传统基金会经济自由度指数
	控制变量	GDP_{At}/GDP_{at}	t 时期西亚北非国家/阿拉伯国家的国内生产总值（2010 constant $ US），反映第 t 年该国的经济规模（美元）	世界银行世界发展指数
		GDP_CN_t	t 时期中国的国内生产总值（2010 constant $ US），反映第 t 年中国的经济规模（美元）	世界银行世界发展指数
分类变量	虚拟变量	LOC_A/LOC_a	地理位置，亚洲取"0"，非洲取"1"	世界地图

2. 结果预测

本文利用 R 语言 Plot 命令制作散点图（见图2），预测制度距离与我国对西亚北非 24 国出口贸易的关系。结果显示政治制度距离和经济制度距离均与出口贸易呈负相关关系，据此本文预测双边制度距离对我国向该地区出口贸易产生负向影响。

3. 变量的描述性统计

各变量的描述性统计如表2所示。从结果看，除了中国的国内生产总值变化较小外，其他变量的变化都较大。

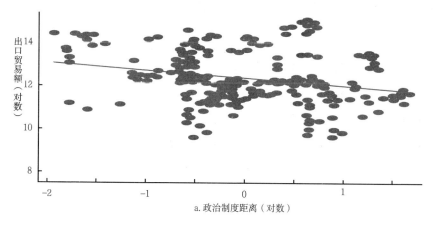

a.政治制度距离（对数）

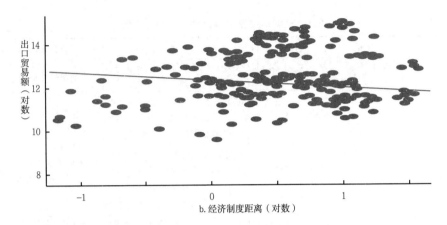

图 2　制度距离与出口贸易关系

表 2　各变量的描述性统计

变量	最小值	最大值	均值	标准差
Ln E_{At}	7.798	15.053	12.198	1.419
Ln GDP_{At}	22.15	27.74	25.21	1.268
Ln GDP_CN_t	29.16	29.88	29.55	0.234
Ln WGI_{At}	-1.936	1.658	-0.004	0.807
Ln EFI_{At}	-1.256	1.562	0.438	0.560

4. 模型的共线性检验

模型 1~4 共线性检验结果如表 3 所示。各模型中所有变量的膨胀因子 VIF 值均小于 10，表明不存在多重共线性问题。

表 3　共线性检验结果（VIF 检验）

变量	Ln GDP_t	Ln GDP_CN_t	LOC	Ln WGI_t	Ln EFI_t
模型 1	1.104	1.007	1.151	1.153	
模型 2	1.044	1.007	1.058		1.025
模型 3	1.117	1.009	1.222	1.074	1.164
模型 4	1.092	1.033	1.066	1.109	1.056

四　实证研究结果与分析

本文借助 R 语言（R 3.4.4 版本）对模型进行回归分析。

（一）基本回归

本文对模型 1～4 的实证研究结果进行了汇总（见表 4），结果显示，仅模型 2 的拟合优度略低，其他模型的拟合优度都在 0.75 以上，说明模型的拟合度很好。

表 4　模型回归结果汇总

变量	模型 1	模型 2	模型 3	模型 4
$\text{Ln } GDP_t$	0.827 *** (0.031)	0.764 *** (0.054)	0.808 *** (0.031)	0.760 *** (0.040)
$\text{Ln } GDP\_CN_t$	0.668 *** (0.163)	0.786 ** (0.291)	0.697 *** (0.161)	0.913 *** (0.194)
LOC	0.046 (0.089)	0.271 * (0.152)	0.047 (0.088)	− 0.003 (0.094)
$\text{Ln } WGI_t$	− 0.084 (0.051)		− 0.083 (0.051)	− 0.092 (0.067)
$\text{Ln } EFI_t$		− 0.156 (0.123)	− 0.071 (0.069)	− 0.0814 (0.084)
Intercept	− 28.181 *** (4.819)	− 30.247 *** (8.619)	− 28.521 *** (4.760)	− 33.673 *** (5.68)
R^2	0.798	0.515	0.810	0.750
Adj. R^2	0.795	0.505	0.805	0.7401
F	207.9	53.85	166.5	87.58
Obs.	210	203	195	147

注：***、** 和 * 分别表示在 1%、5% 和 10% 水平上显著；括号内数字为标准误。

自变量。从模型的回归结果发现，不论是政治制度距离 WGI_A 或经济制度距离 EFI_A 单独作为影响因素，还是两者共同作为影响因素，均对我国向西亚北非国家出口贸易 E_A 产生负向影响，但结果不显著。模型 4 是以阿拉伯国家为样本对模型进行的检验，结果也是负影响但不显著。

其他变量。西亚北非国家和我国的国内生产总值均与我国的出口呈显著正相关关系，说明双边经济规模越大、经济实力越强，中国对其贸易出口额越大。虚拟变量 *LOC* 作为分类变量仅起到地区固定效应。

（二）"临界值"回归

考虑到不同程度的制度距离对出口贸易的影响效果，以及建立回归分析时回归系数估计值的稳定性，本文将西亚北非 24 国样本依据政治制度距离和经济制度距离采用给定阈值进行回归分析，在不同阈值情况下计算残差平方和（RSS），利用 R 语言进行 3000 次循环抽样，计算得到最优残差平方和处的临界值（见图 3），并进行回归检验。

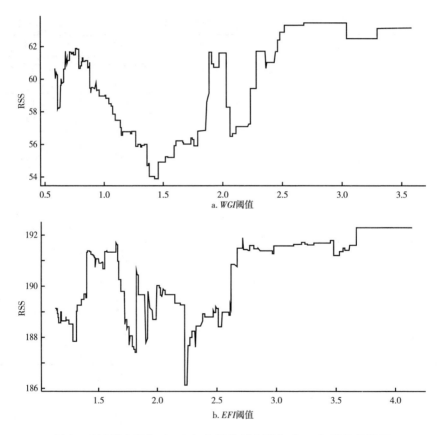

图 3　政治制度距离（*WGI*）和经济制度距离（*EFI*）阈值最优解

研究发现，制度距离对我国贸易出口的影响，并不能简单地解释为结果不显著，而是存在一个临界值，这是在全样本检验中无法发现的。其中，政治制度距离的临界值为 1. 4325，经济制度距离的临界值为 2. 2327。本文将小于临界值的组定义为"距离较小组"，模型设为"Model_1"，将大于临界值的组定义为"距离较大组"，模型设为"Model_2"。回归结果见表 5。

表 5　政治制度距离（WGI）和经济制度距离（EFI）临界值回归结果汇总

变量	WGI 临界值回归		EFI 临界值回归	
	Model_1（距离较小组）	Model_2（距离较大组）	Model_1（距离较小组）	Model_2（距离较大组）
Ln GDP_{At}	1. 164 *** (0. 080)	0. 720 *** (0. 027)	0. 850 *** (0. 071)	0. 750 *** (0. 069)
Ln GDP_CN_t	0. 661 * (0. 353)	0. 706 *** (0. 147)	0. 453 (0. 389)	0. 810 ** (0. 369)
LOC_A	0. 216 (0. 239)	− 0. 025 (0. 075)	0. 196 (0. 209)	0. 301 (1. 587)
Ln WGI_{At}	0. 260 (0. 259)	− 0. 177 *** (0. 067)		
Ln EFI_{At}			0. 017 (0. 456)	− 0. 474 ** (0. 193)
Intercept	− 36. 739 *** (10. 602)	− 26. 635 *** (4. 330)	− 22. 523 * (11. 761)	30. 601 *** (10. 894)
R^2	0. 785	0. 867	0. 739	0. 477
Adj. R^2	0. 772	0. 864	0. 719	0. 463
F	57. 56	232. 1	37. 5	33. 05
Obs.	63	142	53	145

注：*** 、** 和 * 分别表示在 1% 、5% 和 10% 水平上显著；括号内数字为标准误。

实证结果表明，不管是政治制度距离还是经济制度距离，只有距离较大组样本的回归结果是显著的，且为显著负相关，这与预测结果一致。当我国与西亚北非国家政治制度距离超过 1. 4235 时，制度距离与我国对其贸易出口呈显著负相关关系，且双边政治制度距离越大，我国对其贸易出口额越小，在忽略其他变量影响的情况下，双边政治制度距离每减少 1% ，对其出口贸易会提升 0. 177% 。当双边经济制度距离超过 2. 2327 时，经济制度距离与我国对其贸易出口呈显著负相关关系，且双边经济制度距离越大，我国对其贸易出口额越小，同样不考虑其他变量影响的情况下，双边经济距离每减小 1% ，我国对其出口额会提升 0. 474% 。

五 我国对西亚北非国家出口贸易潜力的测算与分析

本文基于模型 3，利用 R 语言 fitted 函数测算 2007～2016 年我国对西亚北非 24 国的"理论出口贸易额"，再根据公式 $Index = E_R/E_T$ 计算我国的出口贸易潜力指数。其中，E_R 为实际出口贸易额，E_T 为理论出口贸易额。$E_R/E_T > 1$ 表示出口过度，$E_R/E_T < 1$ 表示出口不足，$E_T - E_R$ 表示可提升的空间，单位为亿美元。2007～2016 年我国对卡塔尔、阿富汗的出口常年不足，且平均出口贸易潜力指数不到 0.5；对土耳其、巴林、阿曼、突尼斯、摩洛哥等国的出口贸易潜力近几年呈衰减趋势；对卡塔尔、土耳其、摩洛哥的出口贸易有较大的提升空间，尤其 2016 年对土耳其的出口潜力超过 100 亿美元（见表 6）。

表 6　2007～2016 年我国常年出口不足的西亚北非国家

单位：亿美元

年份	卡塔尔		阿富汗		土耳其		巴林		阿曼		突尼斯		摩洛哥	
	E_R/E_T	E_T-E_R	E_R/E_T	E_T-E_R	E_R/E_T	E_T-E_R	E_R/E_T	E_T-E_R	E_R/E_T	E_T-E_R	E_R/E_T	E_T-E_R	E_R/E_T	E_T-E_R
2007	0.44	8.58	0.54	1.55	1.15	-15.18	0.65	2.22	0.50	5.86	0.45	6.30	1.33	-5.79
2008	0.59	7.52	NA	NA	0.99	1.21	0.99	0.04	0.64	4.50	0.56	5.68	1.14	-2.97
2009	0.42	12.59	0.48	2.42	0.72	33.03	0.57	3.75	0.51	7.55	0.58	5.37	0.95	1.11
2010	0.31	19.38	NA	NA	0.90	12.91	0.98	0.12	0.54	7.97	0.75	3.40	1.00	0.04
2011	0.36	20.23	0.37	3.70	1.02	-3.27	0.88	1.10	0.52	8.73	0.77	3.20	1.04	-1.18
2012	0.32	23.36	0.59	2.98	0.89	18.53	1.15	-1.46	0.86	2.78	0.85	2.29	0.95	1.37
2013	0.42	21.54	0.39	4.62	0.84	30.14	0.90	1.20	0.78	4.76	0.67	5.52	0.88	4.08
2014	0.46	23.68	0.44	4.43	0.81	40.21	0.92	0.98	0.77	5.53	0.63	6.48	0.75	8.86
2015	0.42	27.26	0.38	5.25	0.73	59.00	0.65	4.73	0.71	7.68	0.58	7.92	0.68	11.80
2016	0.26	37.26	0.40	5.51	0.57	106.97	0.45	8.22	0.67	9.10	0.57	8.32	0.62	15.90

注：NA 表示缺失值。

本文从共时的角度对 2016 年我国对西亚北非国家出口贸易潜力进行测算，并参考李俊久和丘俭裕的分类标准[①]，根据 E_R/E_T 的不同取值将我国对贸

---

① 李俊久、丘俭裕：《中国对 APEC 成员的出口潜力及其影响因素研究——基于贸易引力模型的实证检验》，《亚太经济》2017 年第 6 期。

易国的出口贸易潜力分为四类：潜力指数大于1.2属于潜力再造型，表示我国的出口潜力已充分发挥，这类国家主要包括阿联酋、毛里塔尼亚、约旦、也门等对象国；潜力指数为0.8~1.2的属于潜力开拓型，表示潜力尚未充分发挥，这类国家主要包括伊拉克、埃及、以色列、阿尔及利亚、黎巴嫩、伊朗、沙特阿拉伯等对象国；潜力指数为0.5~0.8的属于潜力较大型，说明潜力提升空间大，这类国家主要包括苏丹、阿曼、摩洛哥、土耳其、突尼斯、科威特等对象国；潜力指数为小于0.5的属于潜力巨大型，表示极具潜力，这类国家主要包括巴林、塞浦路斯、阿富汗、卡塔尔等对象国（见表7）。

表7 2016年我国对西亚北非国家的制度距离、出口贸易潜力指数及类型

国别	WGI	EFI	E_R/E_T	类型	国别	WGI	EFI	E_R/E_T	类型
阿联酋	1.59	2.67	2.79	潜力再造	苏丹	0.19	1.56	0.74	潜力较大
毛里塔尼亚	0.69	1.35	1.95	潜力再造	阿曼	0.68	2.78	0.67	潜力较大
约旦	0.39	1.91	1.77	潜力再造	摩洛哥	0.68	0.43	0.62	潜力较大
也门	3.05	0.28	1.59	潜力再造	土耳其	1.29	0.96	0.57	潜力较大
伊拉克	2.12	2.05	1.12	潜力开拓	突尼斯	2.21	2.50	0.57	潜力较大
埃及	0.53	0.71	1.07	潜力开拓	科威特	0.37	1.40	0.51	潜力较大
以色列	3.21	3.14	1.02	潜力开拓	巴林	0.28	2.97	0.45	潜力巨大
阿尔及利亚	0.70	0.51	0.99	潜力开拓	塞浦路斯	0.35	1.54	0.42	潜力巨大
黎巴嫩	0.92	0.91	0.99	潜力开拓	阿富汗	2.46	1.41	0.40	潜力巨大
伊朗	0.38	1.40	0.96	潜力开拓	卡塔尔	1.15	2.51	0.26	潜力巨大
沙特阿拉伯	3.30	2.65	0.85	潜力开拓					

注：2016年巴勒斯坦、利比亚、叙利亚相关统计数据缺失，故仅对21国数据进行测算，其中WGI表示政治制度距离，EFI表示经济制度距离。

综合历时结果和共时结果发现，我国对卡塔尔、阿富汗、土耳其、摩洛哥等国出口贸易潜力巨大。这些国家与我国的制度距离也普遍较大，因此缩小双边制度距离差异对提升我国对该地区国家的出口贸易潜力大有裨益。结果中出口潜力较大的对象国以海合会成员国居多，这一定程度上反映出我国对该地区国家出口贸易存在一些问题。第一，我国长期依赖海合会成员国等高产油国家的石油能源进口，但对这些国家的出口以传统劳动密集型产品和工业制成品为主，导致我国与其贸易逆差不断扩大。第二，大产油国经济实力比较雄厚，对技术含量高、附加值大的产品需求更高，对我国一般商品的贸易进口乏力，影响我国出口贸易潜力的发挥。长期以来，我国都在努力与海合会进行自由贸易协定谈判，协议一旦达成，我国将采取取消关税、促进贸易便利化等制度措施降低双边贸易成本，通过释放制度红利发挥双边贸易潜力。

结论与建议

本文借助扩展的引力模型，利用2007～2016年贸易数据，基于全球治理指数和经济自由度指数分别测算政治制度距离和经济制度距离，研究分析制度距离对我国向西亚北非24国出口贸易的影响，并测算我国对该地区的出口贸易潜力。与以往研究的结果不同，本文发现制度距离对我国向西亚北非国家出口贸易的影响存在"临界值"效应，即当政治制度距离和经济制度距离均分别超过1.4325和2.2327时，制度距离的负向作用才会显著；制度距离越大，越不利于我国对西亚北非国家出口贸易。实证结果数据显示：①政治制度距离和经济制度距离每降低1%，我国的出口贸易额将会分别提高0.177%和0.474%，经济制度距离对我国出口贸易影响更加明显；②我国对西亚北非国家出口贸易的理论值与实际值存在差距，尤其是与我国制度距离较大的高产油国家，我国对其出口贸易潜力提升空间巨大。因此，为了加强我国与西亚北非国家的政策沟通，缩小制度差距，本文提出以下几点建议。

第一，与西亚北非地区制度环境较好的国家重点开展合作。潘镇的研究表明，贸易出口国制度质量的提高会促进双边贸易。我国的制度质量处于世界中等水平，贸易出口主要分布在制度质量较高的国家或地区。西亚北非国家制度质量参差不齐，据2015～2017年世界银行和国际复兴开发银行联合发布的《营商环境报告》排名统计，以色列、土耳其、海合会国家等西亚国家能够保持较好的营商环境，而北非国家因整体经济发展水平较低、政治经济制度不完善、社会管理和基础设施较差等因素排名落后，均居世界100名之后。因此，要想扩大我国对西亚北非地区出口，一方面需通过改善国内制度环境，提高我国自身制度质量；另一方面则要寻求制度环境较好，并且与我国制度差异较大的西亚北非国家作为重点对象开展合作，通过减小双边制度差距释放我国对其出口贸易潜力。

第二，深化多领域经贸合作机制。在共建"一带一路"下我国正进一步细化与西亚北非国家的贸易合作规划，构建多领域、多层次、多形式的贸易合作，如加紧开展与以色列、海合会国家的自贸区协定谈判；通过完善双边经贸合作机制，合理解决与土耳其、埃及等主要顺差来源国的贸易摩擦，逐步消除贸易关税壁垒；深化金融合作，缩小金融政策距离，扩大与阿联酋、科威特、卡塔尔、沙特、土耳其等国的本币互换、结算的范围和规模；充分发挥我国在西亚北非各国基础设施建设中的重要作用，通过加大对该地区的劳务输出力度，促进机电设备和日用消费品等商品的贸易出口；建立和完善质检合作机制，改变以往出口货物质量较次、附加值较低的不良印象，积极推动与该地区重点国家的质检标准和结果互认，提高出口货物质量；加强与海合会六国、伊朗、以色列、埃及、突尼斯、阿尔及利亚等海运节点国家的港口合作，通过建设海陆交通设施，推进贸易通关便利化。

　　第三，重视非正式制度对出口贸易的促进作用。非正式制度指国家之间风俗习惯、价值观等方面的差异。一般而言，对于政治、经济制度体系尚不完善、风险系数高的国家，我国通常依靠文化合作等非正式制度层面的互动来支持贸易合作，[①] 因此，我国需同时关注与西亚北非国家的文化差异对出口贸易带来的影响，可通过国内高校对相关语种人才和跨文化交际人才的培育，为文化交流升级和经济合作创造有利的条件。[②] 此外，"一带一路"共建下双边还需加强文化互通、文明互鉴，辩证地借鉴和吸收对象国的优秀文化成果，在此基础上生产满足西亚北非人民消费偏好的产品，以促进贸易出口，进而赢得该地区国家对"一带一路"建设的广泛响应。

The Impact of Institutional Distance on China's Export Trade to WANA under the Background of "the Belt and Road"

Wang Xiaoyu

Abstract：The West Asia and North Africa （WANA） countries are important partners of China's "the Belt and Road" initiative. The economic development level and institutional environment of the countries in the region are very different, and there are great differences in economic system and political system between WANA and China. This paper calculates the political institutional distance and economic

---

①　吴艳文：《"一带一路"战略下我国企业海外投资的风险及防范》，《西安财经学院学报》2017 年第 4 期。

②　杨言洪、王晓宇：《中国与中东"语言互通"贸易价值研究与人才培养启示》，《山东师范大学学报》（人文社会科学版）2018 年第 6 期。

institutional distance between China and the WANA's 24 countries based on the data related to the Global Governance Index and the Economic Freedom Index, and makes an empirical analysis of the impact of bilateral institutional distance on China's export trade and its export trade potential to the region through Gravity Model by using the data of China's export trade to the region from 2007 to 2016. The results find that there is a threshold to make the bilateral institutional distance have a negative effect on China's export trade to the region. In addition, we know that China still has great potential for export trade to some countries in the region through the measurement of trade potential. More discusses and some suggestions on how to reduce bilateral institutional differences are put toward the end.

Keywords：Institutional Distance；WANA；Extended Gravity Model；Goods Trade；Export Potential

（原文发表于《国际商务研究》2020 年第 1 期）

迪拜模式对宁夏经济
发展的启示

刘东宁　马立蓉[*]

摘要：迪拜模式依靠多渠道融资发展现代物流业、旅游业、房地产业和金融服务业，创造了"迪拜奇迹"，但也潜藏着巨大的金融风险。通过将迪拜模式与宁夏经济发展进行比较研究发现，宁夏在经济发展过程中呈现出与迪拜相似而又迥异的特征，但是迪拜模式无疑给能源型城市经济转型提供了成功的范例。宁夏在经济发展过程中应该借鉴迪拜模式，实施开放性经济政策，转变政府职能，营造吸引人才和资本的良好社会环境，建立发达的交通基础设施，发展特色旅游，打造城市软实力，同时警惕迪拜房地产融资模式和债务风险，最终实现经济发展模式的转型，实现可持续发展。

关键词：迪拜模式　宁夏　经济转型　能源型城市

自阿联酋独立以来，迪拜一直在探索一条非石油地租型经济发展模式。迪拜建立了现代金融体系，实行自由贸易政策，通过发展转口贸易、国际航空、会议旅游和房地产等产业，创造了经济发展奇迹，成功摆脱了对石油资源的依赖，被誉为中东地区的"明珠"。迪拜与新加坡、中国香港等国家和地区一样实现了经济现代化，"迪拜模式"也成为许多国家和地区争相学习的典范。

当前宁夏经济正处于从第二产业向第三产业转移的重要时期，宁夏的经济发展模式与早期迪拜模式有着相似之处，通过对这两种模式的比较，我们可以发现宁夏经济发展的优势和劣势所在，如何借鉴迪拜模式的成功经验，规避该模式的潜在风险，实现经济的可持续发展，是宁夏经济发展当中一个不可回避的问题。

---

* 刘东宁，博士，宁夏大学阿拉伯学院；马立蓉，硕士，宁夏大学阿拉伯学院。

一 迪拜模式

所谓迪拜模式，就是"在开明包容的政治环境、自由稳定的经济环境和完备的基础设施基础上，依靠多渠道融资手段，重点发展贸易运输业、旅游会展业、金融服务业以及房地产四大支柱产业，依靠多样化的产业机构逐渐替代对石油主导产业的过度依赖，从而带动整个国民经济快速实现跨越式发展"[1]。但是迪拜模式过于依赖房地产和金融产业，2005～2009年迪拜当局及其控股公司的债务累计达到800亿美元，[2] 房价上涨了三四倍，最终迪拜房地产泡沫在2008年破灭，房价腰斩，房地产崩盘，宣告了迪拜模式跌下神坛。但是这并不意味着迪拜模式的失败，而是表明迪拜的经济发展进入一个新的调试期。在阿布扎比酋长紧急向阿联酋注资后，阿联酋成功克服短期财务危机，2012年经济增长率已经达到4.485%。[3]

尽管部分阿拉伯学者对"迪拜模式"提出了质疑，但从整体而言，迪拜经济发展模式是成功的，为产业单一的工业化城市向现代产业多元化城市发展提供了样板。迪拜利用"石油美元"建立了现代石油工业和港口物流体系，实现第一次经济转型。之后又以石油财富为依托完善城市的基础设施，大力发展金融、物流、旅游和房地产等多元化的第三产业，石油产业占国内生产总值的比重最终近5%，[4] 使迪拜逐渐摆脱了海湾石油国家过度依赖石油的地租型经济发展模式，实现了经济的第二次转型。

宁夏经济发展与迪拜模式有着诸多相似之处。迪拜第一次经济转型之后，形成了以石油工业和港口贸易为主要产业的经济结构，总体属于地租型经济。宁夏的经济发展结构性矛盾突出，农业产业化水平较低，工业以制造业和采掘业为主，过于依赖资源开采和粗加工，工业产品附加值低，第三产业现代化水平有待提高。截至2014年，工业占全区生产总值的8.4%，第二产业和第三产业分别为48.8%和42.8%，[5] 宁夏的经济结构日趋合理，第一产业、

---

[1] 张明生：《迪拜多样化经济发展研究》，北京外国语大学博士学位论文，2015，第2页。

[2] 张鹏、梁波：《迪拜和希腊债务危机的对比分析》，《经济视角》2010年第6期，第54页。

[3] "GDP Growth（Annual %）- United Arab Emirates"，World Bank，https：//data. worldbank. org/indicator/NY. GDP. MKTP. KD. ZG？locations = AE，最后访问日期：2018年5月11日。

[4] 全菲：《迪拜与香港现代化比较》，《西亚非洲》2011年第8期，第69页。

[5] 《2014年1—12月宁夏主要经济指标完成情况》，宁夏回族自治区人民政府网，http：//www. nx. gov. cn/ztsj/sjl/tjsj/201802/t20180211_ 689446. html，最后访问日期：2018年5月11日。

第二产业的比例有所下降，第三产业的比例上升。但是宁夏的第二产业更多的是依赖资源的较为传统的产业，能源工业占区内经济的比例较大，宁夏经济总体上仍属于典型的地租型经济模式。

二　比较视域下的宁夏经济

宁夏是一个少数民族人数众多的地区，回族人口占全区总人口的 36%，汉族和其他少数民族人口占总人口的 64%。① 回族文化与阿拉伯文化有着诸多共性，这成为宁夏经济发展的文化优势。在迪拜模式的影响下，宁夏经济发展呈现出自身的优势和劣势，具体而言包括以下几个层面。

（一）区域位置层面

宁夏地处亚洲的腹地，在与阿拉伯国家交往过程中，空间距离较远，由于地区安全和国家政策等，中国尚未建立连接中国与阿拉伯国家的铁路交通网。从国内区域来看，宁夏地处中国内陆，距离东部沿海地区较远。这也成为宁夏经济发展过程中难以克服的区位劣势，因此宁夏的区位劣势过于明显。② 而迪拜扼守波斯湾，海运和空运发达，区位优势明显。

（二）交通基础设施层面

近年来宁夏回族自治区政府大力发展交通基础设施建设，已经拥有较为完善的公路、铁路和航空交通运输网。在宁夏，宝兰铁路贯穿南北，全区公路总里程达到 33240 公里（截至 2015 年），境内已经拥有较为完善的航空运输体系。宁夏投资 30 亿元的银川河东机场三期扩建工程已经通过验收，预计 2020 年银川河东机场旅客吞吐量将达 1000 万人次、货运吞吐量达 10 万吨。③ 因此宁夏的"铁路和公路（包括高速公路密度均居西部各省区前列），基础设施状况比较好"④，航空运输业正在崛起，这为宁夏经济的发展奠定了良好的

---

① 《宁夏公布 2015 年全国 1% 人口抽样调查主要数据》，宁夏回族自治区人民政府网，http://www. nx. gov. cn/zwxx_ 11337/zwdt/201707/t20170727_ 300264. html，最后访问日期：2018 年 5 月 20 日。

② 周玲：《宁夏物流产业的定位》，《市场经济研究》2004 年第 6 期，第 27 页。

③ 《河东机场三期扩建新建 T3 航站楼等工程通过验收》，银川市人民政府网，http://www. yinchuan. gov. cn/xwzx/mrdt/201612/t20161216_ 209212. html，最后访问日期：2018 年 5 月 8 日。

④ 周玲：《宁夏物流产业的定位》，《市场经济研究》2004 年第 6 期，第 27 页。

基础。迪拜之所以创造了经济奇迹，与其良好的交通基础设施息息相关。因此宁夏已经具备了迪拜经济模式最基本的要素之一。

（三） 产业结构层面

宁夏已经形成了以第二产业为龙头，第一产业和第三产业共同发展的格局。与迪拜第一次经济转型后的石油工业体系不同，宁夏的矿产资源以煤炭和非石油矿产为主，围绕煤炭资源，宁夏已经建立了完整的煤炭加工、发电和煤化油等工业体系，这就从根本上保证了宁夏实体经济的良性发展。而迪拜已经实现了第二次经济转型，第三产业已经在经济结构中占据绝对优势，工业不再是经济发展的主要驱动力，迪拜的这一产业结构将是宁夏未来经济发展的方向。

同时，宁夏农业经济相对较为发达，自古就有"塞上江南"的美誉，比迪拜拥有更为雄厚的农业经济基础。宁夏现有耕地 1900 多万亩，人均近 3 亩，适合农业耕作的荒地 1000 多万亩，适合渔业的洼地湿地约 200 万亩，天然草场 3400 多万亩。[①] 宁夏建立了较为完备的枸杞和牛羊肉加工产业，已经形成自己的农业特色。而迪拜的经济结构中基本没有农业，大部分农作物依靠进口，经济的发展缺乏天然的保障和独立性。

此外，宁夏积极发展第三产业，特别是旅游产业。宁夏在发展旅游产业过程中，与迪拜旅游经营理念有着一定的相似性，试图打造自身的旅游特色。宁夏积极完善旅游基础设施，建立了水洞沟、六盘山风景区、火石寨、西夏王陵、中卫沙坡头等多个国家级旅游区，已经形成了较为完善的旅游产业体系，初步实现了产业结构的优化。而迪拜则建有帆船酒店、哈里发塔、朱梅勒清真寺、棕榈岛等风景区。

（四） 人口结构层面

迪拜经济的发展离不开巨大的外来人口红利，来自欧美等国的高级职员，来自中国、日本和韩国等国的较高级别的职员，来自印度、巴基斯坦、菲律宾等国的较低级别的职员，满足了迪拜经济发展过程中对不同层次人才的需求，创造了巨大的人口红利。"自（阿联酋）建国伊始，由于迪拜劳动力不丰

---

① 参见 https：//www.baidu.com/link? url = NEgEgytcTb1KOGFPU5 _ Jbu _ Pzc5QcSvsUWo3sPb F5LsOE － tSu6o6V4YU1NMHR6GZ2fYbRZLjCNo46 _ 9qHM2ELq&wd = &eqid = 9e11c4bd002f9f 9b000000056090b6af，最后访问日期：2018 年 5 月 11 日。

富，经济很大程度上依赖外国劳动力来实施发展、生产和服务项目，保证了迪拜经济和社会的全面持续发展。"① 国际信用评级机构穆迪高级副总裁菲利浦·劳特指出，人为创造的人口红利是"迪拜模式"的关键。② 宁夏人口年龄结构处于成年型，劳动力资源比较丰富，第六次全国人口普查数据表明，"在宁夏常住人口中，15~64 岁成年人组人口比重为 72.22%……人口年龄呈现出两头小、中间大的纺锤形特征"③。因此宁夏人口结构与迪拜一样，可以为经济的发展提供巨大的人口红利，保证经济发展对各层次人才的基本需求。

但是宁夏地处中国的西部地区，经济发展总体较为落后，区域发展不平衡，专业人才和高级人才大量外流，与迪拜吸引世界高层次专业人才的格局有着巨大的差异。宁夏人口受教育程度偏低，高端专业人才少，且分布不均匀。"全区人才占总人口比例为 7.8%，比全国平均水平低 1.4 个百分点。具有高级职称的专业人才 1.55 万人，高层次科技人才 1024 人。"④ 同时，与其他省份相比，宁夏除了高层次专业人才较少之外，宁夏的人才分布结构也不够合理，宁夏的人才大多集中于银川，宁夏的中小城市和农村分布较少，这就限制了宁夏地方经济的发展。在"一带一路"背景下，宁夏迫切需要加快与阿拉伯等国家的经济交往，加快宁夏与国际社会的接轨，而宁夏人才结构的不合理将成为经济发展的瓶颈。

（五）文化底蕴层面

回族文化是中华文化与伊斯兰文化融合的典范，是中华文化大家庭的有机组成部分，因此回族文化兼具中华文化和伊斯兰文化的特征。在中阿经贸交往过程中，回族在宗教信仰、价值观念和生活习惯等方面与阿拉伯人有诸多相似之处，比其他民族更具文化优势，为中阿之间深化彼此的互信以及强化政治、经济和文化交流奠定了良好的基础。此外，宁夏每年培养大量各个层次的阿拉伯语人才，他们往往身受中华文化和伊斯兰文化的双重熏陶，为本地区和其他省份与阿拉伯国家进行社会、经济和文化交往提供了必要的智力支持，成为中阿经贸往来的重要桥梁。

---

① محمد سعد عميرة، ‹اقتصاد دولة الامارات العربية المتحدة›، مجلة التعاون الاقتصاد بين الدول الإسلامية، 2002، 3.

② 陈晓、朱文轶：《迪拜模式：新移民带来商业资本和内需》，《三联生活周刊》2010 年第 4 期，第 72 页。

③ 姚水洪、马茜、张英奎：《宁夏人口结构与可持续发展研究》，《宁夏社会科学》2013 年第 2 期，第 64 页。

④ 宁夏回族自治区党建研究秘书处：《宁夏人才工作重点难点问题研究》，《共产党人》2014 年第 16 期，第 20 页。

（六） 生态环境层面

宁夏受温带大陆性气候影响明显，中部地区和宁夏平原两翼沙漠化现象比较严重。"2004 年宁夏荒漠化土地监测结果显示：该地区（宁夏中部地区）沙化土地面积为 109.49 万 hm²，占宁夏沙化面积的 92.58%。"[①] 尽管宁夏在治理沙漠化方面取得了巨大成就，但是沙漠化问题始终是困扰宁夏农业发展的重要课题。农业基础的薄弱，生态环境的恶化，也制约着宁夏人才引进政策的有效性，制约着宁夏经济的发展。需要指出的是，迪拜的自然环境比宁夏更为恶劣，也面临着同样的生态环境问题，迪拜模式的成功表明，脆弱的生态环境不是限制经济发展的绝对因素。

三　启示

与迪拜模式相比，宁夏在区域位置、基础设施、产业机构、人口结构、人文环境和生态环境等领域有着相似之处，宁夏有着明显的经济发展优势，也存在着一定的不足。迪拜经济模式的成功不仅为阿拉伯产油国经济转型提供了范例，而且为宁夏经济未来的发展带来了诸多启示。

（一） 迪拜的成功经验

1. 实施开放的经济政策，打造吸引资本和人才的包容的社会环境

迪拜模式的成功离不开迪拜长期坚持较低的税率、通关便利、自由港和自由贸易区的建设，更离不开包容的社会环境，"不同于大多数发展中国家，阿联酋从一开始就建立基于自由市场的开放型经济体系"[②]。开放的经济政策和包容的社会环境吸引了世界各国大量的各层次人才来到迪拜，开放的经济政策不仅有助于发展转口贸易、吸引外资，而且极大地带动了迪拜本地旅游业、零售业以及其他产业的发展。在国家良好政策的激励下，宁夏已经提出了建设国家级"内陆开放型经济试验区"和"银川综合保税区"的设想，基于对开放性经济政策的尝试性实践，宁夏应该进一步扩大对外开放，制定更为合理的经济发展政策、税收政策以及人才政策，为宁夏开放型经济的发展营造良好的社会环境。

---

① 王梅梅、朱志玲、吴咏梅：《宁夏中部干旱带土地沙漠化评价》，《中国沙漠》2013 年第 2 期，第 320 页。

② محمد سعد عميرة، اقتصاد دولة الامارات العربية المتحدة، مجلة التعاون الاقتصاد بين الدول الإسلامية، 2002، 2.

2. 转变政府职能，简政放权，加速商品的流转

2000 年迪拜杰贝勒·阿里港务局局长发现，在迪拜的商人需要同时与六个以上政府机构进行交涉才能完成商品的流转。而这一审批过程造成商品流转相对滞缓，给商人带来巨大的潜在损失，因此迪拜政府开始意识到需要进一步简政放权，转变政府的职能，打造"一个窗口"的审批理念，设置"迪拜商务机构"，专门负责协调加速商品流转事宜。"2006 年完成一个货柜需要历时 12 天签署 7 份正式公文，而 2017 年只需在 7 天内签署 4 个正式公文即可……商品进出境便利性从 2008 年全球排名第 24 位上升至 2012 年的全球第 5 位。"① 商品流转速度的有效提高，在很大程度上巩固了迪拜全球贸易中心的地位。宁夏在转变政府职能和简政放权方面已经做出了一定的努力，为经济的发展奠定了一定的基础，但是与迪拜政府相比，宁夏在开拓性思维和简政等方面仍然存在不小的差距。

3. 发展航空运输业，完善交通基础设施

迪拜的成功得益于建立了发达的航空运输业和海洋运输业，迪拜人常常引以为自豪的经验是建立了所谓的八小时经济圈，在八小时之内迪拜的飞机可以覆盖亚欧非三大洲的主要经济体，将迪拜的经济与这些国家和地区紧密地联系在一起。与迪拜相比，宁夏的航空业发展较为薄弱，缺乏海洋运输业，但是宁夏拥有较为完善的铁路网和公路网，宁夏扩建河东机场在一定程度上能够改善宁夏航空运输业基础设施薄弱的问题，克服航空运输业给经济发展带来的掣肘，同时需要看到，与迪拜世界交通枢纽的地位相比，宁夏仍然存在较大的差距。

4. 优化产业结构，实现经济的可持续发展

经过第二次经济转型，迪拜已经从产业单一的工业化城市转变为转口贸易、国际航空、旅游和房地产等多元化产业共同发展的城市，经济基本实现了持续稳定的发展。宁夏经济结构仍然以第二产业为核心，第一产业和第三产业相对薄弱。而第二产业以煤炭工业为主，资源型突出，缺乏可持续性，对环境破坏较大。因此宁夏需要大力引导第三产业和特色农业的发展，加快推进第二产业的技术创新，实现产业结构的优化，逐渐转变宁夏的经济发展模式，实现经济的可持续发展。

5. 发展特色旅游业

迪拜政府在发展旅游业时突出其特色，"最大、最高、最奢侈"成为迪拜

---

① الأمانة العامة لمجلس الإمارات للتنافسية، دبي التجارة نحو خدمات لوجستية عالية، 2012(3)، 8.

旅游业的代名词，迪拜把自己打造成世界上最前沿、最潮流的建筑大花园，成功地吸引了世界的目光。同时迪拜的企业高管大多来自欧美地区，他们给迪拜注入了世界上最先进的管理经验和经营模式。宁夏在旅游业发展过程中，需要根据自己的实际情况合理定位，打造自身的旅游特色，除了沙漠旅游、贺兰山旅游等自然景观旅游之外，宁夏可以开发一些类似迪拜的人文景观，如迪拜乐园和人工岛屿等，在条件允许的前提下，引进一批来自跨国企业的高管，将其最先进的管理经验和经营模式注入宁夏旅游业和其他产业的发展当中，为宁夏经济的发展提供管理支持。

6. 加大宣传力度，打造良好的城市名片，营造招商引资的良好环境，强化地区发展的软实力

在中国，迪拜的国际知名度远远高于首都阿布扎比（尽管阿布扎比的经济实力远远大于迪拜），甚至比部分阿拉伯国家更具知名度，这主要得益于迪拜有效地对外宣传。迪拜成功塑造了自己的城市名片，也进一步吸引了高端人才和资本进入迪拜，从而实现良性循环。宁夏尽管已经开始意识到城市软实力的重要性，但是在具体行动中仍然较为迟缓，如何提高宁夏的软实力成为摆在宁夏面前的一个重要课题。

（二）迪拜模式的潜在风险

1. 控制地方政府举债，增强风险意识，有效利用外资和内资，防止投机性资本过度涌入

迪拜模式在 2008 年遇挫的根本原因之一就是通过债台高筑的盲目性投资拉动经济的高速发展，最终酿成债务危机。迪拜在克服金融危机之后，并没有从根本上吸取教训，停止大规模举债的模式，而是继续原有的经济发展模式，为迪拜经济的发展埋下了隐患。宁夏地方政府在经济发展过程中，可以借鉴迪拜以投资拉动经济快速增长的模式，这也是中国许多地方政府发展的模式。截至 2011 年，宁夏各级政府融资平台向宁夏各金融机构融资金额相当于宁夏地区生产总值的 16%，地方财政收入的 149%。[①] 但是大量举债容易造成地方财政风险，宁夏在这一过程中有必要将地方债务风险控制在合理范围之内。同时宁夏经济基础相对薄弱，应当防止出现类似迪拜的短期内大量投资外撤现象。宁夏的经济发展应该以自我积累为主，合理地利用国内外资本，

---

① 张学锋：《宁夏地方政府融资平台风险防范问题研究》，硕士学位论文，宁夏大学，2013，第8 页。

严厉打击投机性资本的涌入。

2. 改变房地产业融资模式，坚持"房子是用来住的"理念

迪拜靠房地产推动经济增长是基于迪拜特定情况的战略选择，成功刺激了迪拜经济的发展。但是经济的增长不能过多地依赖某一个行业的拉动，更不能过度依赖房地产。在全国政协十一届三次会议上，梁季阳委员指出："世界上没有一个大国是靠出卖土地来支撑政府支出的。"房地产业是宁夏经济发展的支柱产业，① 强于宁夏传统的优势产业——电力和热力以及煤炭工业。尽管宁夏房地产总体上尚未形成较为严重的泡沫，但是房屋空置率较高，仍然存在一定的产业风险。房地产开发客观上有效地拉动了经济的增长，但政府不能只顾眼前的利益，单纯依靠房地产的发展，抽空实体经济。宁夏在经济发展过程中应该坚持习近平总书记的"房子是用来住的，而不是炒的"这一理念。

总之，我们应该理性客观地看待迪拜经济发展模式，这一模式经历了两个发展阶段，建立了现代多元化产业的经济结构，实现了经济发展的奇迹，是一种比较成功的现代经济发展模式，为能源型城市的经济转型提供了蓝本。在比较视域下，宁夏与迪拜在经济发展过程中各自呈现出不同的发展特征，宁夏的经济有明显的发展优势，也有不可回避的劣势，甚至是难以克服的劣势，这就需要宁夏在经济发展过程中有一个合理的定位。宁夏经济的发展与迪拜早期经济发展模式有着相似之处，宁夏应该积极借鉴迪拜的成功经验，营造良好的社会环境，打造自己的城市名片，同时合理融资，规避债务风险，实现产业结构的优化，促进经济的可持续发展。

The Enlightenment of Dubai Model to Ningxia's Economic Development

Liu Dongning   Ma Lirong

Abstract：The Dubai model, that relies on multi-channel financing to develop modern logistics, tourism, real estate and financial services, creates a "Dubai miracle", but still exists huge financial risks. By comparing the Dubai model with the

---

① 《两会议房价》，《新闻晚报》2010 年 3 月 8 日，第 5 版。

economic development of Ningxia, Ningxia shows similar but different characteristics in the process of economic development, but the Dubai model has undoubtedly provided a successful example for the economic transformation of energy-based cities. In the process of economic development, Ningxia should learn from the Dubai model, implement an open economic policy, transform government functions, create a good social environment that attracts talents and capitals, establish developed transportation infrastructure, special tourism and build urban soft power, as well as being alert to the financing model of real estate and debt risk of Dubai. Eventually, Ningxia will realize the transformation of the economic development model and achieve sustainable development.

Keywords：Dubai Model；Ningxia；Economic Transition；Energy City

"一带一路"背景下中阿投资争议的解决途径

朱伟东*

摘要：随着"一带一路"的推进，中国在阿拉伯国家的投资会进一步增加。但阿拉伯国家和地区存在的政治动荡、恐怖活动频繁、法律易变等因素，给中国在该地区的投资带来诸多政治和法律风险，极易产生投资争议。目前中国投资者和阿拉伯国家之间投资争议的解决主要有三种方式，即国内法规定的方式、中国和阿拉伯国家之间生效的双边投资保护条约规定的方式，以及阿拉伯国家参加的地区性多边条约规定的方式，为中国投资者和阿拉伯国家之间投资争议的解决提供了诉讼、仲裁、调解等多种途径。基于此，中国投资者可优先选择在投资东道国以外的、具有良好声誉的第三国的仲裁机构通过仲裁方式解决投资争议，在某些情况下，也可考虑利用阿拉伯地区性多边条约规定的争议解决机制。中国政府应与更多阿拉伯国家签署双边投资保护条约，或将已签署的条约落实生效。在条件成熟时，中方可考虑与大阿拉伯自贸区谈判签订自由贸易协定，在协定中对投资争议的解决做出约定。

关键词：国际法 投资争议 "一带一路" 阿拉伯国家

阿拉伯国家拥有重要的地缘地位、丰富的石油资源和独特的历史文化。中国与阿拉伯国家自古便有交往，古代丝绸之路不但促进了中国和阿拉伯地区的商贸往来，也推动了双方人员的交流和文明的互通。近年来，中阿经贸投资交流日益受到重视，双方的投资、贸易增长迅速。阿拉伯国家已成为中国重要的海外工程承包市场和非金融类投资目的地。根据中国商务部公布的数据，2016 年，中国企业在阿拉伯国家新签承包工程合同额 404 亿美元，同

---

* 朱伟东，中国社会科学院西亚非洲研究所研究员。

比增长 40.8%；中国对阿拉伯国家非金融类直接投资流量为 11 亿美元，同比增长 74.9%。[①] 中国在阿拉伯国家的投资主要涉及资源开发、家电组装、轻工和服装加工等领域，而工程承包项目主要涉及住房、通信、交通、石油、化工、电力、港口、建材等领域。考虑到阿拉伯国家在"一带一路"中的重要地位（例如，在"一带一路"重要节点国家中，阿拉伯国家有 13 个），随着中国"一带一路"的实施，中国在阿拉伯国家的非金融类投资和工程承包项目会进一步增加。商务部公布的一些最新数据能够很好地说明这一点：2017 年 1~6 月，中国对阿拉伯国家非金融类直接投资流量为 6.3 亿美元，同比增长 25.6%；中国企业在阿拉伯国家新签承包工程合同额 162.6 亿美元，完成营业额 133.9 亿美元。[②]

风险总是与机遇相伴而生。阿拉伯国家或其所在地区存在政治动荡、恐怖活动频繁、法制不健全等不利因素，会给中国企业在这些国家或地区的投资带来潜在的隐患和风险，从而可能引发大量的投资争议。实际上，由该地区政治动荡引起的投资争议已屡见不鲜。例如，在"阿拉伯之春"发生后，一些阿拉伯国家政权发生更迭，新政府不承认或拒绝履行前任政府签订的投资合同，曾引发大量投资争议。[③] 其中，外国投资者自 2011 年 3 月起在短短 9 个月内就在解决投资争端国际中心（ICSID）提起了 4 起针对埃及政府的投资仲裁请求，而在此前 5 年内外国投资者针对埃及政府仅提起过 2 起投资仲裁请求。[④] 阿拉伯国家或地区存在的政治动荡等因素，也给中国在该地区的投资带来很大影响。例如，利比亚战争影响到中国在当地投资和承包工程的 70 多家企业，涉及 50 多个承包项目，项目金额高达 190 亿美元；也门还发生过军方武力围攻北京城建集团承包的萨那国际机场航站楼工程建设项目的事件，最终导致该承包项目被迫终止。北京城建集团为获得项目赔偿，在 2014 年 12

① 参见中国商务部网站，http：//xyf. mofcom. gov. cn/article/date/201703/20170302540290. shtml，2018 - 01 - 08。

② 参见中国商务部网站，http：//xyf. mofcom. gov. cn/article/date，2018 - 01 - 08。

③ James MacDonald and Dyfan Owen，"The Effects on Arbitration of the Arab Spring"，https：//globalarbitrationreview. com/chapter/1036966/the - effects - on - arbitration - of - the - arab - spring，2018 - 01 - 06.

④ Rabab Yasseen，"State Liability in Euro-Arab ISDS-the Arab Perspective"，Paper Presented at the "Euro-Arab Investor-State Dispute Settlement Conference"（Cairo 11 October 2012），http：//crcica. org. eg/newsletters/nl201203/YASEEN_ Euro_ Arab_ Investor_ State_ Dispute_ Settlement. pdf，2018 - 01 - 03.

月将也门政府诉至解决投资争端国际中心。①

此外，在"逆全球化"潮流的影响下，一些阿拉伯国家为了保护当地承包商、促进当地产品的消费以及增加当地的就业机会，对投资法律和政策进行修改，限制外资进入某些领域或提高准入门槛，提升承包项目的当地份额要求等。这种法律、政策的修改也极易引起投资争议。例如，埃及法律禁止外商投资核电领域，要求外国承包商必须获得埃及当地的承包资质，而且至少应将51%的工程份额分包给当地企业，使用当地设备材料的价值至少应达到40%，而且外籍员工和当地员工的比例应保持在1:9；科威特的投资政策要求外国投资者应将在当地投资收入的35%再投资于当地，而不能汇回投资者母国，否则将对外国投资者处以6%的罚款。这一政策要求曾使中国承包企业遭受严重亏损。②

因此，了解中阿投资争议的解决途径，对于维护中国投资者的合法权益，增强中国投资者在阿拉伯国家或地区进行投资的信心具有十分重要的现实意义。此外，在2018年1月23日中央全面深化改革领导小组第二次会议上审议通过了《关于建立"一带一路"争议解决机制和机构的意见》，强调要建立诉讼、调解、仲裁有效衔接的多元化纠纷解决机制，依法妥善化解"一带一路"商贸和投资争端。阿拉伯国家和地区存在的独具特色的诉讼、仲裁和调解相结合的多元化投资争端解决机制，对中国建立"一带一路"争议解决机制也有一定的借鉴意义。

对于投资者与国家之间的投资争议解决，国际上并没有统一的方式和平台。就此类争议的解决途径而言，包括协商、调解、仲裁、诉讼等方式；就解决平台而言，有国内、地区和国际诉讼或仲裁机构可资利用。在实践中，选择何种方式和平台解决投资争议，需要综合考虑投资东道国国内法的规定、投资东道国和投资者母国签订的双边投资保护条约的规定以及他们共同加入或批准的国际投资条约的相关规定。对于中国投资者与阿拉伯国家之间的投资争议解决也需要从上述几个方面进行分析。本文将首先考察在阿拉伯国家或地区存在的可资利用的投资争议解决途径，分析其利弊，然后在此基础上提出相应的建议。

---

① 解决投资争端国际中心的仲裁庭在2017年5月31日对该案的管辖权问题做出裁决，裁定仲裁庭对该案具有管辖权。关于该案的详细情况，参见 https://icsid.worldbank.org/en/Pages/cases/casedetail.aspx?CaseNo=ARB/14/30, 2018-01-02。

② 宋玉祥：《对外承包工程风险管理研究报告》，《中国建设工程法律评论》第7辑，法律出版社，2017，第128、133页。

一　国内法解决途径

投资者与国家之间投资争议的解决途径一般在国内法、双边投资保护条约或投资者母国和投资东道国都参加或批准的多边投资保护条约之中有规定。对于那些与中国既不存在生效的双边投资保护条约，也不存在共同加入或批准的多边投资保护条约的阿拉伯国家而言，中国投资者只能按照对象国的国内法律特别是投资法规定的投资争议解决途径，来解决相应的投资争议。在本文论及的 22 个阿拉伯国家中，还没有与中国签订双边投资保护条约的国家有伊拉克、毛里塔尼亚、索马里、吉布提、科摩罗和巴勒斯坦。利比亚和约旦虽然分别在 2010 年 8 月和 2001 年 11 月与中国签署了双边投资保护条约，但迄今尚未生效。因此，中国投资者与这 8 个阿拉伯国家之间投资争议的解决就必须考虑阿拉伯国家国内投资法的规定。

这 8 个国家都制定了单行的投资法，并在投资法中对外国投资者与其政府之间投资争议的解决做了具体规定。我们通过对这 8 个国家投资法中有关投资争议解决途径的分析，把它们的规定分为四类。

第一类规定外国投资者与其政府之间的投资争议可以通过诉讼或仲裁方式解决。伊拉克、约旦、利比亚和巴勒斯坦的投资法都属于此类。例如，约旦2014 年《投资法》规定，投资者与政府之间的投资争议应在 6 个月内友好解决，否则任一当事方可选择在约旦法院提起诉讼，或根据约旦仲裁法通过仲裁方式或根据当事双方约定的其他方式解决争议；伊拉克 2006 年《投资法》第 27 条规定，投资者与伊拉克政府就《投资法》的解释和适用而发生的争议可以由伊拉克法院根据伊拉克法律解决，也可以根据双方的协议通过仲裁方式解决；巴勒斯坦 1998 年《投资促进法》第 40 条规定，外国投资者与巴勒斯坦全国委员会之间的投资争议应首先通过友好谈判方式解决，在无法通过友好谈判方式解决时，任一当事方有权将争议提交给独立的仲裁机构或巴勒斯坦法院解决。从第一类投资法的规定来看，它们主要规定了诉讼和仲裁两种投资争议解决方式，而且允许当事方在两种争议解决方式之间进行选择。在选择仲裁方式时，这些法律都没有对选择的仲裁机构或仲裁地点做出强制性的要求。

第二类规定外国投资者与当地政府之间的投资争议可以通过仲裁或调解的方式解决。毛里塔尼亚和科摩罗的投资法就属于此类。科摩罗《投资法》第 13 条规定，所有外国投资者和科摩罗国家之间的投资争议可通过下列仲裁或调解程序解决：根据当事双方之间的协议进行的此类程序；根据投资者母国与科摩罗之间签订的双边投资保护条约的规定进行的此类程序；在非洲商法协调组织（OHADA）或东南非共同市场有管辖权的机构内进行的此类程序；在有管辖权的国际机构内进行的此类程序。毛里塔尼亚 2012 年《投资法》第 30 条规定，外国投资者与毛里塔尼亚公共当局之间存在的有关本法的争议的问题，可选择毛里塔尼亚国际商会调解和仲裁中心或解决投资争端国际中心，通过调解或仲裁方式解决。此类投资法有关仲裁和调解的规定也比较宽松，当事方可以选择仲裁或调解机构以及仲裁或调解的地点。

第三类规定外国投资者与当地政府之间的投资争议在当事双方无协议或无相关国际公约可适用时，通过临时仲裁方式解决。索马里《投资法》第 19 条就属此类规定。该法规定，在当事双方无协议，也无双边投资保护条约或《华盛顿公约》可适用时，争议应通过双方设立的临时仲裁庭解决。仲裁庭由 3 名仲裁员组成，每方当事人指定一名仲裁员，首席仲裁员由双方指定的仲裁员共同指定。必要时，首席仲裁员可由索马里最高法院院长指定。仲裁决定根据仲裁员多数意见做出，对当事双方具有约束力，并可像法院的最终判决一样得到执行。从索马里《投资法》的规定来看，当投资者通过临时仲裁方式解决投资争议时，临时仲裁只能在索马里进行，而不能选择在索马里以外的其他国家进行。

第四类规定投资争议应通过国内法院解决。吉布提 2009 年修订的《投资法》就属于此类。该法第 43 条规定，当吉布提与投资者母国不存在其他协议或国际公约时，因该法产生的投资争议应由吉布提有管辖权的法院处理。在这种情况下，外国投资者别无选择，只能通过国内法院诉讼的方式解决投资争议。

总体来看，上述 8 个阿拉伯国家规定的投资争议解决方式涵盖了协商、调解、仲裁、诉讼等。考虑到伊斯兰法律制度的复杂性和独特性，以及阿拉伯国家法院冗长的诉讼程序，外国投资者一般不愿意通过诉讼程序而更乐意通过仲裁程序解决此类争议，[1] 除非投资东道国投资法不允许投资者通过仲裁解决此类争议，如吉布提《投资法》规定的那样。因此，当中国投资者在这几个阿拉伯国家内进行投资时，应尽量在投资合同中约定好仲裁条款，或在发生争议后尽量达成仲裁议定书，通过仲裁方式解决争议。例如，对于因利比亚战争而遭受投资损失的中国投资者，笔者就曾经建议他们最好通过仲裁方式，来寻求获得利比亚政府的赔偿。[2]

---

[1]　Mohamed R. Hassanien, "Trading Spaces: Lessons from NAFTA for Robust Investment Dispute Settlement", http://works.bepress.com/mohamed_hassanien/1, 2018 - 01 - 02.

[2]　朱伟东：《中方在利比亚投资损失该如何追回》，《法制日报》2011 年 4 月 5 日。

中国投资者在选择通过仲裁方式解决投资争议时，应尽量选择在投资东道国以外的其他国家具有良好声誉的仲裁机构进行仲裁，如位于美国的解决投资争端国际中心、英国的伦敦国际仲裁院、法国的国际商事仲裁院、瑞典的斯德哥尔摩商会仲裁院等。如果考虑到投资东道国政府的压力、仲裁的费用等因素，也可考虑在阿拉伯地区的仲裁机构进行仲裁，但要尽量选择在中立、现代、具有较好声誉的阿拉伯国家的仲裁机构进行仲裁，如中国投资者可选择在阿联酋的迪拜国际仲裁中心或埃及的开罗地区国际商事仲裁中心进行仲裁。[①] 在选择仲裁方式时，还要特别注意投资东道国或仲裁地国是否是《纽约公约》的成员国，[②] 否则可能造成仲裁决定无法执行。例如，中国投资者在苏丹建造麦洛维大坝时与苏丹政府的项目业主就工程索赔发生争议，双方约定在英国进行仲裁，仲裁庭裁决苏丹业主向中国投资者支付 2000 多万美元的赔偿。但由于苏丹不是《纽约公约》的成员国，导致该裁决无法按照该公约的规定在苏丹得到执行。[③]

二 双边投资保护条约解决途径

现在很多国家都注意在双边投资保护条约中对投资争议的解决做出明确规定，这既可以有效地保护外国投资者的利益，也有利于在国内创设一个友好的投资环境。因此，无论是投资东道国，还是投资者母国，都非常注重投资保护条约条款的起草，特别是涉及投资争议解决的条款。除上面提到的 8个阿拉伯国家外，中国已与其他 14 个阿拉伯国家签订生效的双边投资保护条约。[④] 通过对这 14 个双边投资保护条约中有关投资争议解决条款的分析，我们可以看出，这些条约都规定了任何投资争议应首先由争议双方友好协商解决，如双方在规定的期限内，无法通过友好协商解决争议，则任何一方可选

[①] 一些在阿拉伯地区长期从事法律实务的律师也有同感，参见王俊《浅析迪拜与中方当事人涉中东/北非经贸项目的争议解决场所选择》，http://m.haokoo.com/mobi/view/2257965.html，2017 – 12 – 16；关于开罗地区国际商事仲裁中心的介绍，参见朱伟东、拉奥夫（Mohamed Raouf）《开罗地区国际商事仲裁中心主持下的仲裁及其他 ADR 程序》，《仲裁与法律》2011年第 120 辑，法律出版社，第 47～69 页。

[②] 在 22 个阿拉伯国家中，只有伊拉克、利比亚和巴勒斯坦还不是《纽约公约》的成员国。

[③] 商务部国际贸易经济合作研究院、商务部投资促进事务局、中国驻苏丹大使馆经济商务参赞处：《对外投资合作国别（地区）指南：苏丹》（2016 年版），http://fec.mofcom.gov.cn/article/gbdqzn/index.shtml，2018 – 01 – 15。

[④] 这些生效的双边投资保护条约文本，参见中国商务部条法司网站，http://tfs.mofcom.gov.cn/article/Nocategory/201111/20111107819474.shtml，2017 – 12 – 18。

择通过行政申诉、诉讼、仲裁等方式解决。对于行政申诉、诉讼和仲裁等争议解决方式的具体运用，这些条约却有不同的规定。总体来看，除友好协商方式外，这些条约规定的投资争议解决途径可以分为三类。

（一） 特定争议可诉讼或仲裁

第一类双边投资保护条约规定，对于涉及国有化或征收补偿额的争议，可以选择在东道国法院进行诉讼或通过仲裁方式解决，而其他投资争议则必须通过东道国国内法院解决。中国与苏丹、埃及、阿尔及利亚、阿曼、黎巴嫩、叙利亚、卡塔尔、沙特和巴林 9 个阿拉伯国家签署的双边投资保护条约即为此类。除一些细节规定有所差异外，此类条约有关投资者－国家投资争议解决的条款基本相似。例如，中国同沙特和巴林的双边投资保护条约规定，涉及国有化和征收补偿额的争议均可通过诉讼或仲裁的方式解决，但中国同苏丹、埃及、阿尔及利亚、阿曼、黎巴嫩、叙利亚和卡塔尔的双边投资保护条约规定，只有涉及征收补偿额的争议才可选择通过诉讼或仲裁方式解决。此外，这些条约对仲裁的规定也有所不同。中国同苏丹、埃及、阿曼、阿尔及利亚、黎巴嫩、叙利亚、卡塔尔的双边投资保护条约规定，在选择通过仲裁方式解决涉及征收补偿额的争议时，只能通过设立专设仲裁庭（ad hoc arbitral tribunal）的方式进行，而中国－沙特双边投资保护条约第八条规定，此类争议应根据 1965 年《华盛顿公约》提交仲裁解决，中国－巴林双边投资保护条约第九条则规定，此类争议既可根据 1965 年《华盛顿公约》提交解决投资争端国际中心进行仲裁，也可提交专设仲裁庭进行仲裁。

从第一类双边投资保护条约有关投资者－国家投资争议解决的条款来看，它们大都规定只有涉及征收补偿额的争议才能通过诉讼或仲裁的方式解决，这就可能造成其他类型的投资争议将不得不在投资东道国法院通过诉讼方式解决。前已分析，对于中国投资者来说，在阿拉伯国家法院通过诉讼方式解决投资争议不是明智之举。即使对于涉及征收补偿额的争议可以选择通过仲裁的方式解决，除中国－沙特和中国－巴林双边投资保护条约规定可以选择根据《华盛顿公约》在解决投资争端国际中心进行仲裁外，中国同其他 7 个阿拉伯国家签署的双边投资保护条约都规定通过专设仲裁庭进行仲裁。中国和这 7 个国家都是《华盛顿公约》的成员国，[①] 它们之间的双边投资保护条约

---

① 在这 22 个阿拉伯国家中，只有索马里、吉布提、巴勒斯坦不是《华盛顿公约》的成员国。关于该公约的成员国，参见解决投资争端国际中心网站，https：//icsid. worldbank. org/en/Pages/about/Database－of－Member－States. aspx，2017－12－19。

完全可以规定通过解决投资争端国际中心进行仲裁，而无须采用专设仲裁庭的方式。考虑到专设仲裁庭的临时性质，当事方不得不指定仲裁员、制定或选择仲裁规则、选择仲裁地和仲裁语言等，这必然会造成仲裁程序的延误。此外，通过临时仲裁庭进行仲裁也不利于日后仲裁决定的执行。

（二）特定争议可行政申诉、诉讼或仲裁

中国和科威特、阿联酋之间的双边投资保护条约属于此类。从有关投资者和投资东道国之间投资争议解决的规定来看，这两个条约的措辞是完全一样的。根据这两个条约的规定，如果投资者与投资东道国之间的投资争议无法在规定的期限内友好解决，投资者可选择下述一种或两种解决办法：向投资所在缔约国的主管行政当局或机构申诉并寻求救济；向投资所在缔约国有管辖权的法院提起诉讼；而有关补偿额的争议和双方同意提交仲裁的其他争议，可以提交国际仲裁庭。[①] 这两个条约还规定，国际仲裁庭应是专门设立的，并对仲裁庭的组成、仲裁规则、仲裁适用的法律、仲裁地等事项做了明确的规定。

从上述规定来看，只有有关征收补偿额的争议可以选择行政申诉、诉讼或仲裁的方式进行。同第一类条约规定一样，第二类条约规定的通过专设仲裁庭而不是通过解决投资争端国际中心解决征收补偿额的争议同样令人费解。此外，与第一类双边投资保护条约相比，通过专设仲裁庭解决投资争议的范围有所扩大，即除了征收补偿额争议之外，其他争议经双方同意也可提交专设仲裁庭解决。这就为中国投资者利用仲裁解决其他类型的投资争议提供了可能性。如果投资东道国的投资法中有将投资争议提交仲裁的规定，中国投资者就可援引此类法律规定，将征收补偿额争议以外的其他争议提交投资东道国法律中规定的仲裁机构。不过，科威特 2013 年《促进直接投资法》第 26条规定，投资争议应由科威特法院受理，但当事方也可约定将此类争议提交仲裁解决。可见，科威特投资法并没有直接规定可以将投资争议提交仲裁解

---

① 在这两个条约中，条款的序号和位置稍有不同。在中国－科威特双边投资保护条约中，行政申诉和诉讼是作为两条并列的次级条款规定在条约第 8 条第 2 款中，而"有关征收补偿额的争议和双方同意提交的其他争议"是作为条约第 8 条第 3 款列出的；在中国－阿联酋双边投资保护条约中，上述 3 类争议解决条款都是作为并列的 3 条次级条款规定在条约第 9 条第 2款中。所以，中国－阿联酋双边投资保护条约中的第 9 条第 2 款规定极易让人产生困惑：是否可在 3 种并列的争议解决条款中间时选择两种？如果同时选择诉讼或仲裁，显然会造成案件重新审理的情况，违反"一事不再理"原则或裁决的终局效力原则。从该条约的英文版来看，这条规定应该和中国－科威特双边投资保护条约的规定是一样的。

决。从阿联酋的相关法律规定来看，外国投资者如希望通过仲裁方式解决投资争议，就需要与阿联酋相关部门达成书面的仲裁协议。因此，对于中国投资者来说，如果希望通过仲裁方式解决与科威特和阿联酋政府之间除征收补偿额争议以外的其他投资争议，仍需通过谈判在投资合同中加入仲裁条款，或者争议发生后达成书面的仲裁议定书。

（三）所有争议可诉讼或仲裁

现在的很多双边投资保护条约对可提交仲裁的事项不再做出限制，对涉及投资的任何争议，当事方都可选择通过诉讼或仲裁方式解决。中国与摩洛哥、突尼斯和也门之间签署的双边投资保护条约就属于这一类。在这 3 个双边投资保护条约中，中国与突尼斯签订的双边投资保护条约最为典型，中国同摩洛哥、也门之间的双边投资保护条约有关投资争议解决的规定相同，对可提交仲裁解决的投资争议有所限制。例如，中国－突尼斯双边投资保护条约第九条规定，如果缔约一方与缔约另一方投资者的投资争议无法在提交协商解决之日起的 6 个月内得到解决，则该争议应提交给作为争议一方的缔约方有管辖权的法院，或依据 1965 年《华盛顿公约》设立的解决投资争端国际中心；一旦投资者将争议提交有关缔约方司法管辖或中心管辖，对两者之一的选择是终局的。从这条规定来看，中国－突尼斯双边投资保护条约对可提交仲裁解决的投资争议没有做任何限制。但中国－摩洛哥和中国－也门双边投资保护条约在做出上述规定的同时，又增加了一项限制条件，即为实现提交解决投资争端国际中心仲裁的目的，缔约任何一方对有关征收补偿额的争议提交该仲裁程序均给予不可撤销的同意。其他争议提交该程序应征得当事双方的同意。可见，对于有关征收补偿额的争议，这两个条约都规定当事人可直接提交解决投资争端国际中心进行仲裁，但对于其他争议，则首先必须征得当事双方的同意。考虑到在发生争议后，当事双方很难达成一致协议，增加这样的限制条件不利于投资争议的解决。

总之，与前两类条约相比，中国和这 3 个阿拉伯国家之间的第三类双边投资保护条约扩大了可通过仲裁解决投资争议的范围，这符合国际上的发展趋势。同时，这 3 个条约在规定仲裁解决方式时，均选择通过解决投资争端国际中心进行仲裁，这有利于投资争议得到迅速、有效的解决。但中国－也门和中国－摩洛哥双边投资保护条约中有关征收补偿额的争议可以直接提交给解决投资争端国际中心的规定，在实践中可能会引起分歧。例如，在前面提到的北京城建与也门政府的投资争议中，当北京城建在 2014 年 12 月依据中国－也门双边投资保护条约的规定，将也门政府诉至解决投资争端国际中心后，也门政府对该中心的管辖权提出异议，其中一个理由就是中国和也门双边投资保护条约第 10 条第 2 款规定只有有关征收补偿额的争议才可提交该中心处理，其他争议须经当事双方的同意。也门政府认为"有关征收补偿额的争议"仅仅指赔偿数额，不包括法律责任。如果要求也门政府承担法律责任，则需要先在也门国内法庭就工程合同进行审理。如果也门国内法庭判决也门政府对征收负有法律责任，北京城建才可将争议提交该中心。由于也门国内法庭尚未对工程合同进行审理，双方的法律责任尚不明确，该中心仲裁庭对本案没有管辖权。北京城建认为对上述条款应进行"宽泛"解读，条款中的"有关"不是指单纯的赔偿数额，还包括与赔偿数额有关的法律责任。经过审理，仲裁庭在 2017 年 5 月 31 日就管辖权问题做出处理，支持了北京城建的主张，即"缔约任何一方对有关征收补偿额的争议提交该仲裁程序（中心仲裁程序）均给予不可撤销的同意"这一规定不仅仅包括赔偿的数额，还包括导致赔偿的法律责任，裁定仲裁庭对该案有管辖权。目前该案正处于实体审理阶段。[①]

三 多边公约解决途径

在两国之间不存在双边投资保护条约时，投资者也可考虑利用两国共同加入的地区多边投资保护公约中有关投资者－国家投资争议解决的途径来解决投资争议。对于在阿拉伯国家和地区进行绿地投资即在当地设立公司的中国投资者而言，了解此类地区的多边公约十分重要，因为当中国投资者在 A 国进行绿地投资设立甲公司，而甲公司又在 B 国进行投资时，如果 A 国和 B 国共同加入了地区多边投资保护公约，中国投资者就可利用地区多边投资保护公约的规定解决甲公司与 B 国政府之间的投资争议。阿拉伯地区早在 20 世纪 80 年代就存在两个重要的地区多边投资保护公约，即《伊斯兰会议组织成员国间投资促进、保护与保障协议》和《阿拉伯国家阿拉伯资本投资统一协议》。由于语言和宣传的问题，这两个公约在过去并没有得到广泛运用，即使来自伊斯兰国家的投资者和法律人员对这两个公约也知之甚少。[②] 不过，近年

---

① 该案的审理情况，参见解决投资争端国际中心网站，https://icsid.worldbank.org/en/Pages/cases/casedetail.aspx？CaseNo＝ARB/14/30，2018－01－09。

② Dr. Walid Ben Hamida，"Arab Region：Are Investors Rediscovering Regional Investment Agreements from the '80s？" http：//investmentpolicyhub.unctad.org/Blog/Index/17，2018－01－06。

来，随着阿拉伯地区外资的涌入以及投资争议的日益增多，这两个公约逐渐被投资者所了解。

（一）《伊斯兰会议组织成员国间投资促进、保护与保障协议》

《伊斯兰会议组织成员国间投资促进、保护与保障协议》（*Agreement for Promotion, Protection and Guarantee of Investments Among Member States of the Organization of the Islamic Conference*）是由伊斯兰国家于 1981 年 6 月制定的，该协议在 1986 年 9 月 23 日生效。在伊斯兰会议组织（该组织在 2011 年更名为"伊斯兰合作组织"）的 57 个成员中，有 27 个国家批准了该协议。[1] 22 个阿拉伯国家中，有 15 个国家批准了该协议，分别是埃及、约旦、科威特、黎巴嫩、利比亚、摩洛哥、阿曼、巴勒斯坦、卡塔尔、沙特、索马里、苏丹、叙利亚、突尼斯和阿联酋。[2] 如果中国投资者在上述其中一个阿拉伯国家投资设立公司，该公司又在作为该协议成员国的另一阿拉伯国家进行投资，当该公司与投资东道国发生投资争议时，就可利用该协议规定的投资争议解决途径。

根据该协议，投资者包括自然人和法人。自然人是指具有该协议成员国国籍的个人，而法人是指根据该协议成员国有效的法律所设立的并被该国法律所认可的任何实体，并不考虑其控制者或所有者的国籍，这就为在成员国投资设立公司的中国投资者利用该协议提供了可能。该协议第 17 条规定了投资争议解决途径。根据该条规定，在成员国根据本协议的规定设立专门的投资争议解决机构之前，所有投资争议应通过第 17 条规定的调解和仲裁方式解决。如果当事方不能达成调解协议，或调解员不能在规定时间内提交调解报告，或当事方不接受调解员提出的调解协议，当事方可将争议提交仲裁解决。与一些双边投资保护条约和《华盛顿公约》的规定不同，该协议并不要求仲裁必须获得双方的事先同意。一些学者认为，该协议第 17 条有关仲裁的规定实际上就相当于同意提交仲裁的仲裁协议，成员国批准了该协议，就表明它们同意按照第 17 条规定的仲裁程序解决投资争议。2012 年 6 月 21 日由沙特

---

① Sami Tannous & Matei Purice, "No BIT Available? Multilateral Investment Treaties in Middle East and North Africa", http://www.internationallawoffice.com/Newsletters/Arbitration – ADR/International/Freshfields – Bruckhaus – Deringer – LLP/No – BIT – available – Multilateral – investment – treaties – in – Middle – East – and – North – Africa, 2018 – 01 – 09.

② 其他批准该协议的 12 个国家是布基纳法索、喀麦隆、加蓬、冈比亚、几内亚、印度尼西亚、伊朗、马里、巴基斯坦、塞内加尔、土耳其和乌干达。

商人针对印度尼西亚提起的仲裁而组成的临时仲裁庭首次在其裁决中确认了这一观点。① 在该案中，沙特商人赫瑟姆·瓦拉克（Hesham Al-Warraq）认为印尼政府在 2008 年对其在印尼世纪银行中的股份进行了国有化，他依据《伊斯兰会议组织成员国间投资促进、保护与保障协议》第 17 条有关仲裁的规定提出仲裁申请，要求印尼政府赔偿 2500 万美元。印尼政府对仲裁庭的管辖权提出异议，认为《伊斯兰会议组织成员国间投资促进、保护与保障协议》第 17 条仅仅规定了国家之间的仲裁，私人投资者无权援引该条规定针对投资东道国提起仲裁。仲裁庭驳回了印尼政府的主张，指出该协议第 17 条规定的争端解决程序同样适用于投资者－国家投资争议。

该协议第 17 条规定的仲裁程序是一种临时仲裁，由双方当事人各自指定的两名仲裁员以及由两名仲裁员指定的第三名仲裁员共同组成临时仲裁庭解决投资争议。在两名仲裁员无法对第三名仲裁员做出指定时，可由伊斯兰会议组织秘书长代为指定。第 17 条规定十分简单，只是规定了仲裁庭的组成以及裁决的效力。对于仲裁庭应遵守的程序规则没有做出规定。在实践中，临时仲裁庭可以根据当事人约定的程序规则或当事人选定的其他机构的仲裁规则进行仲裁。在上述沙特商人针对印尼政府提出的仲裁案中，临时仲裁庭就是根据联合国国际贸易法委员会的仲裁规则进行仲裁的。根据第 17 条第 2 款（d）项规定，临时仲裁庭做出的裁决是终局的，具有司法判决的效力，该协议的成员国有义务在其领域内执行仲裁庭的裁决，就如同执行其国内法院的最终判决一样。②

当然《伊斯兰会议组织成员国间投资促进、保护与保障协议》并不限制投资者在投资东道国法院提起诉讼，或与投资东道国政府达成其他投资争议解决方式。但该协议第 16 条规定了一个岔路口条款，即如果投资者选择在投资东道国法院进行诉讼或在其他仲裁机构提起仲裁，则不得再利用该协议规定的投资争议解决途径。这可以避免"一事再理"，有利于尽快解决投资争议，避免久拖不决。

（二）《阿拉伯国家阿拉伯资本投资统一协议》

为推动阿拉伯投资者在阿拉伯国家的投资，在第 11 届阿拉伯国家元首大

---

① Sami Tannous & Matei Purice, "No BIT Available? Multilateral Investment Treaties in Middle East and North Africa".

② 《伊斯兰会议组织成员国间投资促进、保护与保障协议》第 17 条第 2 款（d）项。该协议的英文版参见联合国贸易和发展会议网站，http://investmentpolicyhub.unctad.org/Download/TreatyFile/2399，2018－01－09。

会召开期间，阿拉伯国家联盟成员国于 1980 年 11 月 26 日在约旦首都安曼签署了《阿拉伯国家阿拉伯资本投资统一协议》（*Unified Agreement for the Investment of Arab Capital in the Arab States*）。除阿尔及利亚和科摩罗外，其他 20 个阿拉伯国家都批准了该协议，该协议已在 1981 年 9 月 7 日生效。根据该协议，成员国还在 1985 年设立了阿拉伯投资法院（Arab Investment Court），可以受理成员国之间、成员国与阿拉伯投资者之间因该协议的适用所产生的各类投资争议。该协议既规定了阿拉伯投资者在其他阿拉伯国家投资的待遇、投资保护的实体性内容，也规定了投资争议的解决等程序性内容。

该协议提供的投资待遇、投资保护以及投资争议解决程序仅适用于"阿拉伯资本投资"。为此，该协议在第 1 条专门对相关概念做了界定。该条款规定，"阿拉伯资本"是指由阿拉伯公民所拥有的具有现金价值的各类有形和无形财产，包括银行账户、金融投资以及产生于阿拉伯资本的收益。[①] 而"阿拉伯公民"是指具有某一成员国国籍的自然人或实体，其财产的任何部分都没有被非阿拉伯公民直接或间接所有。阿拉伯国家及由阿拉伯国家所有的实体也可视为该协议中的阿拉伯公民。[②]"阿拉伯投资"就是拥有阿拉伯资本的阿拉伯公民在另一阿拉伯国家的经济发展领域应用阿拉伯资本以获得回报的活动。[③] 我们根据这些规定可以看出，该协议仅适用于阿拉伯投资者在作为该协议成员国的其他阿拉伯国家内进行的投资，来自非阿拉伯国家的外国投资者在该协议成员国进行的投资不可能获得该协议的保护。

阿拉伯国家联盟成员国在 2013 年对该协议进行了修订，扩大了受该协议保护投资者的范围。修订后的协议规定，直接拥有阿拉伯资本 51% 以上份额并且在另一成员国内进行项目投资的阿拉伯自然人或法人，可以受到该协议的保护。[④] 与以前的规定相比，阿拉伯公民不再仅限于 100% 拥有阿拉伯资本的具有某一成员国国籍的自然人或实体。这样，在阿拉伯国家内与当地阿拉伯人设立合资公司的中国投资者，也可利用该协议的规定保护其在另一阿拉伯国家内进行的投资。

《阿拉伯国家阿拉伯资本投资统一协议》第 6 条专门就因适用本投资协议

---

① 《阿拉伯国家阿拉伯资本投资统一协议》第 1 条第 5 款。该协议的英文版参见联合国贸易和发展会议网站，http://investmentpolicyhub.unctad.org/Download/TreatyFile/2394，2018 - 01 - 08。

② 《阿拉伯国家阿拉伯资本投资统一法协议》第 1 条第 4 款。

③ 《阿拉伯国家阿拉伯资本投资统一法协议》第 1 条第 6 款和第 7 款。

④ 该协议的修订内容，参见 http://www.oecd.org/mena/competitiveness/OECD%20Study_Amended%20Arab%20League%20Investment%20Agreement%20（English）.pdf，2018 - 01 - 09。

所产生的投资争议做了规定。该协议规定，因适用该协议在成员国之间、成员国和阿拉伯投资者之间所产生的各类投资争议，可以通过调解、仲裁或向阿拉伯投资法院提起诉讼解决。[①] 调解和仲裁程序应根据该协议附件《调解和仲裁》所规定的规则进行。在争议发生后，当事人可以首先约定通过调解方式解决争端，如果当事人不同意进行调解，或者调解员不能在规定期限内提交调解报告，或者当事人不同意接受调解员的调解建议，则当事人可以约定通过仲裁解决争议。[②] 附件《调解和仲裁》第 2 条规定了临时仲裁程序。仲裁庭组成后应在第一次会议之后的 6 个月内做出裁决。在仲裁庭提出请求后，如果阿盟秘书长认为有必要，可以允许延长一次不超过 6 个月的期限。[③] 仲裁庭根据附件仲裁程序做出的裁决是终局的、具有约束力的，当事方应遵守并立即执行裁决。如果裁决做出后的 3 个月内没有得到执行，应将这一事项提交阿拉伯投资法院，由它做出它认为适当的执行措施。[④]

该协议有关投资争议解决的最具特色的规定是阿拉伯投资法院的设立。长久以来，国际社会就梦想设立一个专门解决投资者与国家之间投资争议的国际法院，但一直未能实现。[⑤] 阿拉伯投资法院的设立可以说是国际投资法历史发展中的一个重要事件，它为将来其他地区性投资法院的设立提供了一个很好的范例。根据《阿拉伯国家阿拉伯资本投资统一协议》第 28 条，阿拉伯法院由至少 5 名在任法官和多名候任法官组成。这些法官由阿拉伯国家联盟经济委员会从一个备选人名单中选出。每一成员国可以推荐两名候选人，这些候选人应具备担任高等法律职位的专业和品德资格。阿拉伯联盟经济委员会还会从当选的法官中任命法院院长。阿拉伯投资法院的法官每届任期 3 年，可以连任，他们在任职期间享有外交豁免权。此外，该协议还规定，阿拉伯投资法院设在阿拉伯联盟总部，除非法院做出重大决定，否则不得将法院移到其他地方。

从《阿拉伯国家阿拉伯资本投资统一协议》的规定来看，阿拉伯投资法院对投资争议具有强制管辖权。在投资争议发生后，每一当事方都可在该法院内提起司法程序，而无须事先取得对方的同意。但是，阿拉伯投资法院的

---

① 《阿拉伯国家阿拉伯资本投资统一协议》第 25 条。

② 《阿拉伯国家阿拉伯资本投资统一协议》附件《调解和仲裁》第 2 条第 1 款。

③ 《阿拉伯国家阿拉伯资本投资统一协议》附件《调解和仲裁》第 2 条第 9 款。

④ 《阿拉伯国家阿拉伯资本投资统一协议》附件《调解和仲裁》第 2 条第 8 款和第 11 款。

⑤ Walid Ben Hamida, "The First Arab Investment Court Decision", *Journal of World Investment and Trade*, 2006, p. 699.

管辖权又是辅助性的，即只有在当事方诉诸调解或仲裁程序后，才可将案件提交给该法院。① 根据该协议第 27 条，在双方当事人未能达成调解协议，或调解员未能在规定期限内提交调解报告，或当事人不同意接受调解员的调解建议，或当事人未能同意仲裁，或仲裁庭未能在规定期限内做出裁决时，则每一方当事人均可将争议提交阿拉伯投资法院解决。阿拉伯投资法院可以受理成员国之间、一个成员国和另一个成员国的公共机构和部门之间、成员国机构和部门之间，以及成员国或成员国的机构和部门与阿拉伯投资者之间涉及该协议条款适用的，或因该协议条款适用所产生的任何投资争议。② 阿拉伯投资法院就上述投资争议做出的判决仅对所涉案件当事人及相关争议具有约束力，并且法院做出的判决是终局的，当事人不得提出上诉。在对判决的含义发生争议时，法院可应任一方当事人的请求进行解释。法院做出的判决可在成员国内得到执行，成员国有管辖权的法院应以与执行其国内法院最终判决同样的方式执行该判决。③

由于阿拉伯投资法院做出的判决不能被提出上诉，为了避免判决的错误给当事人带来不公正，《阿拉伯国家阿拉伯资本投资统一协议》第 35 条还专门规定了一个判决复查程序。在判决严重违反《阿拉伯国家阿拉伯资本投资统一协议》或诉讼程序的基本原则，或在做出判决时法院和对判决提出审查请求的当事人均不知悉的决定性事实被查明的情况下，阿拉伯投资法院可以接受对判决进行复查的申请。此类申请必须在新事实被发现的 6 个月内且在判决后的 5 年内提出。复查程序只能根据法院的决定提起，法院在其决定中应确认新事实的存在，阐明审查的理由，并宣布可因此接受当事人的复查申请。在做出提起复查程序的决定前，法院可中止判决的执行。

为了避免和国内法院的诉讼程序冲突，《阿拉伯国家阿拉伯资本投资统一协议》和《伊斯兰会议组织成员国间投资促进、保护与保障协议》一样也规定了一个岔路口条款。阿拉伯投资者可以在投资所在地国内法院和阿拉伯投资法院之间进行选择，但一旦选择向其中一个法院提起诉讼，就不能再向另一法院提起诉讼。④ 在阿拉伯投资法院和成员国国内法院存在管辖权冲突时，

---

① John Gaffney，"The EU Proposal for an Investment Court System：What Lessons Can be Learned from Arab Investment Court?" *Columbia FDI Perspectives*，No. 181，August 29，2016.

② 《阿拉伯国家阿拉伯资本投资统一协议》第 29 条。

③ 《阿拉伯国家阿拉伯资本投资统一协议》第 34 条。

④ 《阿拉伯国家阿拉伯资本投资统一协议》第 31 条。

阿拉伯投资法院对该事项的决定是最终的。① 投资者在选择通过投资东道国国内法院还是阿拉伯投资法院解决投资争议时，应当考虑各自法院诉讼程序的速度和效力。一些研究者认为，阿拉伯投资法院争议解决更为迅速，而且其判决具有终局性，因此"阿拉伯投资法院是解决阿拉伯投资者与阿拉伯投资东道国之间投资争议的最好方式之一"②。

虽然《阿拉伯国家阿拉伯资本投资统一协议》早在 20 世纪 80 年代就对投资争议解决程序做了非常详尽、完善的规定，但很长时间内并没有阿拉伯投资者利用它所规定的投资争议解决程序。2000 年以后，随着阿拉伯国家外资的逐步增多以及中东变局所引起的动荡局势，各类投资争议开始涌现，一些投资者开始关注并利用《阿拉伯国家阿拉伯资本投资统一协议》的投资争议解决程序。2003 年 1 月 14 日，一家沙特公司根据该协议的规定向阿拉伯投资法院提起针对突尼斯政府的诉讼。这是根据该协议所提起的第一起投资争议。这家沙特公司要求突尼斯政府赔偿因突尼斯政府单方面非法解除和它签订的合同而遭受的 7900 万美元的损失。阿拉伯投资法院确认了自己的管辖权，并在 2004 年 10 月 12 日做出了第一份判决，驳回了投资者的实体请求。③

2011 年一家科威特公司根据该协议的规定，对利比亚政府提起了仲裁程序，要求利比亚政府赔偿其取消一项投资项目而导致该投资者所遭受的损失。这是根据该协议提起的第一起仲裁案件。双方根据《阿拉伯国家阿拉伯资本投资统一协议》有关仲裁程序的规定指定了仲裁员。仲裁庭于 2013 年 3 月 22 日做出裁决，认为利比亚政府应该对违反合同、国内法和《阿拉伯国家阿拉伯资本投资统一协议》的行为负责，判令利比亚政府向这家科威特公司支付 9.35 亿美元的赔偿。④ 裁决做出后，利比亚政府在裁决做出地的埃及开罗上诉法院提出撤销裁决的申请。埃及开罗上诉法院在 2014 年 2 月 5 日做出裁定，驳回了利比亚政府的撤销申请，理由是该裁决是根据《阿拉伯国家阿拉伯资本投资统一协议》做出的，协议附件第 2 条第 8 款规定裁决自

---

① 《阿拉伯国家阿拉伯资本投资统一协议》第 32 条。

② Ahmed Kotb, "Egypt: The Arab Investment Court", http://www.iflr.com/Article/3539342/Egypt – The – Arab – Investment – Court.html, 2018 – 01 – 08.

③ 关于阿拉伯投资法院及该案情况的介绍，参见 Walid Ben Hamida, "The First Arab Investment Court Decision", *Journal of World Investment and Trade*, 2006, pp. 699 – 721。

④ 参见 Diana Rosert, "Libya Ordered to Pay US $935 Million to Kuwaiti Company for Cancelled Investment Project; Jurisdiction Established Under Unified Agreement for the Investment of Arab Capital", http://www.iisd.org/itn/2014/01/19/awards – and – decisions – 14, 2017 – 12 – 19.

仲裁庭做出后立即具有终局效力，埃及作为该协议的成员国应遵守该协议的规定。[①]

结论和建议

从上述分析可以看出，中国投资者在阿拉伯国家或地区遇到投资争议时，可以利用的争议解决途径相对比较完善。总体来看，对和中国不存在有效双边投资保护条约的 8 个阿拉伯国家，中国投资者可以利用这些国家国内法规定的投资争议解决途径；对于和中国已有生效的双边投资保护条约的 14 个阿拉伯国家，在发生投资争议时，中国投资者可以利用条约规定的争议解决途径。当然，上述两种途径主要适用于中国投资者直接在阿拉伯国家进行投资的情况，如在当地直接投资办厂，或在当地进行兼并收购等情形。已在某一阿拉伯国家设立合资工厂或拥有当地公司股份（49% 以下）的中国投资者，如果利用该工厂或公司在另一阿拉伯国家进行投资，在与另一阿拉伯国家政府发生投资争议时，还可利用这两个阿拉伯国家共同加入的《伊斯兰会议组织成员国间投资促进、保护与保障协议》或《阿拉伯国家阿拉伯资本投资统一协议》的相关规定解决此类争议。

从前面的分析来看，无论是阿拉伯国家的国内法，还是中国同阿拉伯国家之间的双边投资保护条约，基本上都规定了两类投资争议解决方式，即仲裁和诉讼。考虑到仲裁相对于诉讼的优势，笔者建议中国投资者尽量选择仲裁方式。在选择时，应首先考虑选择解决投资争端国际中心的仲裁程序，如相关国内法或双边投资保护条约没有规定可以利用该中心的仲裁程序，则中国投资者可考虑选择将争议提交给位于投资东道国以外的、具有良好声誉的国际仲裁机构。如果中国投资者不得不选择在阿拉伯地区进行仲裁，也要尽量选择在该地区具有良好声誉的仲裁机构。另外，在选择仲裁时，中国投资者还要考虑仲裁所在地的国家以及投资东道国是否为《纽约公约》的成员国。总之，争议解决方式的选择是一个十分复杂的过程，需要综合考虑各种相关因素后才能确定。

阿拉伯国家的地区多边条约中有关投资者 - 国家争议解决的规定令人称道，特别是《阿拉伯国家阿拉伯资本投资统一协议》中有关阿拉伯投资法院

[①] 参见 Khalil Mechantaf，"A Blast from the Past…the 'Unified Arab Investment Treaty' and Finality of Arbitration Awards"，http：//kluwerarbitrationblog. com/2014/11/13/a - blast - from - the - past - the - unified - arab - investment - treaty - and - finality - of - arbitration - awards，2017 - 12 - 12。

的规定。从国际层面看，欧盟长期以来推动建立多边投资法院，但直到现在尚未成功。阿拉伯国家早在 20 世纪 80 年代便成功设立了此类法院，而且从目前的实践来看，运作良好。一些研究者建议，欧盟在设立投资法院时，可以借鉴阿拉伯投资法院的经验。[1] 考虑到外资的大量涌入，此类地区多边公约规定的投资争议解决途径会日益受到投资者的重视。实际上，阿拉伯投资法院自 2003 年受理第一起投资案件以来，又受理了 7 起阿拉伯投资者针对其他阿拉伯国家提起的投资争议案件。[2] 在阿拉伯国家进行绿地投资的中国投资者，必须关注此类地区多边公约的规定，以便在发生争议时能够很好地利用此类争议解决途径。在与同为这两个地区多边公约成员国的阿拉伯国家产生争议时，投资者可以从两个公约规定的争议解决途径中选择一种对自己比较有利的途径。

随着"一带一路"的推进，更多的中国投资者会到阿拉伯国家进行投资。为更好地利用投资争议解决的规定，保护自己的合法权益，笔者针对文中提到的一些问题提出如下建议。

首先，投资者应认真了解阿拉伯国家国内法中有关投资者－国家投资争议解决的规定。虽然笔者在文中建议尽量不要通过在阿拉伯国家国内法院进行诉讼的方式解决投资争议，但考虑到中国和阿拉伯国家签署的双边投资保护条约以及阿拉伯国家的地区多边条约都没有排除通过国内法院解决此类争议，因此有必要了解阿拉伯国家国内法的规定，做到未雨绸缪。

其次，考虑到阿拉伯国家的政治局势，中国应推动尚未同中国签署双边投资保护条约的阿拉伯国家签署此类条约，或将已签署的此类投资条约落实生效。例如，中国和利比亚、约旦已分别在 2010 年 8 月和 2001 年 11 月签署了双边投资保护条约，但一直没有生效。中国和伊拉克、吉布提等几个投资较多的阿拉伯国家还没有签署双边投资保护条约。

再次，在续签双边投资保护条约时，中国应尽量对条约的内容进行修订与完善。例如，扩大可提交仲裁解决的投资争议的类型，使之可以涵盖所有类型的投资争议。尽量选择通过解决投资争端国际中心的仲裁程序解决争议，避免造成不必要的拖延和裁决执行的困难。目前，中国和阿拉伯国家的双边投资保护条约中有 9 个都是选择通过专设仲裁庭解决投资争议，只有中国与

---

[1] John Gaffney, "The EU Proposal for an Investment Court System: What Lessons Can be Learned from Arab Investment Court?" *Columbia FDI Perspectives*, No. 181, August 29, 2016.

[2] Walid Ben Hamid, "Arab Region: Are Investors Rediscovering Regional Investment Agreements from the' 80s?" http://investmentpolicyhub.unctad.org/Blog/Index/17, 2018-01-10.

突尼斯、摩洛哥、也门、巴林和沙特之间的双边投资保护条约规定可以利用解决投资争端国际中心解决此类投资争议；此外，一些双边投资保护条约的内容还存在语义含糊之处，需要在续签条约时予以澄清，避免引起误解。

最后，在条件成熟时，中国可考虑与大阿拉伯自贸区（GAFTA）谈判达成自由贸易投资协定，将有关投资的实体问题和程序问题都并入一个统一的地区性公约中。这有利于减少双边投资保护条约造成的碎片化，有利于中国投资者有效利用争议解决程序维护自己的合法投资权益。

争议解决制度无论设计得多么精巧，争议解决结果仍然难以预料。因此，对于投资者来说，事前预防远比事后解决更加重要。考虑到阿拉伯国家和地区存在的各类政治风险和法律风险，中国投资者在投资前一定要做好各类预防工作，如审慎评估投资东道国的政治风险，做好风险防范预案；精心起草投资合同，利用稳定性条款，如冻结条款、经济均衡条款等，防备法律或政策变更带来的风险和损失；向保险机构投保政治风险保险，以减少由战争、征用、禁止汇兑等各类风险带来的损失；尽量与当地公司或政府机构合作，提高本土化程度，分解各类风险；积极履行企业社会责任，与当地社区保持良好关系等。这些预防措施可在一定程度上降低各类风险。

Considerations on the Investment Dispute Settlement Between Chinese Investors and the Arab Countries in "the Belt and Road" Context

Zhu Weidong

Abstract: With the advancement of "the Belt and Road", there will be more and more Chinese investment into the Arab countries. However, the investment disputes between them will be more likely to happen as a result of the political and legal risks posed by the political unrest, the widespread terrorist incidents, and the unpredictable legal change. There are currently three kinds of investment dispute settlement mechanisms provided in the domestic laws, the bilateral investment treaties between China and the Arab Countries and the regional multilateral investment agreements, offering the Chinese investors the choices of litigation, arbitration and other kinds of ways mediation, to settle such investment disputes with the Arab countries. Generally speaking, it is preferable for the Chinese investors to resort to a reputable arbitral institution in a third country outside the host Arab state; and they may also make use of the investment dispute settlement mechanisms designed by the Arab regional multilateral investment agreements under some suitable circumstances. China may consider negotiating and concluding more BITs with Arab countries or working to make the concluded BITs come into effect. In future, China may also consider negotiating and concluding an FTA with the Great Arab Free Trade Area.

Keywords: International Law; Investment Dispute; "the Belt and Road"; Arab Countries

（原文发表于《西亚非洲》2018 年第 3 期）

五

研讨会发言

编者按：本部分内容为 2017 年 11 月 10 日，浙江外国语学院国别和区域研究中心成立仪式暨"一带一路"背景下中阿经贸合作研究国际学术会议专家学者发言摘要。

充分发挥中阿各自优势，
实现互利共赢

刘振堂[*]

从 1956 年中国同埃及建立外交关系开始，双方在每个阶段和各个领域的友好关系都得到了长足发展，可以说是可圈可点。在经贸领域，双边的贸易额早就突破了 2000 亿美元。正像巴勒斯坦前大使所说的，已经超过了 2600 亿美元，中国已经成为阿拉伯国家第二大贸易伙伴。然而，与中阿各自的潜力和良好的政治关系相比，这个贸易数字还远远没有达到我们的期望，还有很多合作的领域有待开拓，尤其在阿拉伯世界面临的单一经济和就业不足这两个方面。

第一，阿拉伯国家过度地依赖单一的石油经济，难以实现可持续发展。阿拉伯国家石油储量占世界过半，长期以来，半数阿拉伯国家将石油产业作为国民经济的主体。其他产业，如工业、制造业，发展严重滞后。从工业门类看，除埃及之外，其他国家普遍门类不全，工业产品过度依赖进口，石油价格往往受多种因素的制约和影响，难免出现波动。我第一次到阿拉伯国家工作的时候，那是 1973 年，石油每桶只要 7 美元。可是近年来，石油价格最高能到 140 多美元一桶。后来又急剧下跌，跌到 18 美元左右一桶。这种波动严重影响了阿拉伯国家的经济。那么，如果能够实现产业多样化的话，必然会分散风险，保障国民经济的发展，不至于大起大落。

第二，阿拉伯国家的失业率一直居高不下，这是社会不安定的重要因素之一。"阿拉伯之春"开始后，迅速席卷了整个阿拉伯世界，给阿拉伯社会带来了前所未有的影响，诸多国家陷入动荡和不安。起因是很多的，但不容置疑的是，出生率过高，公共产品不足，青年失业人数与日俱增，失业大军成为社会最不稳定的因素。一有风吹草动，失业的青年人就会被人利用，甚至为极端思潮或者是恐怖主义势力所鼓动，最后走向极端，报复社会。如果能

---

* 刘振堂，中国驻黎巴嫩、伊朗前大使。

根据各国的具体情况，多创办一些劳动密集型的中小型企业，吸引更多的青年就业，这必将对社会的稳定产生积极的作用。

中国很幸运，在 1978 年，拉开了改革开放的序幕，赶上了世界第三波产能转移的浪潮。第一波被日本赶上，第二波被所谓的"亚洲四小龙"赶上。现在我们已经成为世界头号贸易大国，蓬勃发展的制造业在方方面面都有体现。有一个报告统计，中国的制造业是世界最强的，每年能够解决上千万人口的就业问题，我们的国内生产总值现在已经超过 80 万亿元，相当于 12 万亿美元，稳居世界第二，我们对世界经济的贡献率已经超过了 30%，外汇储备稳居世界第一。中国同阿拉伯国家一直保持着非常友好的关系，中国愿意与阿拉伯国家分享改革开放的成果，中国作为最大的发展中国家，坚持中国的发展离不开世界，把互利合作、共同繁荣作为与广大发展中国家合作的准则。习近平主席 2013 年提出"一带一路"倡议，阿拉伯国家自然而然地成为交会点和桥梁。在 2018 年的 APEC 会议上，习近平主席又明确指出，我们应该引导经济全球化朝着更加开放、包容、普惠、平衡、共赢的方向发展，才能更好造福不同国家、不同阶层、不同人群。希望阿拉伯国家能快速搭上中国的列车，利用中国产能转移的良机，大力推进国内基础建设和制造业、加工业、养殖业等方面的发展，进而促进经济的发展、社会的安定和人民的富足。

新时代中阿合作潜力巨大前景光明

吴思科[*]

2017 年，中国共产党第十九次全国代表大会在北京胜利召开。大会制定了新时代中国特色社会主义的行动纲领和发展蓝图。中国经济已经由高速增长阶段转向高质量发展阶段。各方普遍认为，在创新步伐加快、发展质量更优的中国，经济新业态不断涌现，创新成果加快转化应用，区域经济实现协同发展，将产生更广泛、更强大的辐射效应，带来更多合作机会，让更多国家搭乘中国发展的快车。

一

习近平主席在 2013 年提出建设"一带一路"倡议后不久，就明确提出位于"一带一路"接合部的阿拉伯国家是"一带一路"建设的天然合作伙伴，此后又提出中阿合作"1 + 2 + 3"的战略构想。几年来，中国同阿拉伯国家作为共建"一带一路"的天然战略合作伙伴，携手同行，形成多边与双边、官方与民间相互促进、相互补充、良性发展的格局，中阿务实合作迈上了一个新台阶。2017 年 5 月，"一带一路"国际合作高峰论坛在北京成功举办。共建"一带一路"的核心内涵，就是促进基础设施建设和互联互通，加强经济政策协调和发展战略对接，促进协同联动发展，实现共同繁荣。这一倡议源自中国，更属于世界；根植于历史，更面向未来；重点面向亚非欧大陆，同时向所有伙伴开放。共建"一带一路"的深入推进，将为中国与阿拉伯国家提供更加广阔、更有活力的合作平台。

中国与阿拉伯国家经济合作的互补性强，双方合作的潜力巨大。我想以均处于经济转型时期的中国与沙特和埃及的合作为例。据了解，目前中沙双方已经确定了第一批 30 个产能与投资合作重点项目，其中 8 个项目已经开工

---

[*] 吴思科，中国中东问题特使。

建设。广州泛亚聚酯有限公司于 2016 年 11 月与沙特能工矿部就投资吉赞经济城项目签署了投资框架协议及合作备忘录，拟投资 41 亿美元分三期建成 12 个项目。中国核工业建设集团与沙特阿卜杜拉国王科技城签署了关于沙特高温气冷堆海水淡化项目的谅解备忘录。天津泰达控股有限公司和拉比格炼油与化工公司签订了关于开发与管理能源工业区的战略合作备忘录。"一带一路"与沙特"2030 愿景"对接，是中沙双方战略合作的重要抓手，也是共同努力的方向，为中沙合作关系打开广阔前景。沙特凭借其特有的战略位置，可通过"2030 愿景"的实施成为连接亚洲、欧洲和非洲三大洲的国际枢纽，使沙特成为位于全球重要交会处的贸易中心和世界门户。这正好可以对接"一带一路"的设施联通，通过建立公路、铁路、航空、电网、光缆、地下管网及港口等实现区域的互联互通，来促进经贸往来与经济增长，而这也正是共建"一带一路"优先发展的方向。沙特还拥有太阳能和风能领域的天然优势，其"2030 愿景"提出要建立新兴能源市场，中沙在太阳能等新能源领域的合作也有巨大潜力。沙特新兴能源计划鼓励私营部门进入新能源领域，鼓励公私合营，并将逐步开放燃料市场，以保障新兴能源的竞争力。加强中沙两国的 PPP 对接与合作，有助于带动中沙经济创新增长，助推沙特建设一个有竞争力的新兴能源市场。至于埃及方面，也宣布了"2030 年埃及发展计划"，提出开发苏伊士运河，项目包括在苏伊士运河沿线建设工业园区，发展汽车组装厂、电子产品制造、炼油、石化、金属加工、物流调拨、燃料贮存、船舶修造、集装箱制造和修理、纺织、玻璃制造等工业项目。这无疑是一个雄心勃勃的发展规划，也为彼此间开展产能合作提供了契机。

此外还有阿联酋启动的马斯达尔城项目，规划投资近 200 亿美元，重点发展与环保相关的产业。摩洛哥启动了"全国工业崛起计划"，确定航空航天、汽车、电子、纺织、皮革等行业为发展重点。总之，一场工业化热潮正在阿拉伯国家兴起，中国同阿拉伯国家都在努力推进工业化进程，产能合作成为中国与阿拉伯国家合作的新抓手。

发展制造业，应该是阿拉伯国家的战略选择。工业化进程缓慢，特别是制造业欠发达，是地区经济发展的重大缺陷，也是失业问题积重难返的主要原因。事实上，阿拉伯国家并非缺乏发展工业制造业的条件。从资源角度看，这些国家石油和天然气资源丰富，可作为工业化的能源与原料；从人力方面看，阿拉伯国家青壮年人口众多，劳动力成本相对较低；从地理位置看，中东地处亚非欧三大洲交会之处，连接多个重要国际海运航道，具有广阔的市场辐射前景。

面对世界经济复苏低迷、逆全球化之风盛行的国际局势，阿拉伯国家决定发展制造业，可谓抓住了发展经济的关键。作为工业门类最齐全的国家，中国目前在全球有 220 种产品的产量排在全球第一位，而且性价比最高。而从阿拉伯国家的工业发展规划中可以清晰地发现，其工业化涵盖了大量中国具有优势的制造业，双方供需的无缝对接，为中国与阿拉伯国家加强国际产能合作创造了良好的机遇，国际产能合作契合了中国与阿拉伯国家的现实需求和未来规划。

"一带一路"建设引领下的国际产能合作，是围绕生产能力新增、转移和提升开展的互利共赢的国际产业投资合作，以企业为主体，以共赢为导向，以发展制造业、建设基础设施、开发资源能源为主要内容，以直接投资、承包工程、装备贸易和技术合作为主要形式。在世界经济复苏艰难曲折的背景下，国际产能合作，有利于为世界经济复苏注入新动力，有利于为各国企业合作提供新机遇，是优势互补、多方共赢之举。中阿双方可以继续深入挖掘两国产能与投资合作潜力，不断丰富双方务实合作的内涵和成果。与中国进行国际产能合作，也有助于阿拉伯国家优化产业结构，实现经济的均衡发展。

二

中共十八大以来的 5 年，中国在经济社会各方面都取得了辉煌的历史成就。中国已稳居世界第二大经济体并一直保持快速发展，中国对世界经济增长的年均贡献率已超 30%，在全球领先。中国现在已经成为世界经济发展的一个重要引擎。党的十九大报告首次提出"建设现代化经济体系"，并指出创新是引领发展的第一动力，要以"一带一路"建设为重点，坚持"引进来"和"走出去"并重，遵循"共商、共建、共享"原则，加强创新能力开放合作，形成陆海内外联动、东西双向互济的开放格局。

目前，技术革命正处于一个新的发力期：过去的技术革命已近末端，世界各国都在追求创新式发展，我们正迎来新一轮科技和产业革命，数字经济、共享经济在全球范围内掀起浪潮，人工智能、量子科学等新技术不断取得突破。在过去的五年里，通过实施"一带一路"，中国在共建"一带一路"国家进行大规模的基础设施投资和建设，且已取得可喜成绩。仅 2016年一年，中国与共建"一带一路"国家的贸易总额就达 6.3 万亿元人民币。在国际市场需求持续低迷的情况下，中国提出互利共赢的理念，强调深度合作，倡导利益共同体、责任共同体、命运共同体等，中国追求全球的共同发展。中国就全球经济发展提出的主张和方案为世界经济注入了新的活力。中国供给侧结构性改革有助于增强世界经济推动力，随着中国经济的发展和人民生活水平的提高，中国在解决世界市场需求问题上的作用也日益增大。现在"走出去"的中国人越来越多，中国游客在海外的购买力曾连续几年在全球排名第一。未来 15 年，中国市场将进一步扩大，发展将更加全面。预计将进口 24 万亿美元的商品，吸收 2 万亿美元的境外直接投资，对外投资总额将达到 2 万亿美元。所有这些无疑将为中国与阿拉伯国家的合作带来新的机遇。

<h2 style="text-align:center">三</h2>

"一带一路"倡议强调"五通"。为实现中阿深化合作的愿景，我认为双方应合力从几个方面深入推进。一是深入推进"一带一路"共建与阿拉伯国家发展战略的对接，进一步发挥政府间合作机制的统筹作用，按照"政府推动、企业主体、市场导向、商业运作"的原则助推一批产能与投资合作重点项目落地。二是加快推动中埃苏伊士湾经济园区以及吉赞中沙产能合作示范园等示范园区的建设。随着中国技术的进步和制造业的快速发展，接纳中国标准，让更多的中国制造产品进入阿拉伯国家市场日显重要。这可以使阿拉伯方面在获得高质量产品的同时，降低采购成本，减少财政支出，减少企业费用支出。三是积极鼓励中国与阿拉伯国家的银行等金融机构为双方产能与投资合作提供资金支持，推动人民币在双边合作中的应用。在 2016 年 10 月 1 日人民币被纳入国际货币基金组织一篮子货币（SDR）之后，其在国际上的地位和信任度大幅提升。应在双方自愿的基础上，鼓励将人民币作为双边能源贸易和金融合作中的计价、清算和结算货币。应鼓励阿拉伯国家主权财富基金和官方储备持有人民币，并使用在岸市场进行交易，这对于中阿双方深入开展合作无疑都是利好。

中共十九大明确了中国将秉持正确义利观和真实亲诚理念加强同发展中国家的团结合作。中国仍是世界上最大的发展中国家，永远同包括阿拉伯国家在内的发展中国家站在一起，继续深化同发展中国家的团结合作，加大对发展中国家特别是最不发达国家的援助力度，加强南南合作，促进缩小南北发展差距，支持扩大发展中国家在国际事务中的代表性和发言权，推动全球治理体系向更加公正合理的方向发展。"一带一路"提出以来，中阿全方位战略合作从规划布局到落地生根再到深耕细作，留下一行坚实的足印。在新形势下，中阿双方遵循"共商、共建、共享"的合作理念，共同绘制"一带一路"与各国发展愿景对接的新蓝图，扎实推进各领域务实合作，这将给中阿合作带来光明的前景。

"一带一路"建设与阿拉伯国家的工业化

杨　光*

我今天想围绕中国和阿拉伯国家的工业合作谈三点看法。

第一点是，中东国家的工业化为什么是一个问题。大家如果看一下发展中国家的发展历史，可以发现工业化在经济发展中有着不可替代的作用，它是经济增长的发动机，是产业升级和结构性变化的主要动因，也是创造就业的最主要手段。那么，阿拉伯世界发生的情况是什么呢？大致有两种情况。

一种情况出现在非主要油气资源国。阿拉伯国家曾在 20 世纪 50～70 年代发生过第一次工业化浪潮。但是这次浪潮在很大程度上忽略了经济发展的规律，所以到 70 年代末 80 年代初以陷入债务危机的形式中断。这样一种工业化发展的挫折，使阿拉伯国家成为当今世界工业化水平较低的一个地区。不仅工业制造业在 GDP 中的占比和亚洲国家相比很低。而且一些国家，例如埃及，其工业和制造业在 GDP 中的占比非但没有增加，反而下降了。我们把这种现象称作阿拉伯国家的"去工业化"现象，也就是说，工业化不但没有进步，反而有所倒退。这样一种现象的发生，给阿拉伯国家带来了严重的政治和社会后果。对于那些没有石油资源或石油资源很少的国家来说，工业发展慢或者去工业化现象，带来了经济增长慢和严重的失业问题。其中最突出的表现就是 2010 年底爆发的"阿拉伯之春"运动，这场运动主要的发起者和参加者是失业的青年。

另一种情况出现在主要油气资源国。这类国家的工业化也遇到了严重的障碍。一个比较典型的例子是沙特。沙特最近提出了"2030 愿景"，其中包括很多要发展的工业。有人对这个"2030 愿景"不以为然，认为它是表面文章，只是说说而已。我想，我们恐怕不能把这个问题看得那么简单。沙特为什么要搞经济多样化和工业化？这里面的原因是复杂的。在 70 年代，国际石油界风云人物、沙特石油大臣亚马尼提出了一个著名的论断，即"石器时代

---

* 杨光，清华大学国际与地区研究院院长。

的结束并不是因为世界上的石头用完了"。他想表达的意思是，别看沙特现在有那么多的石油，但是很可能有一天，沙特依然拥有大量石油，而世界却发生了改变，不再需要石油了。因此，沙特一定要趁着世界需要石油的时候，赶紧发展多样化的经济，减少对石油的依赖。沙特的经济多样化主要依靠发展工业，建成一些能够替代石油产业的工业产业。我把亚马尼的论断称作沙特的"石器时代陷阱论"。沙特发展工业的初衷，就是避免落入"石器时代陷阱"中。但是问题在于，沙特从来没有像今天一样接近"石器时代陷阱"，亚马尼的预言正在变成现实。过去四十年，国际石油市场发生了一个根本性的变化，人们对"石油产量到顶"的担心变成了对"石油消费到顶"的担心。或者说，从对石油进口国的担心变成了对石油输出国的担心。四十年前人们担心石油很快被开采完了，世界上就没有石油用了，这种担忧是 20 世纪七八十年代两次油价上涨的深层原因。然而，今天人们所担心的是，根据 OPEC 的判断，到 2040 年前后，世界的石油需求将达到峰值，从那之后石油需求只会下降不会上升。这样一种判断，对沙特来说意味着它正在逐渐走向石油需求从上升转向下降的历史性拐点。更可怕的是，今天的世界尽管正在远离石油，但是石油供应国的数量在不断增加，伊拉克、俄罗斯等的石油潜力都还远远未释放出来。它们的潜力一旦释放又会到哪里找市场呢？它们肯定都是沙特的竞争者。因此，在这样的大背景下，沙特要加快经济多样化和工业化的紧迫性是前所未有的。由此看来"2030 愿景"并不是说着玩儿的。

沙特的工业化还遇到原料和市场的制约。它的非石油工业主要是以天然气为原料和能源的工业，这是沙特工业化的核心。这个国家还有一些资本密集型工业，比如炼钢、发电、海水淡化等，也是以天然气为能源的能源密集型产业。但是今天的情况是，沙特的天然气却渐渐不够用了。天然气分为两种，一种是干气，一种是湿气。所谓干气是指从气田里开采的天然气，所谓湿气是随石油开采产生的天然气，石油产量不增加，湿气的产量也不会增加。沙特天然气主要是湿气，但石油产量早已达到稳定，有时还要根据价格的需要而减产，因此湿气的产量是难以大幅度提高的。尽管沙特近年来花费了很大的力气寻找干气田，也有一些重要的发现，但结果仍然不理想。这样一来就出现了问题。随着使用量越来越大，天然气已经出现了相对的短缺。沙特石化工业最廉价的原料是乙烷，现在乙烷已经不够用了，只能用成本更高的丙烷、丁烷来代替。另外，沙特对外的消费市场也出现了问题。沙特的石化产品大多是中间产品，主要面向出口。以往产量小的时候，出口没有遇到太大的问题，现在产量越来越大，而成本仍然是世界上最低，因此哪个国家和地区也不敢贸然对沙特全面开放石化产品市场，因为大家都有自己的石化工业。沙特与欧盟、中国等开展自由贸易区谈判，长期没有取得关键性进展，主要问题都在于此。因此，沙特原有的过度依赖天然气的工业化模式遇到的困难越来越大，必须重新确定工业化方向。"2030愿景"大力强调发展新能源，例如核能和光伏发电，这是沙特想要摆脱工业化困境的战略性举措。

由此看来，在阿拉伯国家出现"再工业化"热潮，我把它称作"第二次工业化浪潮"，也就容易理解了。这种浪潮在那些像埃及一样没有石油、天然气的国家的特点，是接受"阿拉伯之春"的教训，重点发展劳动密集型产业，解决就业问题。沙特这样的油气资源国，则要真正地远离石油、天然气，为后石油时代做好准备。

第二点是，在阿拉伯国家工业化的浪潮中，中国和阿拉伯国家有什么关系，特别是中国能起到什么作用？简单来说，中国可以通过以下几方面的合作，帮助阿拉伯国家实现这次工业化浪潮。第一，中国是阿拉伯国家工业化的资金供应者。中国今天有强大的资金能力，可以以多种方式的资金融通支持阿拉伯国家的工业化。阿拉伯国家贫富不均，不乏资金充裕的国家，所以也存在着中国与资金充裕的阿拉伯国家合作，共同帮助资金短缺的阿拉伯国家实现工业化的现象。第二，中国是工业化技术的提供者。改革开放后，中国几乎是全面拥有了工业制造业的技术，其中包括很多我们可以提供但很多发达国家不再能够提供的技术，比如许多劳动密集型工业的技术，在失去劳动成本比较优势的欧洲和美国，早已不复存在了，而在中国却大量存在，甚至亟须对外转移，寻找新的发展空间。而且，这样的技术对于那些寻求劳动密集型工业化的国家来说，恰恰是最适用的技术。第三，中国是基础设施建设方面的强国。大规模的工业化要有一定的基础设施来支持，没有公路、铁路、足够的电力，甚至互联网的覆盖率来支撑是做不到的。从阿拉伯国家的统计数据中不难发现，除了极少数海湾国家以外，绝大多数阿拉伯国家的基础设施水平低于世界平均水平，当然也远远低于中国水平。比如公路、铁路密度，人均电力消耗和互联网使用率等，都是很低的。这样的基础设施水平是不能够支持大规模工业化的。而中国在基础设施建设方面是一个强国，在工程设计、设备供应和建筑施工等方面，都具有国际竞争力，在有的方面甚至具有发达国家所不具有的优势。因此，我们在基础设施建设方面有能力帮助阿拉伯国家。第四，中国是中东和平的促进者。中东和平的重塑是困难的。尽管如此，我认为通过国际社会的共同努力，实现中东地区的基本稳定，特别是在国别层面上的基本稳定仍然是有可能的，这也是在阿拉伯国家开展工业化合作的安全条件。需要强调的是，中东地区和阿拉伯世界的稳定，不可能单独依靠中国而实现。中国只能以具有中国特色的方式促进和平。这就是习近平主席在出访埃及的时候所讲的，把通过谈判解决冲突作为"黄金法则"。

第三点是，希望阿拉伯国家有加强工业化合作的紧迫感。中国和阿拉伯国家的工业化合作不会自动实现。中国与阿拉伯国家共建"一带一路"，并且在这样的框架下推动工业化合作，我们所遵循的基本原则是以市场为导向、以企业为主体，市场和企业是关键，政府只是发挥推动作用。企业是需要赢利的，尤其是劳动密集型产业的转移，需要看当地劳动力成本是否具有竞争力，还要看市场潜力如何、安全环境怎么样。从全世界的角度来看，阿拉伯世界并不是中国工业化产能转移唯一可供选择的目的地，南亚、东南亚、非洲等地区的工资水平并不比阿拉伯国家更高，劳动力资源也非常丰富，许多国家的市场潜力和安全环境还要好于一些阿拉伯国家。从中国方面来看，劳动密集型的产能转移也有一个窗口期的问题。也就是说，这种合作机会可能不会永远存在。在我看来，这个窗口期，也就是劳动密集型产业合作活跃期，可能只有二十年左右的时间。我的理由是，中国现在是一个人均 GDP 8000 多美元的国家，但在这样一个发展水平下，我们已经感觉到劳动力成本的比较优势正在失去，很多劳动密集型产业已经无法生存。而根据中共十九大的要求，中国要在 2035 年基本实现现代化。到了那个时候，中国的人均 GDP 可能翻倍，很难想象在那时中国还会存在大量的劳动密集型产业。因此，中国和阿拉伯国家要利用这个历史性机遇，加快合作步伐。特别是阿拉伯国家要有紧迫感，努力改善投资环境。

中阿友好三大阶段与"一带一路"新机遇

穆斯塔法·萨法日尼[*]

我认为，一百多年来，中东地区因殖民主义、帝国主义多次发生战争，长期动荡不安。没有和平，发展就无从谈起。20世纪初，为了削弱和控制阿拉伯世界，英国和法国将阿拉伯世界分割成一块块互相分离的殖民地。二战结束后，以美国为代表的帝国主义，为了满足自身的利益，利用刚刚成立的联合国，一方面在巴勒斯坦土地上建立了以色列，另一方面制定了不合理、不公正的国际政治经济秩序。以上就是中东问题的症结所在。

我1968年来到中国，在中国学习、工作、生活了近半个世纪。亲历了中国经济发展的三个阶段，见证了中国翻天覆地的变化，也亲自参与了中阿关系的构建。如果说毛主席时代让中国站起来了，邓小平的改革开放让中国富起来了，那么习主席领导下的中国特色社会主义新时代，就是中国强起来的时代。没有毛主席就没有新中国，没有邓小平就没有改革开放的今天，没有习主席实现中华民族伟大复兴的中国梦，就没有和平稳定的繁荣世界。不了解今天的中国，就无法对未来世界的发展做出正确判断。

我将根据中国经济发展的三个阶段，来分析中阿关系的发展过程。

第一个阶段是从新中国成立到实施改革开放政策。这一阶段是中阿关系中政治特性显著的时期。1955年召开的万隆会议是中阿关系的转折点。当时中国宣布支持阿拉伯人民的正义事业，支持巴勒斯坦人民的正义斗争和合法权利，并谴责以色列侵占阿拉伯国家领土；坚定支持阿拉伯国家捍卫国家主权和领土完整、争取和维护民族权益、反对外来干涉和侵略的斗争。阿拉伯国家在恢复中国在联合国合法席位、台湾等问题上给予有力支持。但因受"文革"影响，双方在经济领域合作较少，80年代初双方贸易总额不足一亿美元。

---

   * 穆斯塔法·萨法日尼，巴勒斯坦驻中国前大使。

　　第二个阶段是从实施改革开放到 2012 年中共十八大召开。这一阶段是中阿关系中经济特性显著的时期。2004 年，中阿双方共同宣布成立"中国－阿拉伯国家合作论坛"，这是中阿关系史上具有里程碑意义的重大事件，确定了在论坛框架下的中阿新型伙伴关系。2010 年双方宣布建立战略合作关系。2012 年双边贸易总额大幅上升，突破了 2225 亿美元。

　　第三个阶段是从中共十八大召开到中国特色社会主义进入新时代。这一阶段是中阿关系中战略特性显著的时期。可以说中阿关系也进入了一个新的发展时代。最近五年，中阿关系处于历史最好的发展阶段。双方已经在政治、经济、科技等各领域取得了有目共睹的成就。

　　一方面，近年来国际形势复杂多变，世界金融危机爆发，全球经济下滑；另一方面，中共十八大明确提出了"两个一百年"的奋斗目标。为应对来自国内外的各种风险和严峻挑战，习主席高瞻远瞩，"对症下药"，在 2013 年下半年提出了"一带一路"倡议。

　　"一带一路"将中国和阿拉伯国家乃至整个世界面临的风险与挑战转变成发展机遇。阿拉伯国家是"一带一路"的汇合点，因此"一带一路"的意义对阿拉伯人而言重于他人。阿拉伯国家是共建"一带一路"自然的、重要的合作伙伴。中阿双方经济互补，为双边经贸合作提供了广阔的前景。阿拉伯国家在世界上石油储备最丰富，也是中国最重要的能源伙伴。中国从阿拉伯国家进口的石油占中国石油进口总量的 45%。因此，可以说阿拉伯国家是中国经济迅速发展的"加油站"。此外。阿拉伯国家拥有战略性的地理位置和丰富的自然资源。阿拉伯人口超过 3 亿，是中国产品重要的海外消费市场。2017 年中阿贸易总额超过了 2600 亿美元。阿拉伯国家成为中国第六大贸易伙伴。中阿建立了政治战略对话机制，中国同 8 个阿拉伯国家建立了战略伙伴关系，同 6 个阿拉伯国家签署了共建"一带一路"协议，7 个阿拉伯国家成为亚洲基础设施投资银行的创始成员国。

　　"一带一路"也将带动阿拉伯国家经济与东亚、东南亚经济更加紧密地结合起来，推动阿拉伯国家的基础设施建设和机制体制创新，创造新的经济和就业增长点，增强经济内生动力和抗风险能力。

　　2014 年 6 月，习近平主席在中阿合作论坛第六届部长级会议上制定了中阿合作"路线图"。他提出中阿在"一带一路"框架内，构建"1+2+3"合作格局，争取让中阿贸易额在未来 10 年增至 6000 亿美元。

　　总体而言，中国和阿拉伯国家具有许多共同优势。近几年阿拉伯世界面临着各种异常情况，利比亚、也门、伊拉克和叙利亚等国家，因外来势力干涉陷入了内战，基础设施被完全摧毁，许多城市已被彻底毁灭。这些阿拉伯国家都面临重建问题，毫无疑问，这对中国中、小企业来说，将是一个机遇。

最后，我认为无论从政治还是经济等各方面来考量，中国是有能力推动中东和平进程的，我希望中国能更多地参与中东诸问题的解决，为实现该地区的和平稳定与发展做出更多的贡献。

关于建设"一带一路"的四点思考

肖　克[*]

　　我就"一带一路"研究，包括共建"一带一路"国家的投资，谈一下自己的几点感受。

　　通过与国外专家交流，我认为"一带一路"倡议提出四年以来，尤其是党的十九大之后，相关工作已进入了关键的务实阶段，"一带一路"已成为最有潜力的国际合作品牌。

　　第一，目前中国与共建"一带一路"国家合作的最大挑战在投资方面。意向合作国家尚未全面了解"一带一路"合作项目的投资、运作模式。例如外国资本进入中国时，最需解决的问题是对申报等相关手续及对应负责部门不甚了解，需花费一定时间了解。除此之外，最关键的困难是不了解中国的金融体系对外国资本进入中国的基本要求。因此，需要从政府层面去解释相关操作流程。

　　第二，融资渠道应多元化，避免仅依靠一个国家或一个企业之力。我认为，目前"一带一路"项目多依赖对方国家的主权担保或财经担保。中国企业可以考虑采用其他模式。比如，伊斯兰银行已在非洲某国家担保项目，所以是否可以参与效益担保？或者以主权基金为主体落实担保项目？以上这些新模式可以考虑，以丰富融资渠道。

　　第三，产业互补。中国与阿拉伯世界应实现生产业互补。伊拉克南部的巴士拉被认为是不安全的地区，在这里有一个组装电网收费系统项目，依赖伊朗的工业实力组装电表，其成本比深圳生产成本要低7%，这是一个令人惊喜的效益。

　　第四，软实力效应。中国政府应维护中国利益，包括侨民的人身安全。但政府再努力，也保证不了海外中国人所有的利益，最多就是保障中国人民在共建"一带一路"国家中的经济收益，因此民间基础很重要。例如在叙利

亚的中国企业为叙利亚当地提供一万个就业岗位，若中国企业需要支持，这一万名叙利亚人也会来维护中国企业的利益。所以"一带一路"的合作模式应考虑经济利益，也需要考虑社会效益，公益项目合作也应写入"一带一路"计划中。例如在一些中国高校教师的帮助下，已发起第一个中国政府批准的叙利亚儿童公益项目，中国公募基金为战争致残的叙利亚儿童安装假肢。中国可以通过"一带一路"向世界输送大爱。

论新时期中国参与阿拉伯国家港口建设

孙德刚*

感谢浙江外国语学院东方语言文化学院给我这次机会。那么今天向大家汇报的题目是"论新时期中国参与阿拉伯国家港口建设"。选择这个题目很重要的一个考虑是阿拉伯国家在重建和经济建设中到底有哪些优势。22个阿拉伯国家加上伊朗、土耳其、以色列三个中东的非阿拉伯国家有个很大的特点，即有漫长的海岸线，或者有港口，连约旦也有出海口。所以这是整个中东国家的优势。

怎么能够把优势转化为以后的经济发展动力？我想就是港口开发了。还有一件很重要的事就是阿拉伯国家处于亚非欧三洲的交界处，发展航运对于阿拉伯国家经济的振兴、民族的复兴能起到重要的作用。

我们也要问：中国有没有能力去建设阿拉伯国家的港口呢？我们现在讲"一带一路"，我认为"一带一路"在阿拉伯国家的推广很重要的一个亮点就是港口建设。我认为港口建设是"一带一路"建设中联系中国和阿拉伯国家的非常重要的纽带。

我们也知道中国现在是一个港口大国，也是港口强国。在海外港口建设方面，过去十年我们参与了二三十处。除了太平洋地区的，还有一个很重要的是在印度洋。现在已经开始推向地中海，甚至大西洋。可以说，中国的港口建设遍布全球。在从港口大国向港口强国迈进过程中，我们看到中国的港口也非常的先进。比如说，在2015年全球20大港口集装箱吞吐量的排名中，前20名大家知道中国有多少个港口入围吗？有10个，占了50%。其中大陆有8个，加上香港和台湾的高雄，一共是10个。其中，上海港是排名第一的，而且是多年第一。所以我国港口建设的优势可以转化为未来阿拉伯国家在航运中心建设方面的优势。

现在中国参与中东和阿拉伯国家港口（建设）到底有哪些项目？我分以

---

* 孙德刚，复旦大学国际问题研究院研究员、博士生导师。

下四个地区来说明：一是西印度洋，中国港湾、招商局国际参与了苏丹港和吉布提港建设。第二个地区是海湾地区，中国港湾和中远集团分别参与了沙特吉达港和阿联酋阿布扎比哈利法港建设。这是第二块。在地中海东部地区，上港集团、中海码头、中远集团、招商局国际和中投公司分别参与了以色列阿什杜德南部港口、以色列海法港、埃及达米尔塔港、埃及苏伊士运河港和土耳其库姆特港建设。也就是说，在这个地区中国的港口建设也是逐步发展。实际上，以色列、土耳其两个非阿拉伯国家港口建设进展得也很顺利。那么，第四块就是马格里布地区。招商局国际、中国路桥公司、中国建筑、中国港湾这些公司参与了摩洛哥安吉尔港、卡萨布兰卡港的建设和运营以及毛里塔尼亚友谊港的扩建。我们知道，中国参与建设的海外第一个港口是毛里塔尼亚的友谊港，那么现在又到了二期的扩建时期，中资企业又去参与。还有阿尔及利亚中部一些港口。也就是说，中国参与阿拉伯国家的港口建设大体可以分为以上四个区域。这些港口建设会形成"四区域"的港口群，比如说西印度洋地区或者东非地区形成了坦桑尼亚、肯尼亚、吉布提和苏丹港港口群。为以后阿拉伯国家航运中心的建设奠定了很重要的基础。第二个地区在海湾地区，我们知道中国参与的是巴基斯坦瓜达尔港，印度参与的是伊朗的恰赫巴哈尔港。在海湾地区中国还参与了沙特、阿联酋的港口。在这个地区也可能会形成一种港口群、航运中心的建设。有阿拉伯国家，也有非阿拉伯国家参与互动。第三个是东地中海地区，如埃及、以色列、土耳其、希腊的一些港口，会成为新的港口群。最后是马格里布地区，把地中海和大西洋连为一体。这里以后也会形成一个港口群。我列的四大区域是中国已经做的，很多潜在的、还在讨论和论证阶段的也会面临新的机遇和挑战。

我把中国参与阿拉伯国家港口建设的特点归纳为四个方面。一是企业先行、外交保障和国防护航。这是一种中国的大外交的体现。国家发改委、外交部、商务部、交通部、国防部和地方相互联动，企业是在前面的，包括私人企业，也包括合资企业。二是军事利益和商业利益。中国参与阿拉伯国家港口建设是一种互利共赢的商业行为，但是不排除它未来的潜在优势。三是体现出中国和西方的治理差异。西方强调自由、民主、人权。"一带一路"体现出来的价值观是什么？是发展，是一种以发展、就业、投资为基础的理念，强调民生。从港口建设中能看出，中国是阿拉伯国家的建设者，不是西方的破坏者。四是企业的经济力和国家的战略力有机地结合起来。港口建设是一个非常重要的体现。

优势，我前面提了一点。首先，中国在港口建设方面的优势就是在任何时期、任何地点都可以进行港口建设，特别是我们国内的港口建设，从上海港到宁波港等。这些港口的优势可以在阿拉伯世界推广。其次，印度洋到地中海地区有很多的天然不冻港，有利于建设航运中心。如要把吉布提建成"东非的新加坡"。最后，中国已经在该地区进行了一些军事外交，有助于我们的领事保护和侨民保护，也为我们未来的港口建设提供了保障。

我们也看出中国在阿拉伯国家港口建设方面面临挑战。第一个就是风险：经济、政治、法律风险和恐怖主义带来的安全风险。这里有一点就是经济风险，千万不要忘记。会不会存在一个过度开发和恶性竞争的问题？大家都想把自己打造成"新加坡"，没有那么多新加坡，也不需要那么多的迪拜港。这样的话会在"四区域"形成一种竞争，吉布提、苏丹和其他的东非国家都想把自己打造成一个枢纽港，这是一种竞争。第二个是如何整合国内各个部分的资源，特别是企业，外交、交通、国防等方面是怎么整合的。第三个是如何服务好参与阿拉伯国家港口建设的中资公司。我也调研过很多中资公司，他们没有考虑过国家的大战略，他们考虑的是怎么去赢利，规避风险，所以企业和国家的战略是脱节的。第四个是如何在港口建设中选择合资合作、兼并收购、建设运营移交的 BOT 模式以及特许经营权等。第五个是怎么在港口建设中配合中国产能转移和军事走出去。这里的军事走出去的目的是加强侨民保护和领事保护，不是攫取霸权。

这里，我也对中国参与阿拉伯国家港口建设面临的问题提出一些对策。第一，实行多种形式的多边的混合所有制模式。中国港口走出去千万不要想着吃独食，一定要想着怎么把国有企业和民营企业、中国和当地国家的（包括西方的）一些重要的港口公司结合起来，实现互利共赢。这里互利共赢不光是中国和阿拉伯国家，还有西方国家和第三方，这个是很重要的。否则我们就会被贴上新殖民主义的标签。第二，参与海外港口建设时应当实现安保公司走出去。而且，要允许其持枪。如果这个问题不解决的话，我们的港口问题面临的风险就很难打破。在瓜达尔港我们的安保公司已经允许持枪了，这是一个新的突破。第三，应当建立海上阿拉伯国家战略港口的数据库。我们知道，上海多年前已经成立了国际航运研究中心，可以跟我们研究的这个问题进行结合。

最后一点就是如何加强共建"一带一路"国家的研究。如对吉布提这样的国家，我们怎样加强研究。我看到一个很重要的现象，西方国家在大国的军事基地最后关闭了，但是在小国的军事基地部署往往是能够成功的。现在中国推出"一带一路"国别和区域研究，一个很重要的方面就是怎么加强小国研究。我们知道国内有很多人研究美国、研究特朗普，有多少人研究阿拉伯的小国？黎巴嫩、突尼斯这些有战略意义的小国研究我觉得很重要。所以浙江外国语学院、上海外国语大学、北京外国语大学等外语类院校的国别与区域研究人员责无旁贷。所以在座的同学是未来的希望。

摩洛哥可再生能源的开发及中国与摩洛哥的合作

张婧姝[*]

我的发言主要分为四部分，第一部分是摩洛哥清洁能源的开发情况。主要探讨它为什么要去开发。摩洛哥现在已经有非洲最大的风力发电厂，即将建成全球最大的太阳能光伏发电厂。为什么这样一个西北非角落上的小国能做到这一点？

第二部分，中国与摩洛哥合作的现状，探讨中国在新能源国际合作上有一些什么样的政策，现在和摩洛哥有哪些合作上的交往。

第三部分，中国和摩洛哥的合作过程中，有什么样的机遇。

第四部分，有什么样的挑战。

第一个部分，我们要探讨一下摩洛哥清洁能源的开发情况。2005～2015年，摩洛哥能源需求平均每年的增长率为 6.5%。这说明摩洛哥对能源的需求是非常大的，而且每年经济增长 4% 左右。这表明摩洛哥的社会环境和经济发展比较稳定。在其他阿拉伯国家（尤其是西亚这些）动乱、经济衰退的时期，摩洛哥还能保持 4% 的经济增长率。摩洛哥经济虽然在增长，但不能匹配能源需求增长的速度。摩洛哥在 2019 年出台能源开发政策之前的 10 年时间，有 95% 的能源需求都要依靠从西班牙、阿尔及利亚等周边国家进口石油来满足，而且国内 62% 左右的能源需求都是靠石油、天然气这种化石能源满足。摩洛哥南部一半以上领土都是荒漠戈壁，光照条件非常好。摩洛哥西邻大西洋，风力条件也非常好，所以说开发清洁能源是个天然的优势。在极大的社会需求量和天然优势背景下，为了能够摆脱对石油进口的依赖，也为了避免地区局势动荡对能源进口的影响，摩洛哥开始大力发展自己的新能源。其总能源需求的增速为 6%，电力需求的增速在 5% 左右。到 2020 年，摩洛哥计划全国 45% 的能源由清洁能源来代替，到 2030 年，55% 的能源由清洁能源来代替。

---

* 张婧姝，大连外国语大学讲师。

摩洛哥经历三任国王，第二任国王哈桑二世在位期间，主要发展水力发电。而目前的穆罕默德五世治理下的政府，电力发展重心之前放在风能发电上，近几年转向太阳能发电。

中国与摩洛哥的合作方面，一是有政策支持，二是中国可以承包在建项目，三是中国提供技术支持，四是中国可以进行投资。但后面两项当前不多，可能是今后两国能源合作的重点，尤其是投资，目前几乎没有。摩洛哥 2008 年开始提倡发展新能源，参与建设的外国公司有法国、德国、意大利、阿根廷、中国的公司，投资的组织和银行没有中国的。

"一带一路"提出后，中国已经参与或可能参与能源开发、能源设施建造的企业将会是中摩能源合作的主力军。

"阿拉伯之春"之后，摩洛哥的经济、社会都比较稳定。开发新能源既能为摩洛哥提供更多的就业岗位，也有利于净化环境，替代传统的化石能源，解决进口依赖问题。不仅对摩洛哥有益，对中国的技术输出、劳动力输出有益，而且摩洛哥可以作为一个支点，向南部非洲国家和北部欧洲国家输送电力（尤其是反季）。这都为摩洛哥能源开发提供了广阔的市场空间。

最后一个问题是挑战。第一个是"隐形的手"。在发展中国家发展新能源要依靠宏观调控的情况下，我们要吸取前车之鉴。比如说在阿尔及利亚或是其他动乱国家，我们是否能规避对中国企业和中国投资的影响。第二个是摩洛哥内部政治问题，比如西撒哈拉的领土争议对邻近地区的太阳能发电项目的影响。

中国"一带一路"倡议与沙特 "2030愿景"对接研究

马福德[*]

一 沙特在中东及伊斯兰世界的地位

沙特拥有丰富的石油资源——现代工业赖以生存的"生命线"。2001年其石油储量为355亿吨,占世界已探明石油储量的25%,到2015年有所下降,占世界已探明石油储量的17.85%,依然位列世界第一。沙特日产原油1000万桶左右,其石油产量占世界总产量的12%左右,是世界石油出口第一大国。近年因油价低迷和页岩油的挤压,收入下降,2016年沙特的GDP达到6396亿美元,比前一年下降1.4%,为全球第19大经济体,是伊斯兰世界当中仅次于印度尼西亚和土耳其的第三大经济体。其人均GDP在1.9万到2万美元,富裕程度远远超过土耳其和印度尼西亚。

沙特拥有巨额石油美元——当今世界发展的硬通货。根据美国财政部公布的统计数据,沙特阿拉伯持有美国国债金额在2016年1月达到1237亿美元,随后连续8个月减持,累计降幅达27.7%(9月减持36亿美元)。针对美国S.2040法案,沙特外交部长阿德尔·朱拜尔2016年3月访问美国时对美国国会议员表示,为避免资产遭美国法院冻结,沙特恐将被迫出售价值高达7500亿美元的美国国债以及其他有价证券。欧洲金融市场也是沙特比较青睐的地方,但具体投资数额不详。2017年5月20日,沙特与美国达成1100亿美元军售协议,两国还将达成在今后10年美国对沙特总价值3500亿美元的军售协议。沙特"2030愿景"提出要建价值超过2万亿美元的世界上最大的主权财富基金。沙特《利雅得先驱报》援引泄密文件称,为迎接特朗普计划于5月19日展开的访问,沙特已经拨款2.57亿里亚尔(约合6800万美元或4.72亿元人民币),显然,沙特不差钱。

---

* 马福德,西安外国语大学教授。

沙特拥有麦加和麦地那两大伊斯兰教圣地——信仰世界的纽带。怎样高度评估两大圣地在穆斯林心中的地位都不为过。在现实政治中，政治与宗教没有多大的关系，但是，如果能让宗教服务政治或给政治赋予某种合法性，政治家们肯定会乐于接受。沙特国王自封"两圣地的仆人"，虽有挟圣地之嫌，但还是在伊斯兰世界有一定影响。在特朗普来访之际，沙特召开阿拉伯伊斯兰国家–美国峰会，会议主题是"在一起，更强大"。除伊朗和苏丹总统外，阿拉伯国家和伊斯兰世界的 50 余位领导人与会。这与 2015 年 5 月 14 日由美国总统奥巴马亲自主持的"戴维营海湾峰会"形成鲜明对比，当时 6 个受邀的海湾国家中仅卡塔尔和科威特的国家元首出席。其中虽有政治、经济、安全等多种因素，但宗教情感因素不可忽略。沙特牵头反对宗教极端主义、维护伊斯兰形象、重塑西方与伊斯兰世界的关系，得到与会元首们的肯定。特朗普的这段讲话可以说表达了沙特的愿望："反恐不是一场不同宗教信仰、不同教派、不同文化之间的战争，而是野蛮的罪犯要屠戮人命而不同宗教信仰的正义之士要共同保护人类的战争，这是善恶之间的战争。"特朗普明确了反恐不是文明冲突，而是善与恶的斗争。此外。这次访问中，美国与海湾阿拉伯国家合作委员会（简称"海合会"）签署了打击恐怖主义融资的谅解备忘录，美国和沙特共同担任了新成立的反恐怖主义洗钱中心主席国。特朗普出席了相关机构的成立仪式，称这是"历史性的一步"。

二 中国"一带一路"倡议与沙特"2030 愿景"基本内涵对比分析

（一）"一带一路"倡议的基本内涵

习近平主席在"一带一路"国际合作高峰论坛上，从共建人类命运共同体这一宏观层面出发，勾勒了"一带一路"的基本方向。

（1）坚持合作共赢，努力建成和平之路。着力构建以合作共赢为核心的新型国际关系，打造对话不对抗、结伴不结盟的伙伴关系。

（2）坚持共建共享，努力建成繁荣之路。聚焦发展这个根本性问题，打破发展瓶颈，缩小发展差距，共享发展成果。抓住产业这一经济之本，推动各国深入开展产业合作；畅通金融这一现代经济的血脉，建立稳定、可持续、风险可控的金融保障体系；夯实设施联通这一合作发展的基础，着力推动陆上、海上、天上、网上四位一体的联通，实现经济大融合、发展大联动、成果大共享。

（3）坚持开放包容，努力建成开放之路。以开放为导向，解决经济增长和平衡问题。着力打造开放型合作平台，维护和发展开放型世界经济，推动构建公正、合理、透明的国际经贸投资规则体系，促进贸易和投资自由化便利化，促进生产要素有序流动、资源高效配置、市场深度融合；妥善解决发展失衡、治理困境、数字鸿沟、收入差距等问题，努力实现在开放中合作、在合作中共赢。

（4）坚持创新驱动，努力建成创新之路。大力推进创新驱动发展，抓住新工业革命的发展新机遇，推动大数据、云计算、智慧城市建设；着力优化创新环境，促进科技同产业、科技同金融深度融合，更好集聚创新资源，成就各国青年的创新梦想；大力倡导绿色、低碳、循环、可持续的生产生活方式，共同实现 2030 年可持续发展目标。

（5）坚持交流互鉴，努力建成文明之路。建立多层次人文合作机制，在教育、文化、体育、卫生等领域搭建更多合作平台、开辟更多合作渠道，以文明交流超越文明隔阂、以文明互鉴超越文明冲突、以文明共存超越文明优越，让合作更加包容、合作基础更加坚实，让广大民众成为"一带一路"建设的主力军和受益者。

（二）沙特"2030 愿景"的基本内涵

沙特提出的"2030 愿景"被认为是"充满了一般性政策建议和意图进取的言论，但缺乏明确的指示和明确的策略"。但毋庸置疑，这是一场政治经济的巨大改革，勾勒出沙特未来 20 年的改革蓝图，确定了沙特将成为"阿拉伯与伊斯兰世界心脏""全球性投资强国""亚欧非枢纽"这三大目标。至少有一点是明确的，即通过"去石油"，实现经济发展的多元化，改变产业结构从过度依赖石油经济向新能源和矿业等多样化领域拓展，推动可再生能源开发、工业装备制造本地化等工业制造业发展，增加就业，改善民生。

其具体措施如下。

（1）将沙特非石油出口占非石油 GDP 的比重由原来的 16% 提高到 50%，争取将非石油收入提高 6 倍。

（2）将私营部门对 GDP 的贡献由 40% 提高到 65%。

（3）使沙特在全球最佳经济体中的排名由目前的第 19 位提高到前 15 位。

（4）将沙特的失业率从 11.6% 降到 7%。

（5）要成立军工控股公司，启动沙特军事工业，将沙特武器的国产化水平从 2% 提升至 50%。

（6）出售沙特阿美公司的股份，对其中 5% 的股份进行 IPO，将公共投资基金转为主权基金，资产总值 2 万亿美元，使该主权基金成为全球最大的主权基金。

（7）将妇女参与劳动的比重由 22% 提高到 30%。

显然，沙特的"2030 愿景"虽有地区抱负，但立足自身发展，解决其较为急迫的问题。

沙特副王储穆罕默德在访问中国时表示，沙特与中国在各领域有着广泛的共同利益，沙方提出的"2030 愿景"与中方倡导的"一带一路"高度契合，中沙高级别联合委员会加强了各领域务实合作，希望产能合作成为推进中沙合作的重要抓手。其实，这与沙特正在努力推动的工业化进程相关，工业化进程缓慢，特别是制造业欠发达，是包括令沙特在内的中东国家头疼的问题，是地区经济发展的重大缺陷，还是失业问题积重难返的主要原因。沙特的工业化涉及大量中国具有优势的制造业，双方供应和需要的无缝对接，为中国推进与其国际产能合作创造了良好的机遇。

中方表示，愿在"一带一路"的框架下与"2030 愿景"实现对接，加强产能合作，强调中国凭借自身"大量优势产能、装备、创新技术正在走向世界，可以成为沙特推进经济多元化战略和制造业发展的合作伙伴"。

笔者曾与沙特亲王、沙特哈伊勒省长、费萨尔国王研究中心主任等政要和智库专家讨论沙特发展问题和中沙合作领域。对方表示，沙特的工业化进程是"2030 愿景"的核心。沙特工业化的首要目标是基础工业建设，而中国在这方面具有产业发展的经验和优势，中国的过剩产能并不是落后产能，沙方希望能在这方面得到中国的支持。比如，在钢铁、冶金、水泥、石油产品深加工、制造业等领域沙方会提供更多优惠政策。有沙特官员私下向笔者表示，如果他们连建筑用的钢材都需要进口，高端工业化建设犹如沙地上建大厦——无从谈起，他们曾经用钱买来了高端设备，但无法形成产业，原因就是缺乏基础工业。

三　中国"一带一路"倡议与沙特"2030 愿景" 对接遇到的困难及其原因

如上所述，中国与沙特在"一带一路"倡议和"2030 愿景"对接方面表示出强烈的合作愿望，并取得了骄人的成绩。3 月 15 日，萨勒曼国王访问中国期间，两国签署了经贸、能源、产能、文化、教育、科技等领域的14份双边合作文件，包含35个项目的合作，价值650亿美元。与此同时，这些协议内容也反映了诸如中国民间企业参与度不高、过剩产能转移力度不大、无法深度介入沙特工业化发展等一些问题。

一是中国民间企业参与度不高。在工业投资与基础设施领域的合作由中国北方工业集团公司签署；在延布城建立货柜站、基础设施领域的合作由中国交通建设股份有限公司签署；中石化签署与沙特基础工业公司战略合作协议；中国国家航天局签署与中国"嫦娥四号"有关的合作协议；中国航天长征国际贸易有限公司签署无人机制造合作协议等。民间企业的合作局限于建筑工程、贸易等领域，与日本相比，总体参与度不高。

二是过剩产能转移力度不大。综观协议内容，涉及我国过剩产能转移的方面不多。《国务院关于钢铁行业化解过剩产能实现脱困发展的意见》（国发〔2016〕6号）中明确指出，鼓励有条件的企业结合"一带一路"建设，通过开展国际产能合作转移部分产能，实现互利共赢。水泥、冶金等领域也是如此。

三是介入沙特工业化进程的程度不够。沙特清楚其工业化进程缓慢的原因，其中未能构建起基础工业是重要原因，所以，沙特迫切希望在这一方面得到中国的帮助。帮助沙特构建起基础工业体系，意味着中国从一开始就介入其发展目标、发展过程和未来升级等，将使自己处于不可替代的地位。但目前双方的合作尚未在这方面取得实质进展。

究其原因，大致有以下几个方面。

一是对沙特的全面认识不足。国内对沙特的研究涉及政治、经济、文化等方面，取得了丰硕成果。但除了对其石油地位给予充分肯定外，对其他方面的评估结果有待进一步提高，特别是对沙特在阿拉伯和伊斯兰世界的影响缺乏客观研究，或以"花钱买吆喝"轻易下论断，或以"去沙特化"等夸大其对中国的影响。环球网在2017年5月23日发表题为《特朗普是"顺访"中东，这点不能搞错》的社评，其中提到："沙特被选中，至少有部分原因是它离G7的开会地点、意大利的西西里岛比较靠近。更重要的是，那里有1100亿美元等着这位新任总统。"

二是对沙特的"2030愿景"了解不够。以沙特"2030愿景"为关键词，在知网上的搜索结果为18条，其中5条是报纸所载的一般性介绍文章，5条是探讨中沙油气领域的合作，其他则是泛泛谈论中沙合作的文章。显然，国内大部分研究认为中国与沙特等中东国家经济关系的驱动力来自对能源的巨大需求，"对沙特对外经济关系的变化及其影响研究不足，对能源领域之外的中沙经济关系重要性认识不够充分"。

三是对沙特经济发展需求了解不够。虽然学术界有一些相关的研究，但未能转换成民间所能理解的信息，所以，中国民间对沙特的了解程度不高，尤其缺乏经济发展等方面的信息，更谈不上对"2030 愿景"的了解，这也是除了华为等大型民营企业外，其他民营企业没能参与沙特市场的主要原因。

四是对产能转移的政策支持不够。由于缺乏对沙特的了解，民间资本不敢涉足中国向沙特的产能转移，国有资本则缺乏相关的政策支持，而过剩产能的当事者缺乏必要的资金和政策进行转移。虽然有"丝路基金"等，但缺乏必要的沟通渠道。

图书在版编目（CIP）数据

阿拉伯经济研究. 第 1 辑/周烈主编. -- 北京：社
会科学文献出版社，2021.10
ISBN 978 - 7 - 5201 - 9225 - 5

Ⅰ.①阿…　Ⅱ.①周…　Ⅲ.①区域经济发展 - 研究 -
阿拉伯国家　Ⅳ.①F137.14

中国版本图书馆 CIP 数据核字（2021）第 210428 号

阿拉伯经济研究（第 1 辑）

主　　编／周　烈
执行主编／马晓霖　刘　彬

出 版 人／王利民
责任编辑／李明伟
文稿编辑／许文文
责任印制／王京美

出　　版／社会科学文献出版社·国别区域分社（010）59367078
　　　　　地址：北京市北三环中路甲 29 号院华龙大厦　邮编：100029
　　　　　网址：www. ssap. com. cn
发　　行／市场营销中心（010）59367081　59367083
印　　装／三河市龙林印务有限公司

规　　格／开 本：787mm × 1092mm　1/16
　　　　　印 张：27.5　字 数：482 千字
版　　次／2021 年 10 月第 1 版　2021 年 10 月第 1 次印刷
书　　号／ISBN 978 - 7 - 5201 - 9225 - 5
定　　价／136.00 元